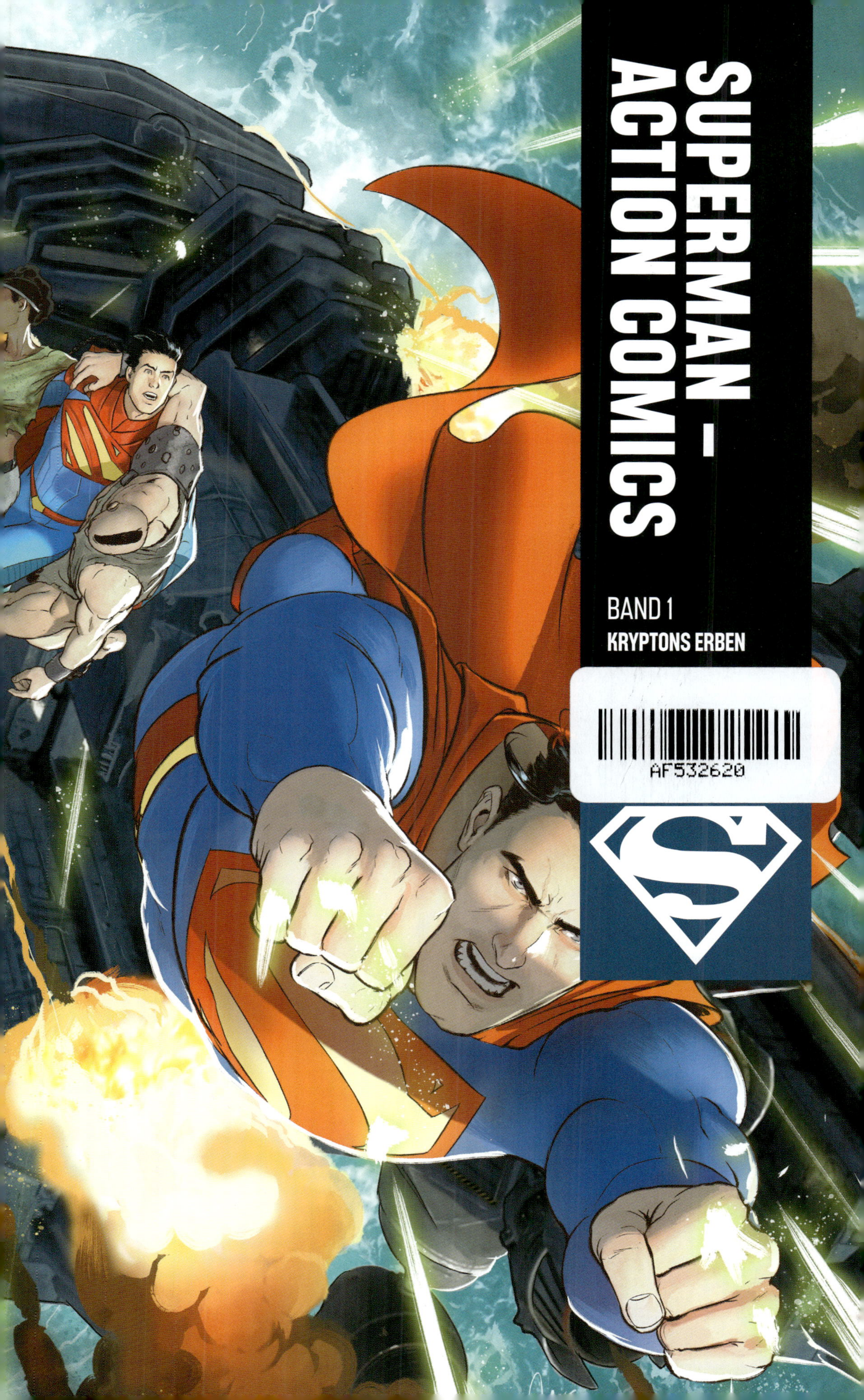
SUPERMAN –
ACTION COMICS
BAND 1
KRYPTONS ERBEN

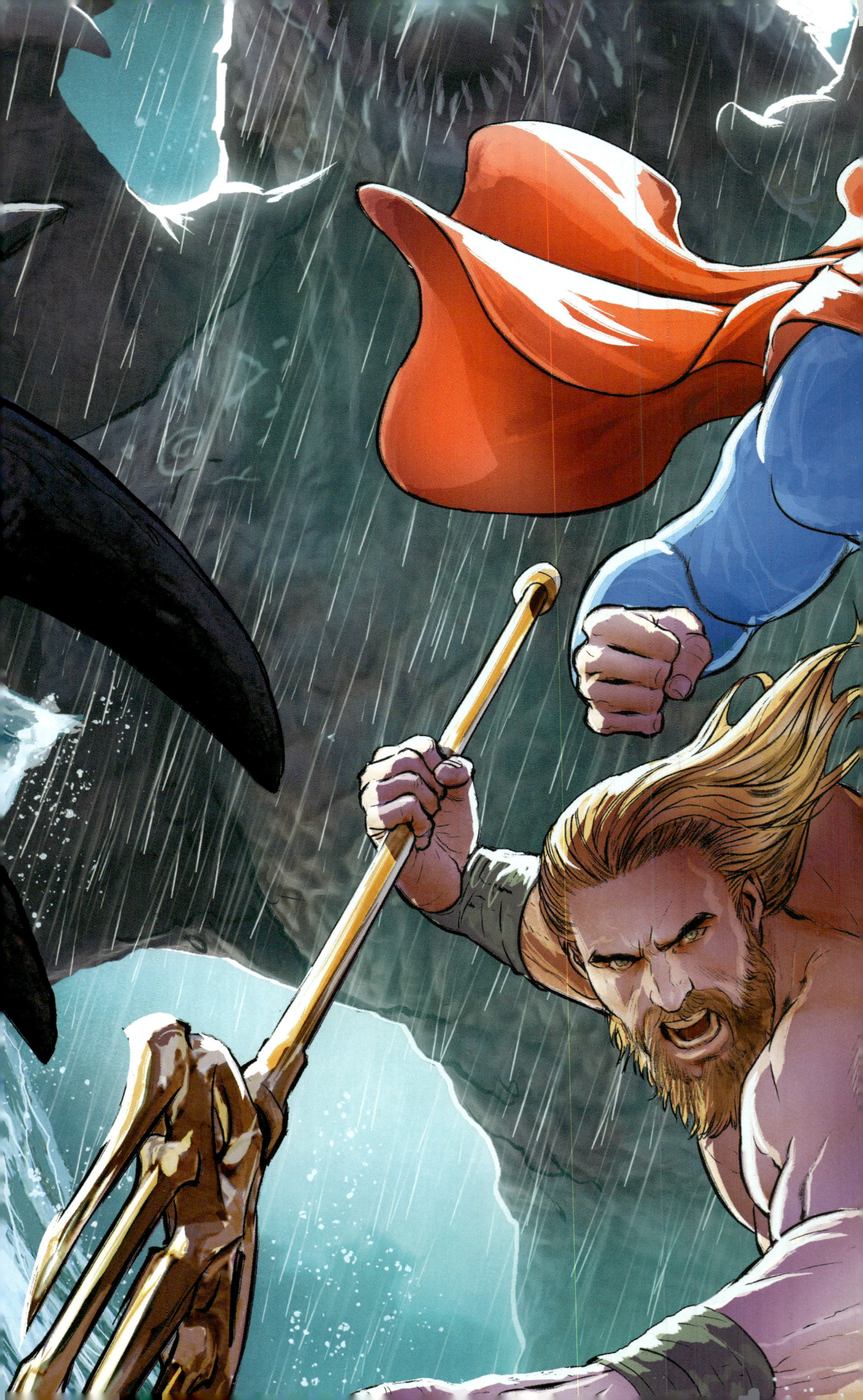

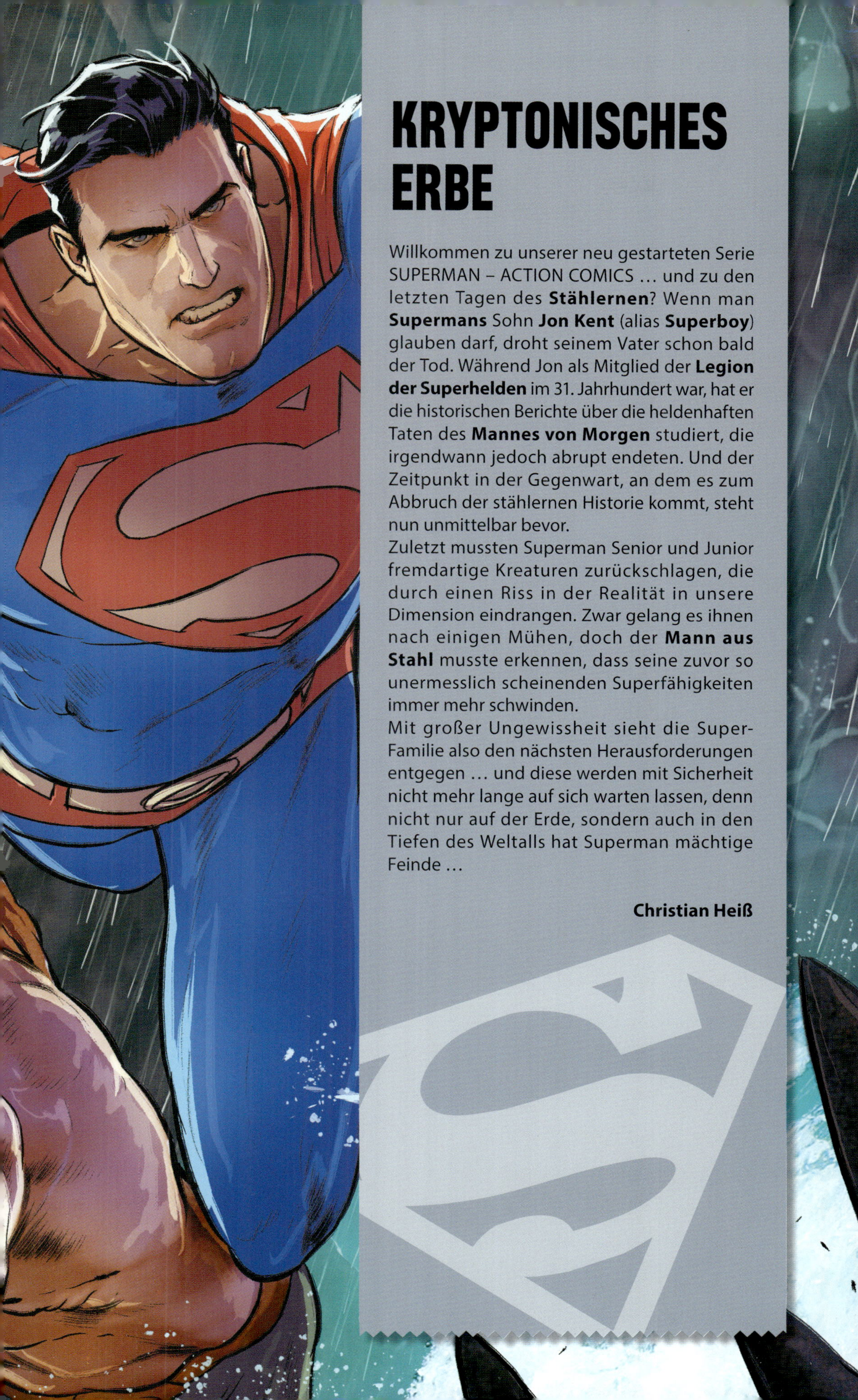

KRYPTONISCHES ERBE

Willkommen zu unserer neu gestarteten Serie SUPERMAN – ACTION COMICS … und zu den letzten Tagen des **Stählernen**? Wenn man **Supermans** Sohn **Jon Kent** (alias **Superboy**) glauben darf, droht seinem Vater schon bald der Tod. Während Jon als Mitglied der **Legion der Superhelden** im 31. Jahrhundert war, hat er die historischen Berichte über die heldenhaften Taten des **Mannes von Morgen** studiert, die irgendwann jedoch abrupt endeten. Und der Zeitpunkt in der Gegenwart, an dem es zum Abbruch der stählernen Historie kommt, steht nun unmittelbar bevor.

Zuletzt mussten Superman Senior und Junior fremdartige Kreaturen zurückschlagen, die durch einen Riss in der Realität in unsere Dimension eindrangen. Zwar gelang es ihnen nach einigen Mühen, doch der **Mann aus Stahl** musste erkennen, dass seine zuvor so unermesslich scheinenden Superfähigkeiten immer mehr schwinden.

Mit großer Ungewissheit sieht die Super-Familie also den nächsten Herausforderungen entgegen … und diese werden mit Sicherheit nicht mehr lange auf sich warten lassen, denn nicht nur auf der Erde, sondern auch in den Tiefen des Weltalls hat Superman mächtige Feinde …

Christian Heiß

PHILLIP KENNEDY JOHNSON
Story

DANIEL SAMPERE
CHRISTIAN DUCE
Zeichnungen

ADRIANO LUCAS
Farben

CHRISTIAN HEISS
Übersetzung

WALPROJECT
Lettering

JAMIE S. RICH
DIEGO LOPEZ
MIKE COTTON
Redaktion USA

Superman geschaffen von **Jerry Siegel** und **Joe Shuster**.
Mit besonderer Genehmigung der **Jerry Siegel**-Familie.

Batman geschaffen von **Bob Kane** mit **Bill Finger**.

SUPERMAN – ACTION COMICS erscheint bei **PANINI COMICS**, Schloßstraße 76, D-70176 Stuttgart. Druck: Lito Terrazzi Industria Grafica. Pressevertrieb: Stella Distribution GmbH, D-22297 Hamburg. Direkt-Abos auf **www.paninicomics.de**. Anzeigenverkauf: BLAUFEUER VERLAGSVERTRETUNGEN GmbH, info@blaufeuer.com. Es gilt die Anzeigenpreisliste Nr. 19 vom 01.10.2021. Geschäftsführer **Hermann Paul**, Publishing Director Europe **Marco M. Lupoi**, Finanzen **Felix Bauer**, Marketing Director **Holger Wiest**, Marketing **Thorsten Kleinheinz**, Vertrieb **Alexander Bubenheimer**, Logistik **Ronald Schäffer**, PR/Presse **Steffen Volkmer**, Publishing Manager **Lisa Pancaldi**, Redaktion **Tommaso Caretti, Christian Grass, Christian Heiß, Aline Reinelt, Peter Thannisch, Monika Trost, Daniela Uhlmann**, Übersetzung **Christian Heiß**, Proofreading **Katrin Hoppe**, Lettering **Walproject**, grafische Gestaltung **Rudy Remitti, Nicola Spano**, Art Director **Alessandro Gucciardo**, Redaktion Panini Comics **Annalisa Califano, Beatrice Doti**, Prepress **Francesca Aiello, Andrea Bisi**, Repro/Packager **Alessandro Nalli** (coordinator), **Mario Da Rin Zanco, Valentina Esposito, Luca Ficarelli, Linda Leporati**.

Cover von **Daniel Sampere**, *Action Comics* 1033. Variant-Cover von **Julian Totino Tedesco**, *Action Comics* 1033 Variant.

Digitale Ausgaben:
ISBN 978-3-7367-8336-2 (.pdf) / ISBN 978-3-7367-8337-9 (.epub) / ISBN 978-3-7367-8338-6 (.mobi)

Bibliografische Information der Deutschen Nationalbibliothek
Die Deutsche Nationalbibliothek verzeichnet diese Publikation in der Deutschen Nationalbibliografie; detaillierte bibliografische Daten sind im Internet über dnb.d-nb.de abrufbar.

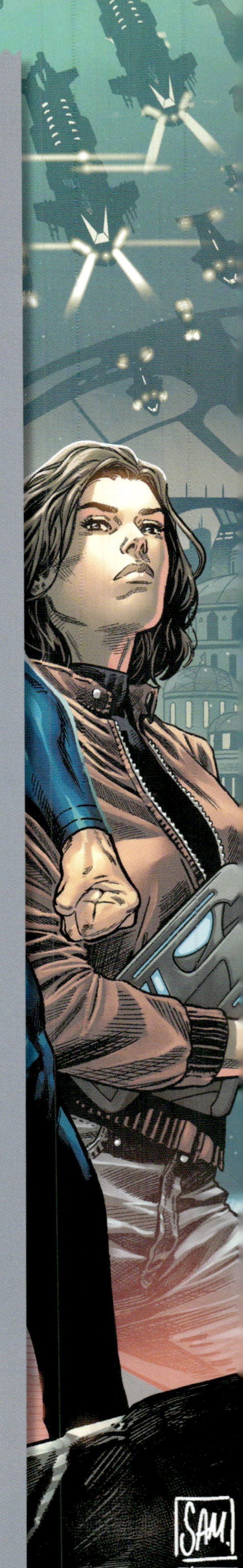

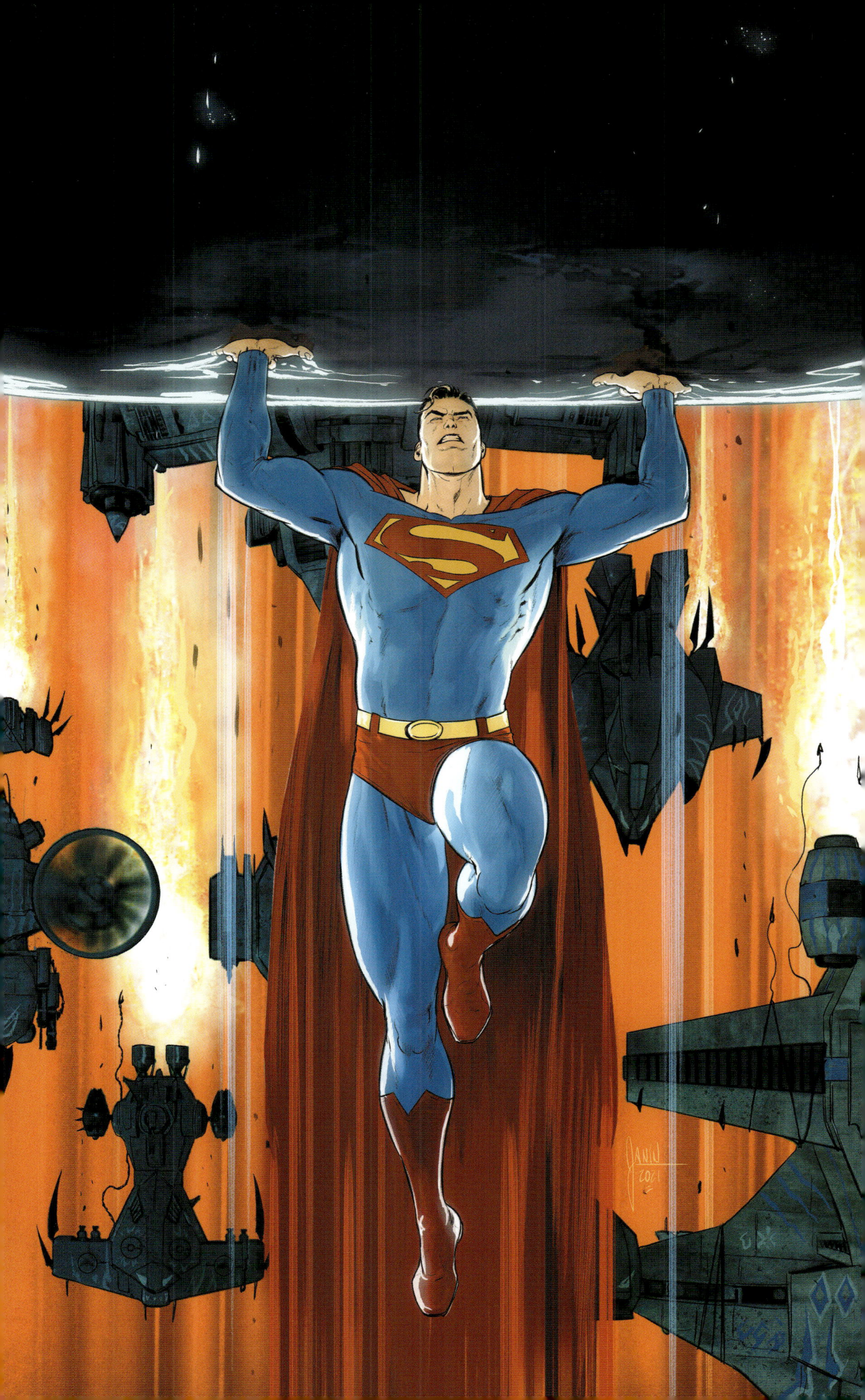

KRYPTONS ERBEN
Kapitel 1

PHILLIP KENNEDY JOHNSON
Story

DANIEL SAMPERE
Zeichnungen

ADRIANO LUCAS
Farben

MIKEL JANÍN
Original-Cover

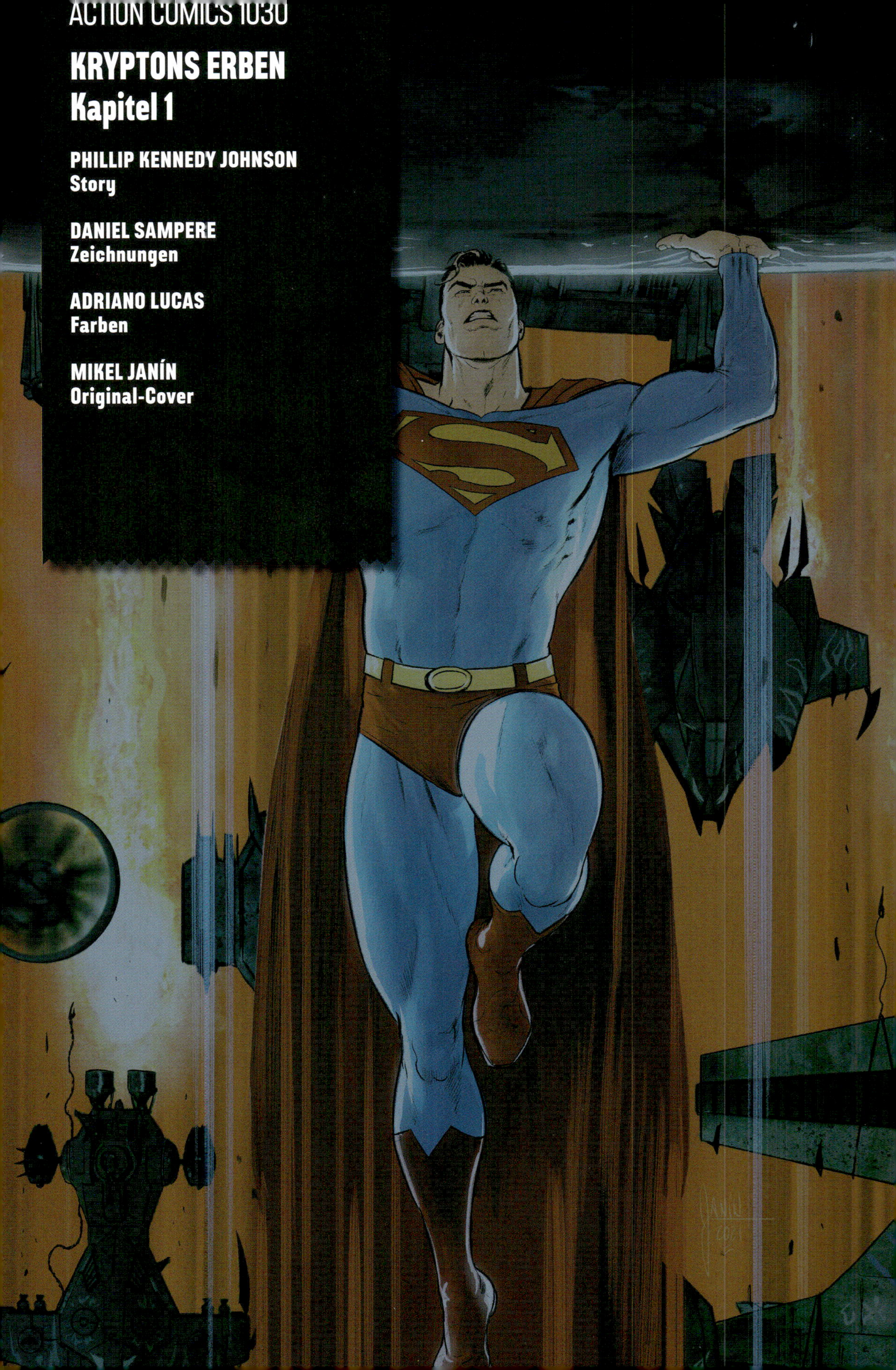

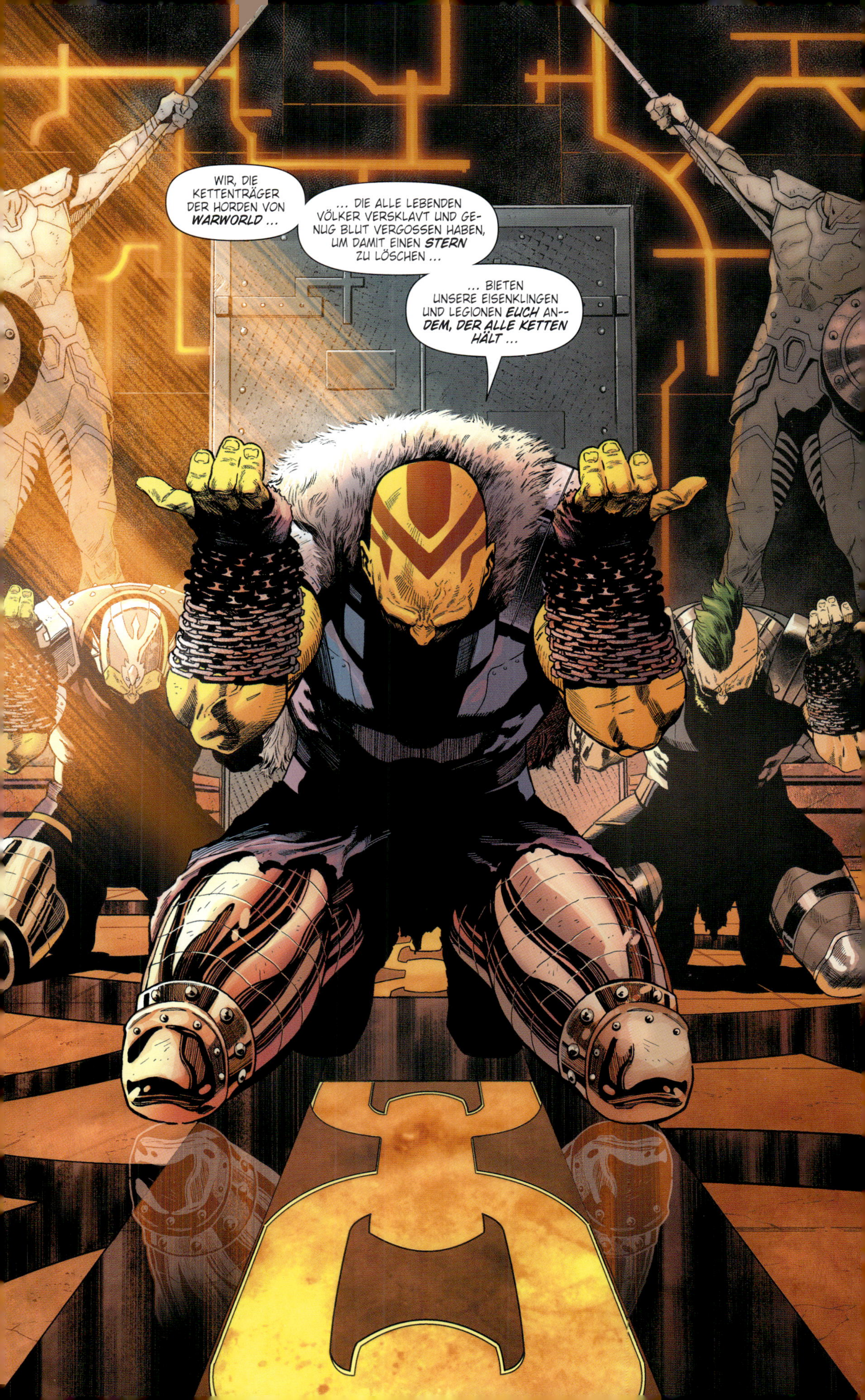
WIR, DIE KETTENTRÄGER DER HORDEN VON **WARWORLD** ...
... DIE ALLE LEBENDEN VÖLKER VERSKLAVT UND GENUG BLUT VERGOSSEN HABEN, UM DAMIT EINEN **STERN** ZU LÖSCHEN ...
... BIETEN UNSERE EISENKLINGEN UND LEGIONEN **EUCH** AN-- **DEM, DER ALLE KETTEN HÄLT** ...

KRYPTONS ERBEN

PHILLIP KENNEDY JOHNSON STORY **DANIEL SAMPERE** ZEICHNUNGEN **ADRIANO LUCAS** FARBEN

Superman geschaffen von Jerry Siegel und Joe Shuster. Superboy geschaffen von Jerry Siegel. Mit besonderer Genehmigung der Jerry Siegel-Familie.

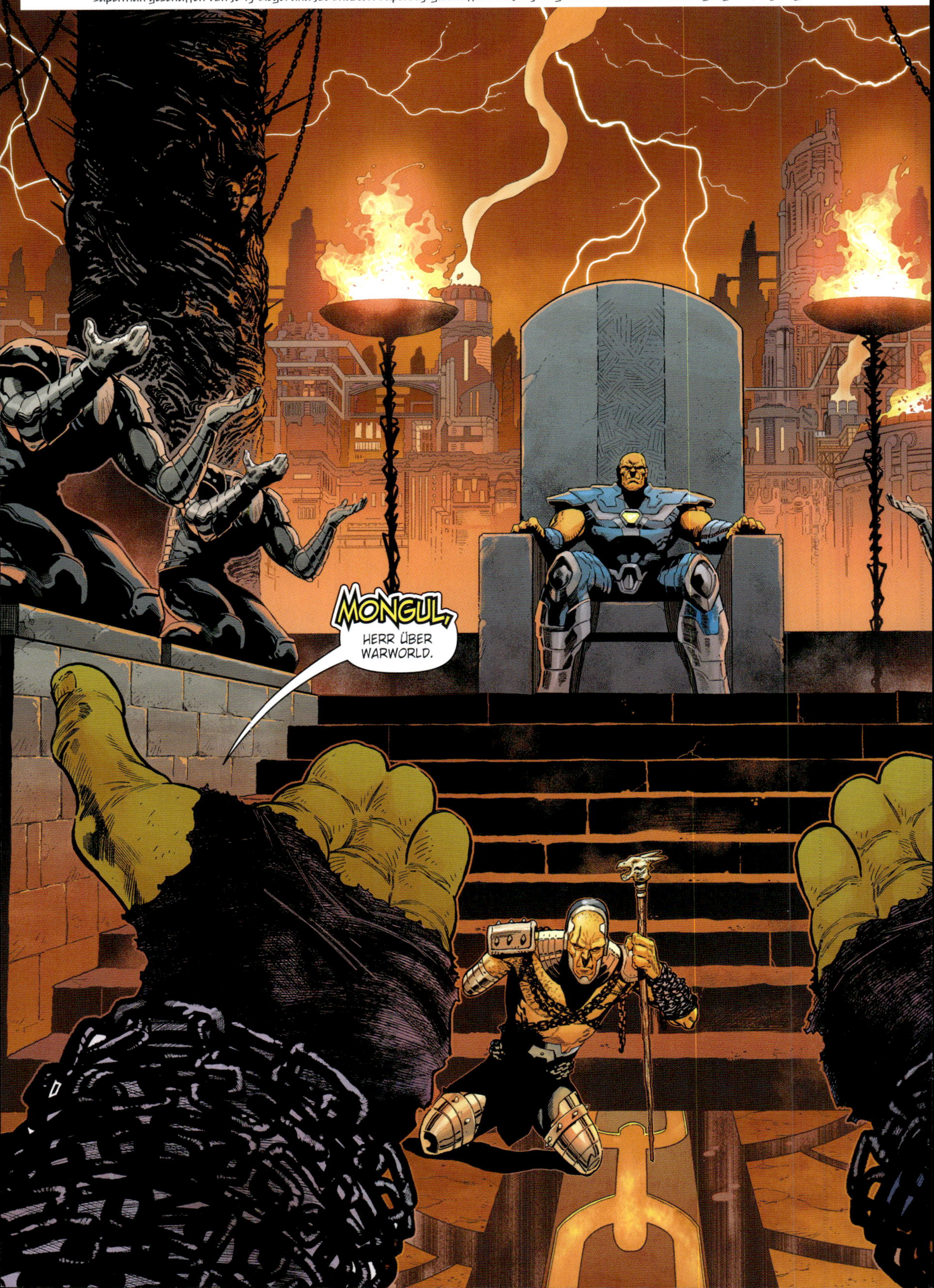

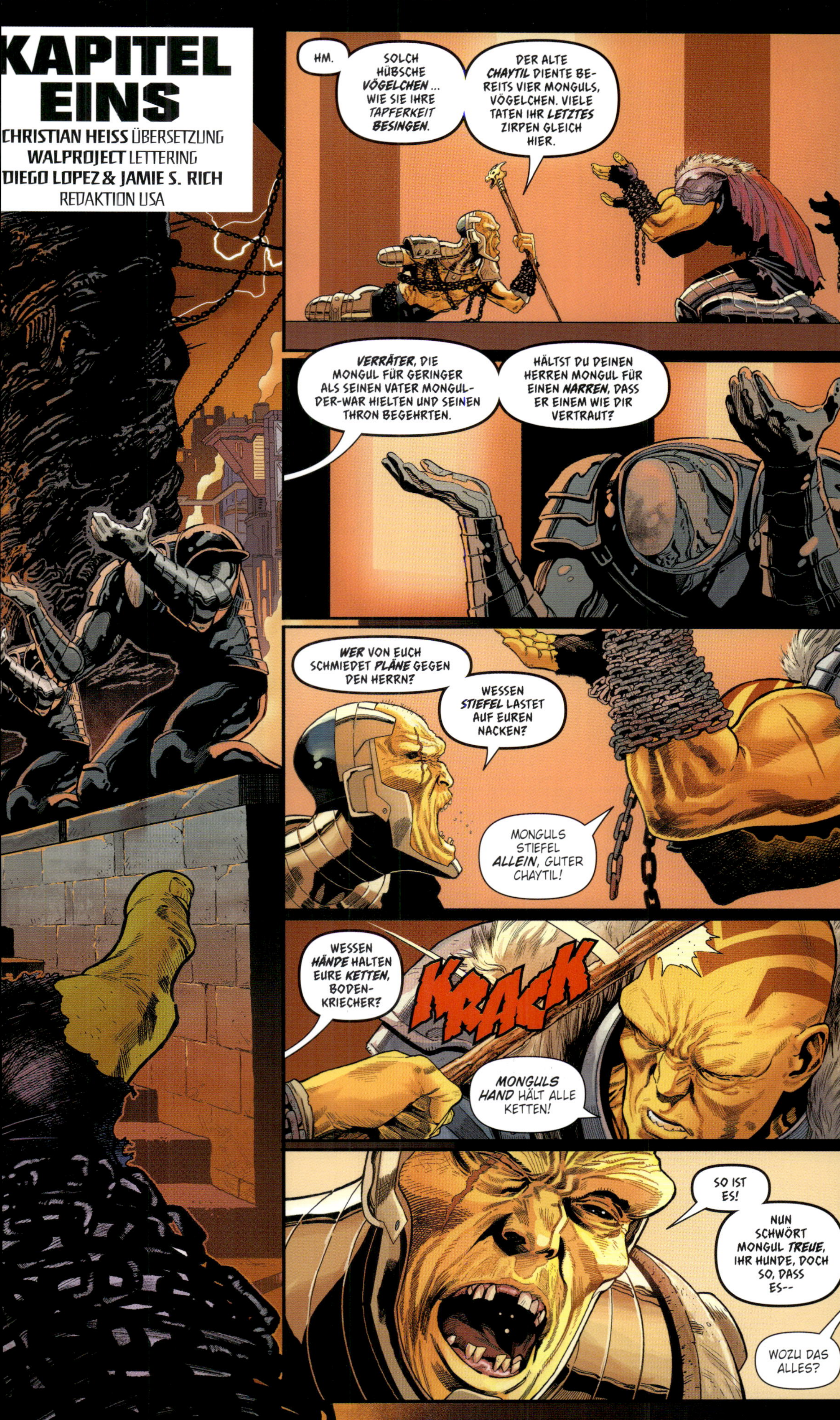
KAPITEL EINS
CHRISTIAN HEISS ÜBERSETZUNG
WALPROJECT LETTERING
DIEGO LOPEZ & JAMIE S. RICH
REDAKTION USA
HM.
SOLCH HÜBSCHE VÖGELCHEN ... WIE SIE IHRE TAPFERKEIT BESINGEN.
DER ALTE CHAYTIL DIENTE BEREITS VIER MONGULS, VÖGELCHEN. VIELE TATEN IHR LETZTES ZIRPEN GLEICH HIER.
VERRÄTER, DIE MONGUL FÜR GERINGER ALS SEINEN VATER MONGUL-DER-WAR HIELTEN UND SEINEN THRON BEGEHRTEN.
HÄLTST DU DEINEN HERREN MONGUL FÜR EINEN NARREN, DASS ER EINEM WIE DIR VERTRAUT?
WER VON EUCH SCHMIEDET PLÄNE GEGEN DEN HERRN?
WESSEN STIEFEL LASTET AUF EUREN NACKEN?
MONGULS STIEFEL ALLEIN, GUTER CHAYTIL!
WESSEN HÄNDE HALTEN EURE KETTEN, BODEN-KRIECHER?
KRACK
MONGULS HAND HÄLT ALLE KETTEN!
SO IST ES!
NUN SCHWÖRT MONGUL TREUE, IHR HUNDE, DOCH SO, DASS ES--
WOZU DAS ALLES?

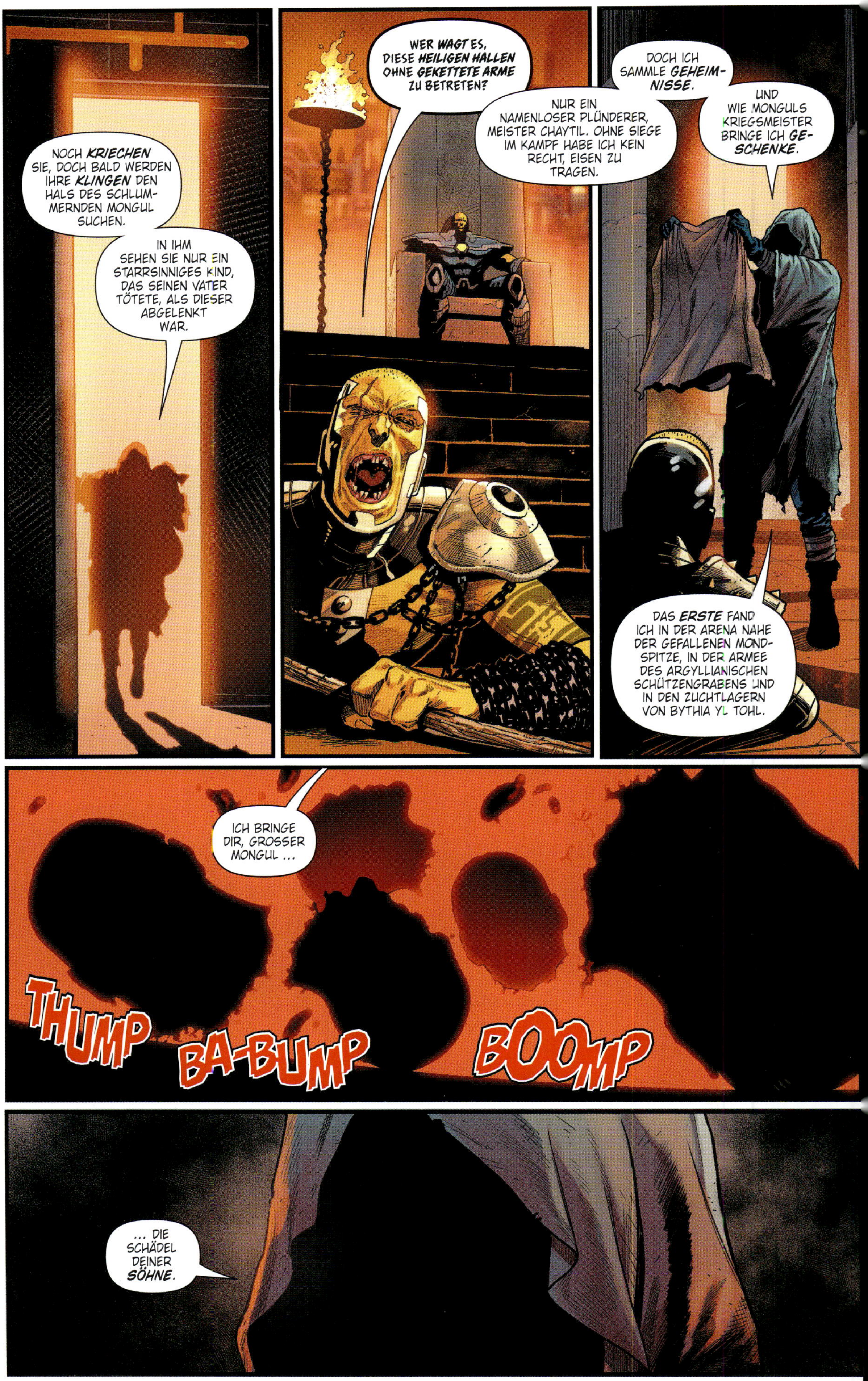

NOCH *KRIECHEN* SIE, DOCH BALD WERDEN IHRE *KLINGEN* DEN HALS DES SCHLUMMERNDEN MONGUL SUCHEN.

IN IHM SEHEN SIE NUR EIN STARRSINNIGES KIND, DAS SEINEN VATER TÖTETE, ALS DIESER ABGELENKT WAR.

WER *WAGT* ES, DIESE *HEILIGEN HALLEN* OHNE *GEKETTETE ARME* ZU BETRETEN?

NUR EIN NAMENLOSER PLÜNDERER, MEISTER CHAYTIL. OHNE SIEGE IM KAMPF HABE ICH KEIN RECHT, EISEN ZU TRAGEN.

DOCH ICH SAMMLE *GEHEIMNISSE*.

UND WIE MONGULS KRIEGSMEISTER BRINGE ICH *GESCHENKE*.

DAS *ERSTE* FAND ICH IN DER ARENA NAHE DER GEFALLENEN MONDSPITZE, IN DER ARMEE DES ARGYLLIANISCHEN SCHÜTZENGRABENS UND IN DEN ZUCHTLAGERN VON BYTHIA YL TOHL.

ICH BRINGE DIR, GROSSER MONGUL ...

THUMP BA-BUMP BOOMP

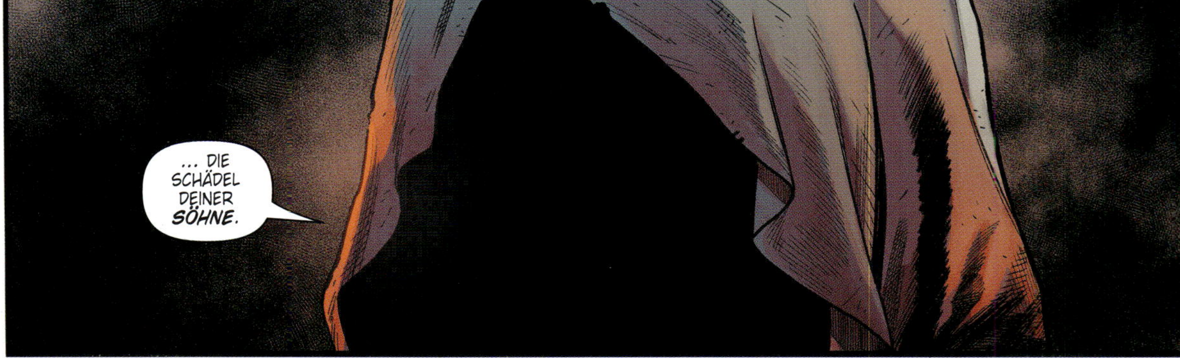

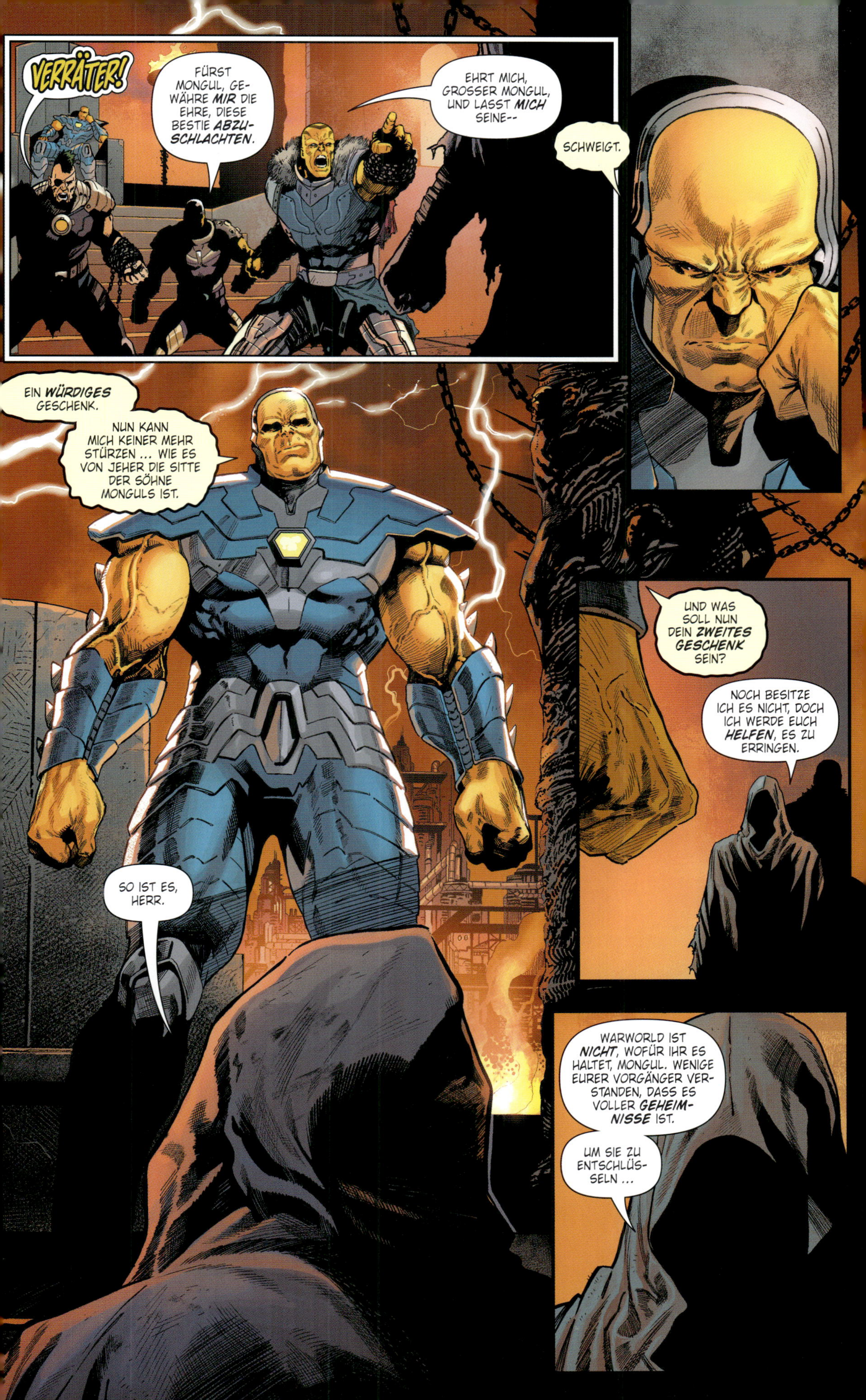
VERRÄTER!
FÜRST MONGUL, GEWÄHRE MIR DIE EHRE, DIESE BESTIE ABZUSCHLACHTEN.
EHRT MICH, GROSSER MONGUL, UND LASST MICH SEINE--
SCHWEIGT.
EIN WÜRDIGES GESCHENK.
NUN KANN MICH KEINER MEHR STÜRZEN ... WIE ES VON JEHER DIE SITTE DER SÖHNE MONGULS IST.
SO IST ES, HERR.
UND WAS SOLL NUN DEIN ZWEITES GESCHENK SEIN?
NOCH BESITZE ICH ES NICHT, DOCH ICH WERDE EUCH HELFEN, ES ZU ERRINGEN.
WARWORLD IST NICHT, WOFÜR IHR ES HALTET, MONGUL. WENIGE EURER VORGÄNGER VERSTANDEN, DASS ES VOLLER GEHEIMNISSE IST.
UM SIE ZU ENTSCHLÜSSELN ...

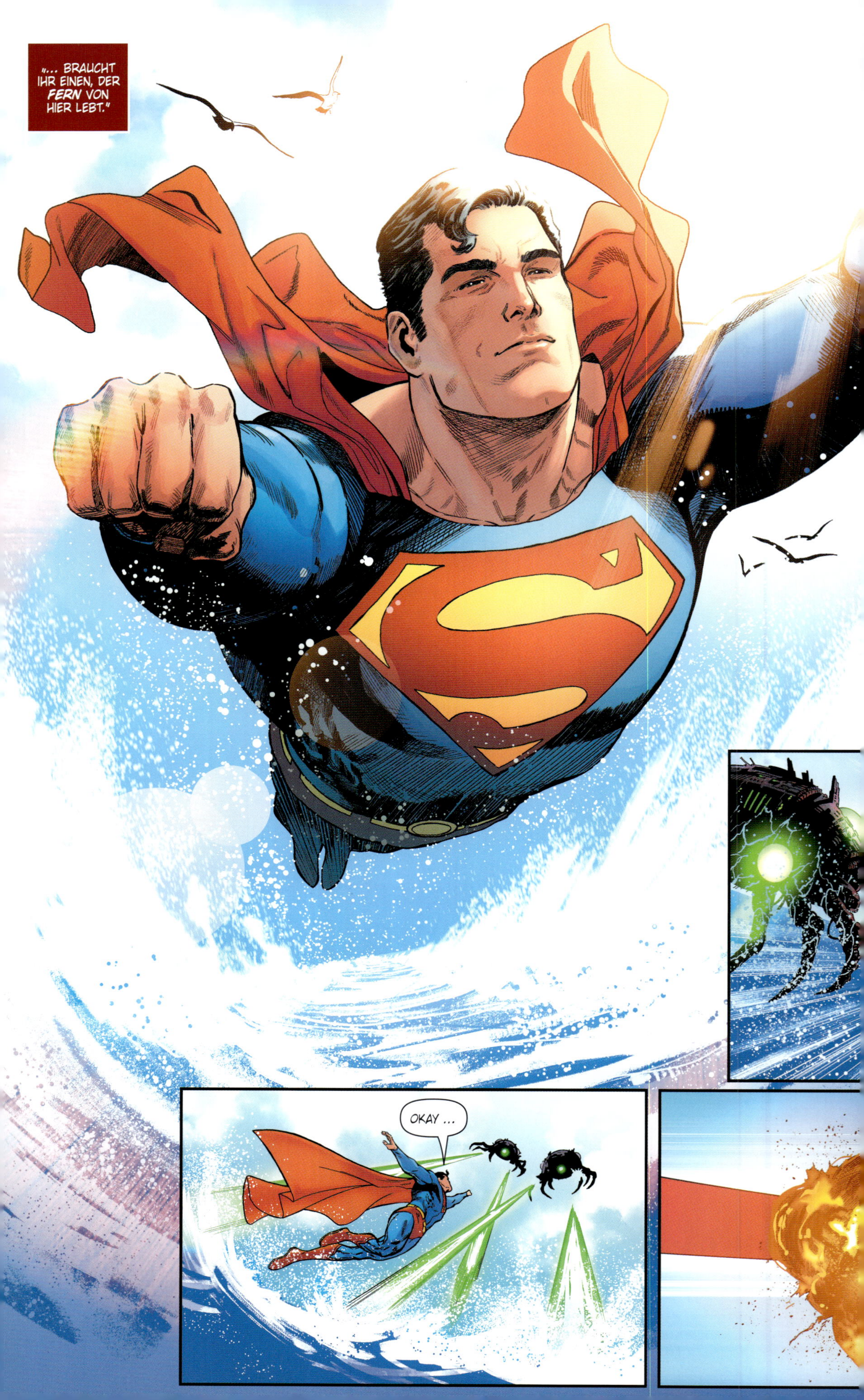
"... BRAUCHT IHR EINEN, DER *FERN* VON HIER LEBT."
OKAY ...

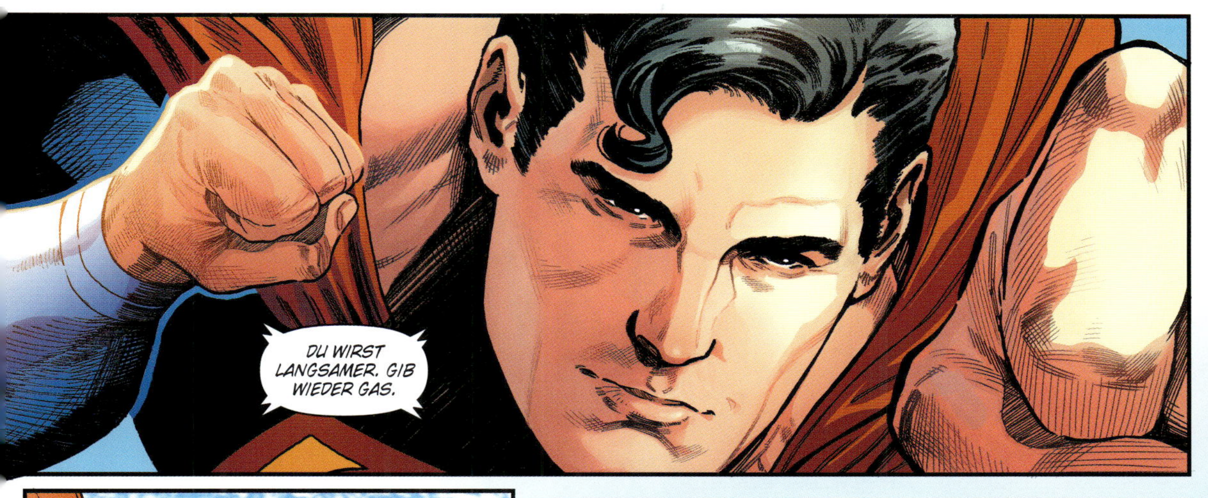
DU WIRST LANGSAMER. GIB WIEDER GAS.

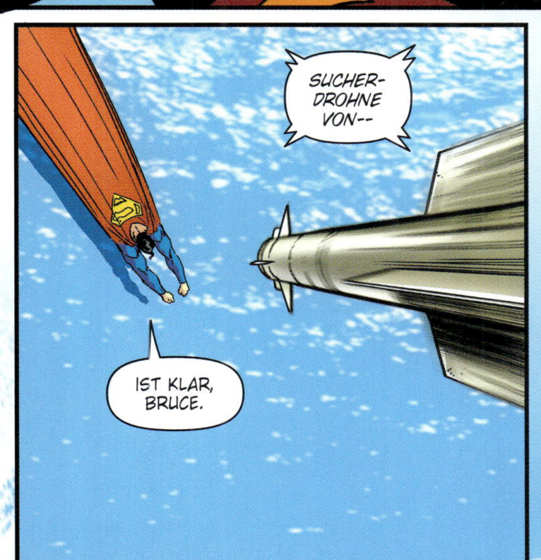
SUCHER-DROHNE VON--
IST KLAR, BRUCE.

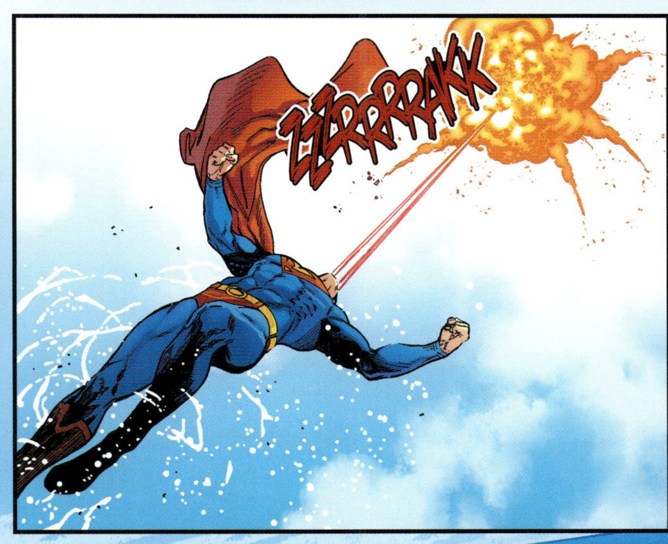
ZZZRRRRAKK

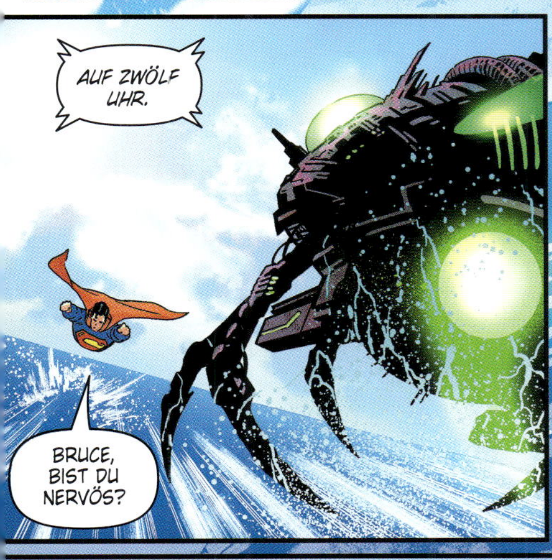
AUF ZWÖLF UHR.
BRUCE, BIST DU NERVÖS?

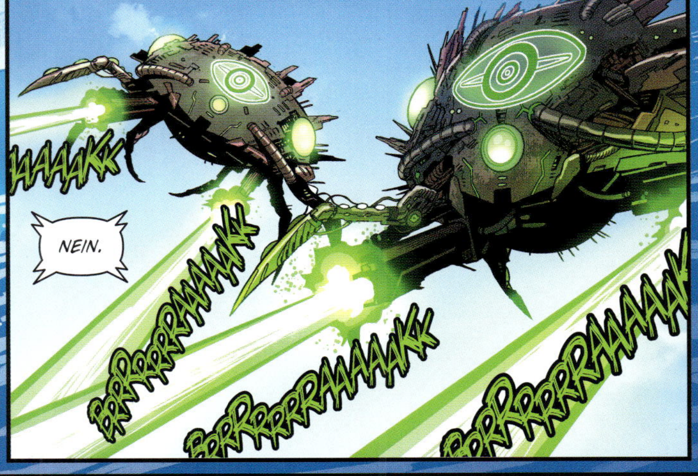
NEIN.
BRRRRRRAAAAAKK
BRRRRRRRAAAAAKK
BRRRRRRAAAAAKK

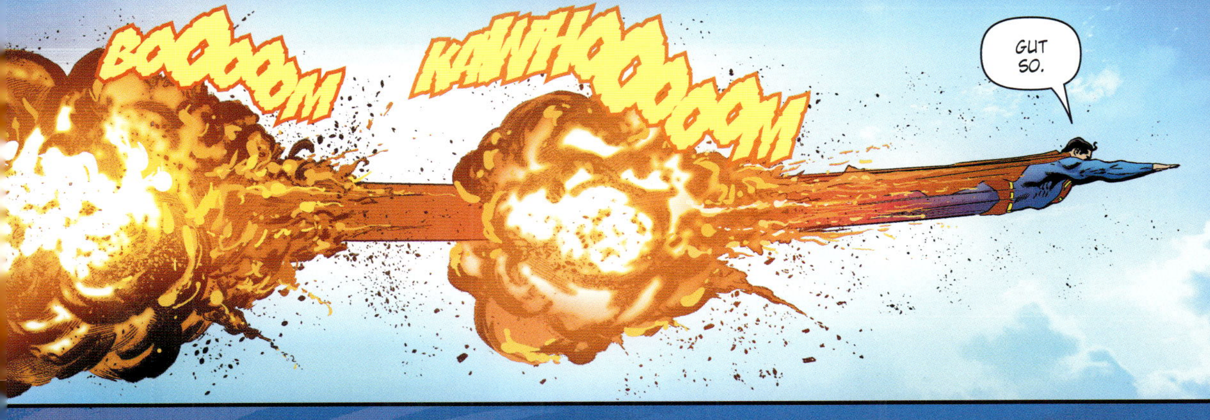
BOOOOOM
KAWHOOOOOM
GUT SO.

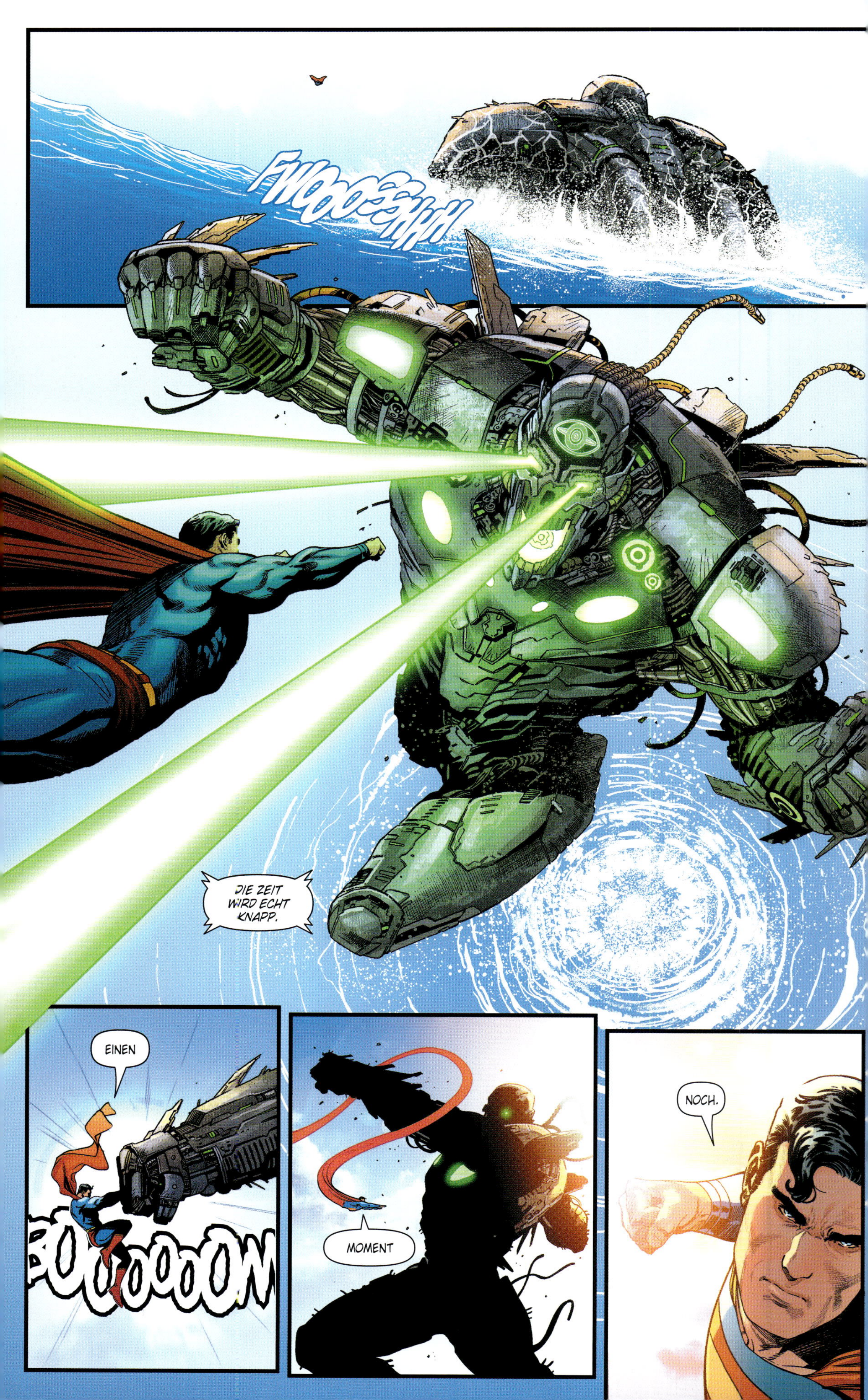
FWOOOSSHHH
DIE ZEIT WIRD ECHT KNAPP.
EINEN
BOOOOOOOM
MOMENT
NOCH.

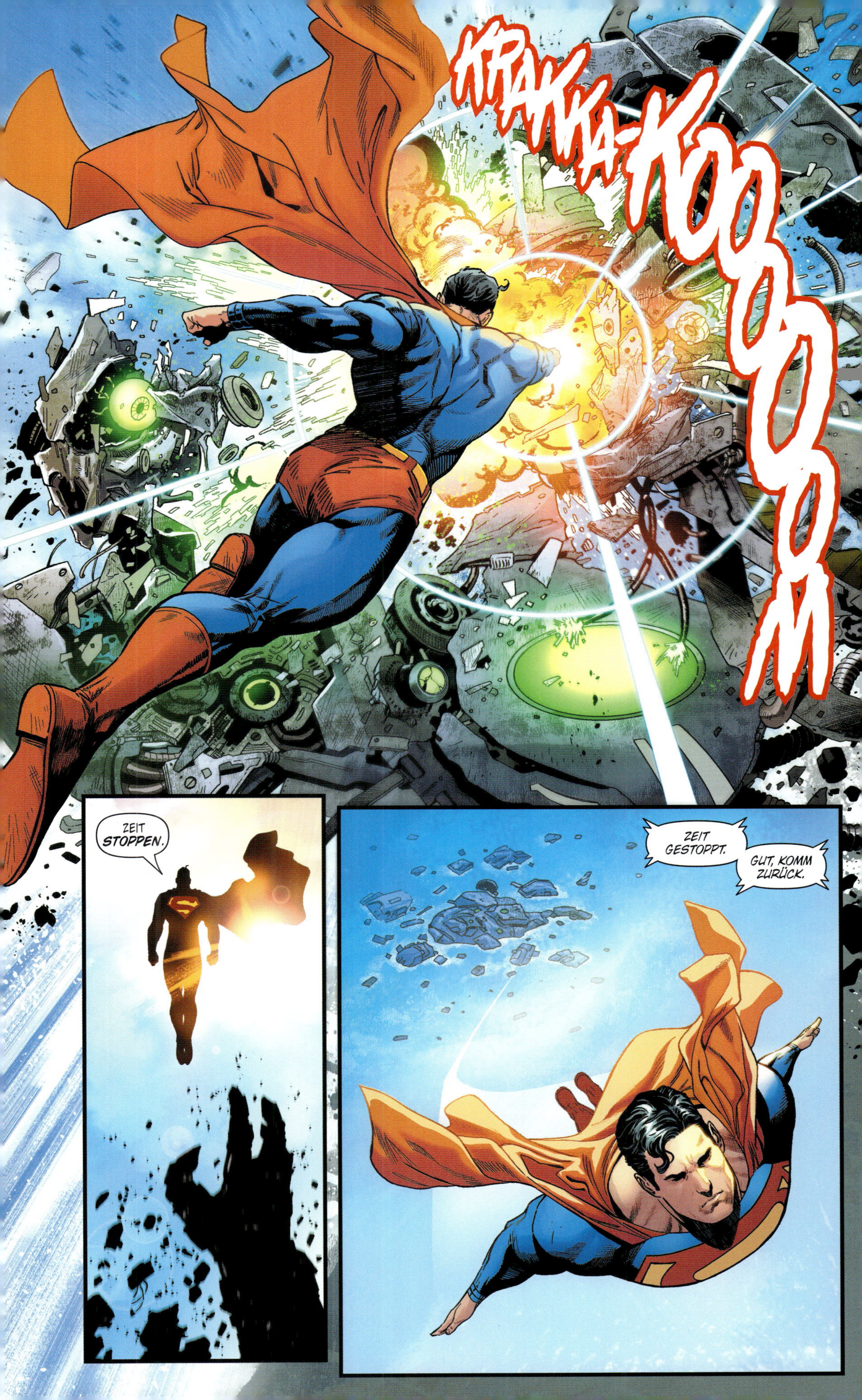
KRAKKA-KOOOOOOM
ZEIT STOPPEN.
ZEIT GESTOPPT.
GUT, KOMM ZURÜCK.

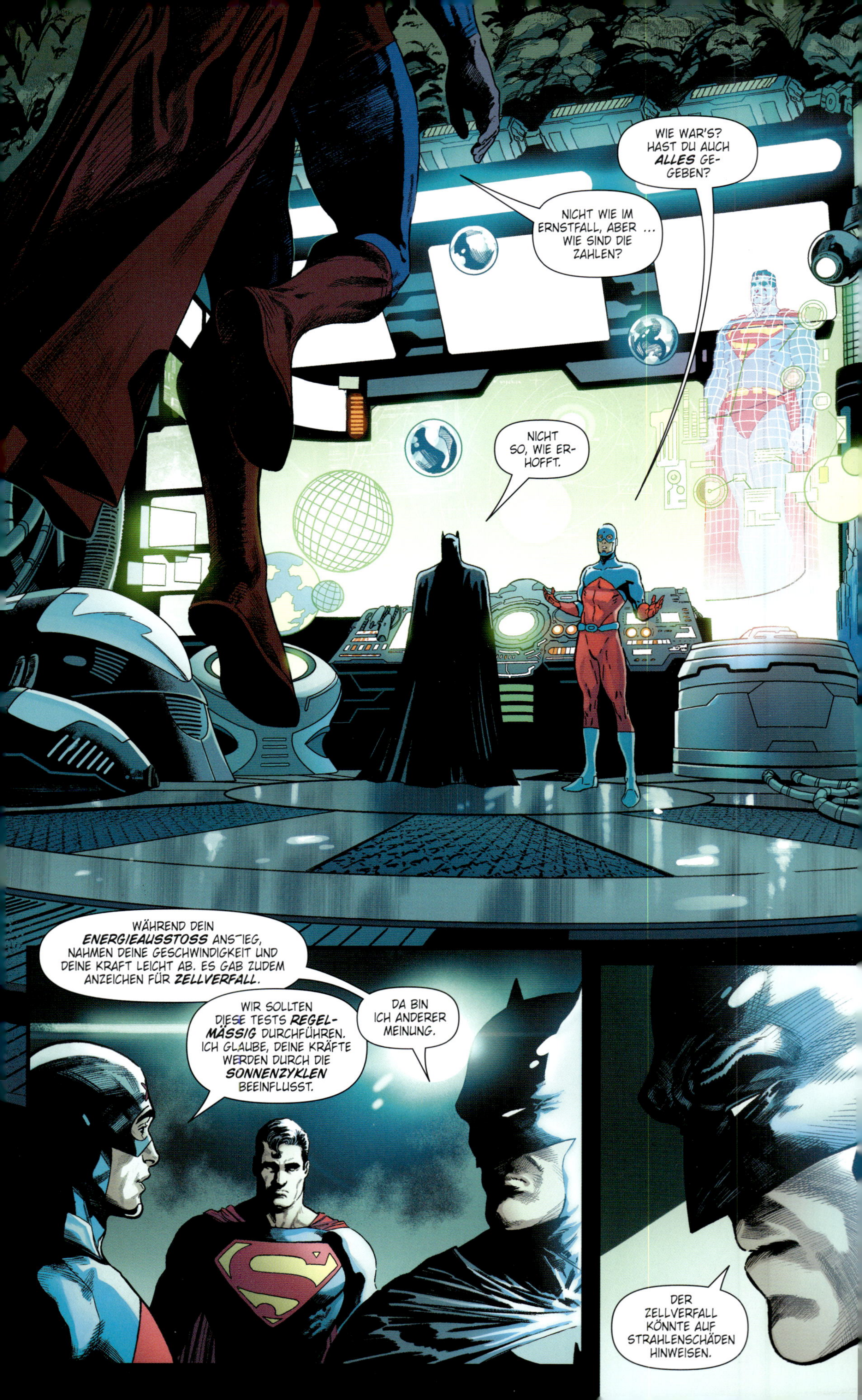
WIE WAR'S? HAST DU AUCH ALLES GEGEBEN?
NICHT WIE IM ERNSTFALL, ABER ... WIE SIND DIE ZAHLEN?
NICHT SO, WIE ERHOFFT.
WÄHREND DEIN ENERGIEAUSSTOSS ANSTIEG, NAHMEN DEINE GESCHWINDIGKEIT UND DEINE KRAFT LEICHT AB. ES GAB ZUDEM ANZEICHEN FÜR ZELLVERFALL.
WIR SOLLTEN DIESE TESTS REGELMÄSSIG DURCHFÜHREN. ICH GLAUBE, DEINE KRÄFTE WERDEN DURCH DIE SONNENZYKLEN BEEINFLUSST.
DA BIN ICH ANDERER MEINUNG.
DER ZELLVERFALL KÖNNTE AUF STRAHLENSCHÄDEN HINWEISEN.

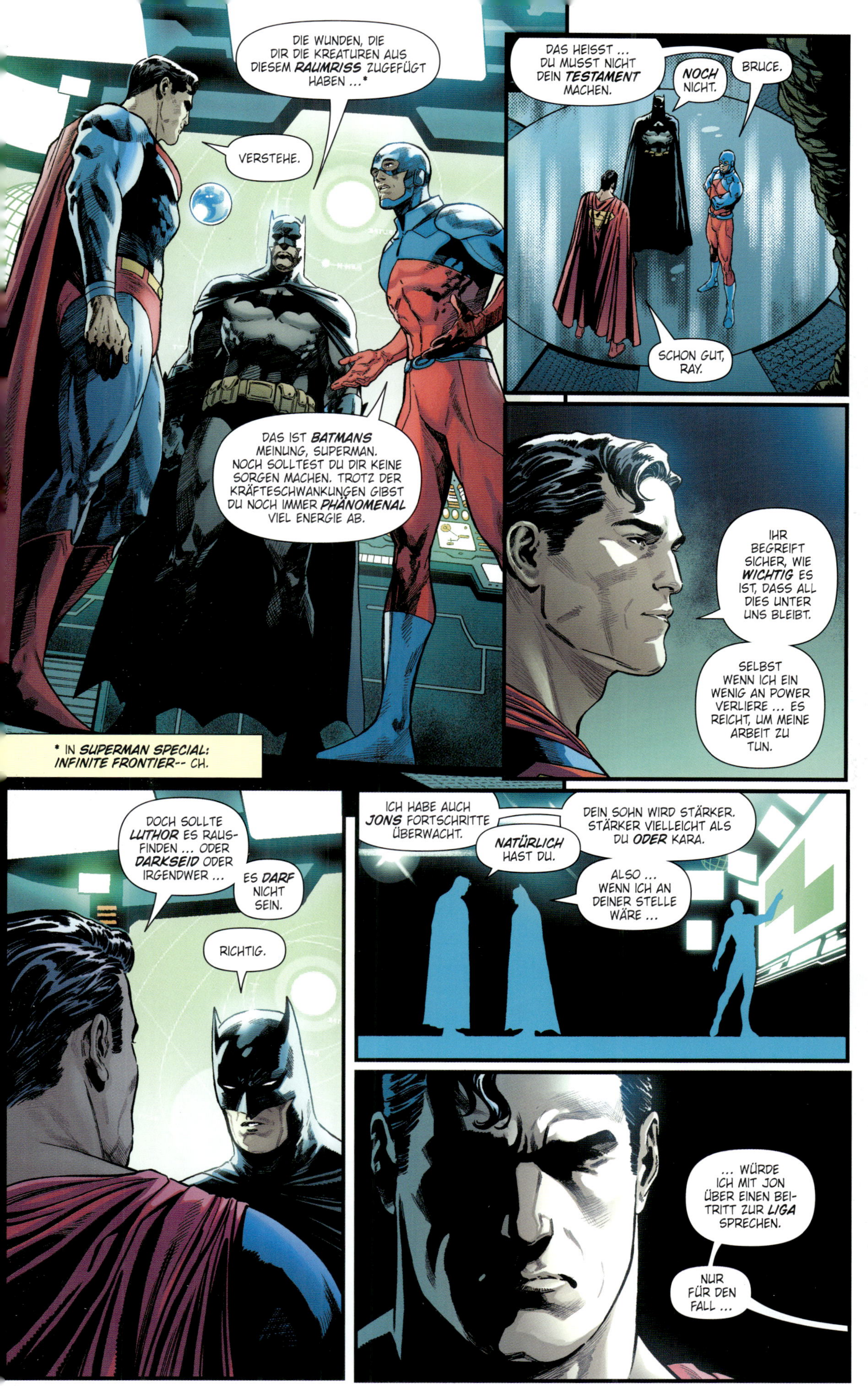

DIE WUNDEN, DIE DIR DIE KREATUREN AUS DIESEM RAUMRISS ZUGEFÜGT HABEN ...*
VERSTEHE.
DAS IST BATMANS MEINUNG, SUPERMAN. NOCH SOLLTEST DU DIR KEINE SORGEN MACHEN. TROTZ DER KRÄFTESCHWANKUNGEN GIBST DU NOCH IMMER PHÄNOMENAL VIEL ENERGIE AB.
* IN SUPERMAN SPECIAL: INFINITE FRONTIER-- CH.
DAS HEISST ... DU MUSST NICHT DEIN TESTAMENT MACHEN.
NOCH NICHT.
BRUCE.
SCHON GUT, RAY.
IHR BEGREIFT SICHER, WIE WICHTIG ES IST, DASS ALL DIES UNTER UNS BLEIBT.
SELBST WENN ICH EIN WENIG AN POWER VERLIERE ... ES REICHT, UM MEINE ARBEIT ZU TUN.
DOCH SOLLTE LUTHOR ES RAUSFINDEN ... ODER DARKSEID ODER IRGENDWER ...
ES DARF NICHT SEIN.
RICHTIG.
ICH HABE AUCH JONS FORTSCHRITTE ÜBERWACHT.
NATÜRLICH HAST DU.
DEIN SOHN WIRD STÄRKER. STÄRKER VIELLEICHT ALS DU ODER KARA.
ALSO ... WENN ICH AN DEINER STELLE WÄRE ...
... WÜRDE ICH MIT JON ÜBER EINEN BEITRITT ZUR LIGA SPRECHEN.
NUR FÜR DEN FALL ...

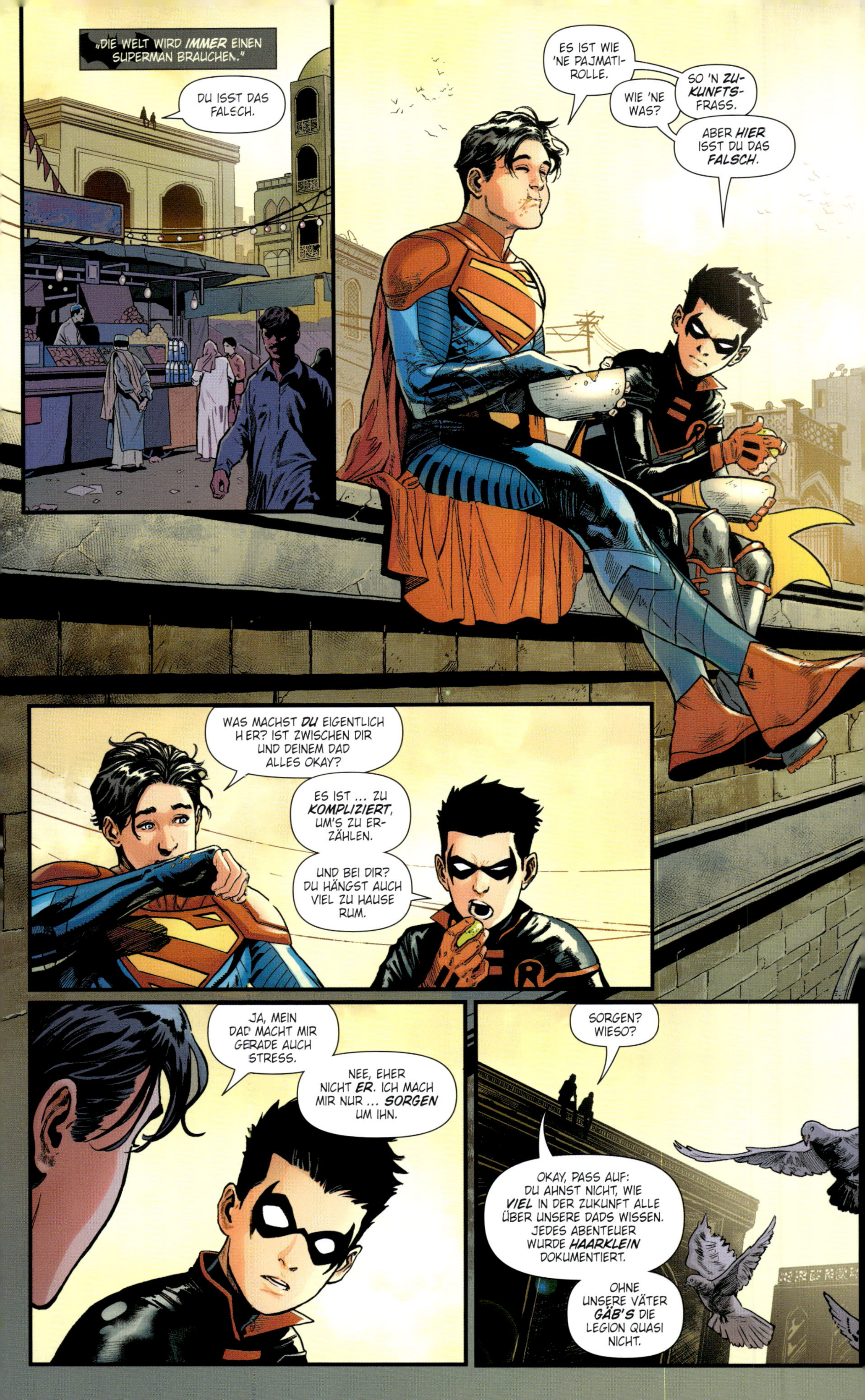
„DIE WELT WIRD IMMER EINEN SUPERMAN BRAUCHEN."
DU ISST DAS FALSCH.
ES IST WIE 'NE PAJMATI-ROLLE.
WIE 'NE WAS?
SO 'N ZU-KUNFTS-FRASS.
ABER HIER ISST DU DAS FALSCH.
WAS MACHST DU EIGENTLICH HIER? IST ZWISCHEN DIR UND DEINEM DAD ALLES OKAY?
ES IST ... ZU KOMPLIZIERT, UM'S ZU ER-ZÄHLEN.
UND BEI DIR? DU HÄNGST AUCH VIEL ZU HAUSE RUM.
JA, MEIN DAD MACHT MIR GERADE AUCH STRESS.
NEE, EHER NICHT ER. ICH MACH MIR NUR ... SORGEN UM IHN.
SORGEN? WIESO?
OKAY, PASS AUF: DU AHNST NICHT, WIE VIEL IN DER ZUKUNFT ALLE ÜBER UNSERE DADS WISSEN. JEDES ABENTEUER WURDE HAARKLEIN DOKUMENTIERT.
OHNE UNSERE VÄTER GÄB'S DIE LEGION QUASI NICHT.

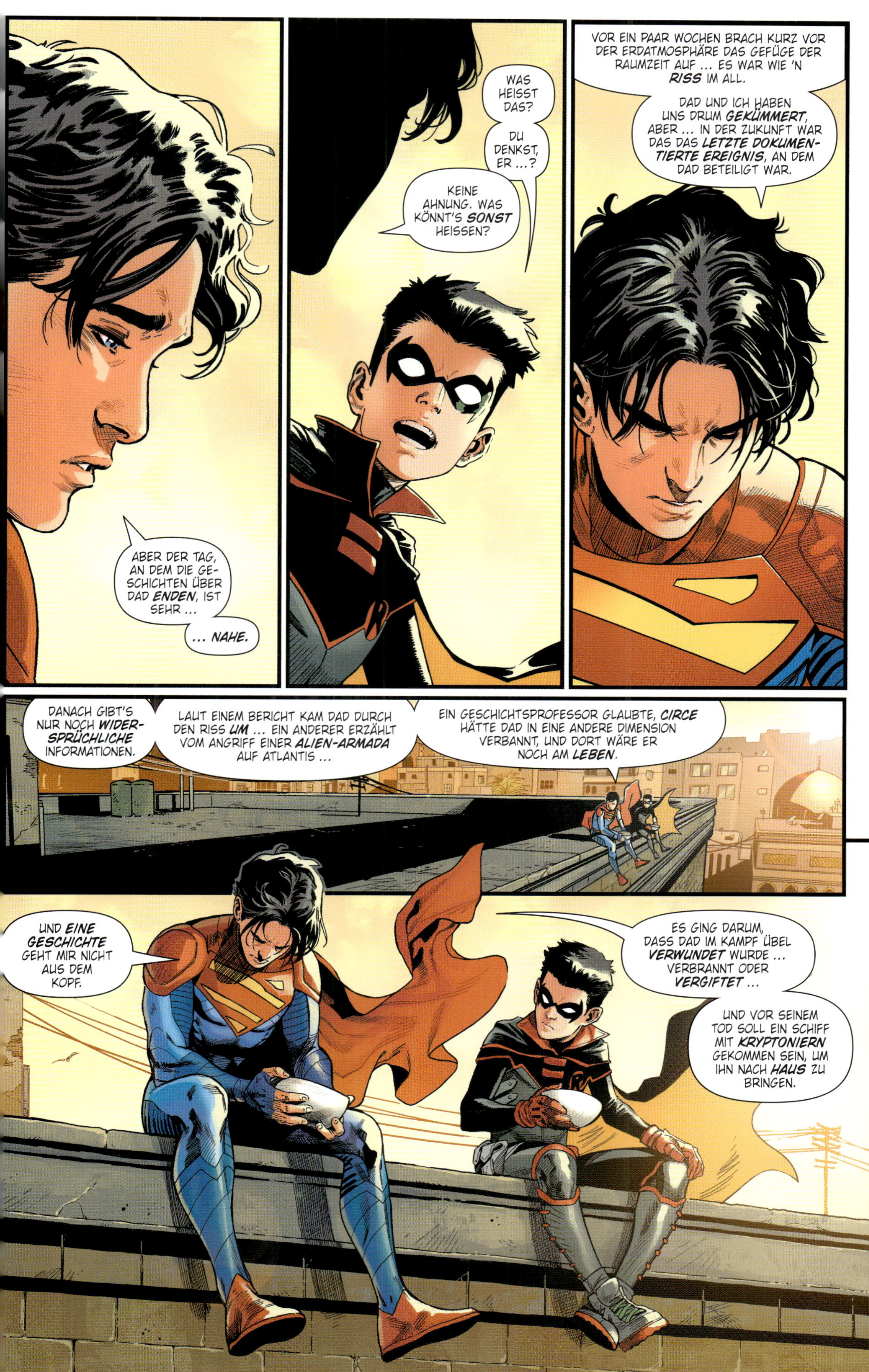
WAS HEISST DAS?
DU DENKST, ER ...?
KEINE AHNUNG. WAS KÖNNT'S SONST HEISSEN?
VOR EIN PAAR WOCHEN BRACH KURZ VOR DER ERDATMOSPHÄRE DAS GEFÜGE DER RAUMZEIT AUF ... ES WAR WIE 'N RISS IM ALL.
DAD UND ICH HABEN UNS DRUM GEKÜMMERT, ABER ... IN DER ZUKUNFT WAR DAS DAS LETZTE DOKUMENTIERTE EREIGNIS, AN DEM DAD BETEILIGT WAR.
ABER DER TAG, AN DEM DIE GESCHICHTEN ÜBER DAD ENDEN, IST SEHR ...
... NAHE.
DANACH GIBT'S NUR NOCH WIDERSPRÜCHLICHE INFORMATIONEN.
LAUT EINEM BERICHT KAM DAD DURCH DEN RISS UM ... EIN ANDERER ERZÄHLT VOM ANGRIFF EINER ALIEN-ARMADA AUF ATLANTIS ...
EIN GESCHICHTSPROFESSOR GLAUBTE, CIRCE HÄTTE DAD IN EINE ANDERE DIMENSION VERBANNT, UND DORT WÄRE ER NOCH AM LEBEN.
UND EINE GESCHICHTE GEHT MIR NICHT AUS DEM KOPF.
ES GING DARUM, DASS DAD IM KAMPF ÜBEL VERWUNDET WURDE ... VERBRANNT ODER VERGIFTET ...
UND VOR SEINEM TOD SOLL EIN SCHIFF MIT KRYPTONIERN GEKOMMEN SEIN, UM IHN NACH HAUS ZU BRINGEN.

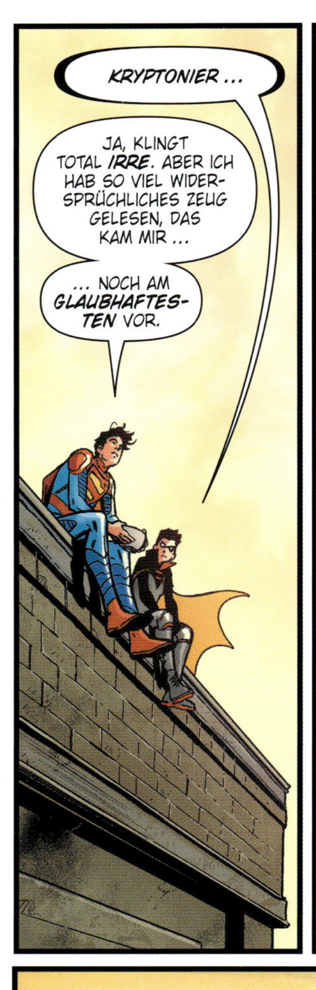
KRYPTONIER ...
JA, KLINGT TOTAL IRRE. ABER ICH HAB SO VIEL WIDERSPRÜCHLICHES ZEUG GELESEN, DAS KAM MIR ...
... NOCH AM GLAUBHAFTESTEN VOR.

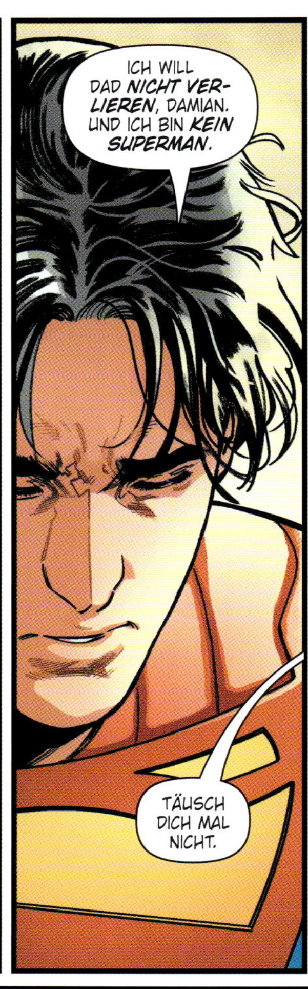
ICH WILL DAD NICHT VERLIEREN, DAMIAN. UND ICH BIN KEIN SUPERMAN.
TÄUSCH DICH MAL NICHT.

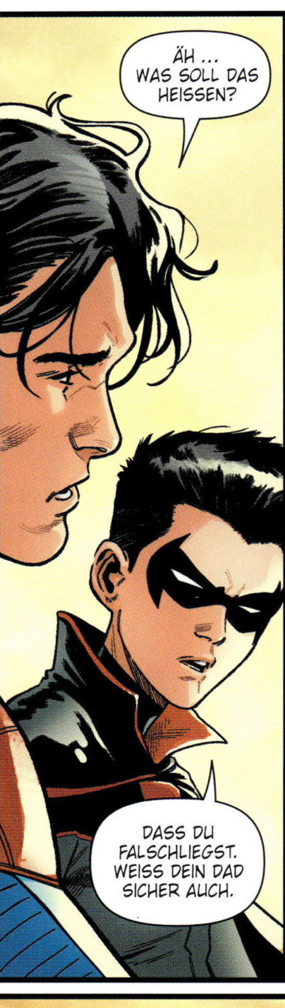
ÄH ... WAS SOLL DAS HEISSEN?
DASS DU FALSCHLIEGST. WEISS DEIN DAD SICHER AUCH.

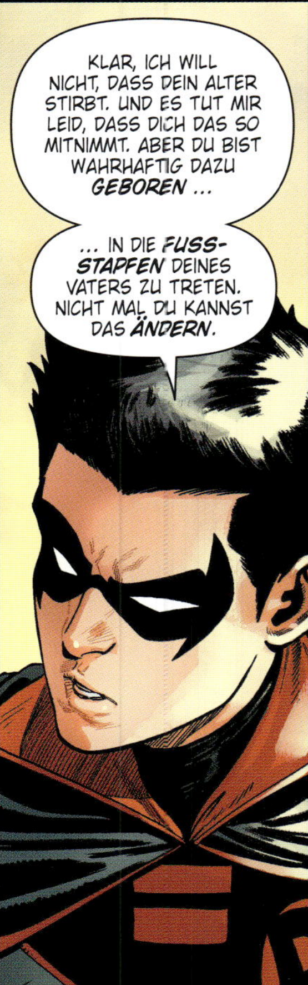
KLAR, ICH WILL NICHT, DASS DEIN ALTER STIRBT. UND ES TUT MIR LEID, DASS DICH DAS SO MITNIMMT. ABER DU BIST WAHRHAFTIG DAZU GEBOREN ...
... IN DIE FUSSSTAPFEN DEINES VATERS ZU TRETEN. NICHT MAL DU KANNST DAS ÄNDERN.

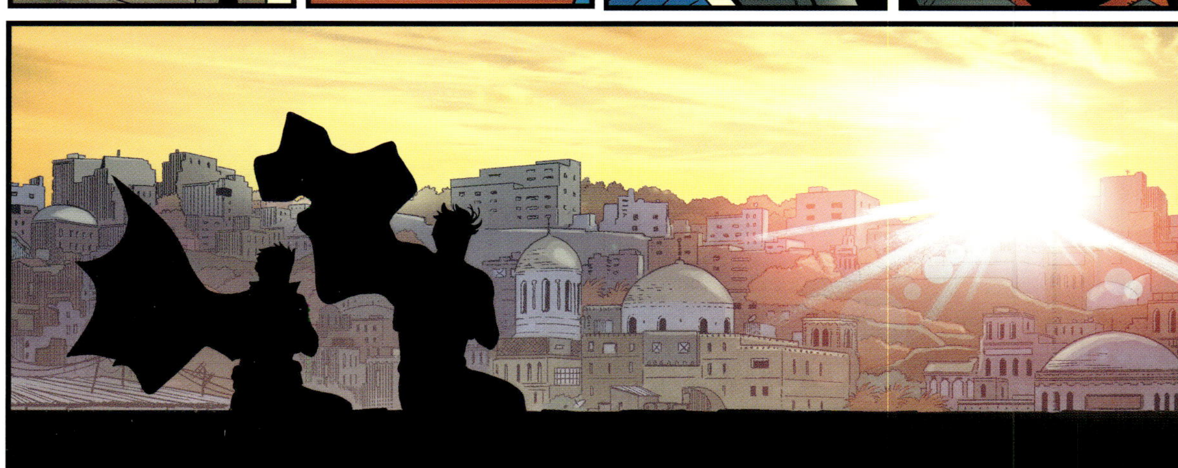

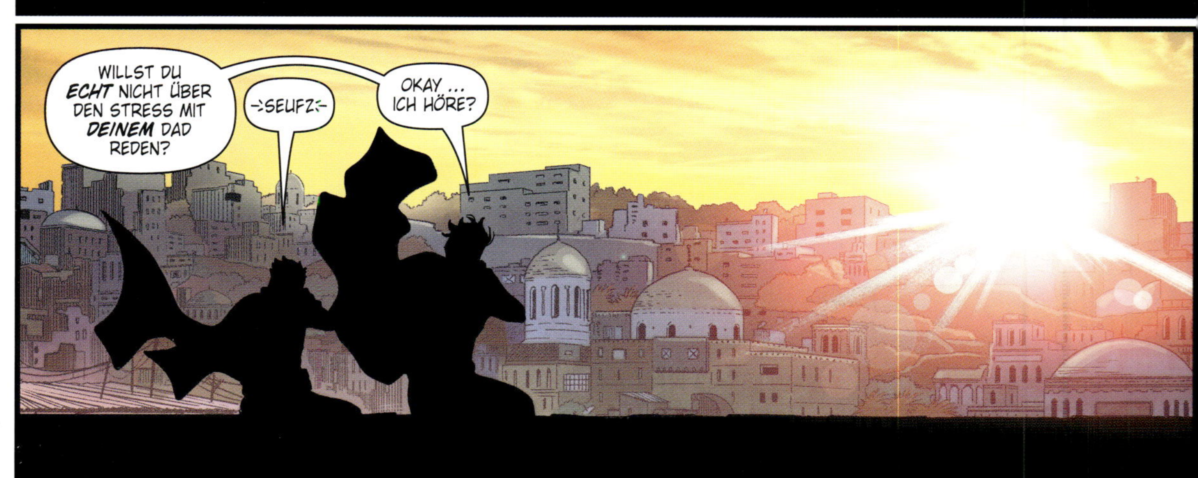
WILLST DU ECHT NICHT ÜBER DEN STRESS MIT DEINEM DAD REDEN?
-SEUFZ-
OKAY ... ICH HÖRE?

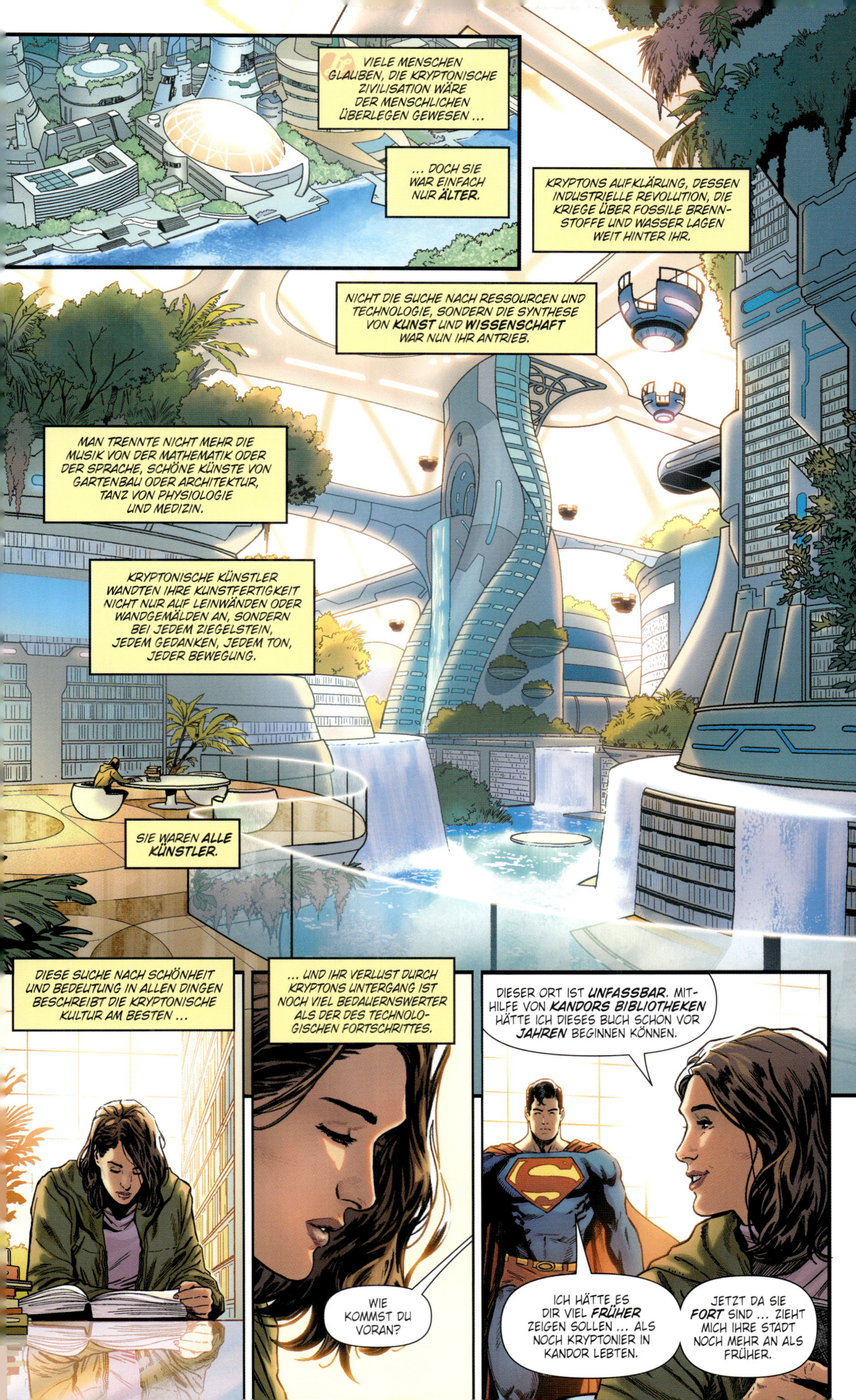
VIELE MENSCHEN GLAUBEN, DIE KRYPTONISCHE ZIVILISATION WÄRE DER MENSCHLICHEN ÜBERLEGEN GEWESEN …
… DOCH SIE WAR EINFACH NUR ÄLTER.
KRYPTONS AUFKLÄRUNG, DESSEN INDUSTRIELLE REVOLUTION, DIE KRIEGE ÜBER FOSSILE BRENNSTOFFE UND WASSER LAGEN WEIT HINTER IHR.
NICHT DIE SUCHE NACH RESSOURCEN UND TECHNOLOGIE, SONDERN DIE SYNTHESE VON KUNST UND WISSENSCHAFT WAR NUN IHR ANTRIEB.
MAN TRENNTE NICHT MEHR DIE MUSIK VON DER MATHEMATIK ODER DER SPRACHE, SCHÖNE KÜNSTE VON GARTENBAU ODER ARCHITEKTUR, TANZ VON PHYSIOLOGIE UND MEDIZIN.
KRYPTONISCHE KÜNSTLER WANDTEN IHRE KUNSTFERTIGKEIT NICHT NUR AUF LEINWÄNDEN ODER WANDGEMÄLDEN AN, SONDERN BEI JEDEM ZIEGELSTEIN, JEDEM GEDANKEN, JEDEM TON, JEDER BEWEGUNG.
SIE WAREN ALLE KÜNSTLER.
DIESE SUCHE NACH SCHÖNHEIT UND BEDEUTUNG IN ALLEN DINGEN BESCHREIBT DIE KRYPTONISCHE KULTUR AM BESTEN …
… UND IHR VERLUST DURCH KRYPTONS UNTERGANG IST NOCH VIEL BEDAUERNSWERTER ALS DER DES TECHNOLOGISCHEN FORTSCHRITTES.
WIE KOMMST DU VORAN?
DIESER ORT IST UNFASSBAR. MITHILFE VON KANDORS BIBLIOTHEKEN HÄTTE ICH DIESES BUCH SCHON VOR JAHREN BEGINNEN KÖNNEN.
ICH HÄTTE ES DIR VIEL FRÜHER ZEIGEN SOLLEN … ALS NOCH KRYPTONIER IN KANDOR LEBTEN.
JETZT DA SIE FORT SIND … ZIEHT MICH IHRE STADT NOCH MEHR AN ALS FRÜHER.

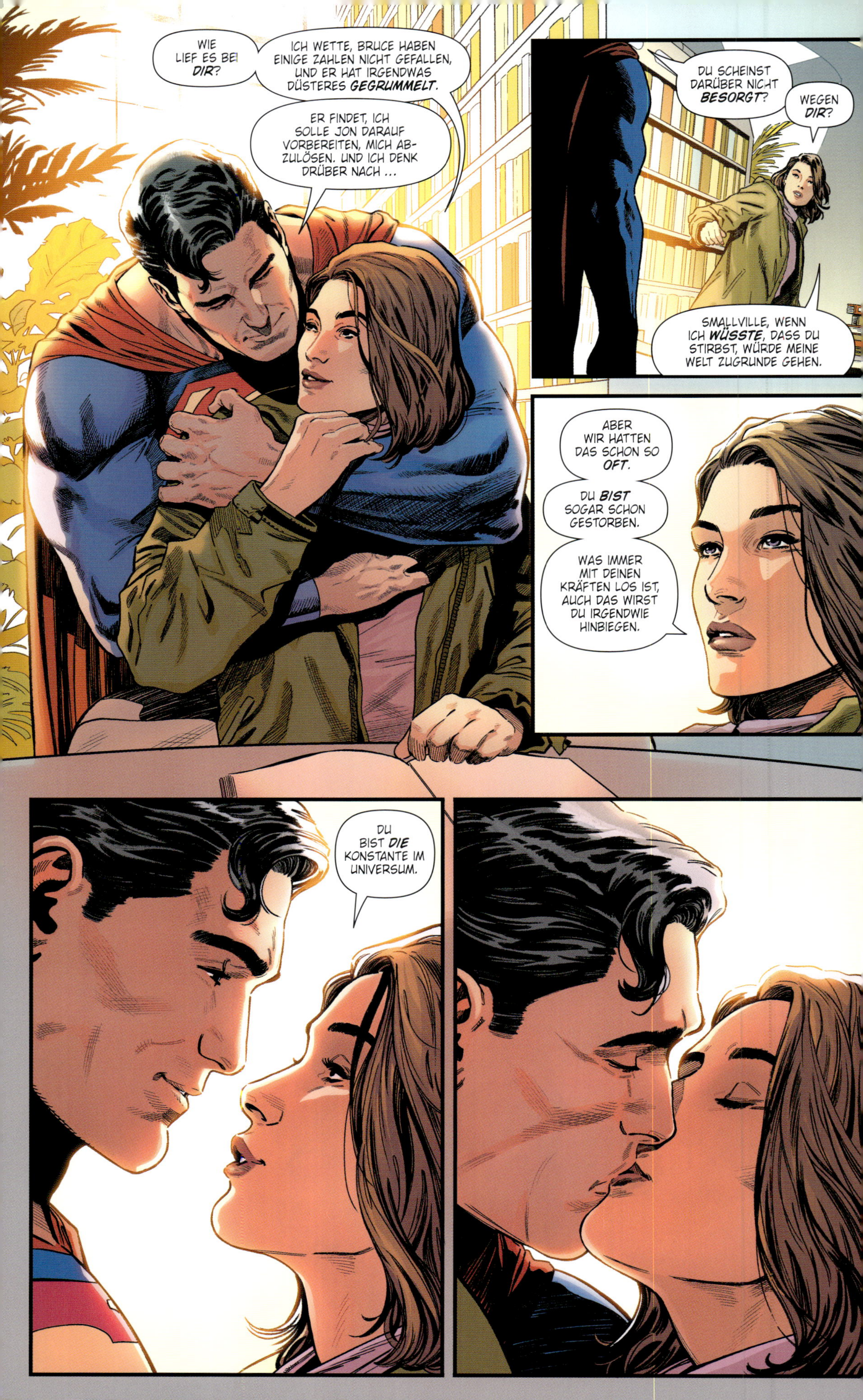

WIE LIEF ES BEI DIR?
ICH WETTE, BRUCE HABEN EINIGE ZAHLEN NICHT GEFALLEN, UND ER HAT IRGENDWAS DÜSTERES GEGRUMMELT.
ER FINDET, ICH SOLLE JON DARAUF VORBEREITEN, MICH ABZULÖSEN. UND ICH DENK DRÜBER NACH ...
DU SCHEINST DARÜBER NICHT BESORGT?
WEGEN DIR?
SMALLVILLE, WENN ICH WÜSSTE, DASS DU STIRBST, WÜRDE MEINE WELT ZUGRUNDE GEHEN.
ABER WIR HATTEN DAS SCHON SO OFT.
DU BIST SOGAR SCHON GESTORBEN.
WAS IMMER MIT DEINEN KRÄFTEN LOS IST, AUCH DAS WIRST DU IRGENDWIE HINBIEGEN.
DU BIST DIE KONSTANTE IM UNIVERSUM.

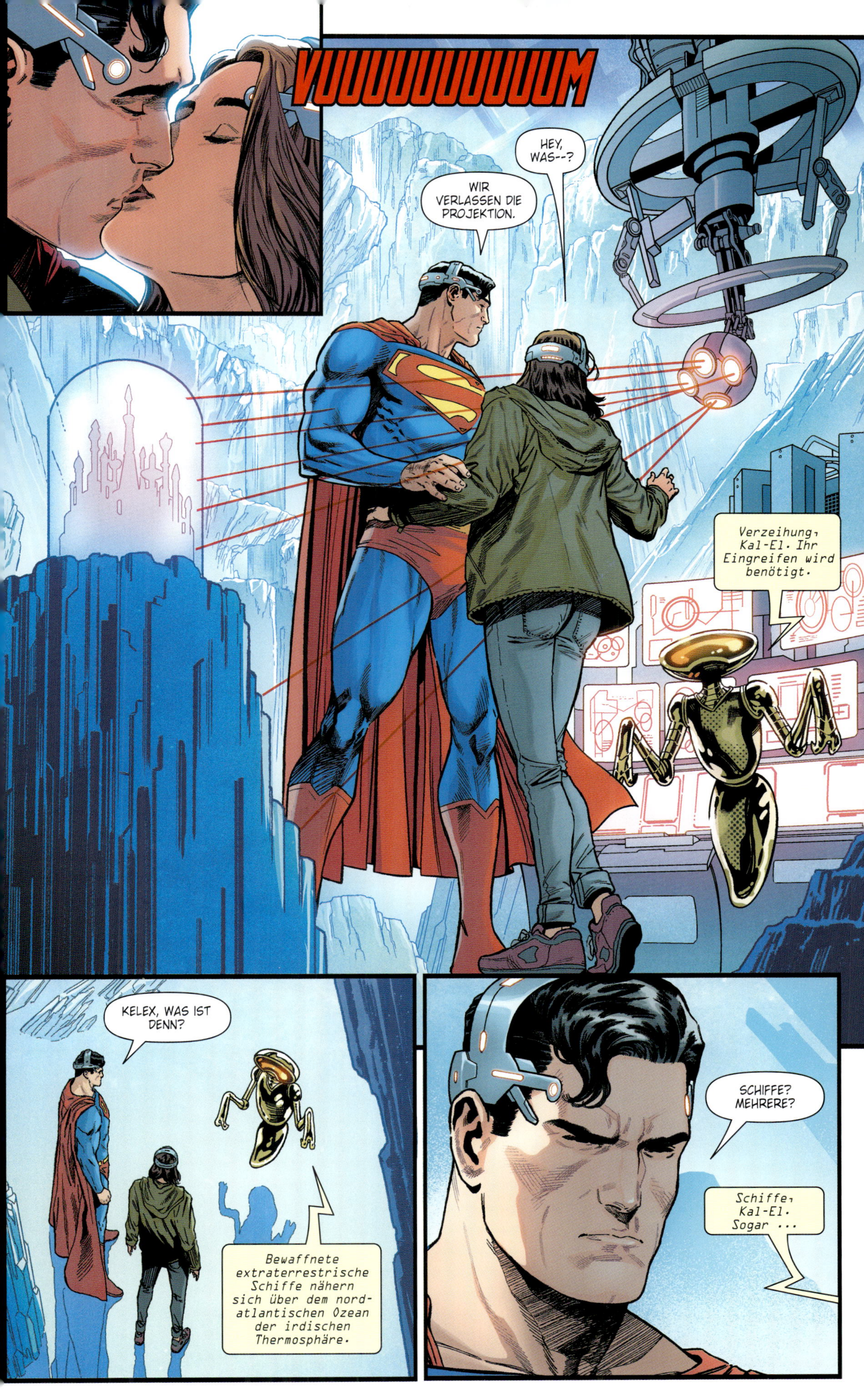
VUUUUUUUUUUM
WIR VERLASSEN DIE PROJEKTION.
HEY, WAS--?
Verzeihung, Kal-El. Ihr Eingreifen wird benötigt.
KELEX, WAS IST DENN?
Bewaffnete extraterrestrische Schiffe nähern sich über dem nord-atlantischen Ozean der irdischen Thermosphäre.
SCHIFFE? MEHRERE?
Schiffe, Kal-El. Sogar ...

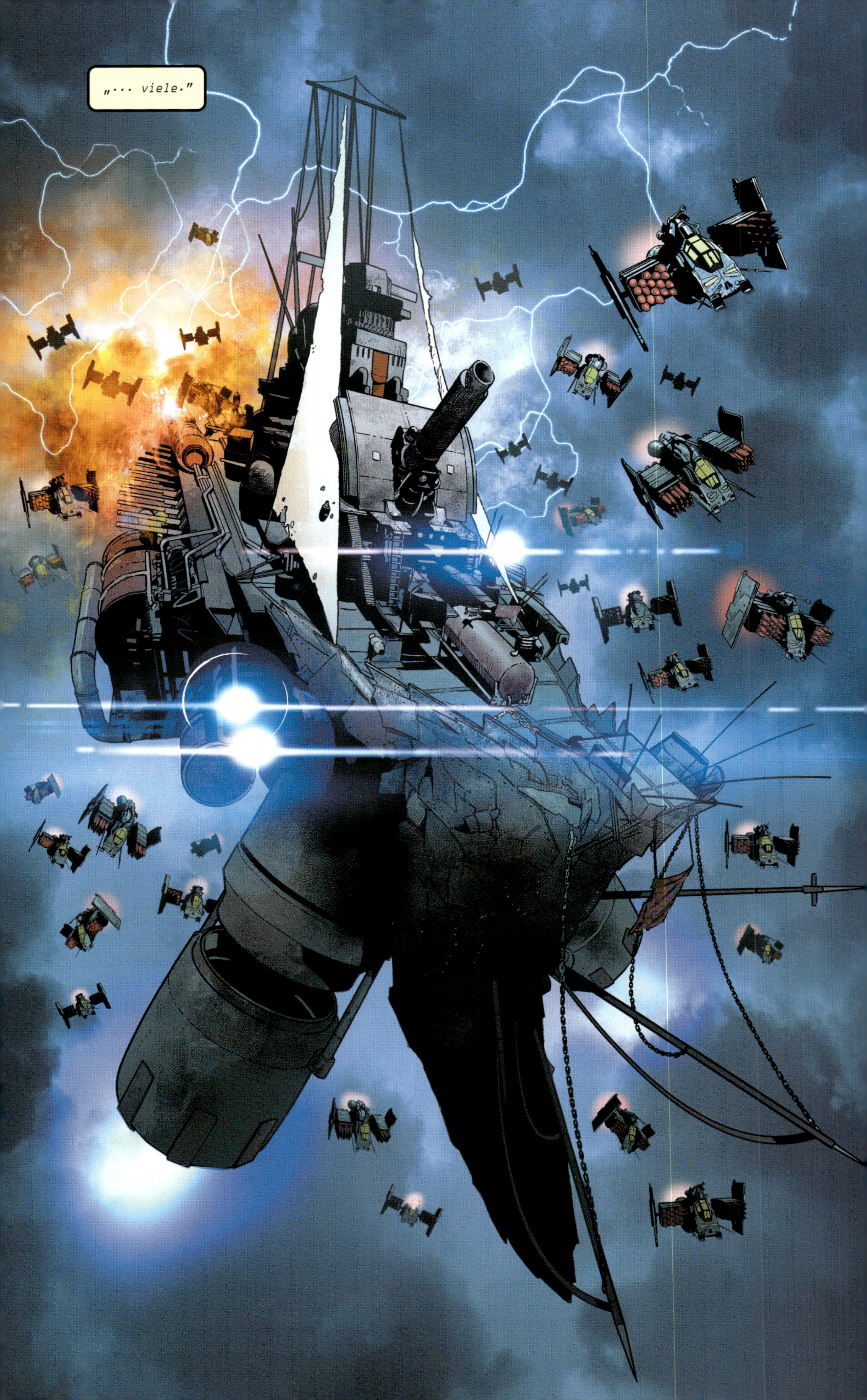
„... viele."

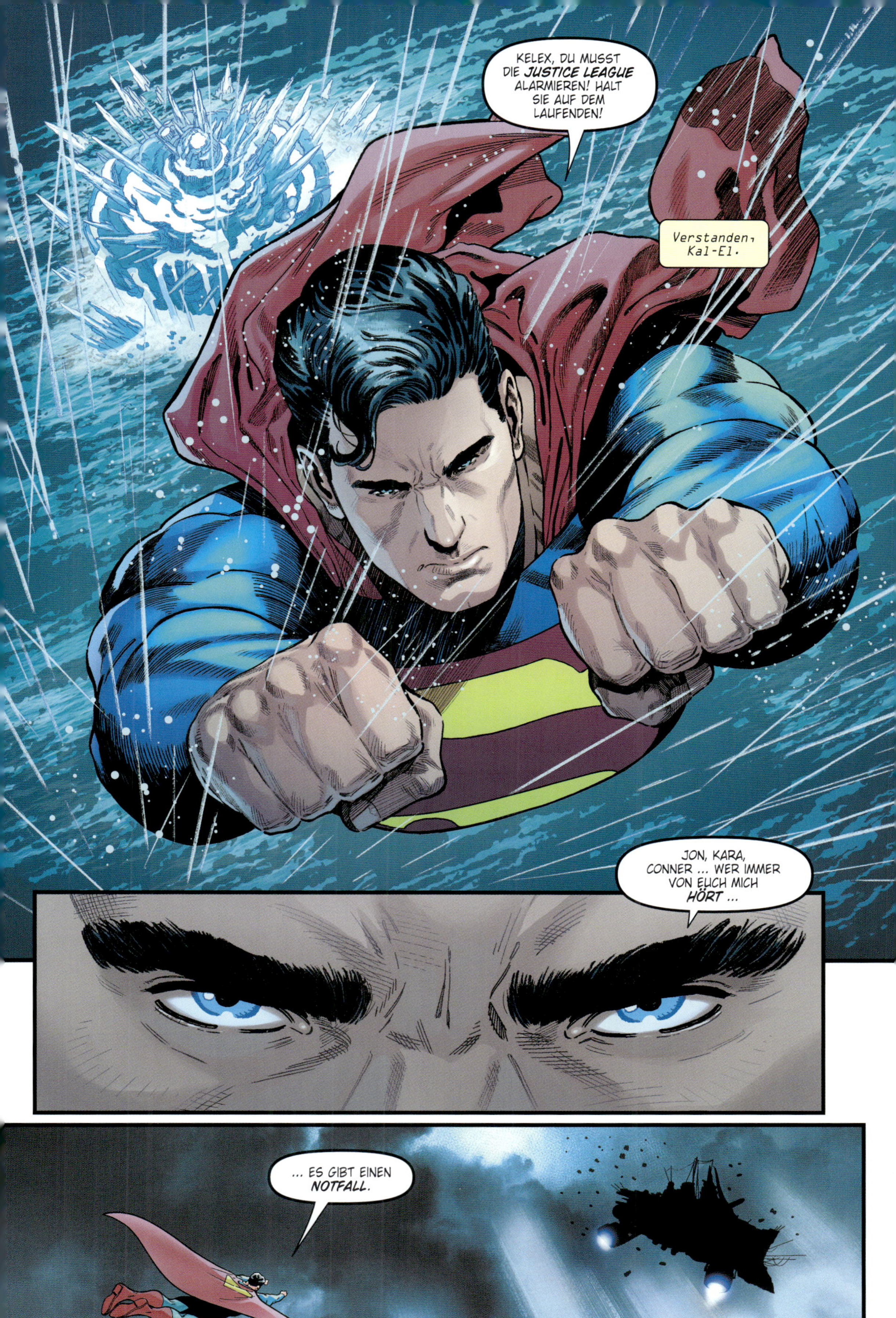
KELEX, DU MUSST DIE JUSTICE LEAGUE ALARMIEREN! HALT SIE AUF DEM LAUFENDEN!
Verstanden, Kal-El.
JON, KARA, CONNER ... WER IMMER VON EUCH MICH HÖRT ...
... ES GIBT EINEN NOTFALL.

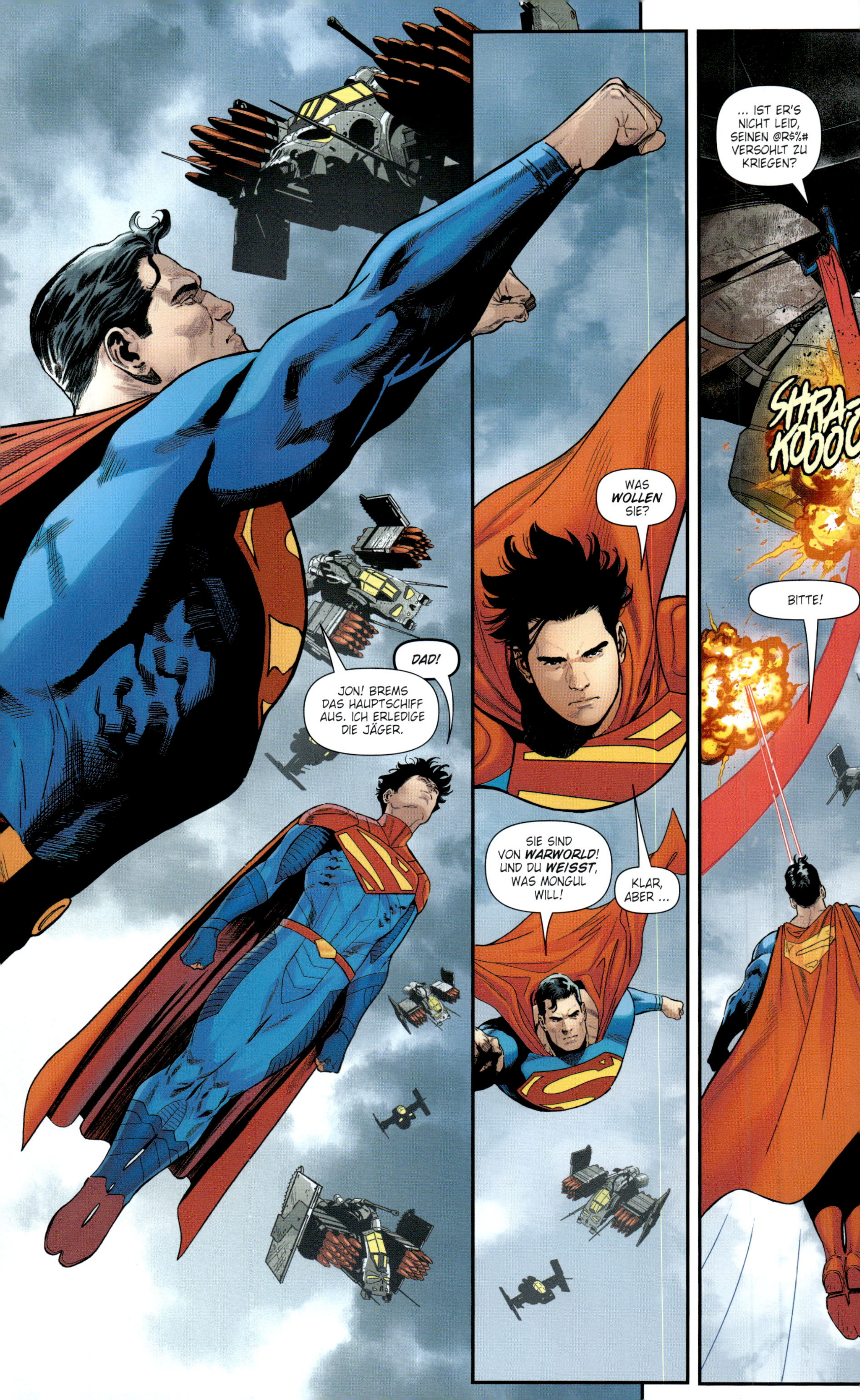
DAD!
JON! BREMS DAS HAUPTSCHIFF AUS. ICH ERLEDIGE DIE JÄGER.
WAS **WOLLEN** SIE?
SIE SIND VON **WARWORLD**! UND DU **WEISST**, WAS MONGUL WILL!
KLAR, ABER …
… IST ER'S NICHT LEID, SEINEN @R$%# VERSOHLT ZU KRIEGEN?
SHRA-KOOO
BITTE!

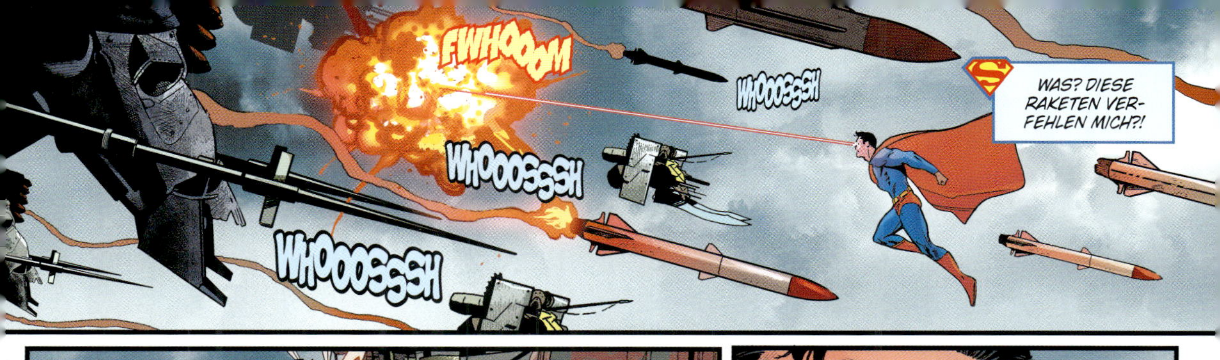

FWHOOOM
WHOOOSSSH
WHOOOSSSH
WAS? DIESE RAKETEN VERFEHLEN MICH?!

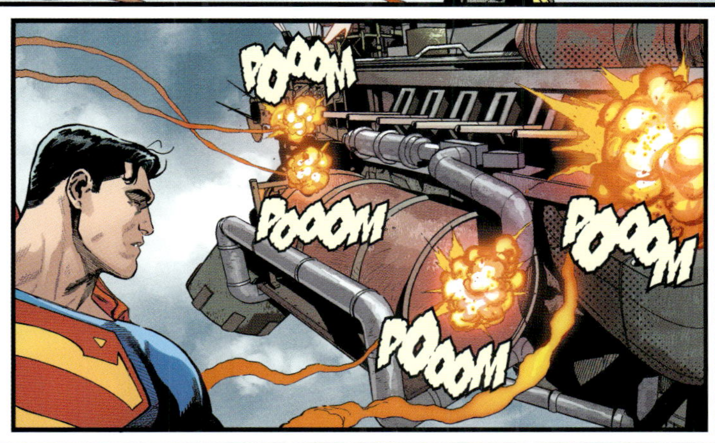

POOOM
POOOM
POOOM
POOOM

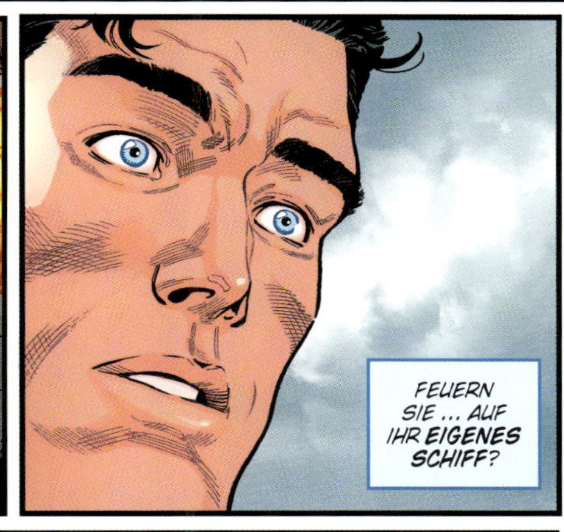

FEUERN SIE ... AUF IHR **EIGENES** SCHIFF?

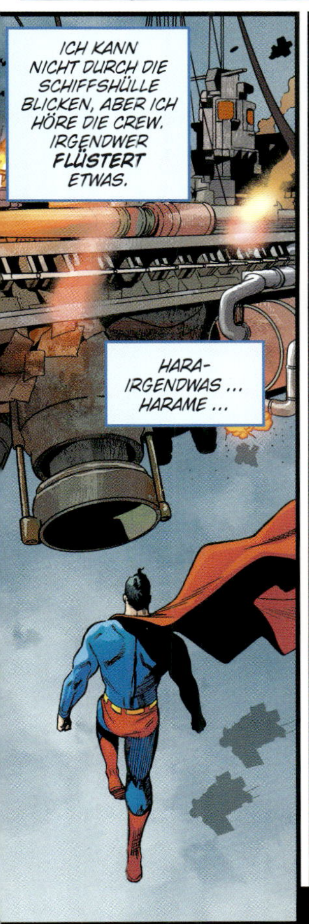

ICH KANN NICHT DURCH DIE SCHIFFSHÜLLE BLICKEN, ABER ICH HÖRE DIE CREW. IRGENDWER **FLÜSTERT** ETWAS.
HARA-IRGENDWAS ... HARAME ...

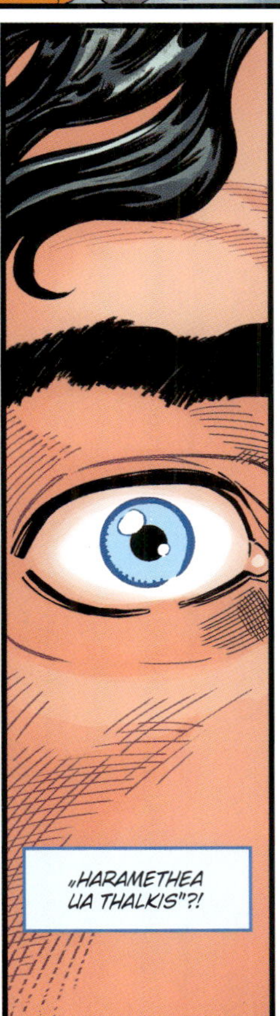

„HARAMETHEA UA THALKIS“?!

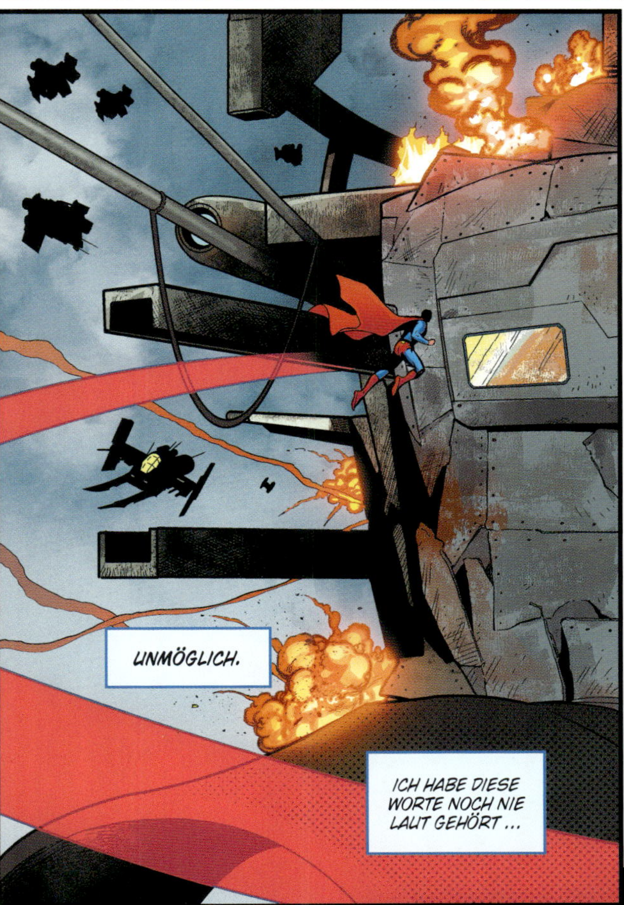

UNMÖGLICH.
ICH HABE DIESE WORTE NOCH NIE LAUT GEHÖRT ...

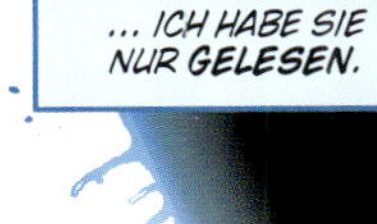

... ICH HABE SIE NUR **GELESEN.**
IN EINEM **GEBET** ...

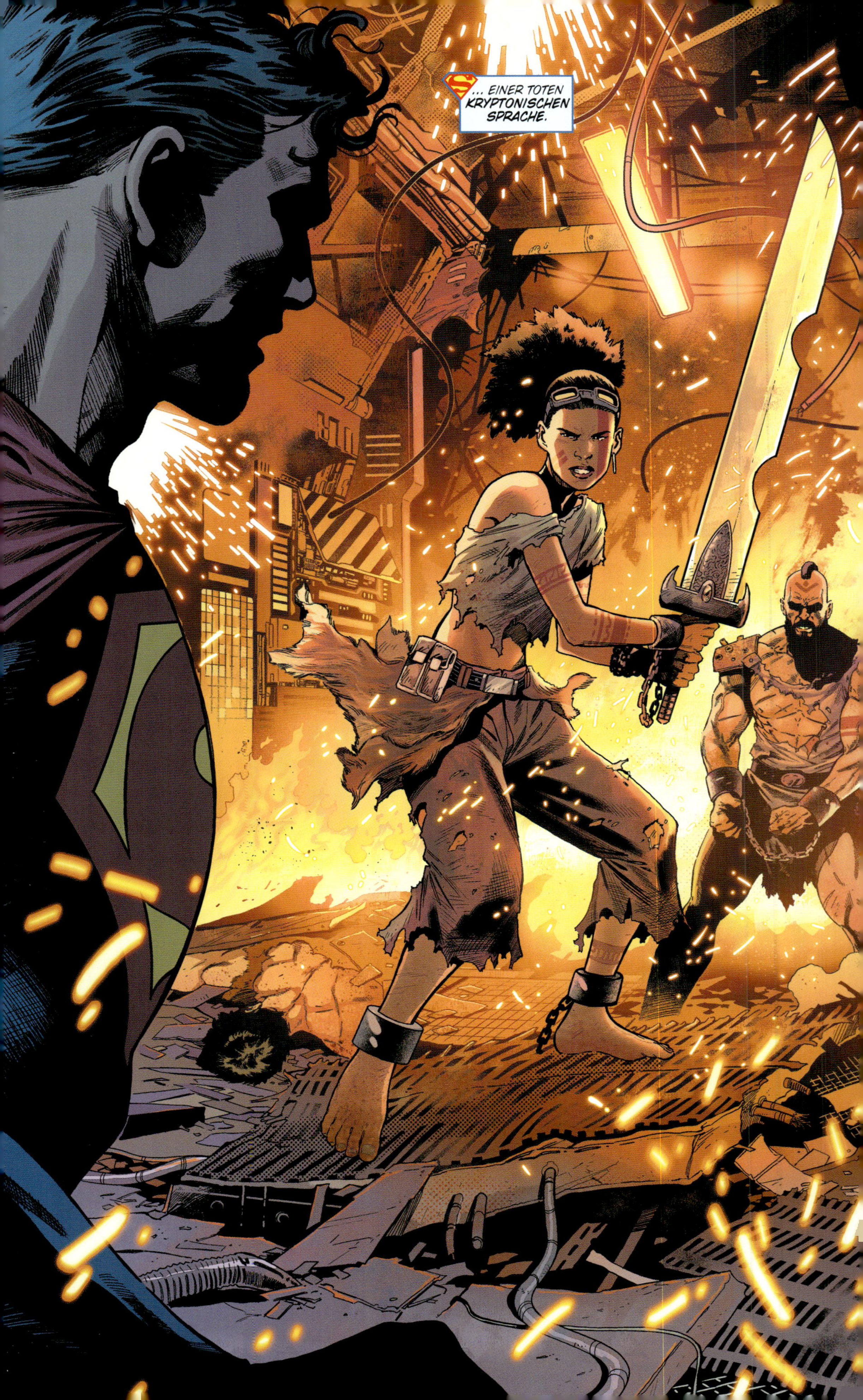
... EINER TOTEN KRYPTONISCHEN SPRACHE.

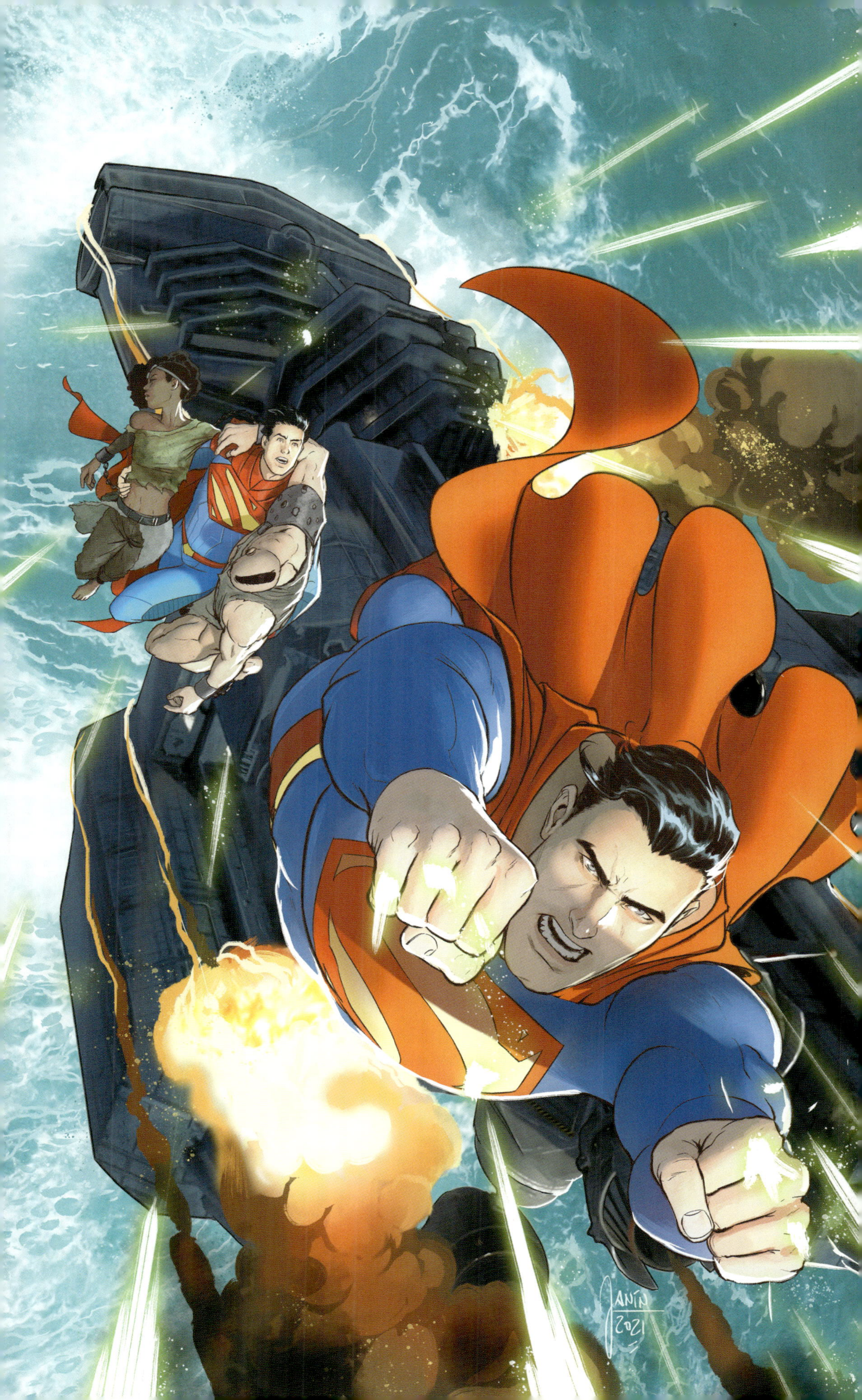
Janín
2021

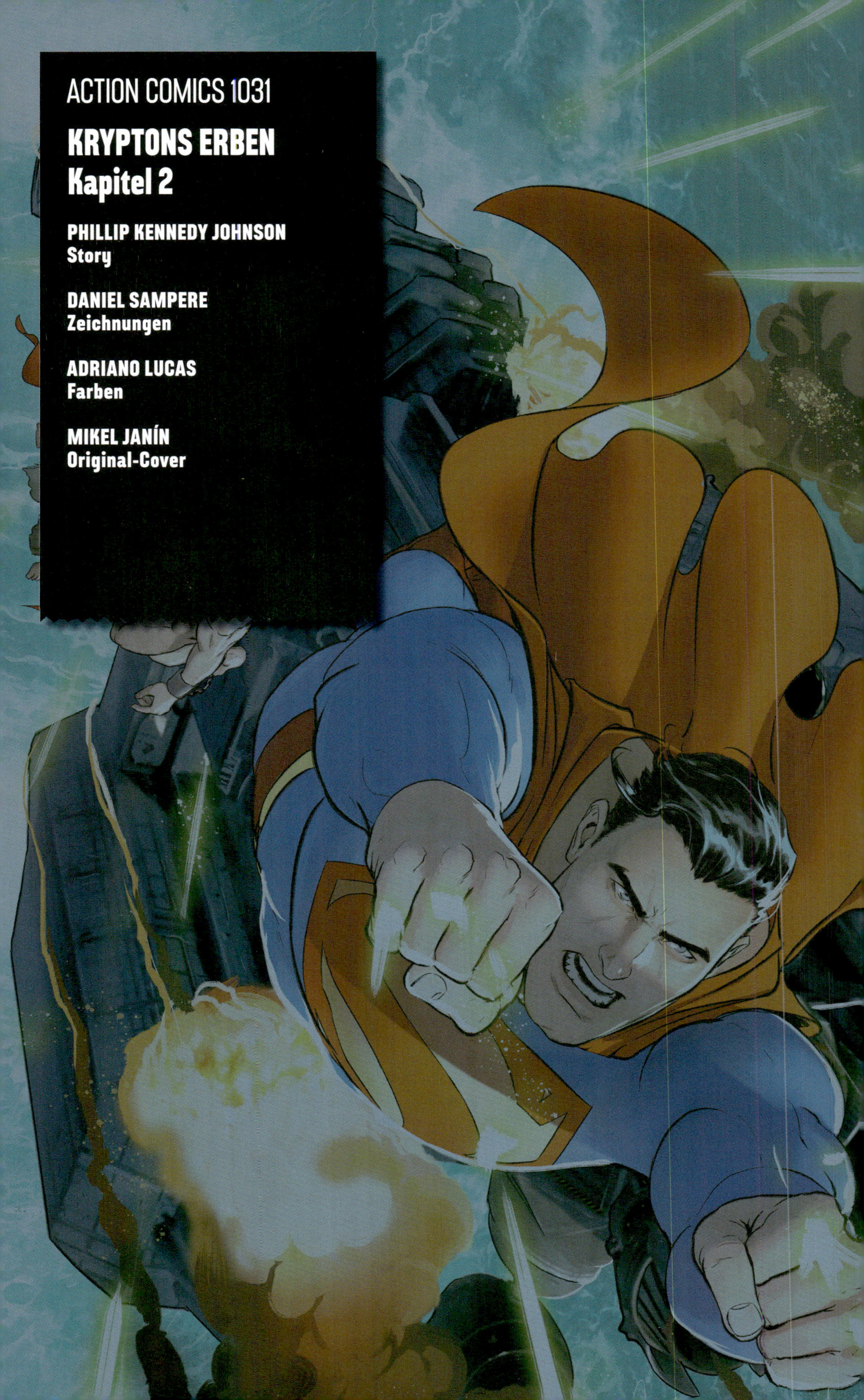
ACTION COMICS 1031
KRYPTONS ERBEN
Kapitel 2
PHILLIP KENNEDY JOHNSON
Story
DANIEL SAMPERE
Zeichnungen
ADRIANO LUCAS
Farben
MIKEL JANÍN
Original-Cover

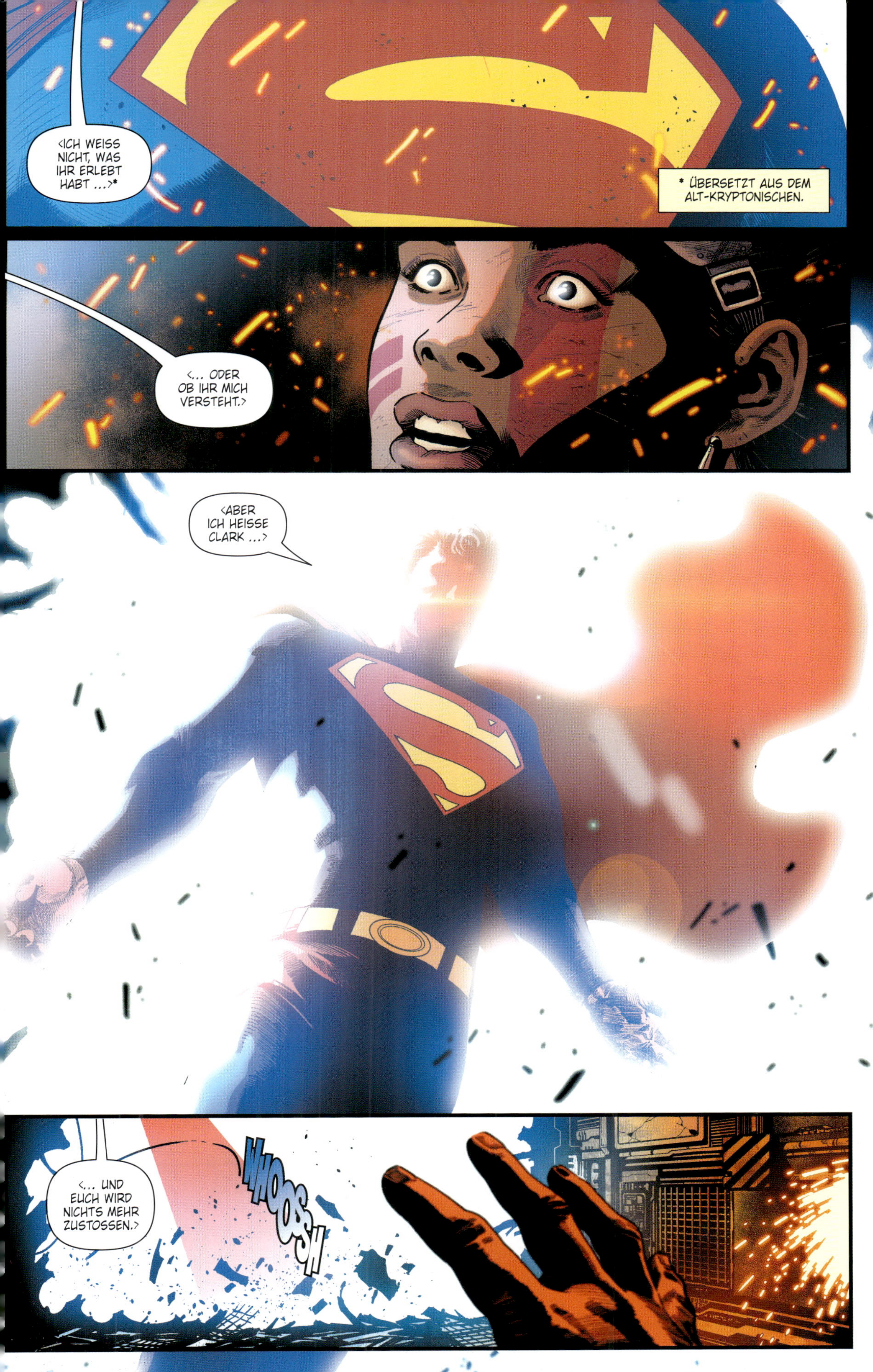
<ICH WEISS NICHT, WAS IHR ERLEBT HABT ...>*
* ÜBERSETZT AUS DEM ALT-KRYPTONISCHEN.
<... ODER OB IHR MICH VERSTEHT.>
<ABER ICH HEISSE CLARK ...>
<... UND EUCH WIRD NICHTS MEHR ZUSTOSSEN.>
WHOOOSH

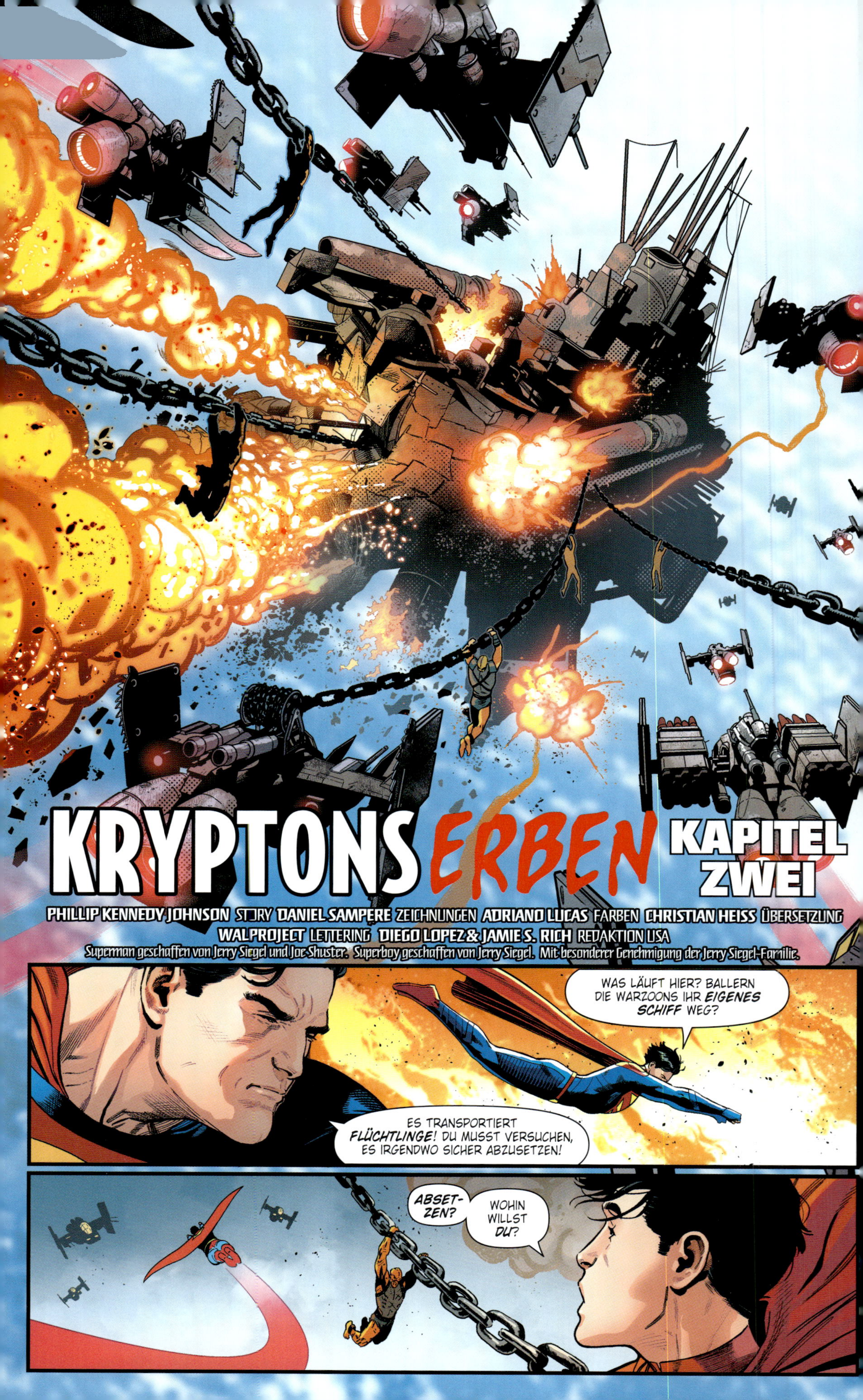
KRYPTONS ERBEN KAPITEL ZWEI
PHILLIP KENNEDY JOHNSON STORY DANIEL SAMPERE ZEICHNUNGEN ADRIANO LUCAS FARBEN CHRISTIAN HEISS ÜBERSETZUNG
WALPROJECT LETTERING DIEGO LOPEZ & JAMIE S. RICH REDAKTION USA
Superman geschaffen von Jerry Siegel und Joe Shuster. Superboy geschaffen von Jerry Siegel. Mit besonderer Genehmigung der Jerry Siegel-Familie.
WAS LÄUFT HIER? BALLERN DIE WARZOONS IHR EIGENES SCHIFF WEG?
ES TRANSPORTIERT FLÜCHTLINGE! DU MUSST VERSUCHEN, ES IRGENDWO SICHER ABZUSETZEN!
ABSET-ZEN?
WOHIN WILLST DU?

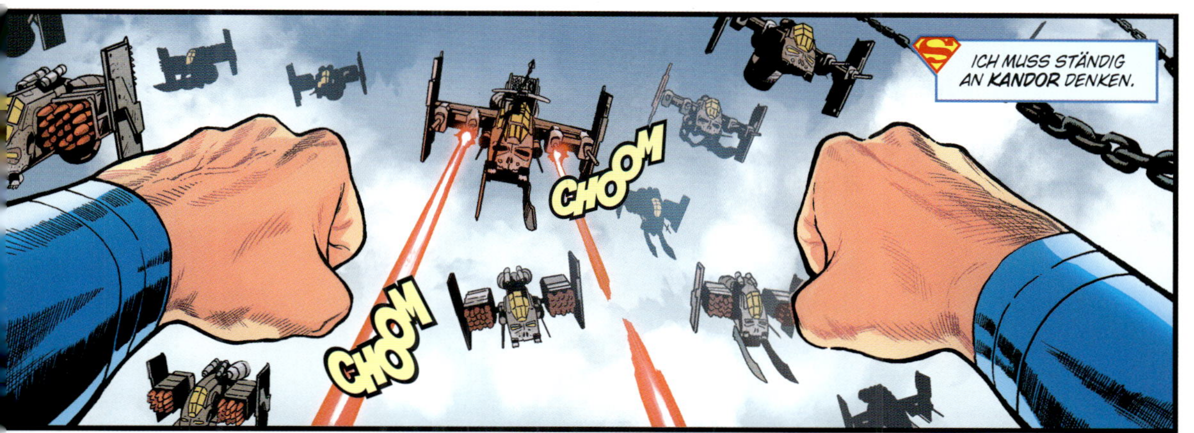
ICH MUSS STÄNDIG AN KANDOR DENKEN.
CHOOM
CHOOM

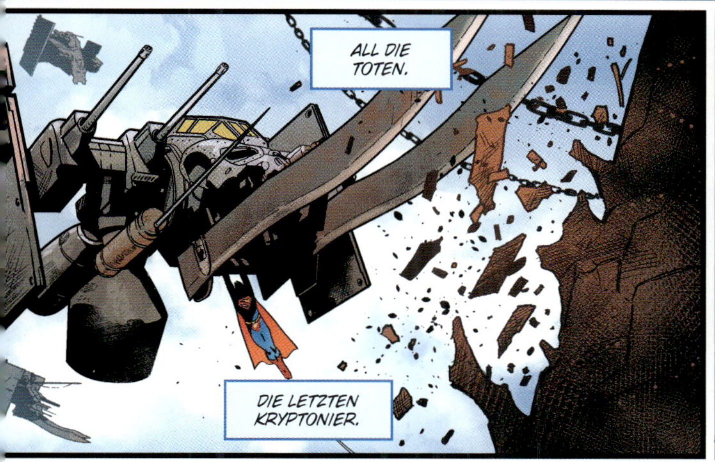
ALL DIE TOTEN.
DIE LETZTEN KRYPTONIER.

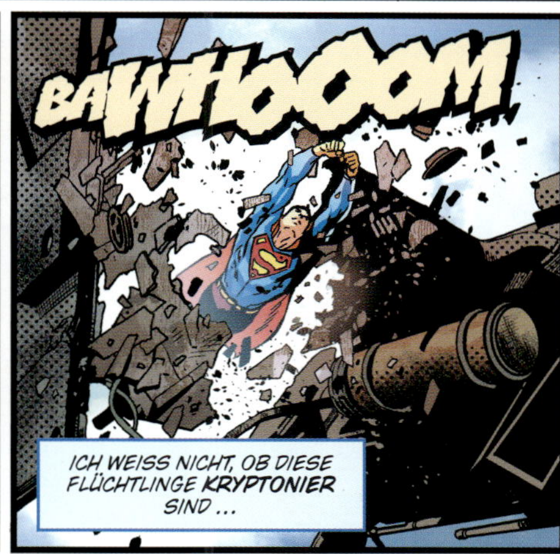
BAWHOOOM
ICH WEISS NICHT, OB DIESE FLÜCHTLINGE KRYPTONIER SIND ...

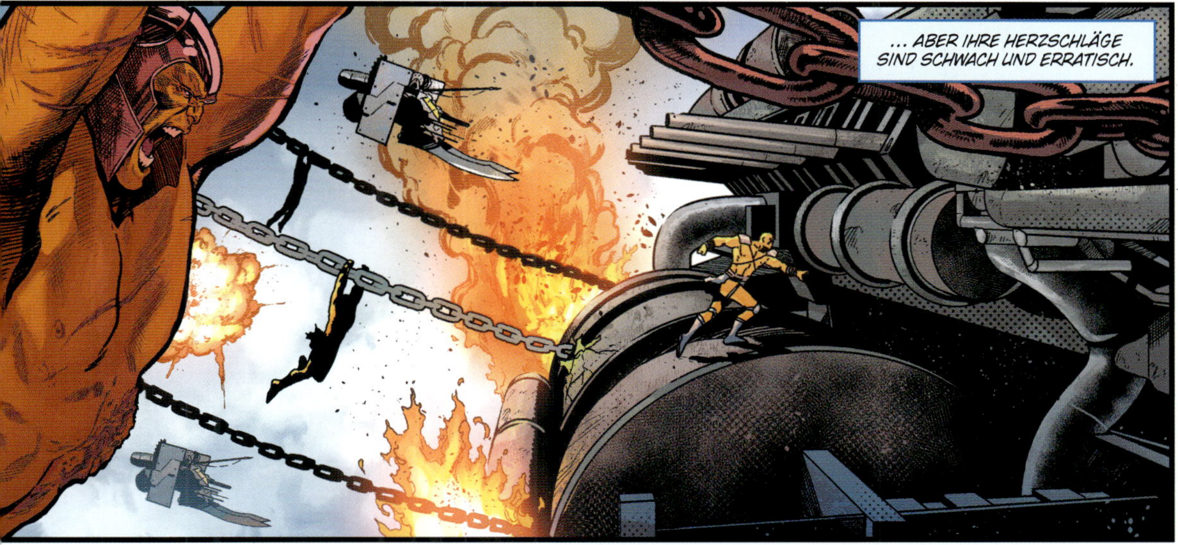
... ABER IHRE HERZSCHLÄGE SIND SCHWACH UND ERRATISCH.

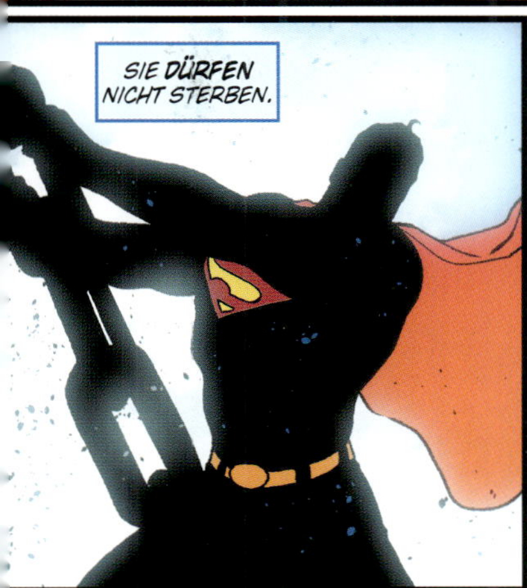
SIE DÜRFEN NICHT STERBEN.

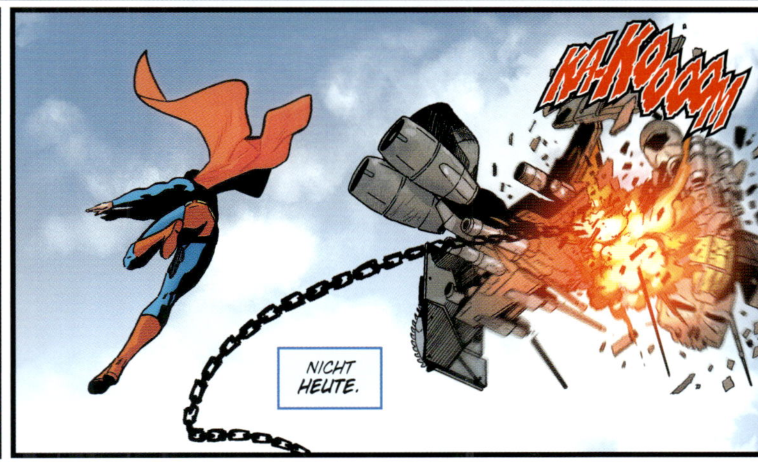
KA-KOOOM
NICHT HEUTE.

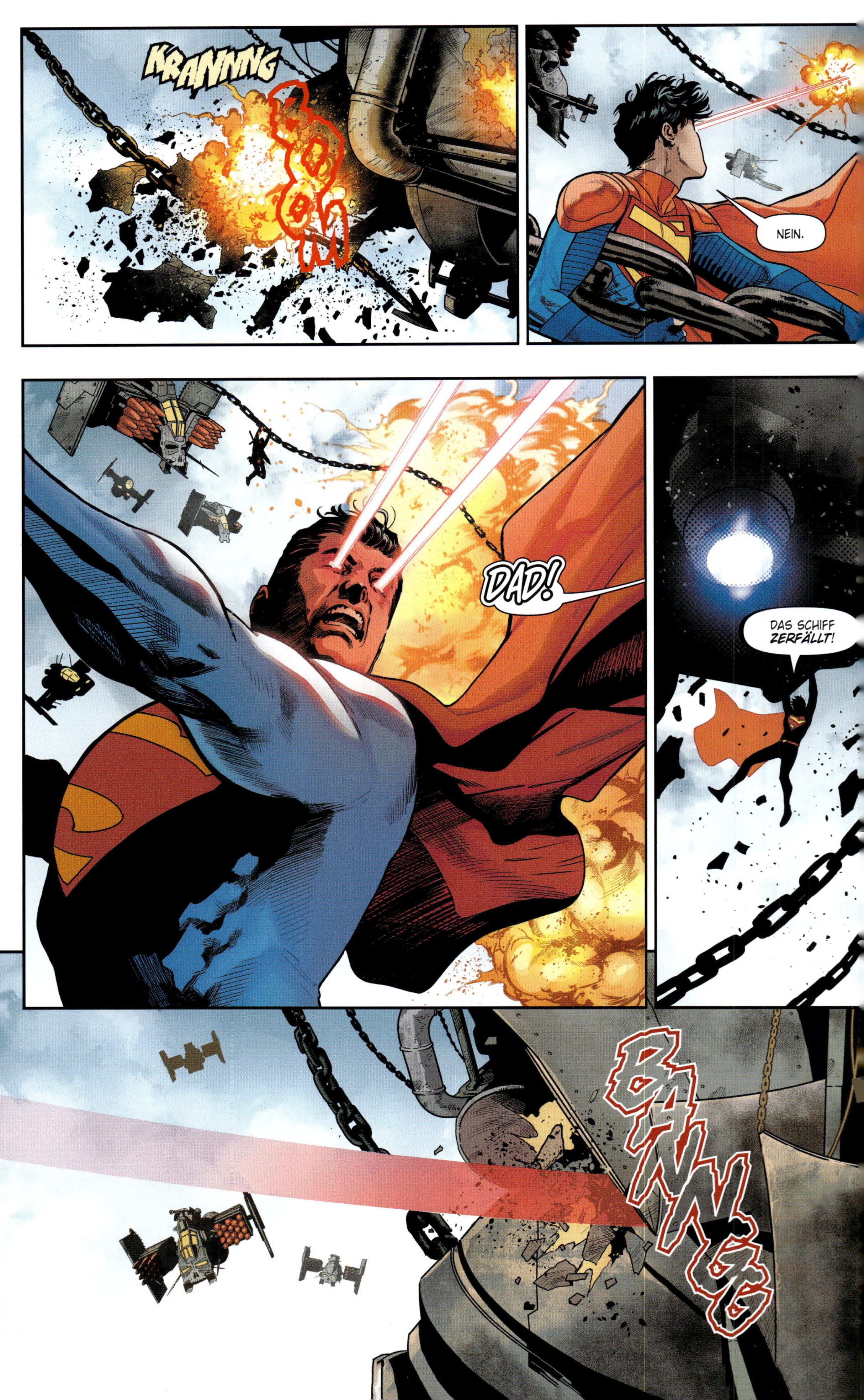
KRANNNG
BOOM
NEIN.
DAD!
DAS SCHIFF ZERFÄLLT!
BANNG

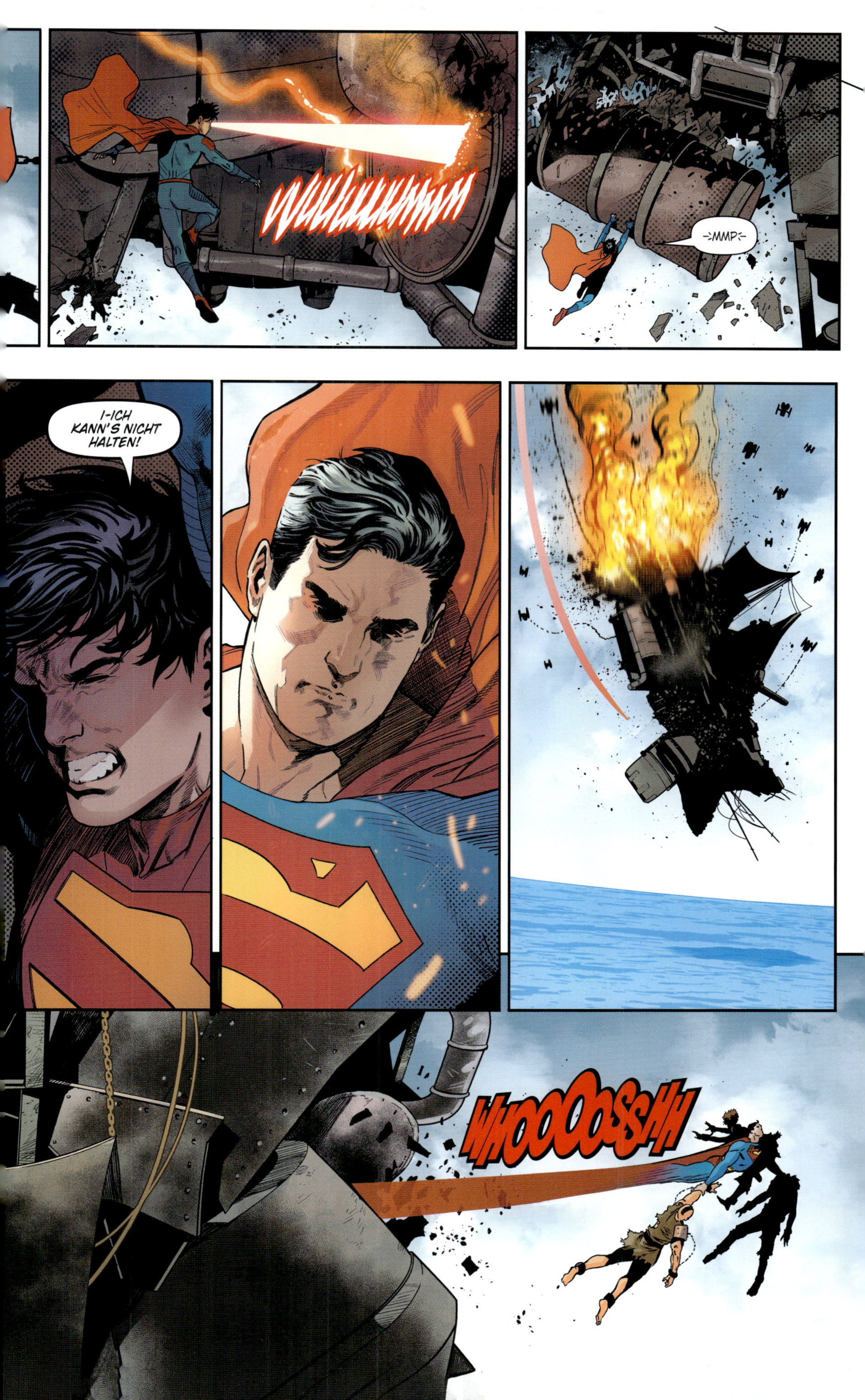
WUUUUUMMM
-MMP-
I-ICH KANN'S NICHT HALTEN!
WHOOOOSSHH

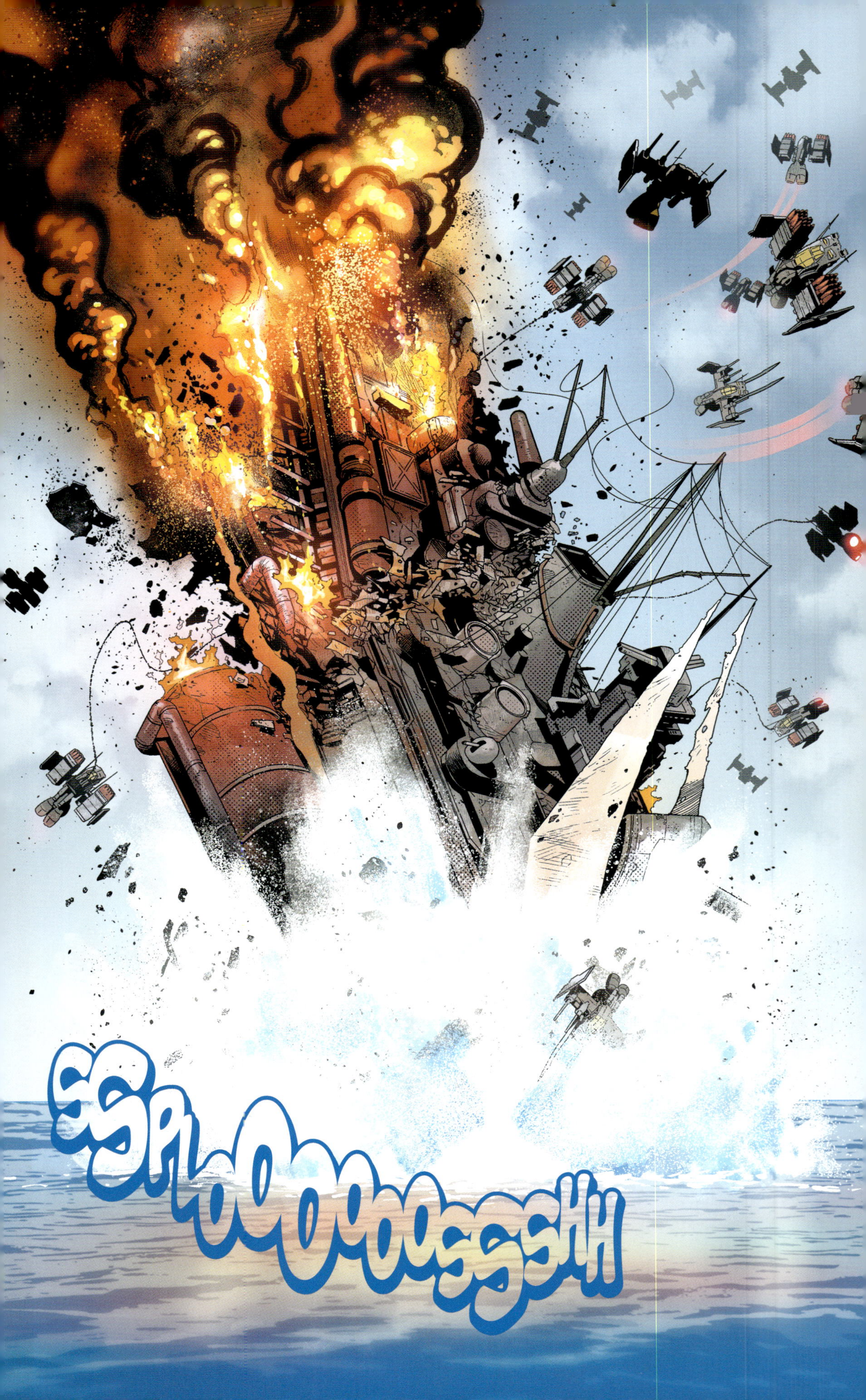
SSPLOOOOOOSSSH

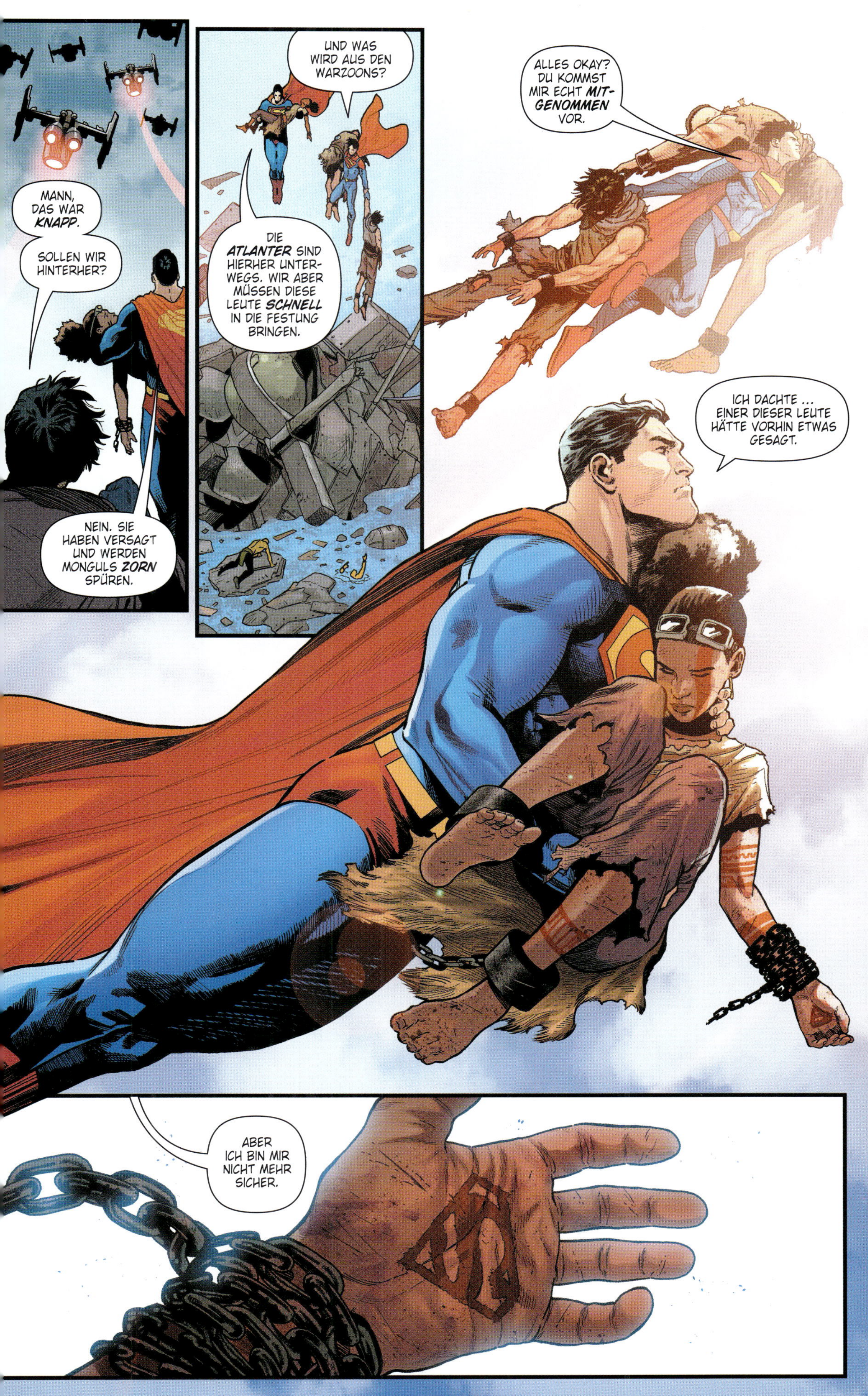
MANN, DAS WAR KNAPP.
SOLLEN WIR HINTERHER?
NEIN. SIE HABEN VERSAGT UND WERDEN MONGULS ZORN SPÜREN.
UND WAS WIRD AUS DEN WARZOONS?
DIE ATLANTER SIND HIERHER UNTERWEGS. WIR ABER MÜSSEN DIESE LEUTE SCHNELL IN DIE FESTUNG BRINGEN.
ALLES OKAY? DU KOMMST MIR ECHT MITGENOMMEN VOR.
ICH DACHTE ... EINER DIESER LEUTE HÄTTE VORHIN ETWAS GESAGT.
ABER ICH BIN MIR NICHT MEHR SICHER.

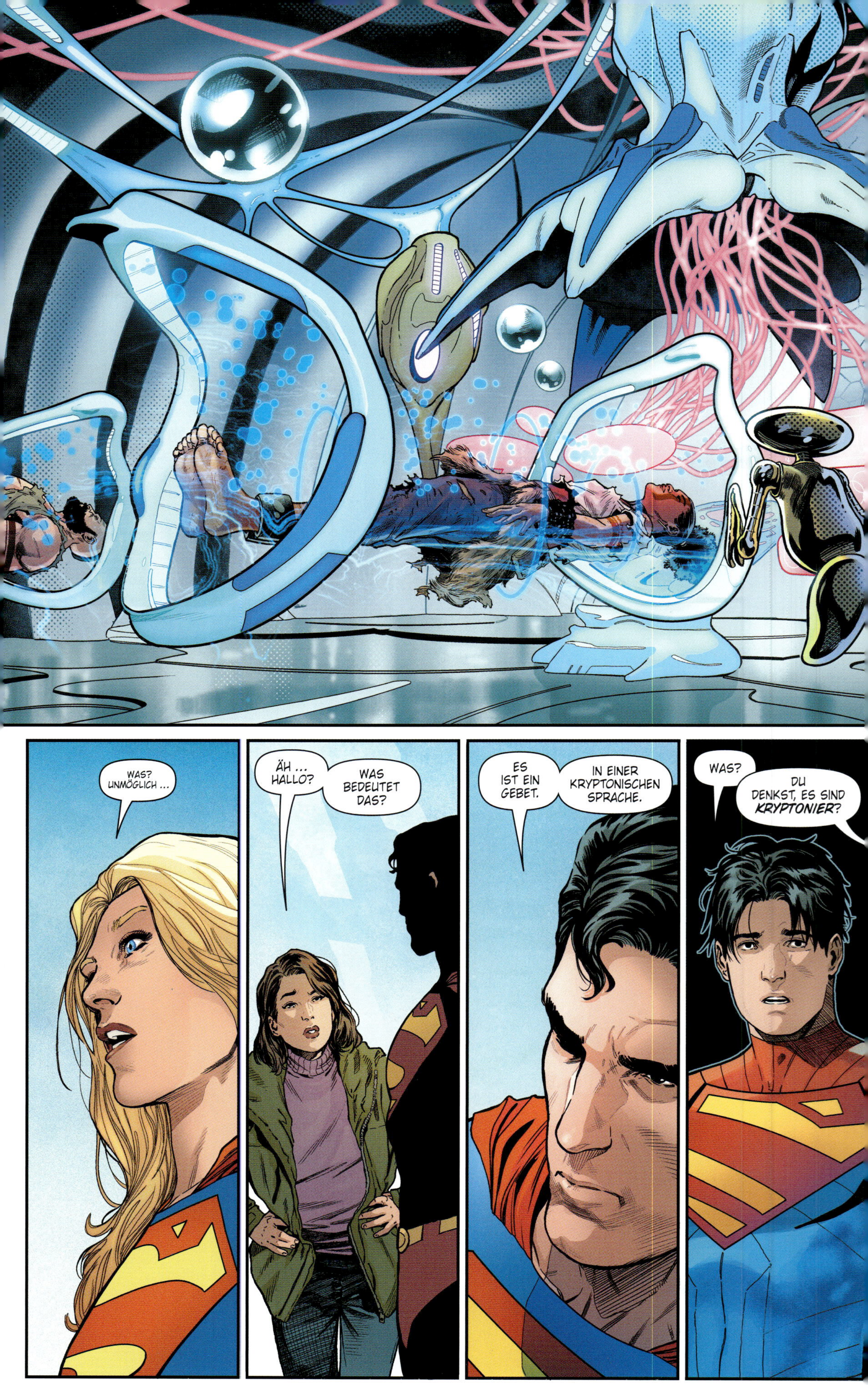

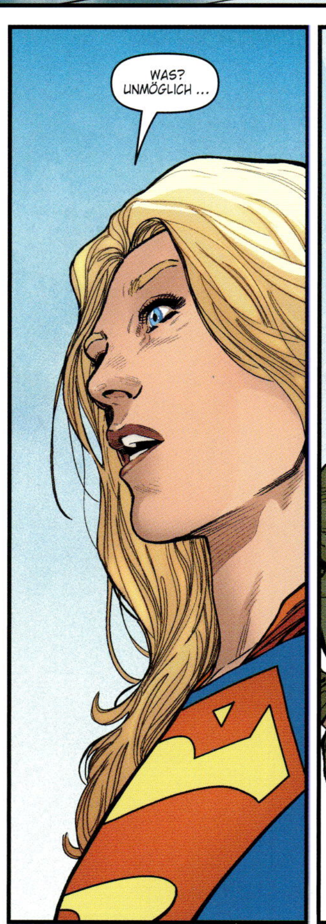
WAS? UNMÖGLICH ...

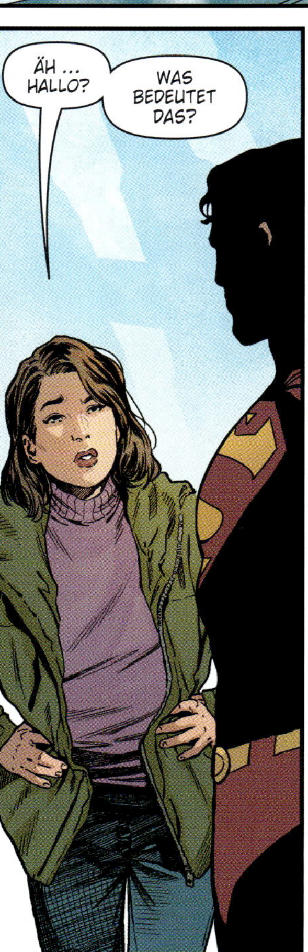
ÄH ... HALLO?
WAS BEDEUTET DAS?

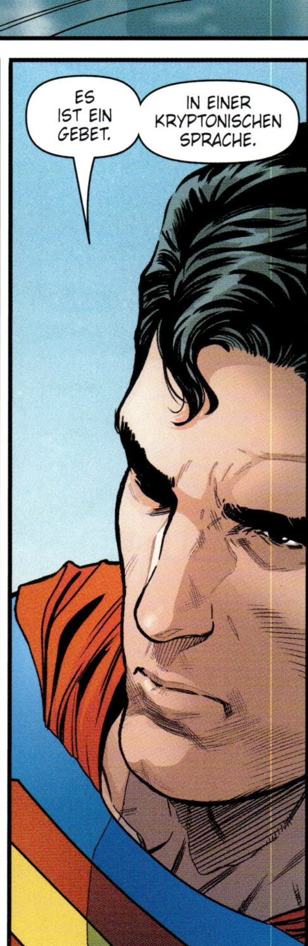
ES IST EIN GEBET.
IN EINER KRYPTONISCHEN SPRACHE.

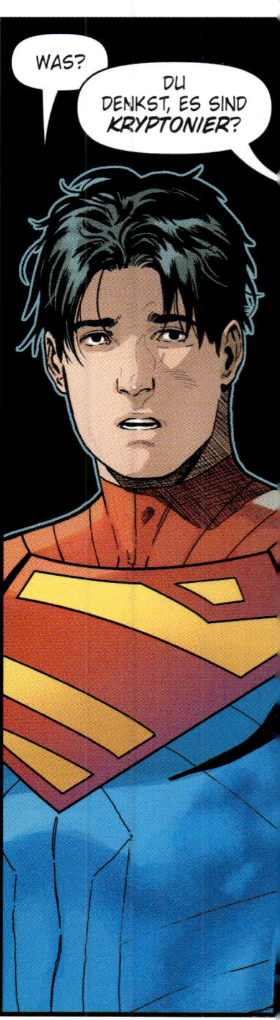
WAS?
DU DENKST, ES SIND *KRYPTONIER*?

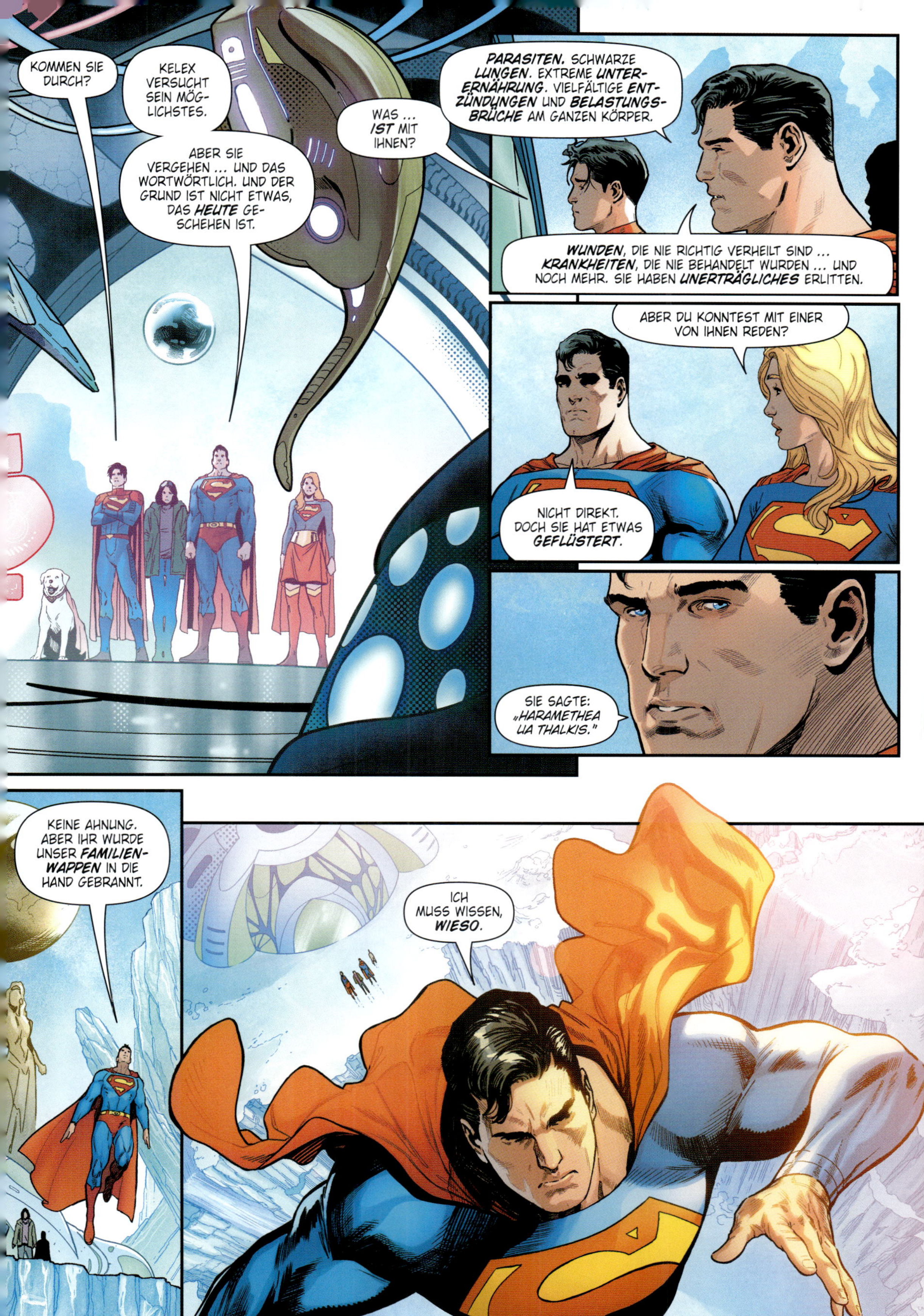
KOMMEN SIE DURCH?
KELEX VERSUCHT SEIN MÖG-LICHSTES.
ABER SIE VERGEHEN ... UND DAS WORTWÖRTLICH. UND DER GRUND IST NICHT ETWAS, DAS HEUTE GE-SCHEHEN IST.
WAS ... IST MIT IHNEN?
PARASITEN. SCHWARZE LUNGEN. EXTREME UNTER-ERNÄHRUNG. VIELFÄLTIGE ENT-ZÜNDUNGEN UND BELASTUNGS-BRÜCHE AM GANZEN KÖRPER.
WUNDEN, DIE NIE RICHTIG VERHEILT SIND ... KRANKHEITEN, DIE NIE BEHANDELT WURDEN ... UND NOCH MEHR. SIE HABEN UNERTRÄGLICHES ERLITTEN.
ABER DU KONNTEST MIT EINER VON IHNEN REDEN?
NICHT DIREKT. DOCH SIE HAT ETWAS GEFLÜSTERT.
SIE SAGTE: „HARAMETHEA UA THALKIS."
KEINE AHNUNG. ABER IHR WURDE UNSER FAMILIEN-WAPPEN IN DIE HAND GEBRANNT.
ICH MUSS WISSEN, WIESO.
„ANTWORTEN ...?"

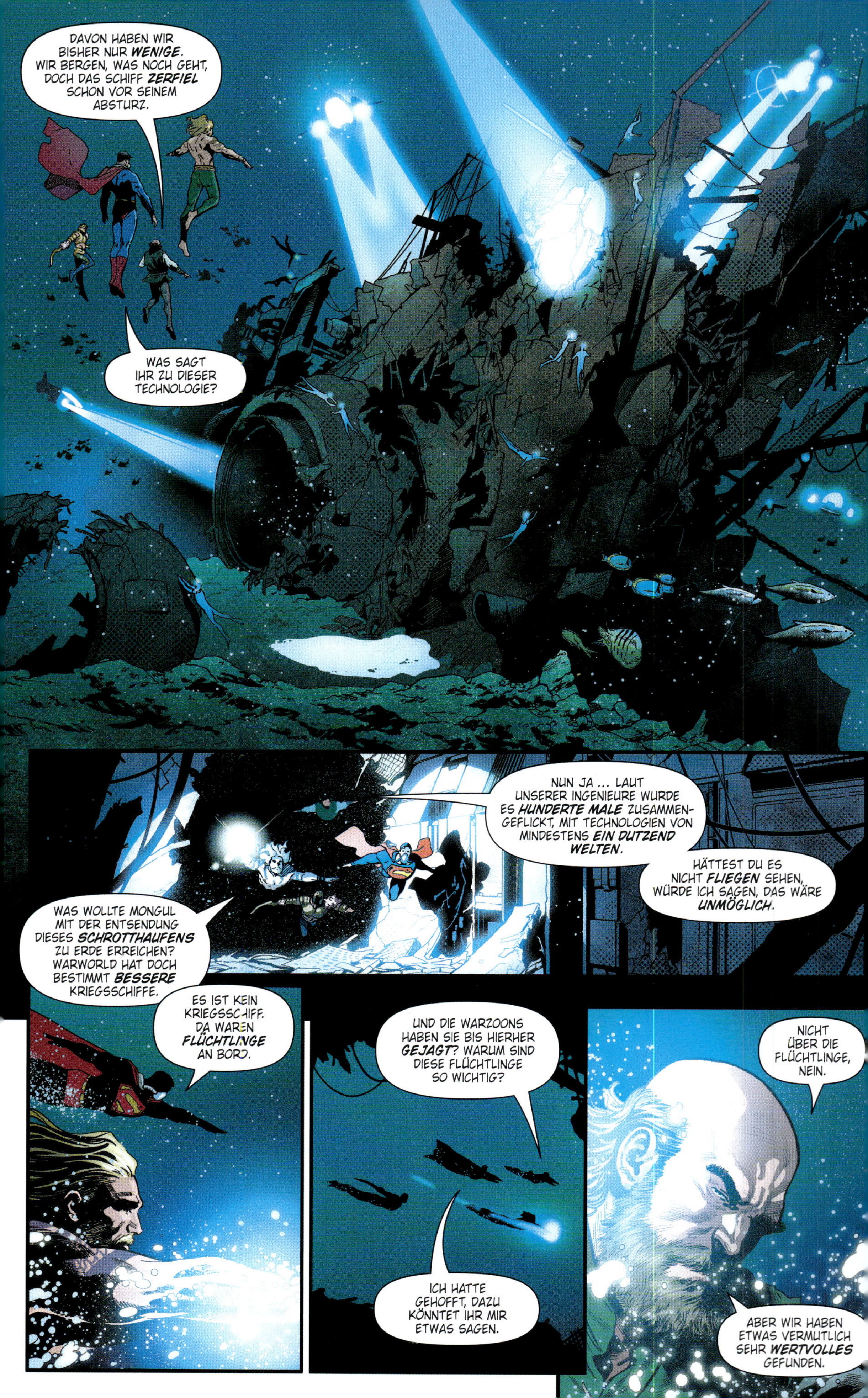
DAVON HABEN WIR BISHER NUR WENIGE. WIR BERGEN, WAS NOCH GEHT, DOCH DAS SCHIFF ZERFIEL SCHON VOR SEINEM ABSTURZ.
WAS SAGT IHR ZU DIESER TECHNOLOGIE?
NUN JA ... LAUT UNSERER INGENIEURE WURDE ES HUNDERTE MALE ZUSAMMENGEFLICKT, MIT TECHNOLOGIEN VON MINDESTENS EIN DUTZEND WELTEN.
HÄTTEST DU ES NICHT FLIEGEN SEHEN, WÜRDE ICH SAGEN, DAS WÄRE UNMÖGLICH.
WAS WOLLTE MONGUL MIT DER ENTSENDUNG DIESES SCHROTTHAUFENS ZU ERDE ERREICHEN? WARWORLD HAT DOCH BESTIMMT BESSERE KRIEGSSCHIFFE.
ES IST KEIN KRIEGSSCHIFF. DA WAREN FLÜCHTLINGE AN BORD.
UND DIE WARZOONS HABEN SIE BIS HIERHER GEJAGT? WARUM SIND DIESE FLÜCHTLINGE SO WICHTIG?
ICH HATTE GEHOFFT, DAZU KÖNNTET IHR MIR ETWAS SAGEN.
NICHT ÜBER DIE FLÜCHTLINGE, NEIN.
ABER WIR HABEN ETWAS VERMUTLICH SEHR WERTVOLLES GEFUNDEN.

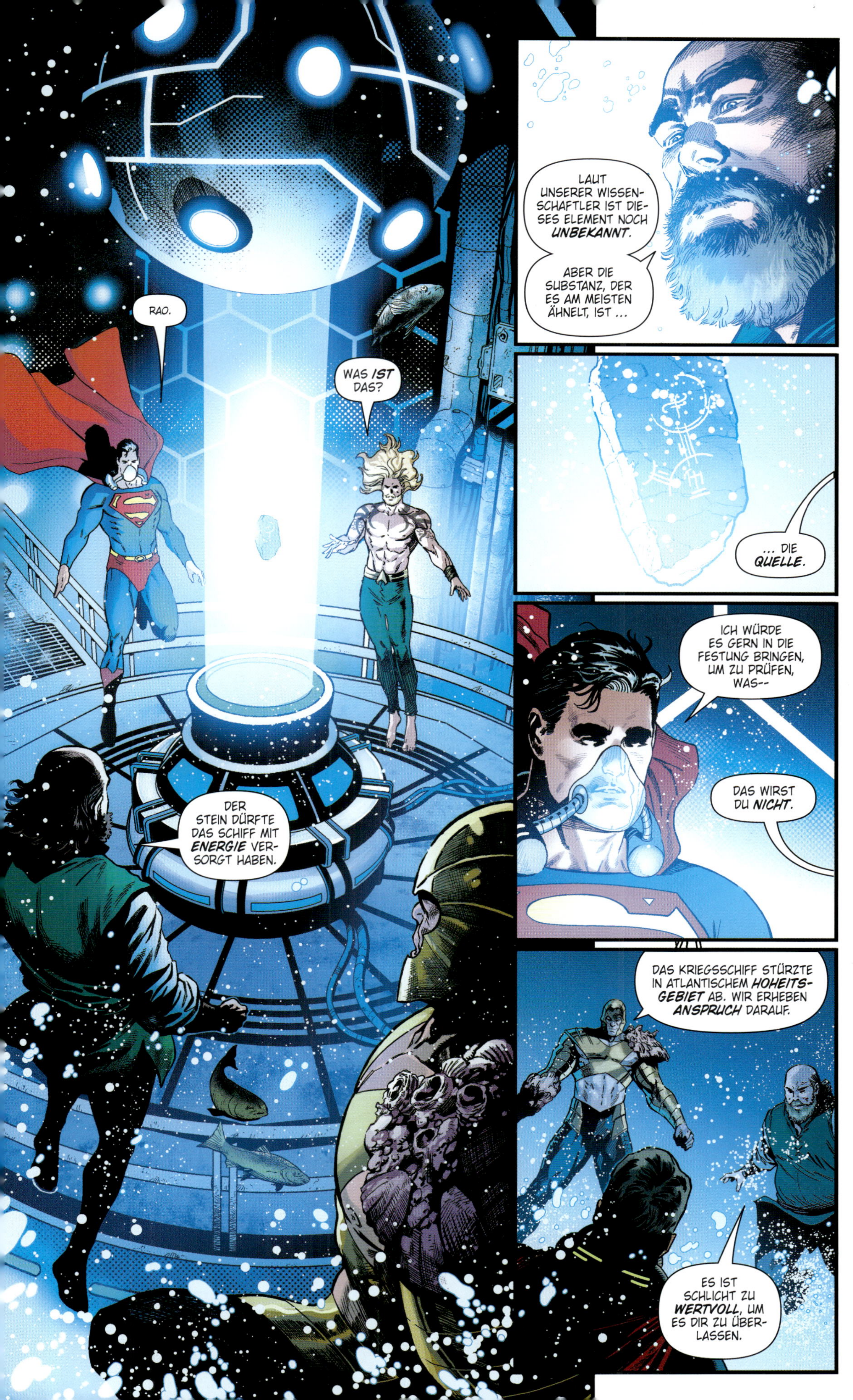
RAO.
WAS IST DAS?
DER STEIN DÜRFTE DAS SCHIFF MIT ENERGIE VERSORGT HABEN.
LAUT UNSERER WISSENSCHAFTLER IST DIESES ELEMENT NOCH UNBEKANNT.
ABER DIE SUBSTANZ, DER ES AM MEISTEN ÄHNELT, IST ...
... DIE QUELLE.
ICH WÜRDE ES GERN IN DIE FESTUNG BRINGEN, UM ZU PRÜFEN, WAS--
DAS WIRST DU NICHT.
DAS KRIEGSSCHIFF STÜRZTE IN ATLANTISCHEM HOHEITSGEBIET AB. WIR ERHEBEN ANSPRUCH DARAUF.
ES IST SCHLICHT ZU WERTVOLL, UM ES DIR ZU ÜBERLASSEN.

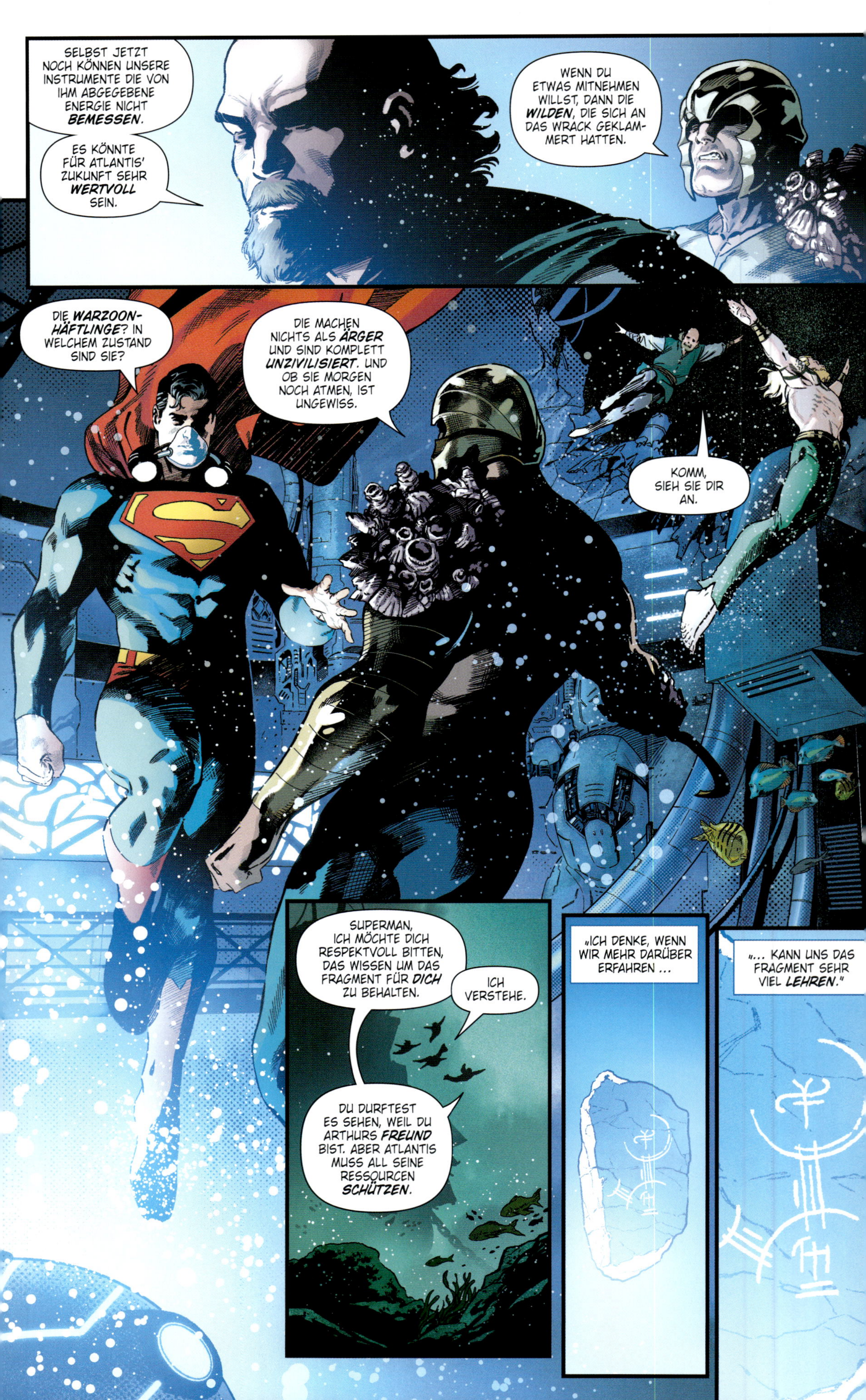
SELBST JETZT NOCH KÖNNEN UNSERE INSTRUMENTE DIE VON IHM ABGEGEBENE ENERGIE NICHT BEMESSEN.
ES KÖNNTE FÜR ATLANTIS' ZUKUNFT SEHR WERTVOLL SEIN.
WENN DU ETWAS MITNEHMEN WILLST, DANN DIE WILDEN, DIE SICH AN DAS WRACK GEKLAMMERT HATTEN.
DIE WARZOON-HÄFTLINGE? IN WELCHEM ZUSTAND SIND SIE?
DIE MACHEN NICHTS ALS ÄRGER UND SIND KOMPLETT UNZIVILISIERT. UND OB SIE MORGEN NOCH ATMEN, IST UNGEWISS.
KOMM, SIEH SIE DIR AN.
SUPERMAN, ICH MÖCHTE DICH RESPEKTVOLL BITTEN, DAS WISSEN UM DAS FRAGMENT FÜR DICH ZU BEHALTEN.
ICH VERSTEHE.
DU DURFTEST ES SEHEN, WEIL DU ARTHURS FREUND BIST. ABER ATLANTIS MUSS ALL SEINE RESSOURCEN SCHÜTZEN.
„ICH DENKE, WENN WIR MEHR DARÜBER ERFAHREN ...
„... KANN UNS DAS FRAGMENT SEHR VIEL LEHREN."

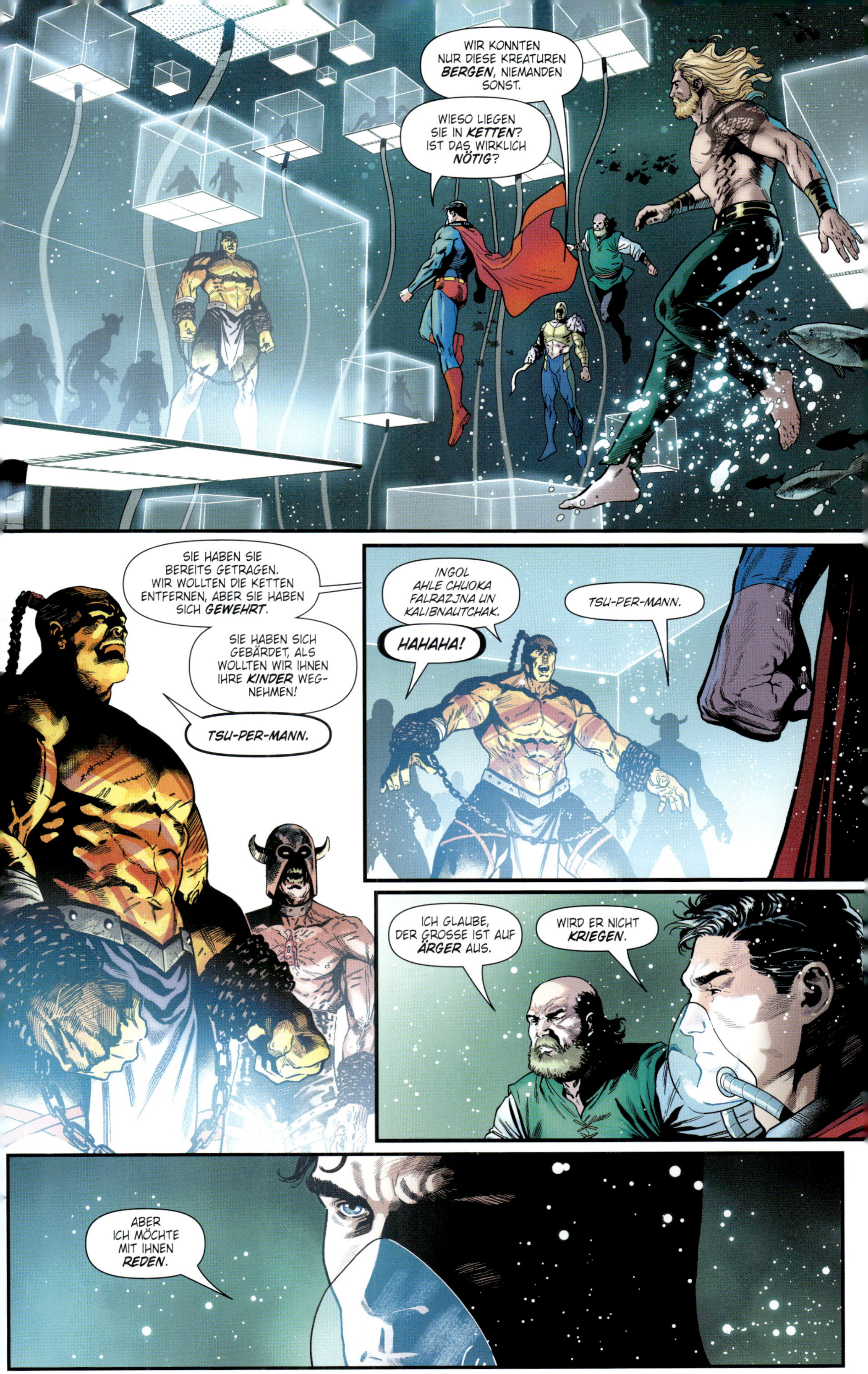

WIR KONNTEN NUR DIESE KREATUREN **BERGEN**, NIEMANDEN SONST.

WIESO LIEGEN SIE IN **KETTEN**? IST DAS WIRKLICH **NÖTIG**?

SIE HABEN SIE BEREITS GETRAGEN. WIR WOLLTEN DIE KETTEN ENTFERNEN, ABER SIE HABEN SICH **GEWEHRT**.

SIE HABEN SICH GEBÄRDET, ALS WOLLTEN WIR IHNEN IHRE **KINDER** WEG-NEHMEN!

TSU-PER-MANN.

INGOL AHLE CHUOKA FALRAZJNA UN KALIBNAUTCHAK.

HAHAHA!

TSU-PER-MANN.

ICH GLAUBE, DER GROSSE IST AUF **ÄRGER** AUS.

WIRD ER NICHT **KRIEGEN**.

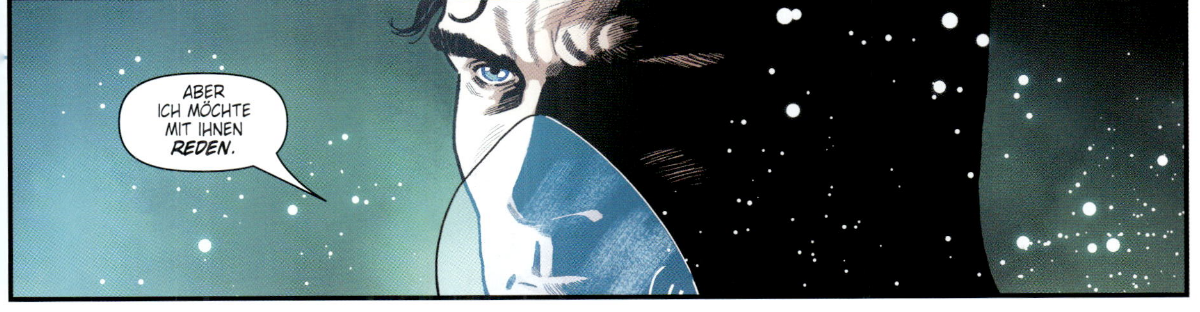

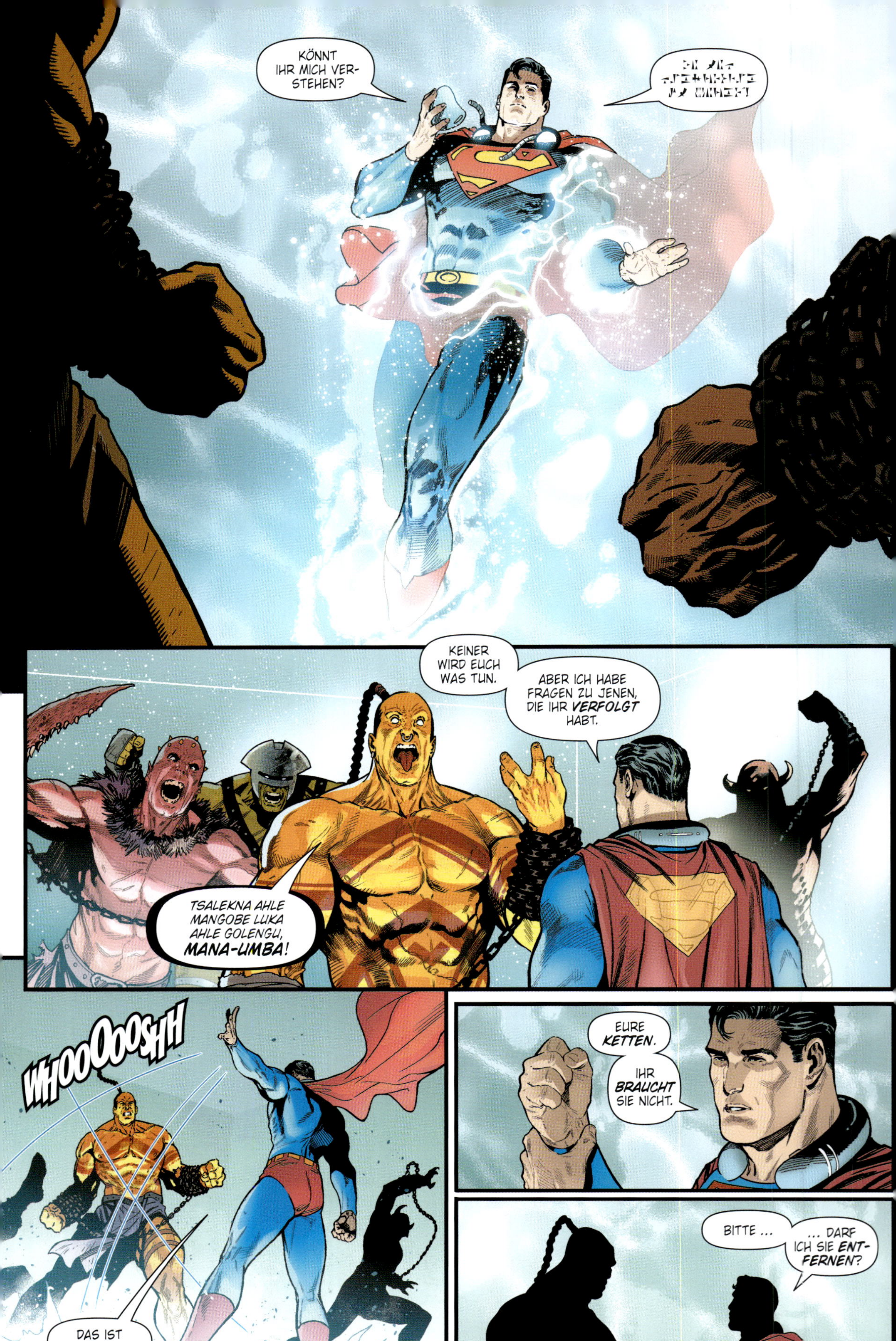
KÖNNT IHR MICH VERSTEHEN?
KEINER WIRD EUCH WAS TUN.
ABER ICH HABE FRAGEN ZU JENEN, DIE IHR VERFOLGT HABT.
TSALEKNA AHLE MANGOBE LUKA AHLE GOLENGU, MANA-UMBA!
WHOOOOOSHH
DAS IST SINNLOS.
ICH BIN NICHT EUER FEIND. BEGREIFT IHR?
EURE KETTEN.
IHR BRAUCHT SIE NICHT.
BITTE ...
... DARF ICH SIE ENTFERNEN?

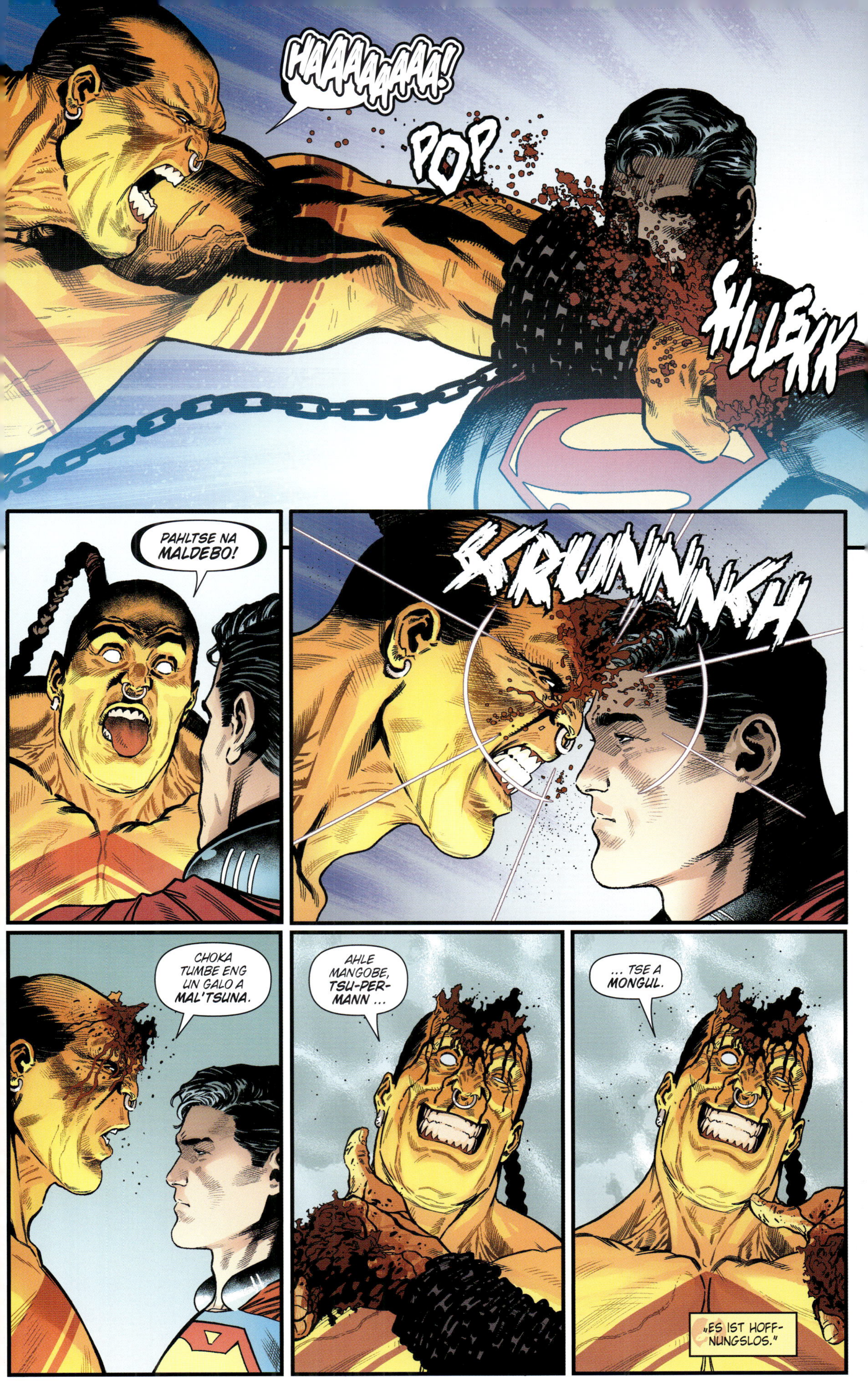

HAAAAAAAA!
POP
SHLLEKK

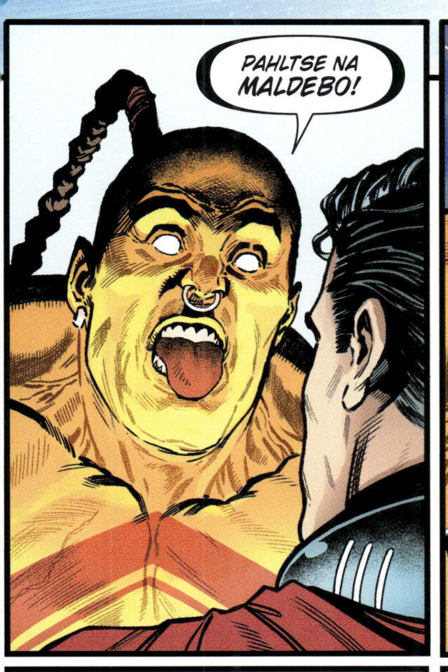
PAHLTSE NA MALDEBO!

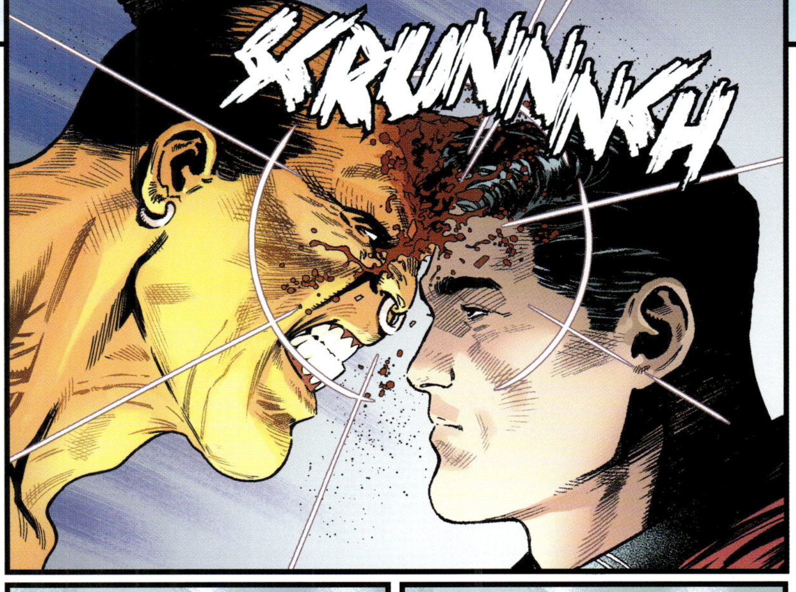
KRUNNNCH

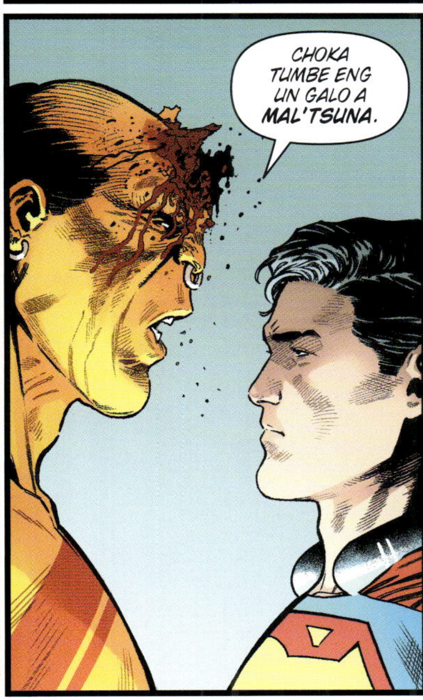
CHOKA TUMBE ENG UN GALO A MAL'TSUNA.

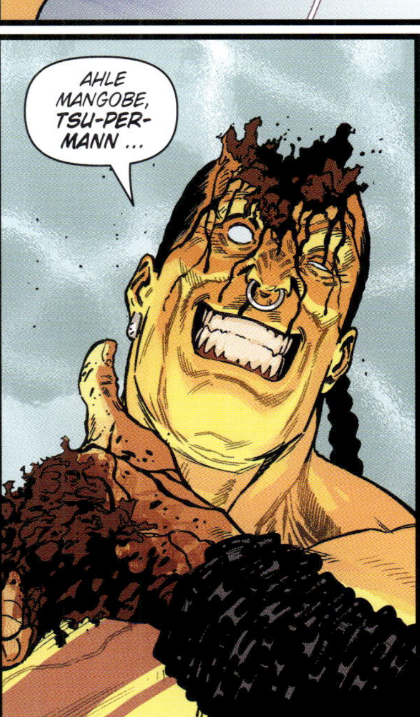
AHLE MANGOBE, TSU-PER-MANN ...

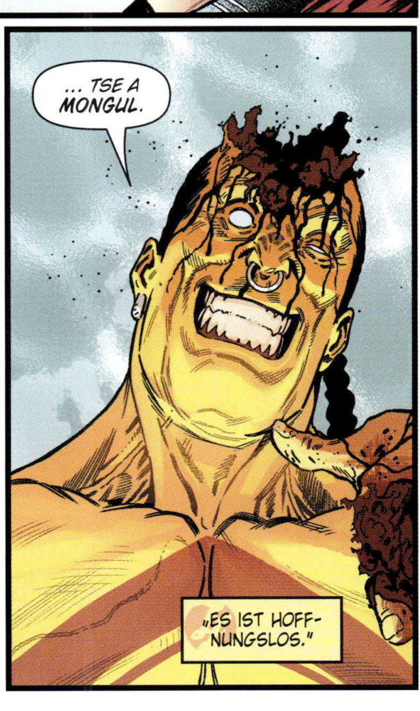
... TSE A MONGUL.
„ES IST HOFF-NUNGSLOS."

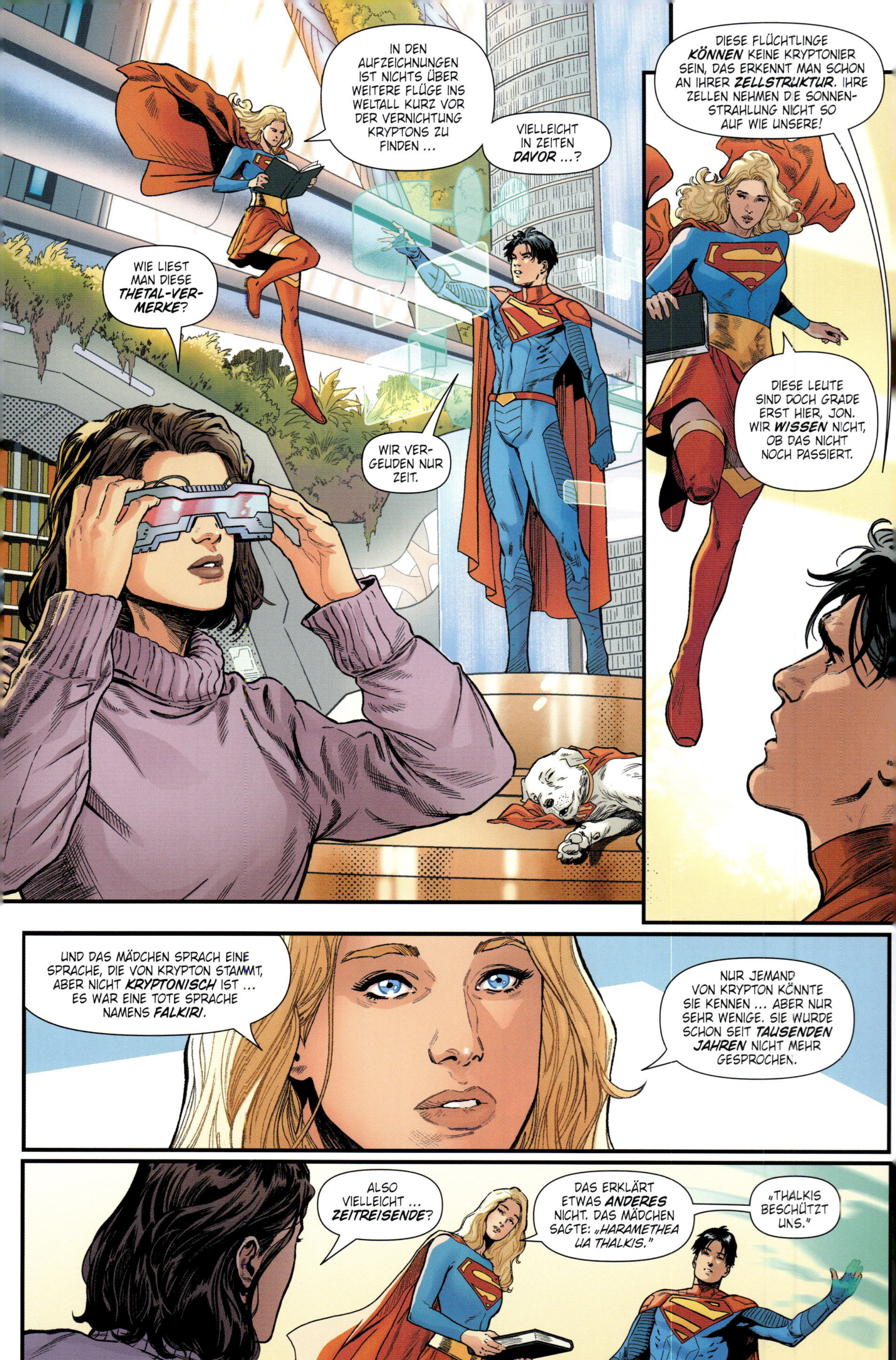
IN DEN AUFZEICHNUNGEN IST NICHTS ÜBER WEITERE FLÜGE INS WELTALL KURZ VOR DER VERNICHTUNG KRYPTONS ZU FINDEN …
VIELLEICHT IN ZEITEN DAVOR …?
WIE LIEST MAN DIESE THETAL-VERMERKE?
WIR VERGEUDEN NUR ZEIT.
DIESE FLÜCHTLINGE KÖNNEN KEINE KRYPTONIER SEIN, DAS ERKENNT MAN SCHON AN IHRER ZELLSTRUKTUR. IHRE ZELLEN NEHMEN DIE SONNENSTRAHLUNG NICHT SO AUF WIE UNSERE!
DIESE LEUTE SIND DOCH GRADE ERST HIER, JON. WIR WISSEN NICHT, OB DAS NICHT NOCH PASSIERT.
UND DAS MÄDCHEN SPRACH EINE SPRACHE, DIE VON KRYPTON STAMMT, ABER NICHT KRYPTONISCH IST … ES WAR EINE TOTE SPRACHE NAMENS FALKIRI.
NUR JEMAND VON KRYPTON KÖNNTE SIE KENNEN … ABER NUR SEHR WENIGE. SIE WURDE SCHON SEIT TAUSENDEN JAHREN NICHT MEHR GESPROCHEN.
ALSO VIELLEICHT … ZEITREISENDE?
DAS ERKLÄRT ETWAS ANDERES NICHT. DAS MÄDCHEN SAGTE: „HARAMETHEA UA THALKIS."
„THALKIS BESCHÜTZT UNS."

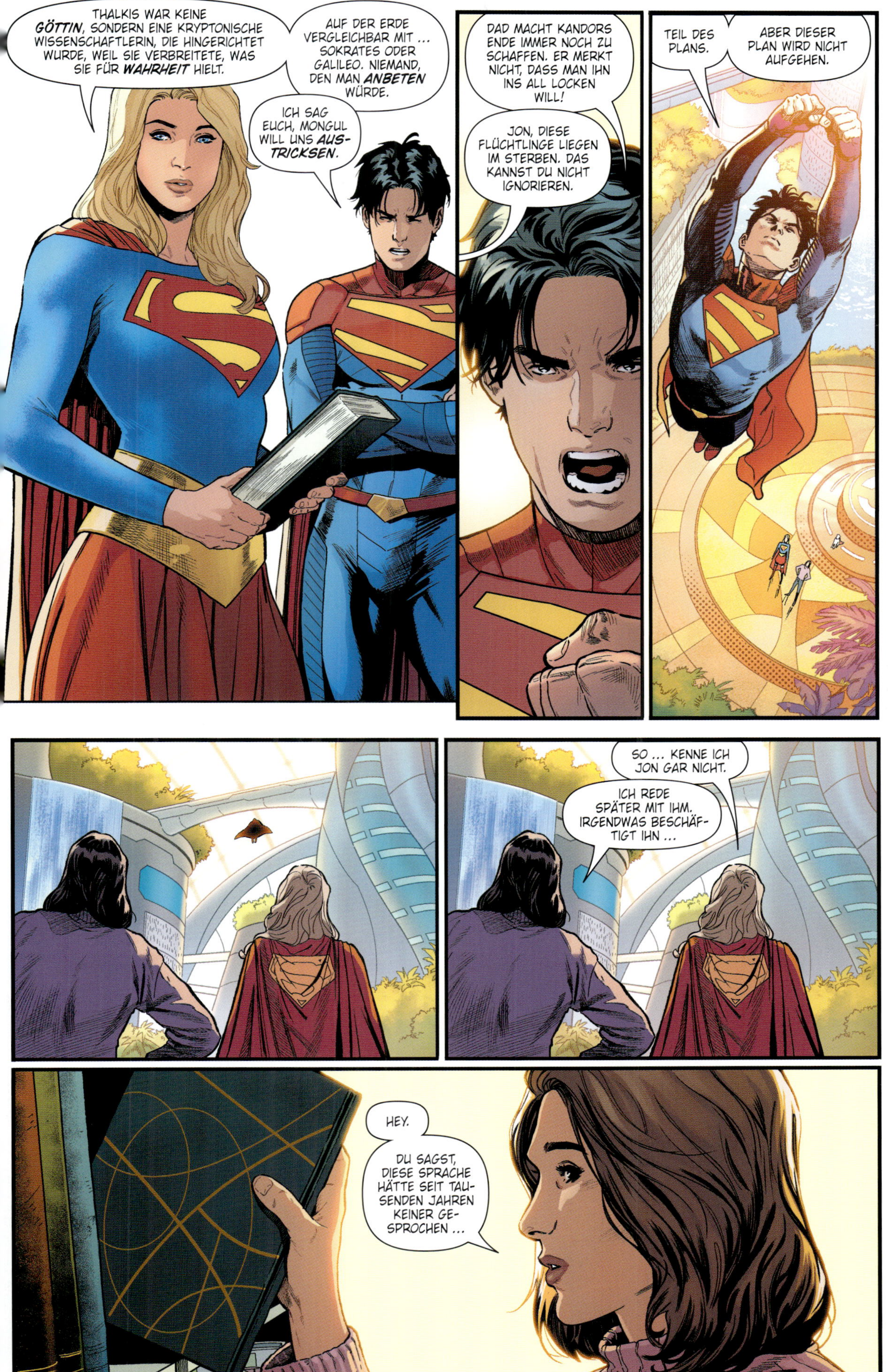
THALKIS WAR KEINE GÖTTIN, SONDERN EINE KRYPTONISCHE WISSENSCHAFTLERIN, DIE HINGERICHTET WURDE, WEIL SIE VERBREITETE, WAS SIE FÜR WAHRHEIT HIELT.
AUF DER ERDE VERGLEICHBAR MIT ... SOKRATES ODER GALILEO. NIEMAND, DEN MAN ANBETEN WÜRDE.
ICH SAG EUCH, MONGUL WILL UNS AUS-TRICKSEN.
DAD MACHT KANDORS ENDE IMMER NOCH ZU SCHAFFEN. ER MERKT NICHT, DASS MAN IHN INS ALL LOCKEN WILL!
JON, DIESE FLÜCHTLINGE LIEGEN IM STERBEN. DAS KANNST DU NICHT IGNORIEREN.
TEIL DES PLANS.
ABER DIESER PLAN WIRD NICHT AUFGEHEN.
SO ... KENNE ICH JON GAR NICHT.
ICH REDE SPÄTER MIT IHM. IRGENDWAS BESCHÄF-TIGT IHN ...
HEY.
DU SAGST, DIESE SPRACHE HÄTTE SEIT TAU-SENDEN JAHREN KEINER GE-SPROCHEN ...

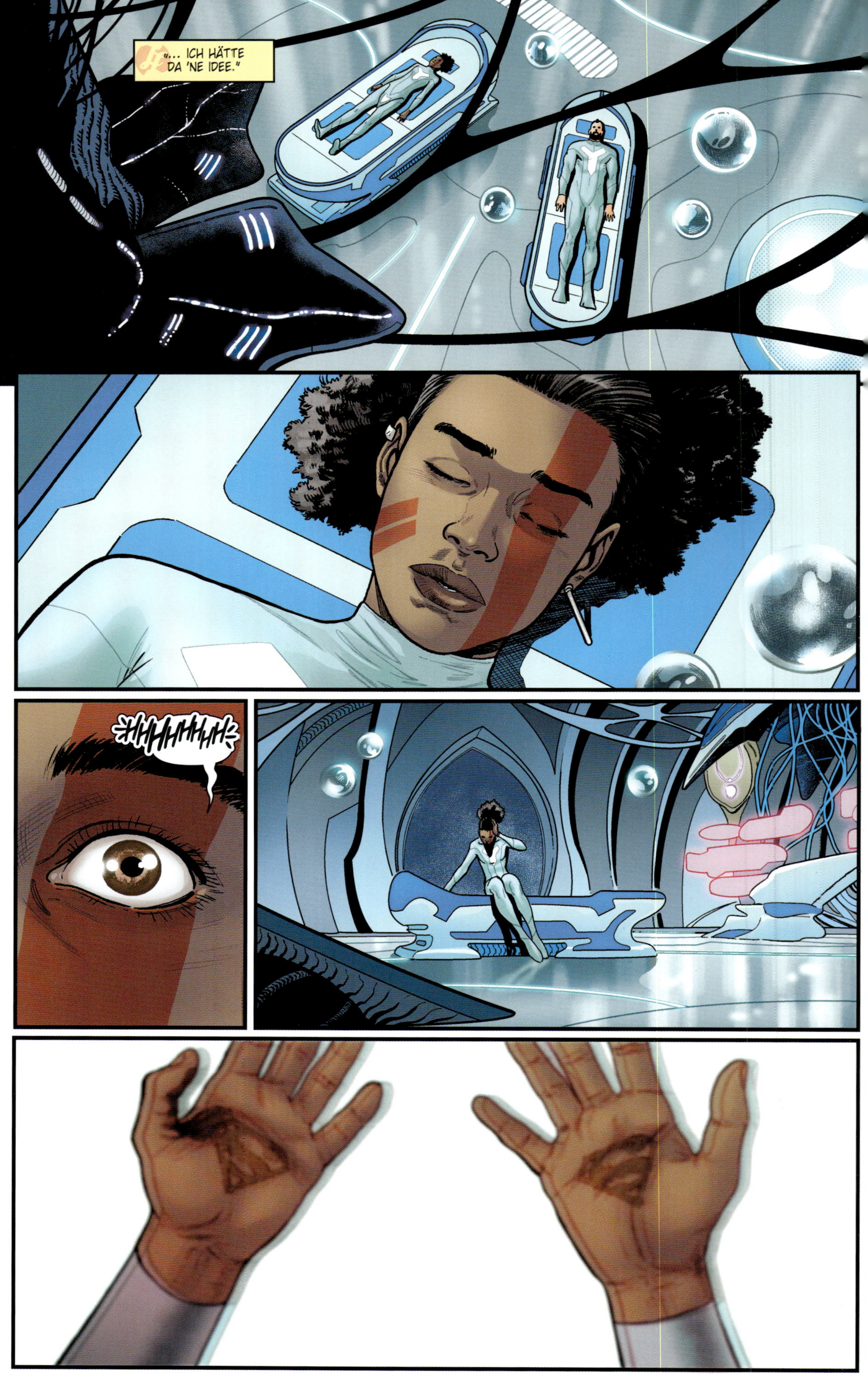
"... ICH HÄTTE
DA 'NE IDEE."
HHHHHHH

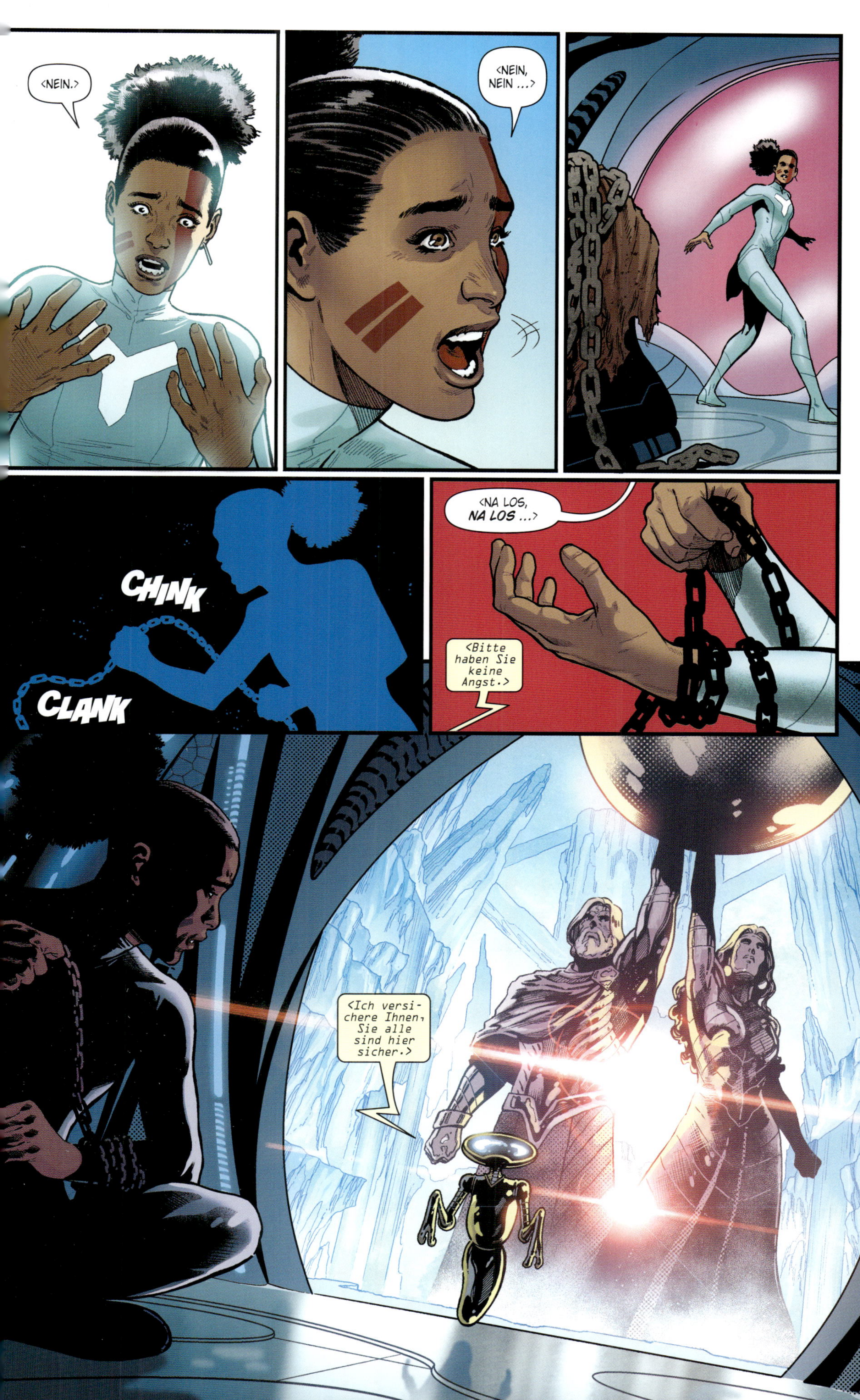
<NEIN.>
<NEIN, NEIN ...>
CHINK
CLANK
<NA LOS, NA LOS ...>
<Bitte haben Sie keine Angst.>
<Ich versichere Ihnen, Sie alle sind hier sicher.>

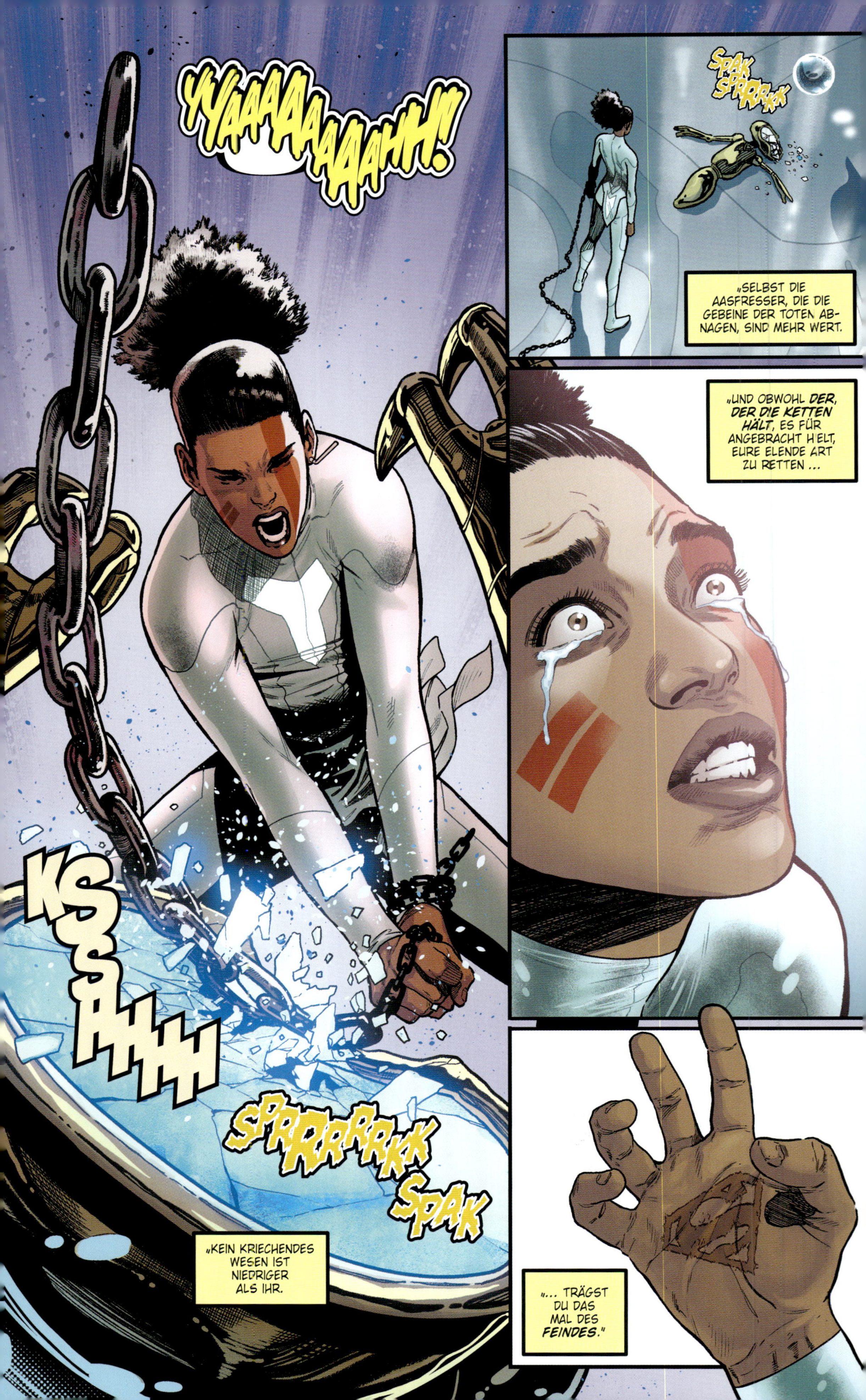
YYAAAAAAAAAHH!
KSSHHHH
SPRRRRRRKK
SPAK
„KEIN KRIECHENDES WESEN IST NIEDRIGER ALS IHR.
SPAK
SPRRRKK
„SELBST DIE AASFRESSER, DIE DIE GEBEINE DER TOTEN ABNAGEN, SIND MEHR WERT.
„UND OBWOHL *DER, DER DIE KETTEN HÄLT*, ES FÜR ANGEBRACHT HIELT, EURE ELENDE ART ZU RETTEN …
„… TRÄGST DU DAS MAL DES *FEINDES*."

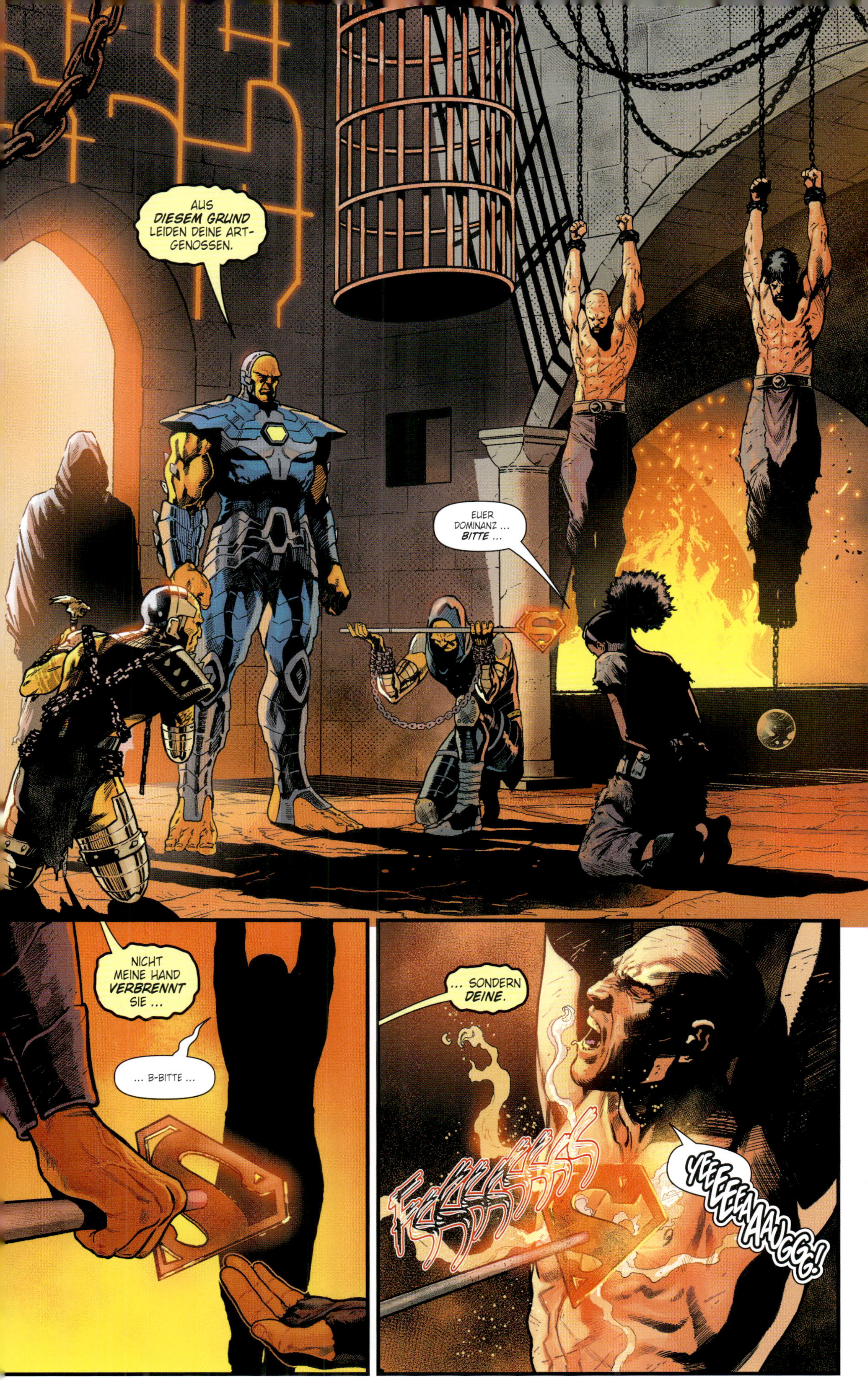
AUS DIESEM GRUND LEIDEN DEINE ART-GENOSSEN.
EUER DOMINANZ ... BITTE ...
NICHT MEINE HAND VERBRENNT SIE ...
... B-BITTE ...
... SONDERN DEINE.
FSSSSSSS
YEEEEEAAAUGG!

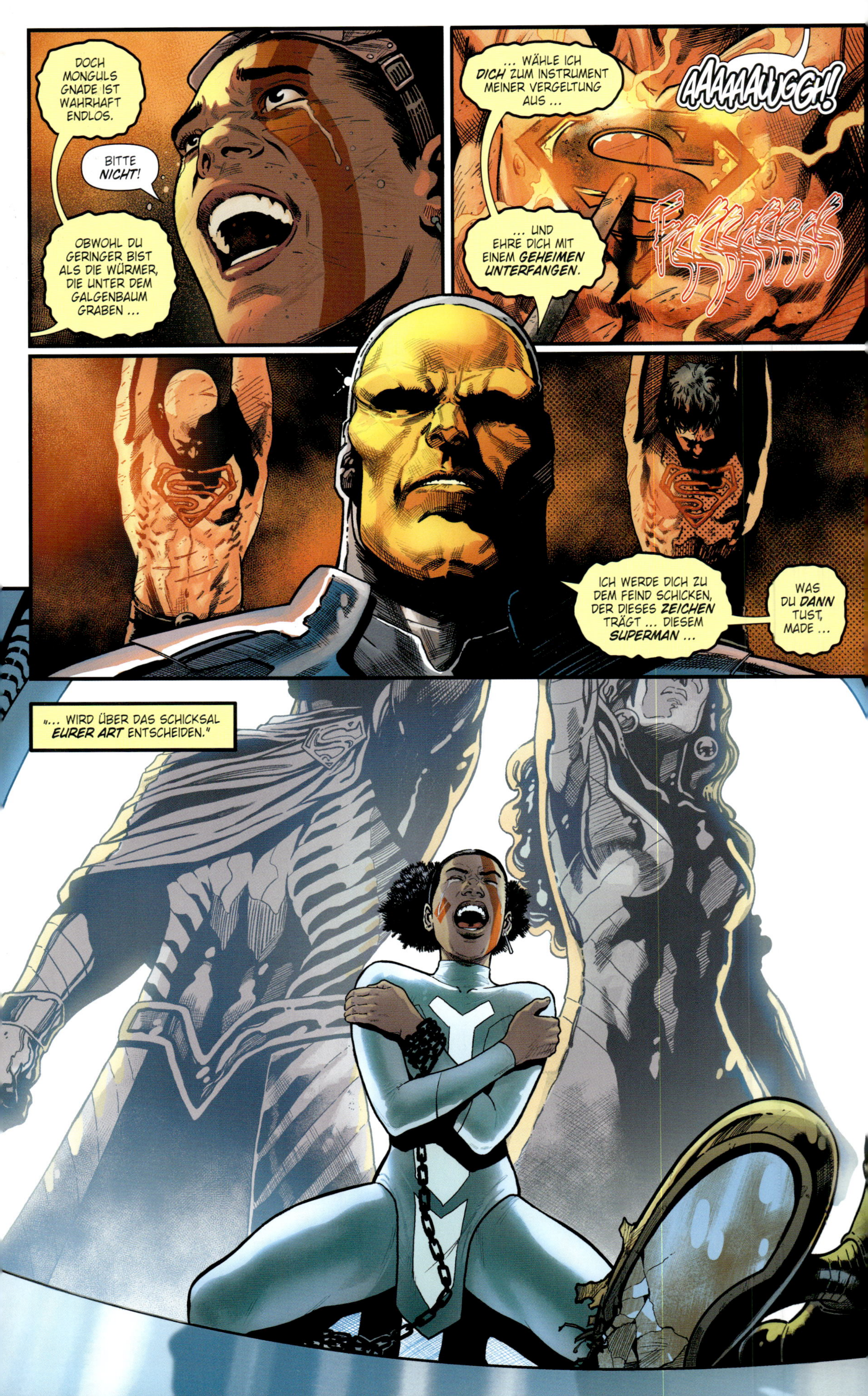
DOCH MONGULS GNADE IST WAHRHAFT ENDLOS.
BITTE NICHT!
OBWOHL DU GERINGER BIST ALS DIE WÜRMER, DIE UNTER DEM GALGENBAUM GRABEN ...
... WÄHLE ICH DICH ZUM INSTRUMENT MEINER VERGELTUNG AUS ...
AAAAAAUGGH!
... UND EHRE DICH MIT EINEM GEHEIMEN UNTERFANGEN.
ICH WERDE DICH ZU DEM FEIND SCHICKEN, DER DIESES ZEICHEN TRÄGT ... DIESEM SUPERMAN ...
WAS DU DANN TUST, MADE ...
„... WIRD ÜBER DAS SCHICKSAL EURER ART ENTSCHEIDEN."

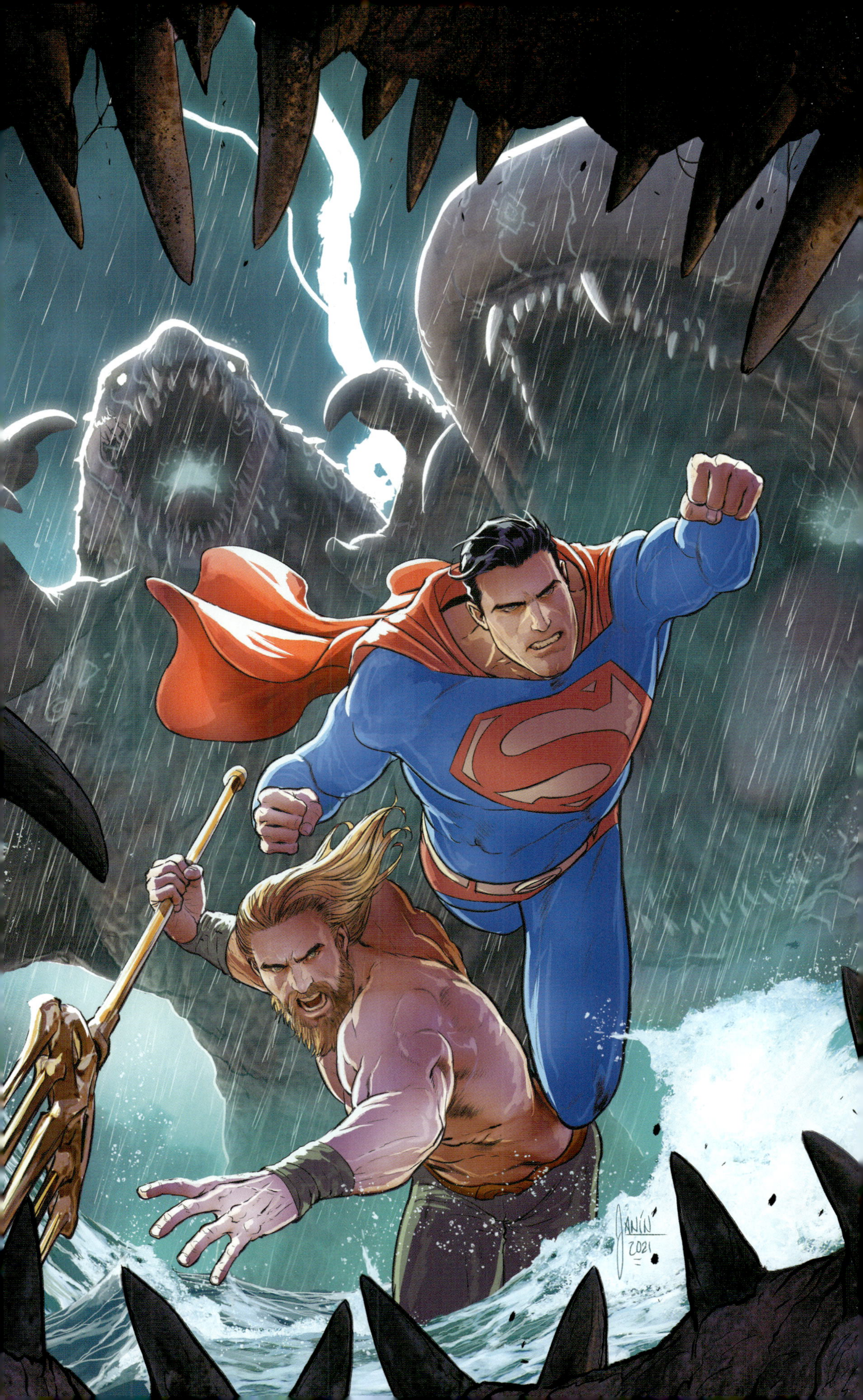

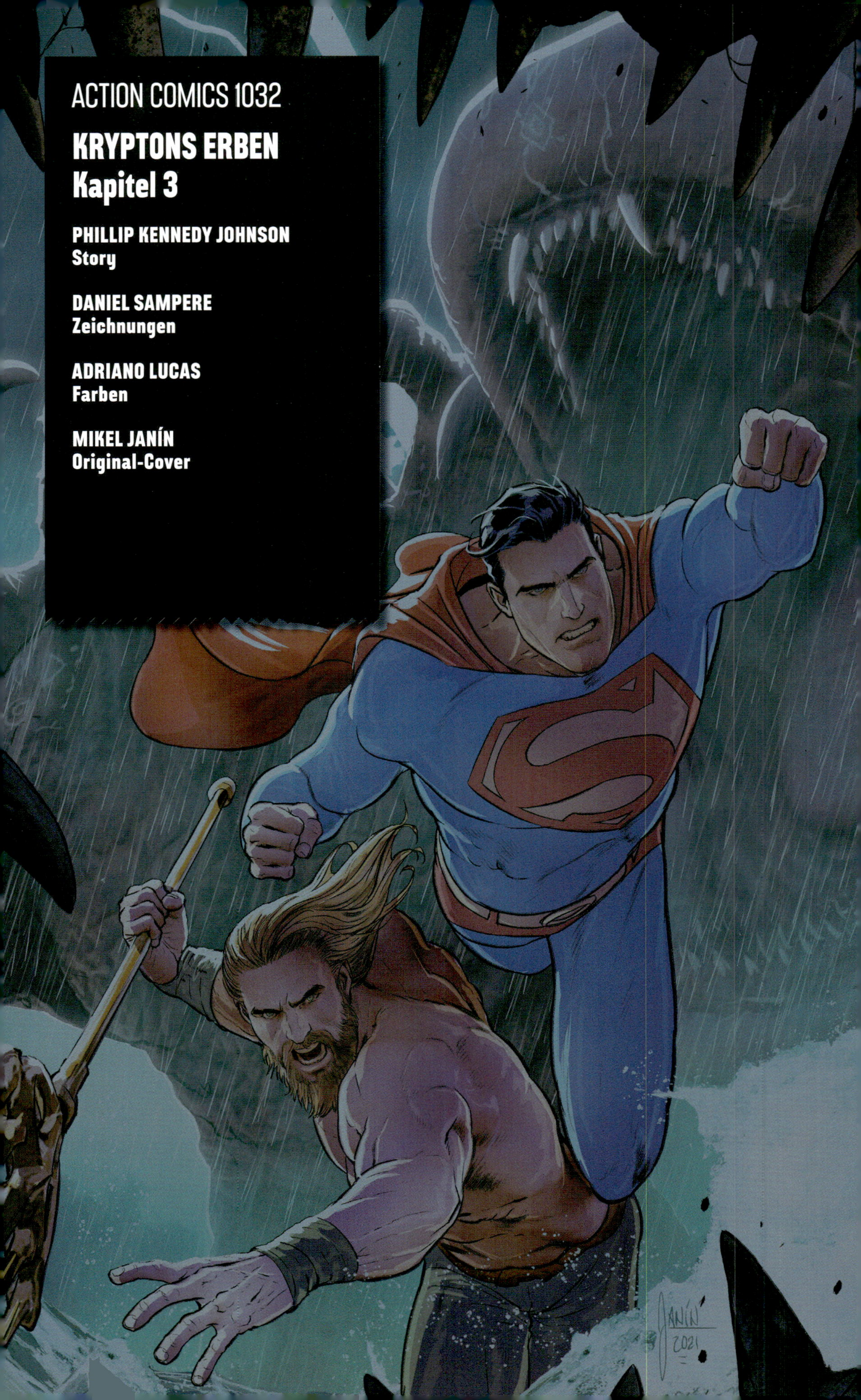

ACTION COMICS 1032

KRYPTONS ERBEN
Kapitel 3

PHILLIP KENNEDY JOHNSON
Story

DANIEL SAMPERE
Zeichnungen

ADRIANO LUCAS
Farben

MIKEL JANÍN
Original-Cover

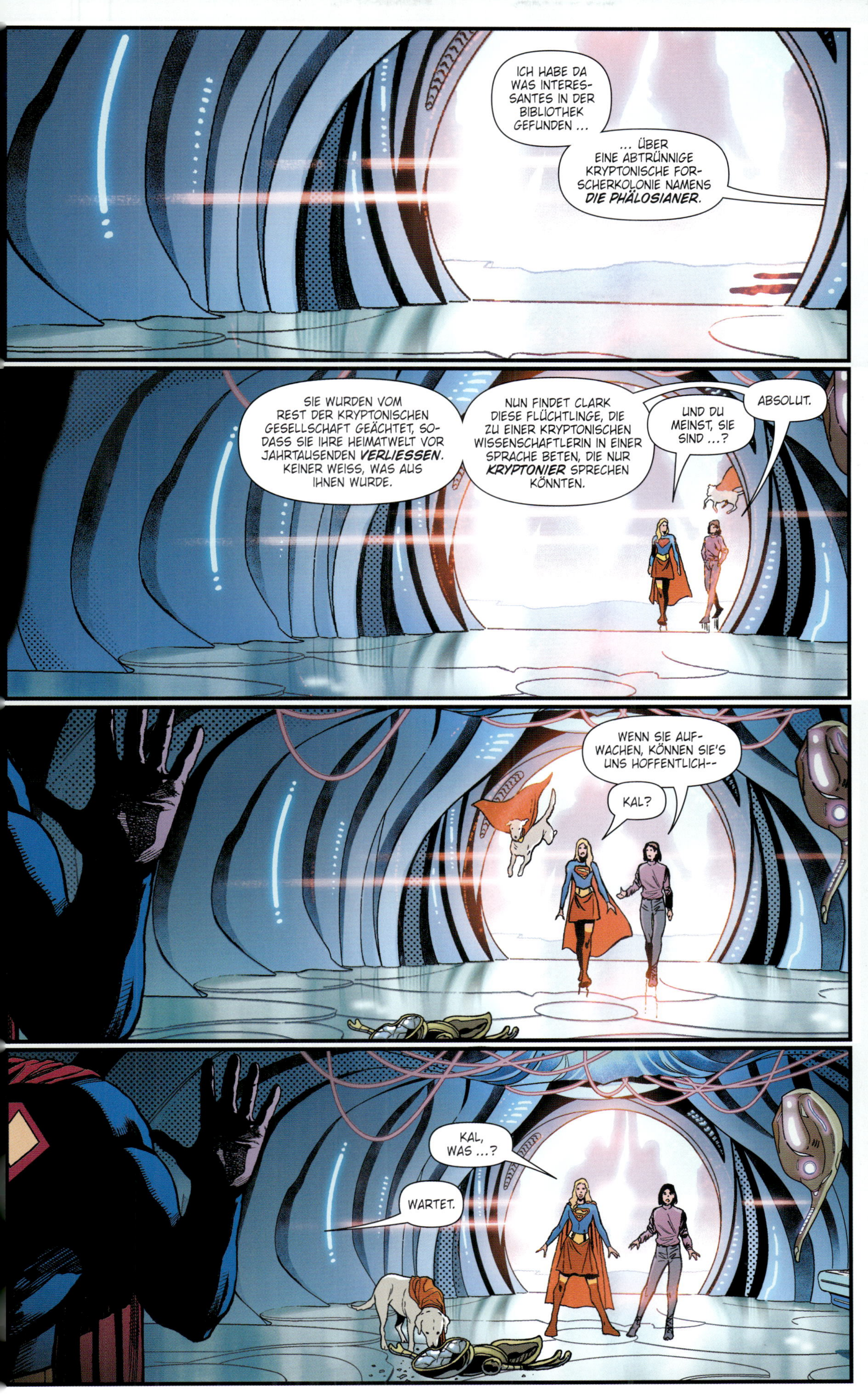

ICH HABE DA WAS INTERESSANTES IN DER BIBLIOTHEK GEFUNDEN ...
... ÜBER EINE ABTRÜNNIGE KRYPTONISCHE FORSCHERKOLONIE NAMENS **DIE PHÄLOSIANER**.
SIE WURDEN VOM REST DER KRYPTONISCHEN GESELLSCHAFT GEÄCHTET, SODASS SIE IHRE HEIMATWELT VOR JAHRTAUSENDEN **VERLIESSEN**. KEINER WEISS, WAS AUS IHNEN WURDE.
NUN FINDET CLARK DIESE FLÜCHTLINGE, DIE ZU EINER KRYPTONISCHEN WISSENSCHAFTLERIN IN EINER SPRACHE BETEN, DIE NUR **KRYPTONIER** SPRECHEN KÖNNTEN.
UND DU MEINST, SIE SIND ...?
ABSOLUT.
WENN SIE AUFWACHEN, KÖNNEN SIE'S UNS HOFFENTLICH--
KAL?
KAL, WAS ...?
WARTET.

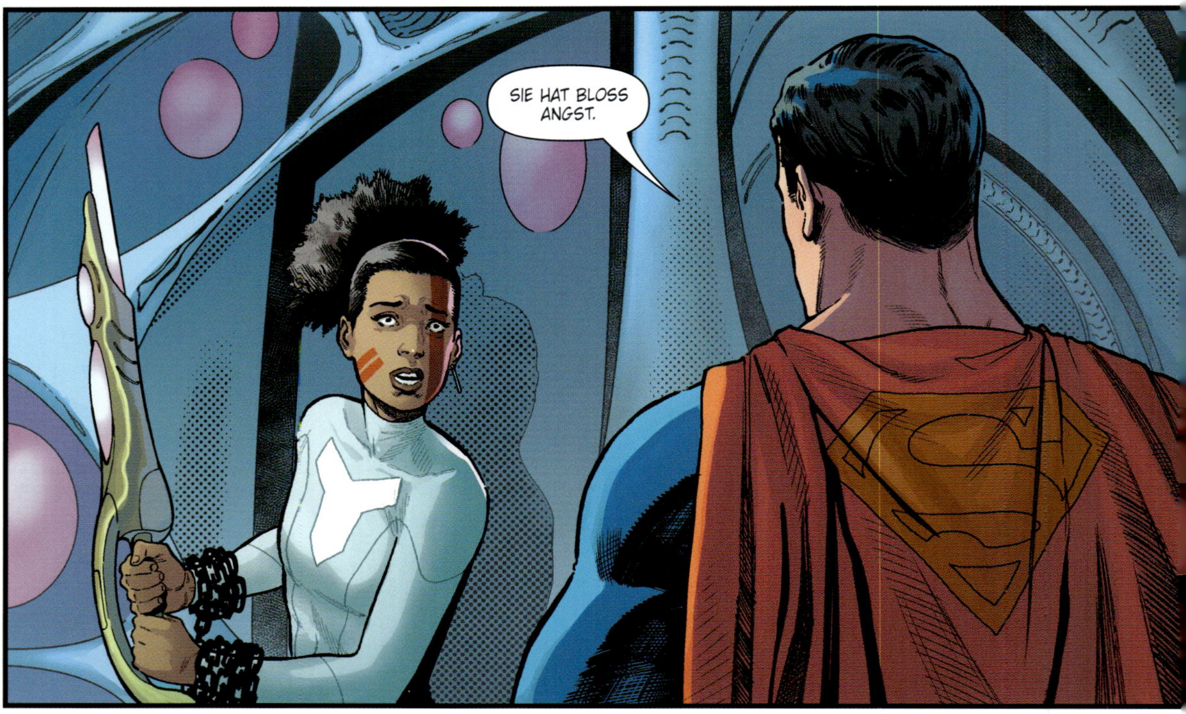

SIE HAT BLOSS ANGST.

KRYPTONS ERBEN KAPITEL DREI

PHILLIP KENNEDY JOHNSON STORY DANIEL SAMPERE ZEICHNUNGEN ADRIANO LUCAS FARBEN CHRISTIAN HEISS ÜBERSETZUNG WALPROJECT LETTERING DIEGO LOPEZ & JAMIE S. RICH REDAKTION USA

Superman geschaffen von Jerry Siegel und Joe Shuster. Superboy geschaffen von Jerry Siegel. Supergirl nach Ideen von Jerry Siegel und Joe Shuster. Mit besonderer Genehmigung der Jerry Siegel-Familie.

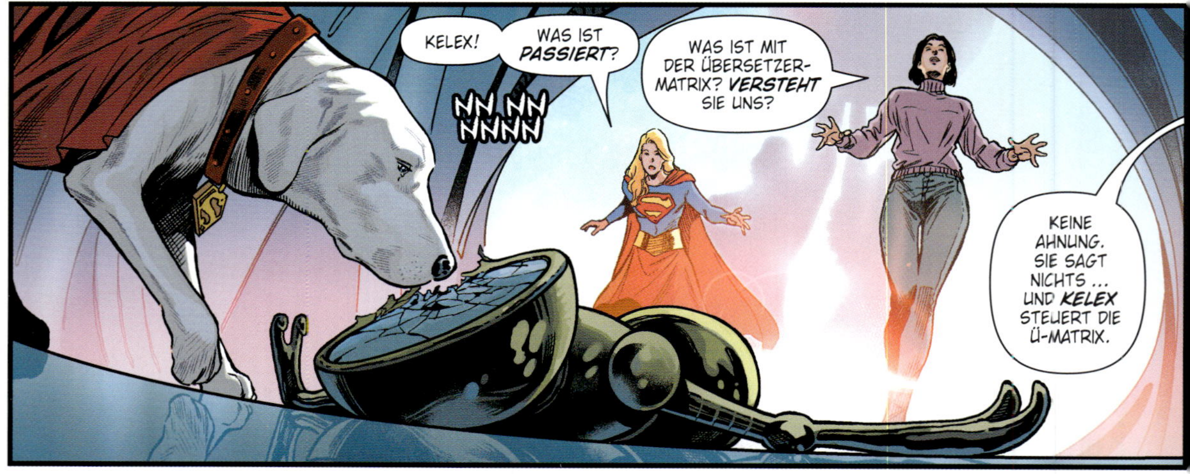

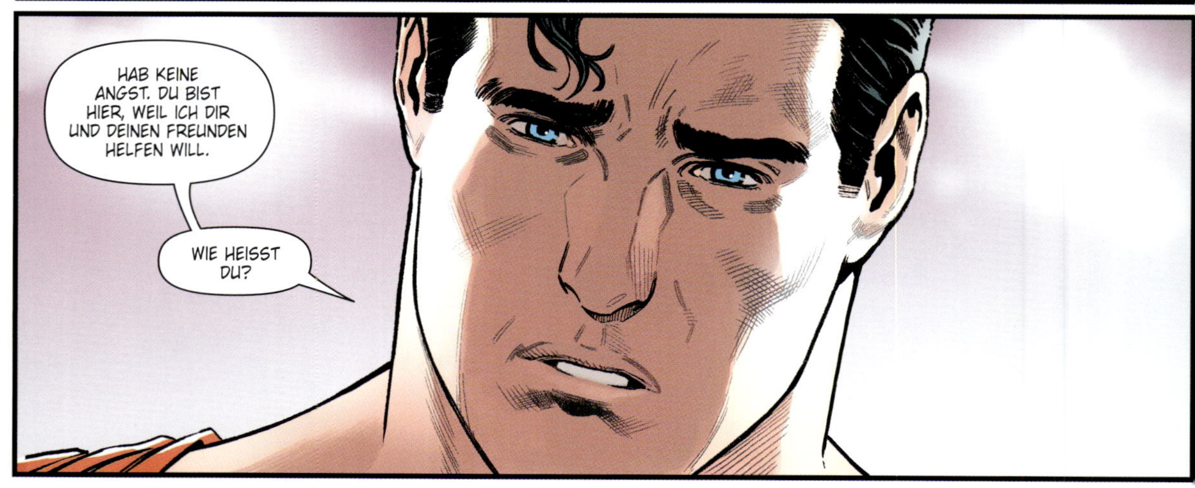

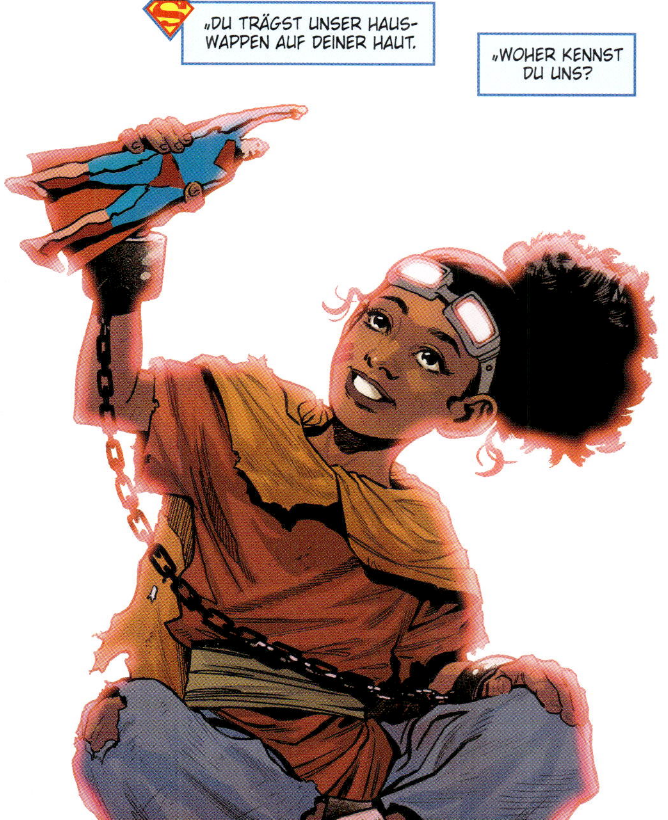
„DU TRÄGST UNSER HAUS-WAPPEN AUF DEINER HAUT.
„WOHER KENNST DU UNS?

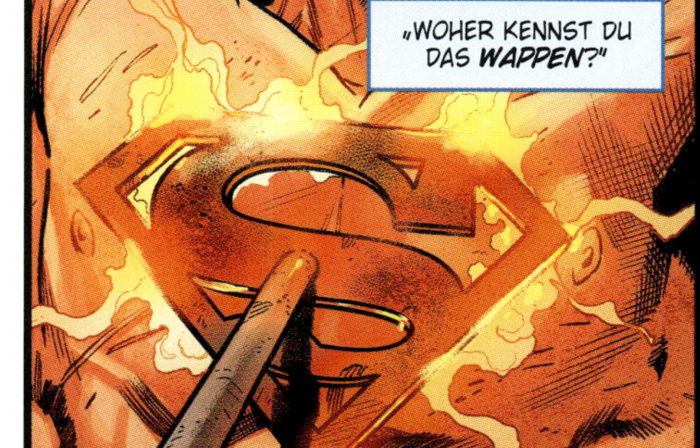
„WOHER KENNST DU DAS WAPPEN?"

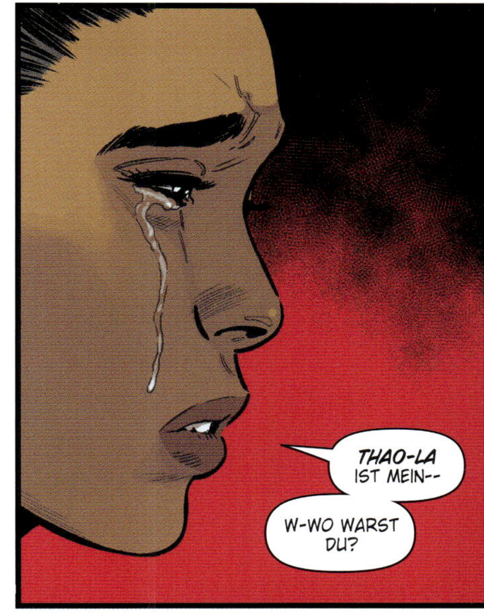
THAO-LA IST MEIN--
W-WO WARST DU?

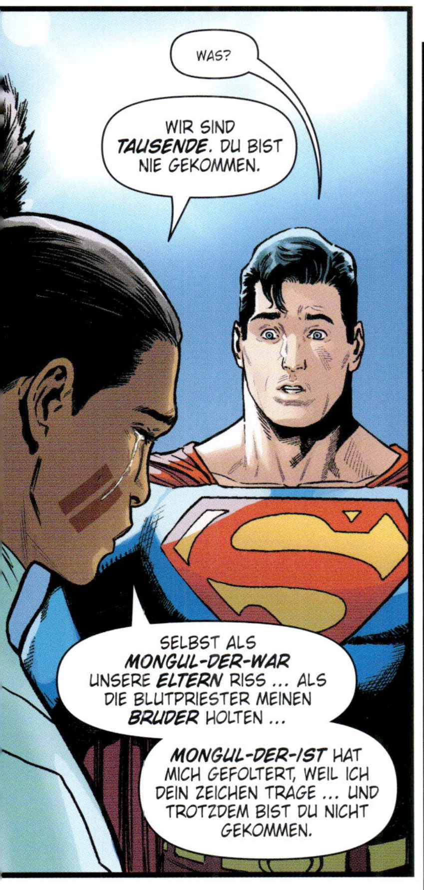
WAS?
WIR SIND TAUSENDE. DU BIST NIE GEKOMMEN.
SELBST ALS MONGUL-DER-WAR UNSERE ELTERN RISS ... ALS DIE BLUTPRIESTER MEINEN BRUDER HOLTEN ...
MONGUL-DER-IST HAT MICH GEFOLTERT, WEIL ICH DEIN ZEICHEN TRAGE ... UND TROTZDEM BIST DU NICHT GEKOMMEN.

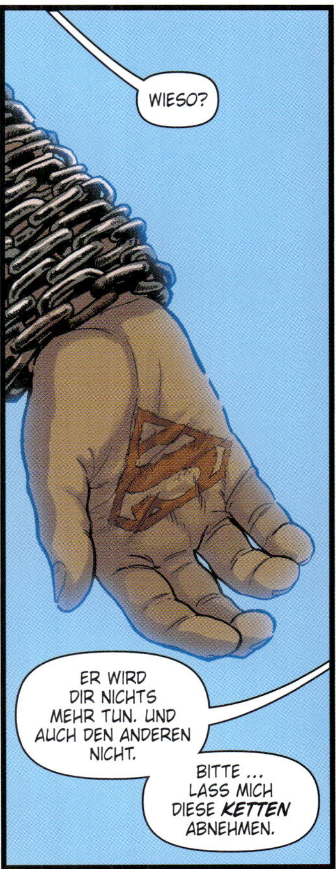
WIESO?
ER WIRD DIR NICHTS MEHR TUN. UND AUCH DEN ANDEREN NICHT.
BITTE ... LASS MICH DIESE KETTEN ABNEHMEN.

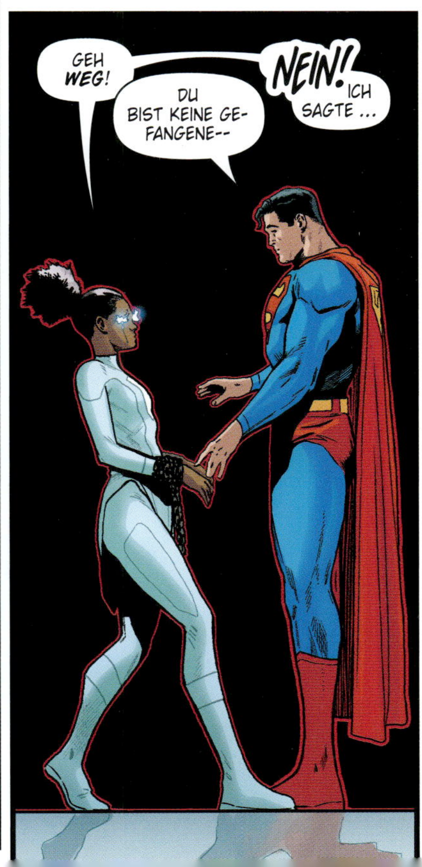
GEH WEG!
DU BIST KEINE GE-FANGENE--
NEIN!
ICH SAGTE ...

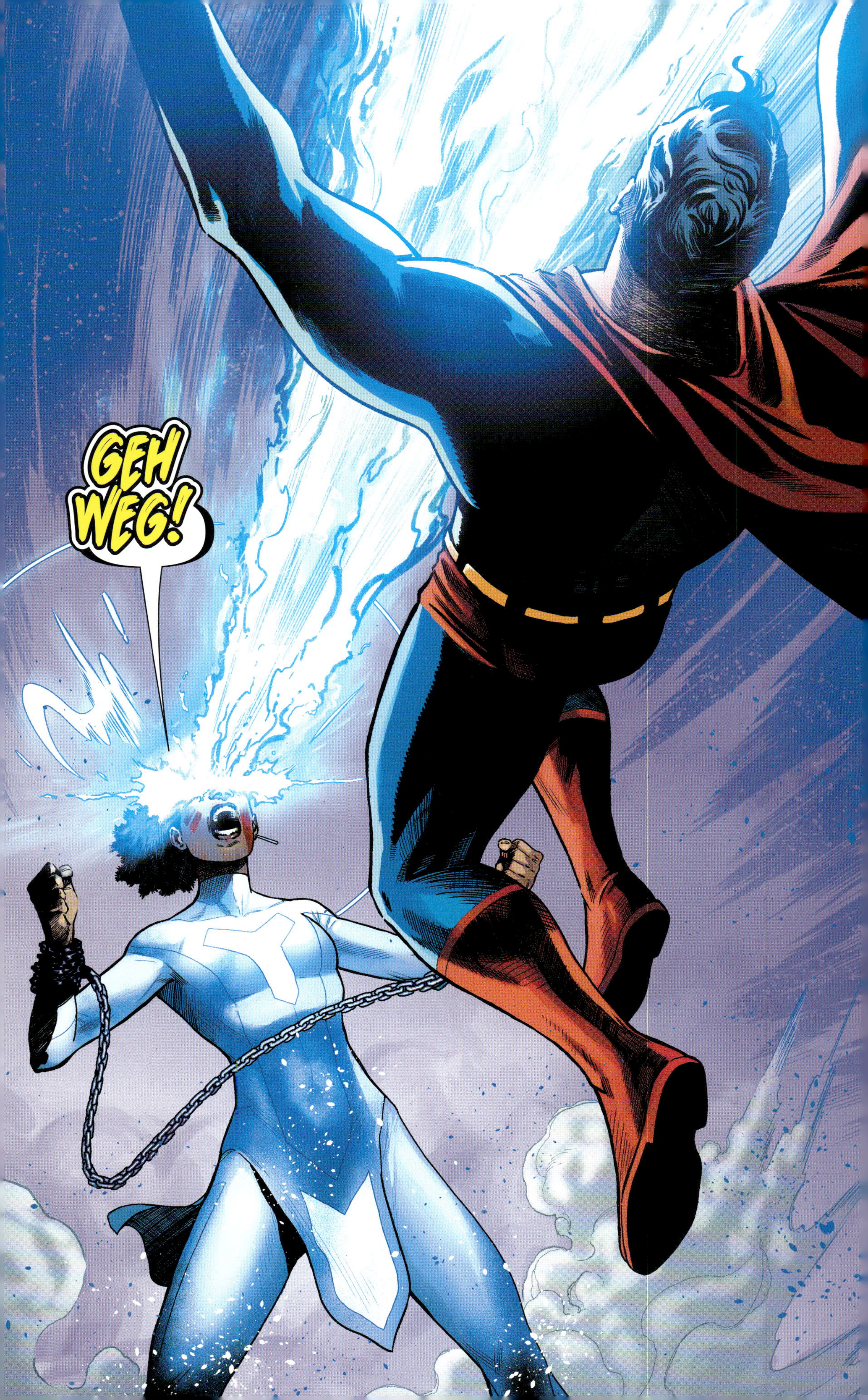
GEH WEG!

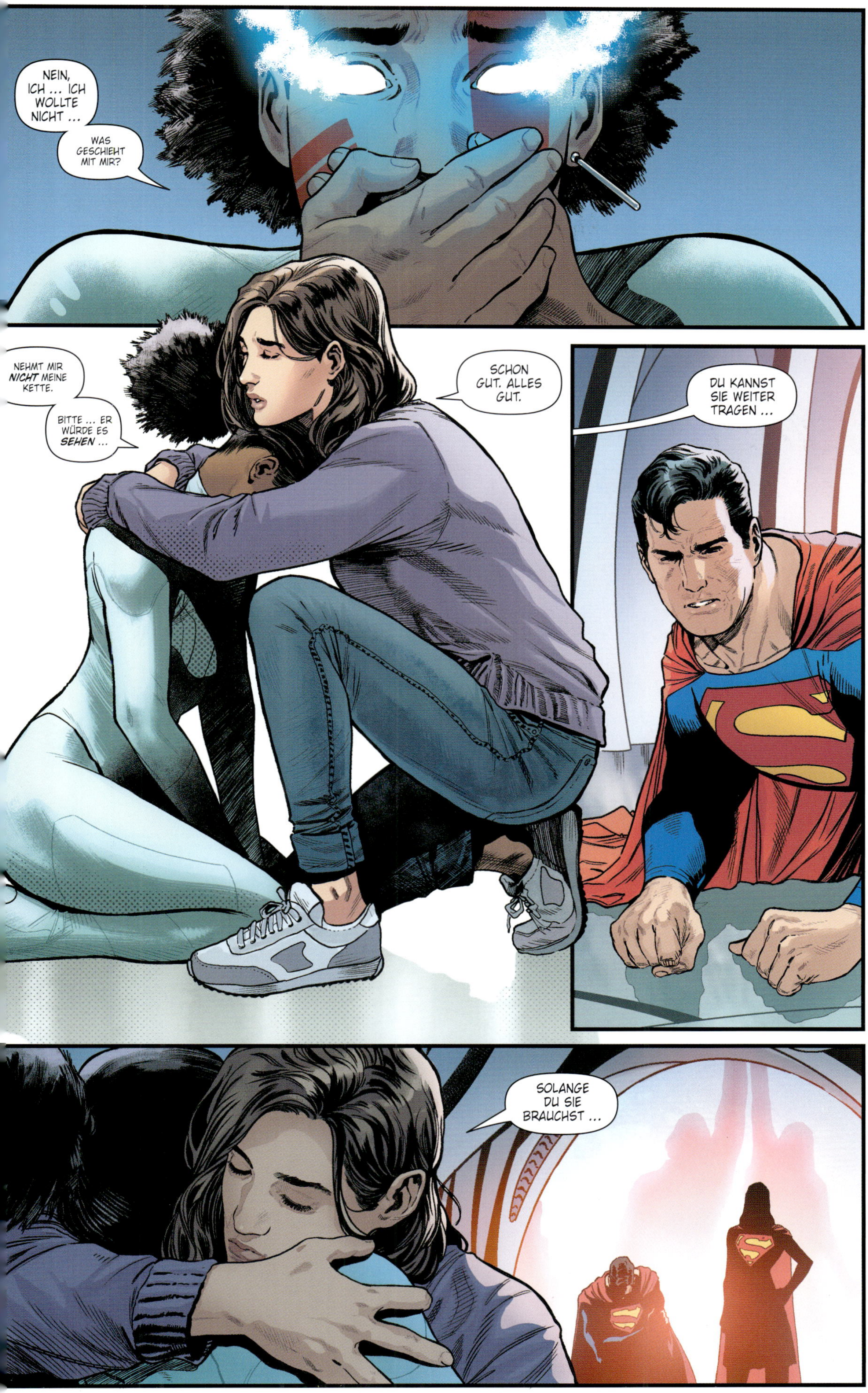

NEIN, ICH … ICH WOLLTE NICHT …
WAS GESCHIEHT MIT MIR?

NEHMT MIR *NICHT* MEINE KETTE.
BITTE … ER WÜRDE ES *SEHEN* …
SCHON GUT. ALLES GUT.
DU KANNST SIE WEITER TRAGEN …

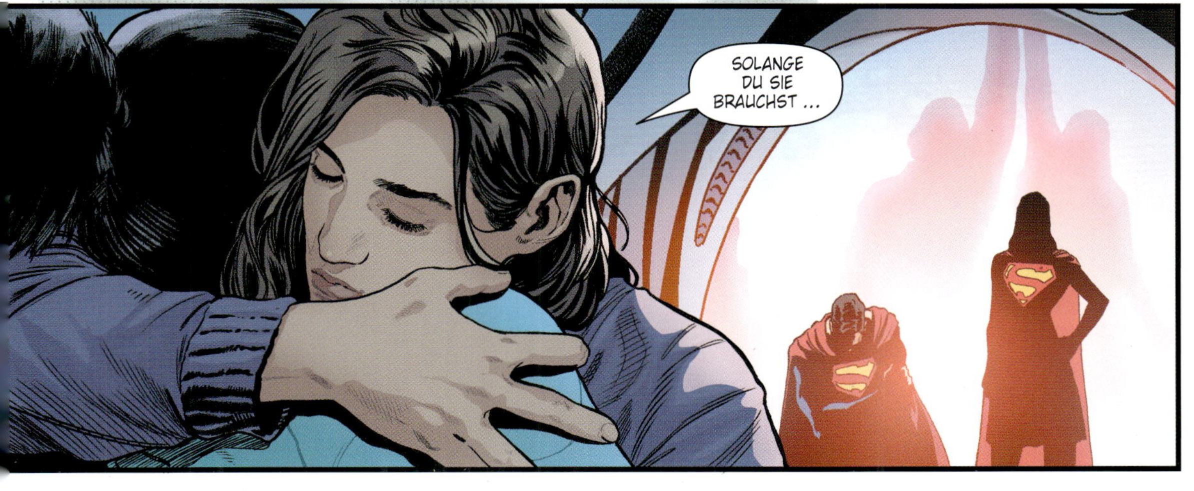

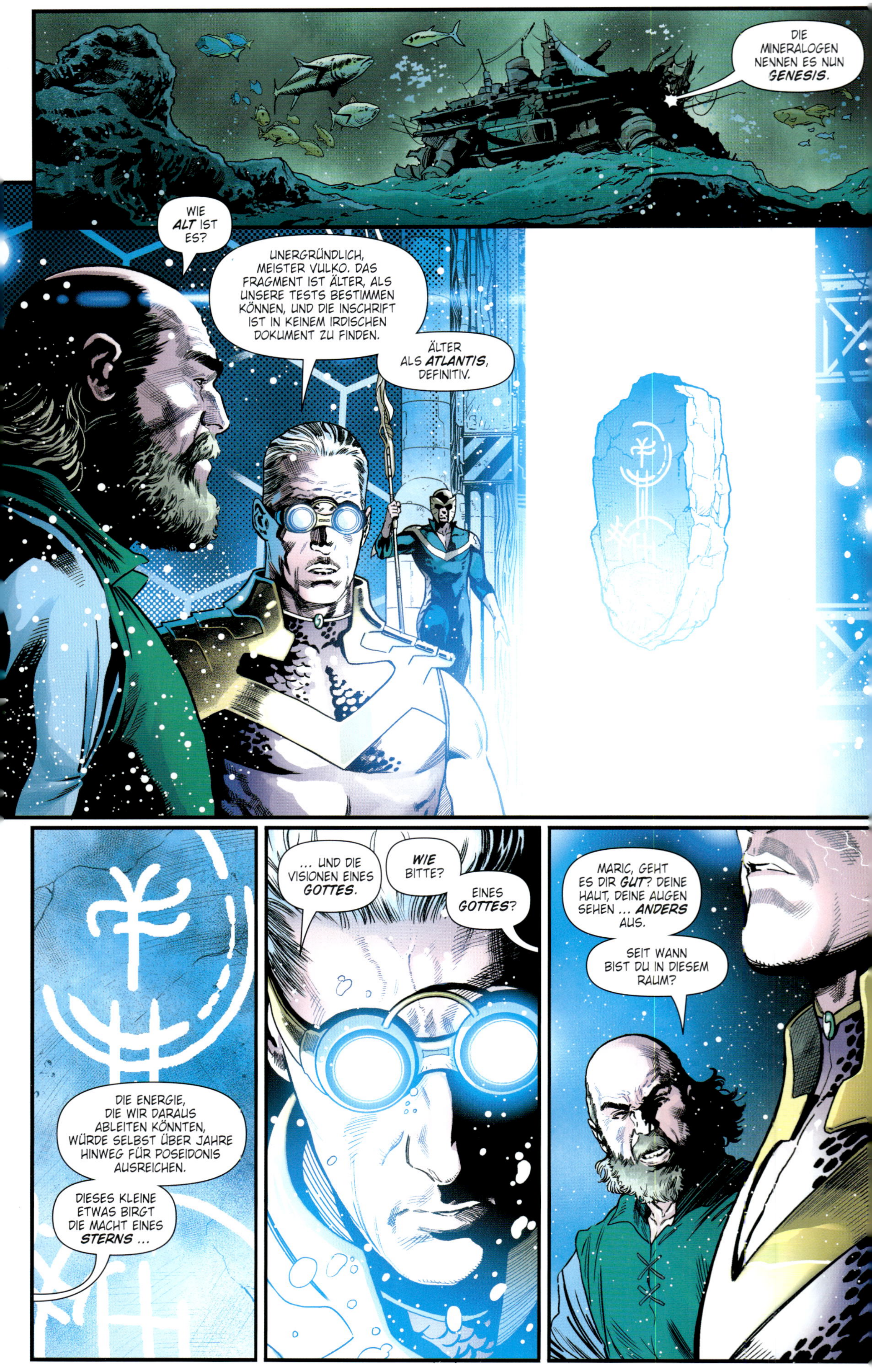

DIE MINERALOGEN NENNEN ES NUN **GENESIS**.

WIE **ALT** IST ES?

UNERGRÜNDLICH, MEISTER VULKO. DAS FRAGMENT IST ÄLTER, ALS UNSERE TESTS BESTIMMEN KÖNNEN, UND DIE INSCHRIFT IST IN KEINEM IRDISCHEN DOKUMENT ZU FINDEN.

ÄLTER ALS **ATLANTIS**, DEFINITIV.

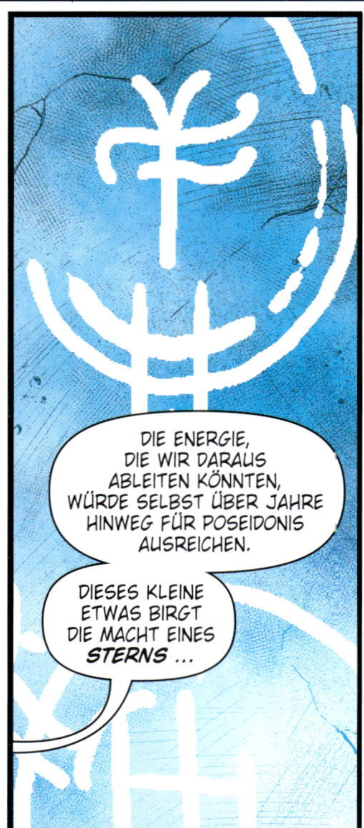

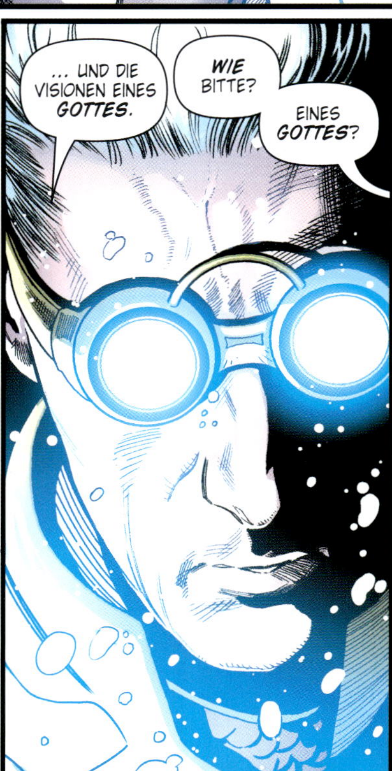

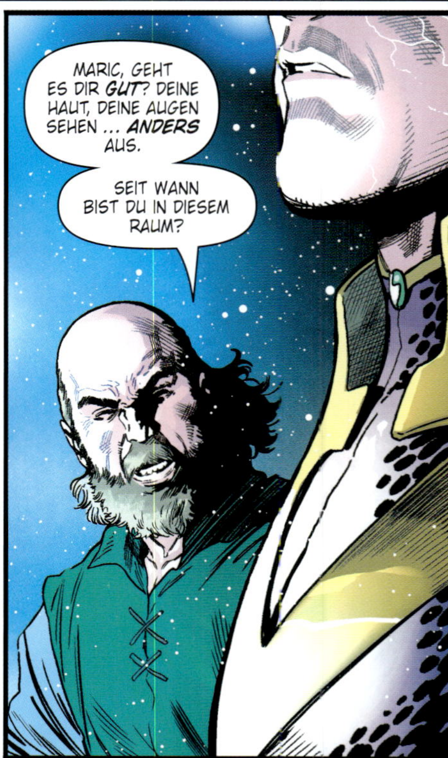

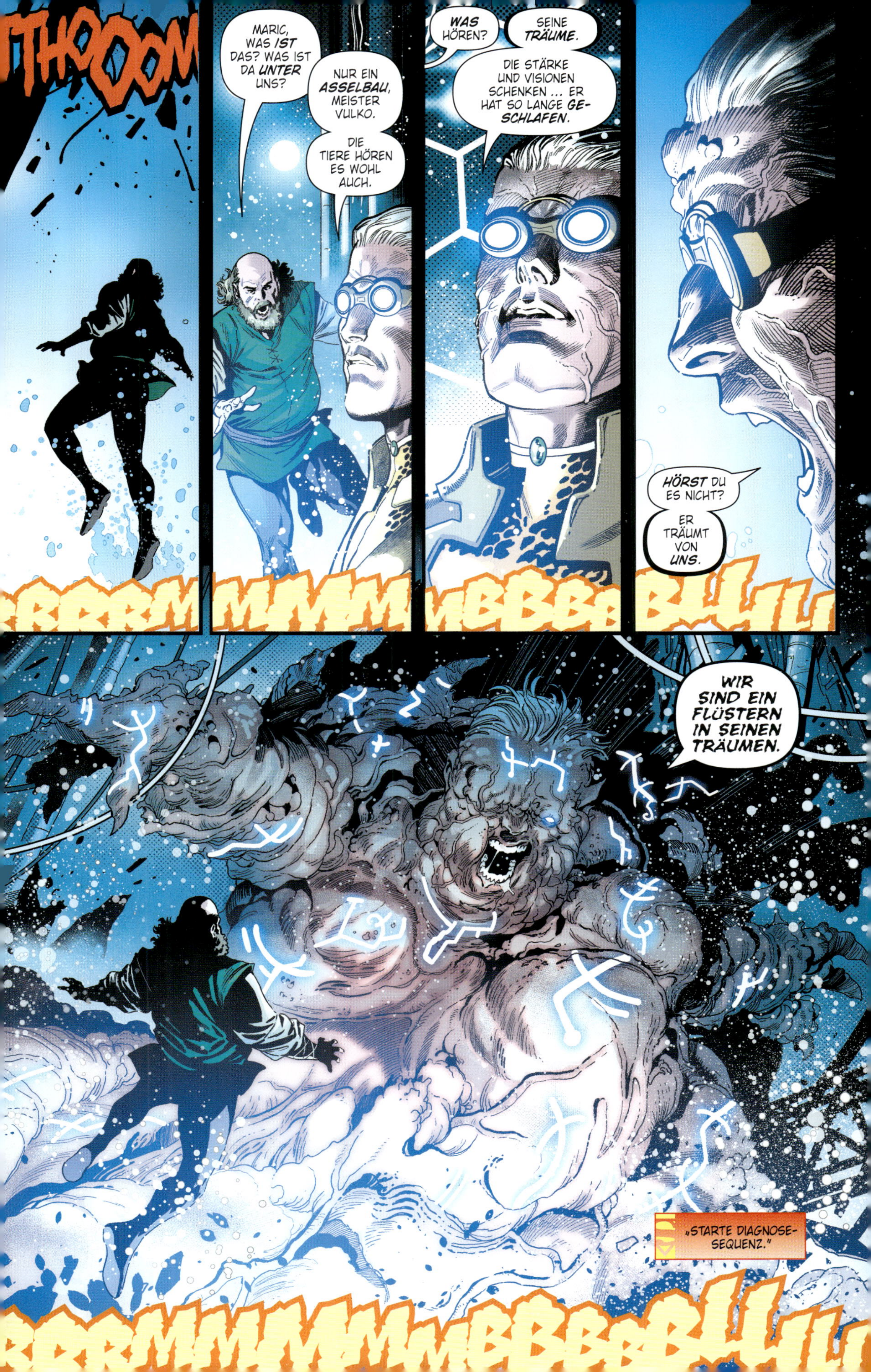
THOOOM
MARIC, WAS IST DAS? WAS IST DA UNTER UNS?
NUR EIN ASSELBAU, MEISTER VULKO.
DIE TIERE HÖREN ES WOHL AUCH.
WAS HÖREN?
SEINE TRÄUME.
DIE STÄRKE UND VISIONEN SCHENKEN ... ER HAT SO LANGE GESCHLAFEN.
HÖRST DU ES NICHT?
ER TRÄUMT VON UNS.
BRRRMMMMMMMMMBBBBBBLLL
WIR SIND EIN FLÜSTERN IN SEINEN TRÄUMEN.
„STARTE DIAGNOSE-SEQUENZ."
BRRRMMMMMMMMMBBBBBBLLL

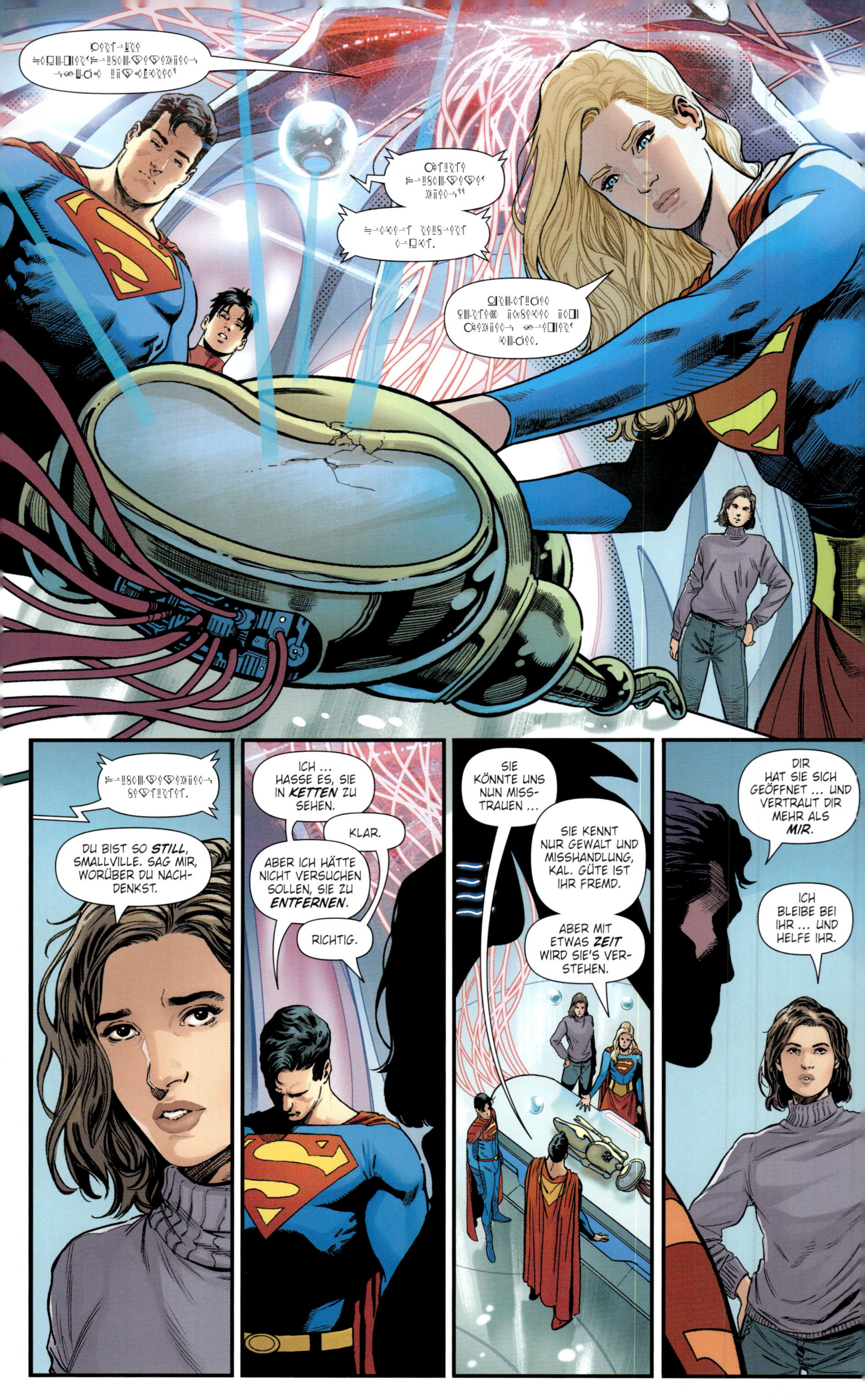

DU BIST SO **STILL**, SMALLVILLE. SAG MIR, WORÜBER DU NACHDENKST.
ICH ... HASSE ES, SIE IN **KETTEN** ZU SEHEN.
KLAR.
ABER ICH HÄTTE NICHT VERSUCHEN SOLLEN, SIE ZU **ENTFERNEN**.
RICHTIG.
SIE KÖNNTE UNS NUN MISSTRAUEN ...
SIE KENNT NUR GEWALT UND MISSHANDLUNG, KAL. GÜTE IST IHR FREMD.
ABER MIT ETWAS **ZEIT** WIRD SIE'S VERSTEHEN.
DIR HAT SIE SICH GEÖFFNET ... UND VERTRAUT DIR MEHR ALS **MIR**.
ICH BLEIBE BEI IHR ... UND HELFE IHR.

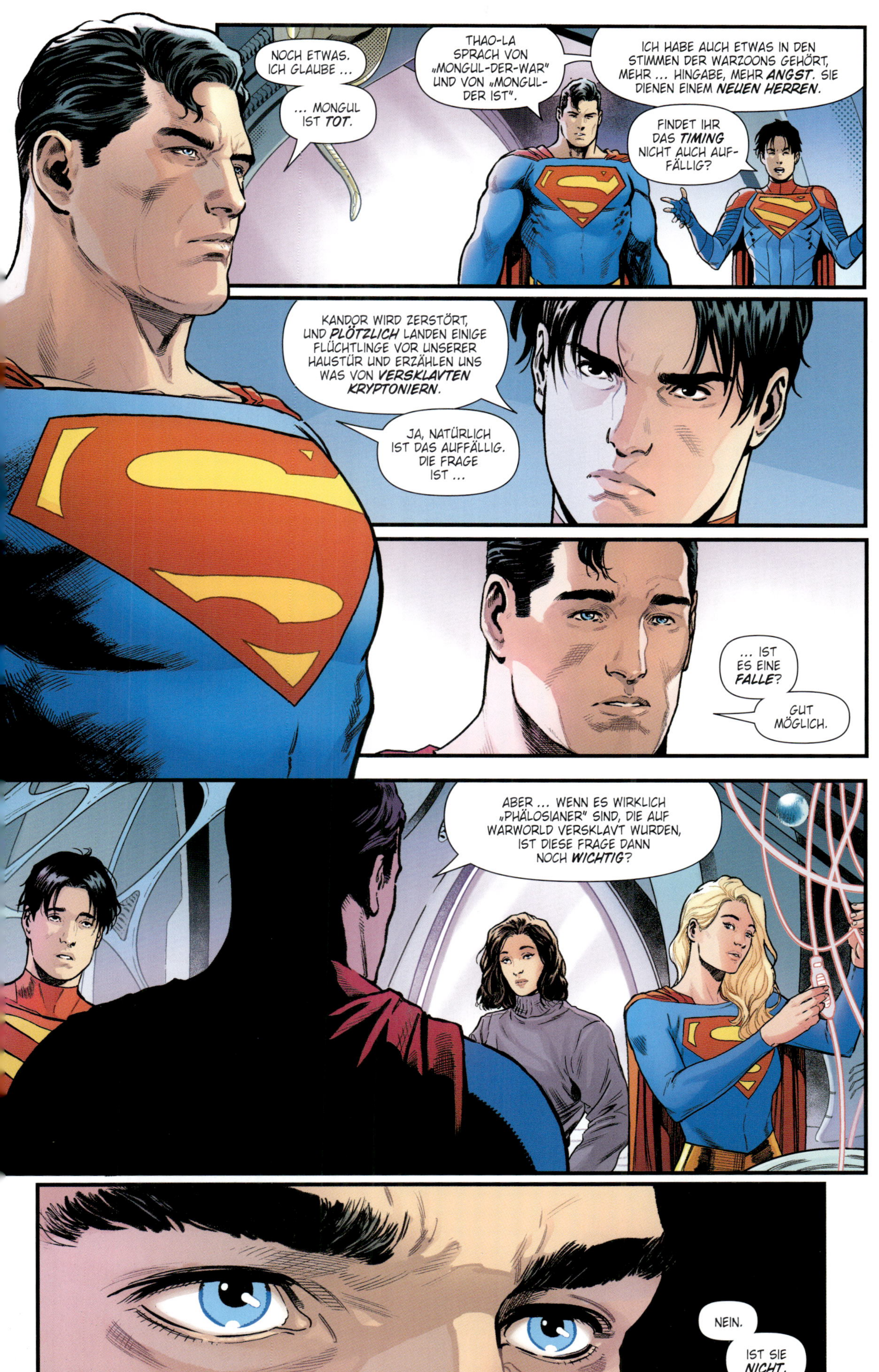
NOCH ETWAS. ICH GLAUBE …
… MONGUL IST *TOT*.
THAO-LA SPRACH VON „MONGUL-DER-WAR" UND VON „MONGUL-DER IST".
ICH HABE AUCH ETWAS IN DEN STIMMEN DER WARZOONS GEHÖRT, MEHR … HINGABE, MEHR ***ANGST***. SIE DIENEN EINEM ***NEUEN HERREN***.
FINDET IHR DAS ***TIMING*** NICHT AUCH AUFFÄLLIG?
KANDOR WIRD ZERSTÖRT, UND ***PLÖTZLICH*** LANDEN EINIGE FLÜCHTLINGE VOR UNSERER HAUSTÜR UND ERZÄHLEN UNS WAS VON ***VERSKLAVTEN KRYPTONIERN***.
JA, NATÜRLICH IST DAS AUFFÄLLIG. DIE FRAGE IST …
… IST ES EINE ***FALLE***?
GUT MÖGLICH.
ABER … WENN ES WIRKLICH „PHÄLOSIANER" SIND, DIE AUF WARWORLD VERSKLAVT WURDEN, IST DIESE FRAGE DANN NOCH ***WICHTIG***?
NEIN.
IST SIE ***NICHT***.

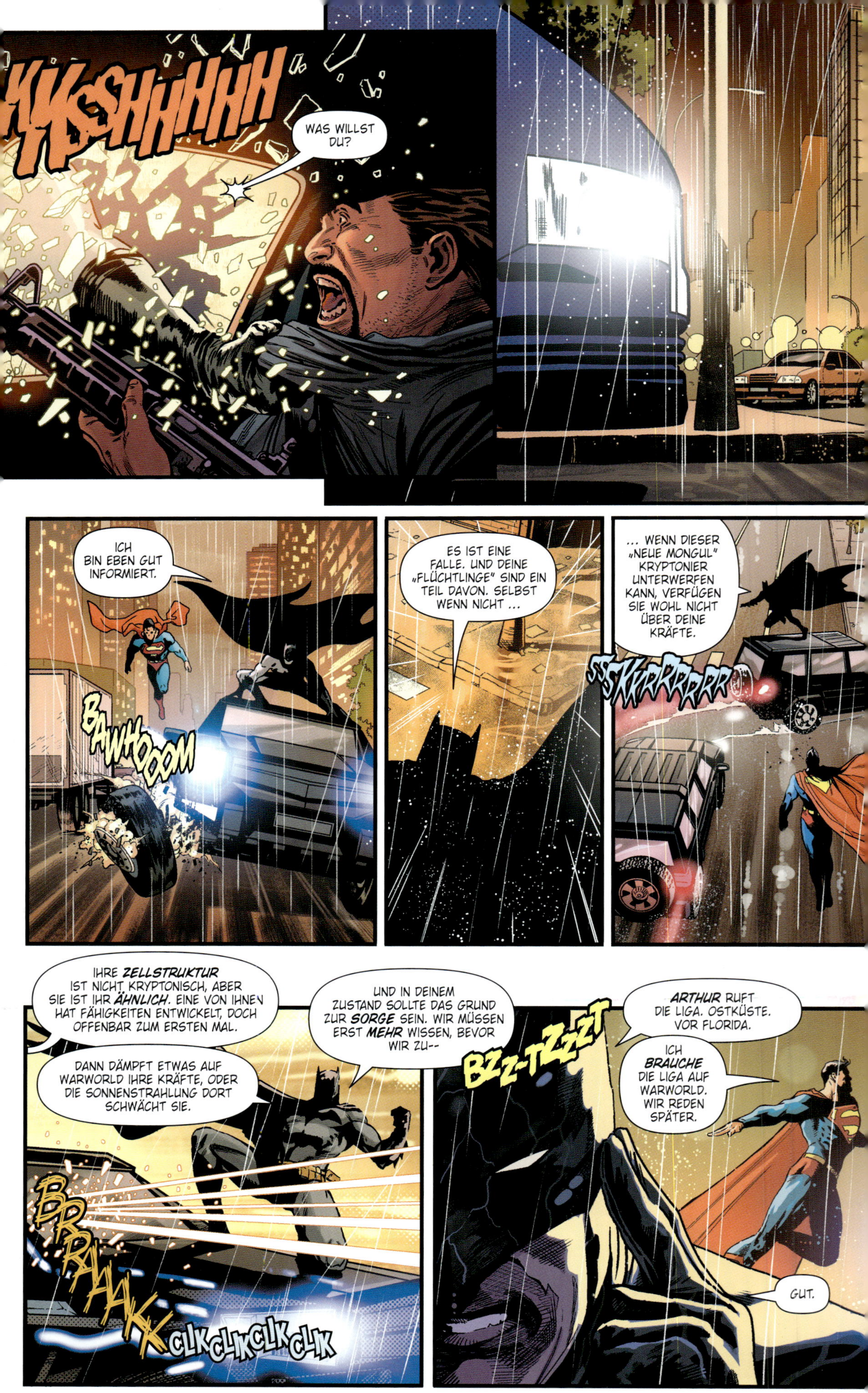

WAS WILLST DU?

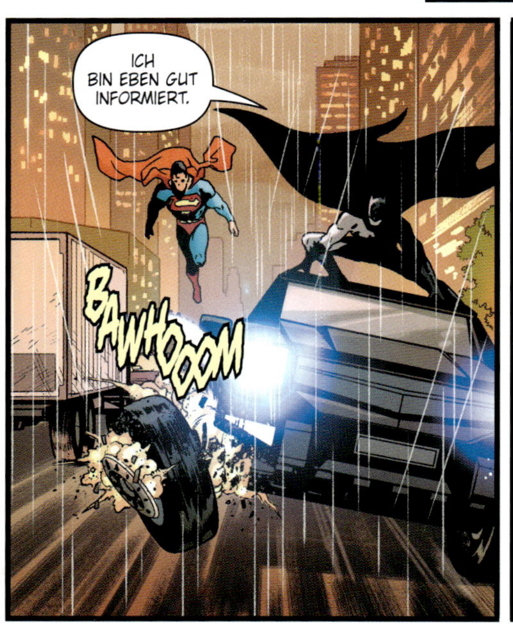

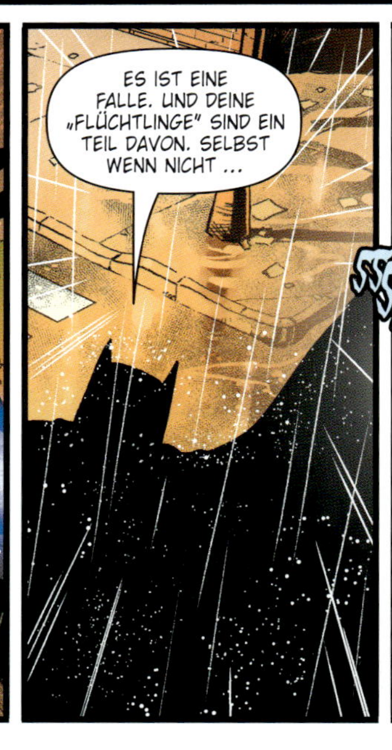

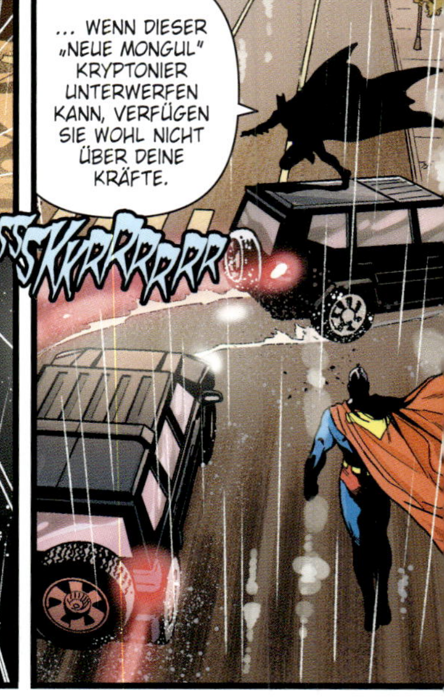

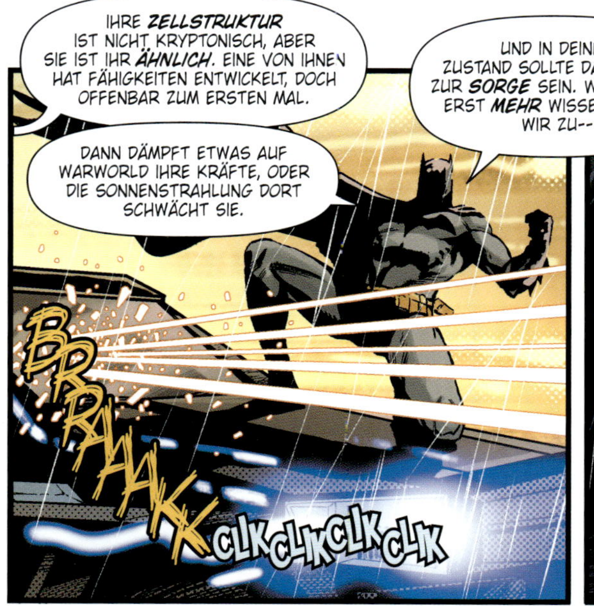

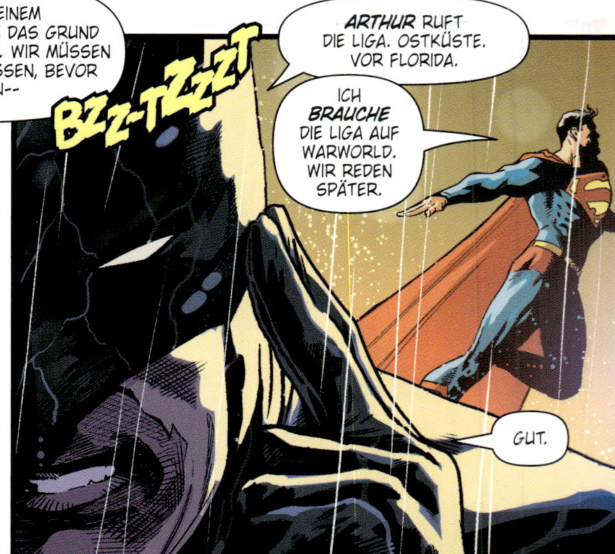

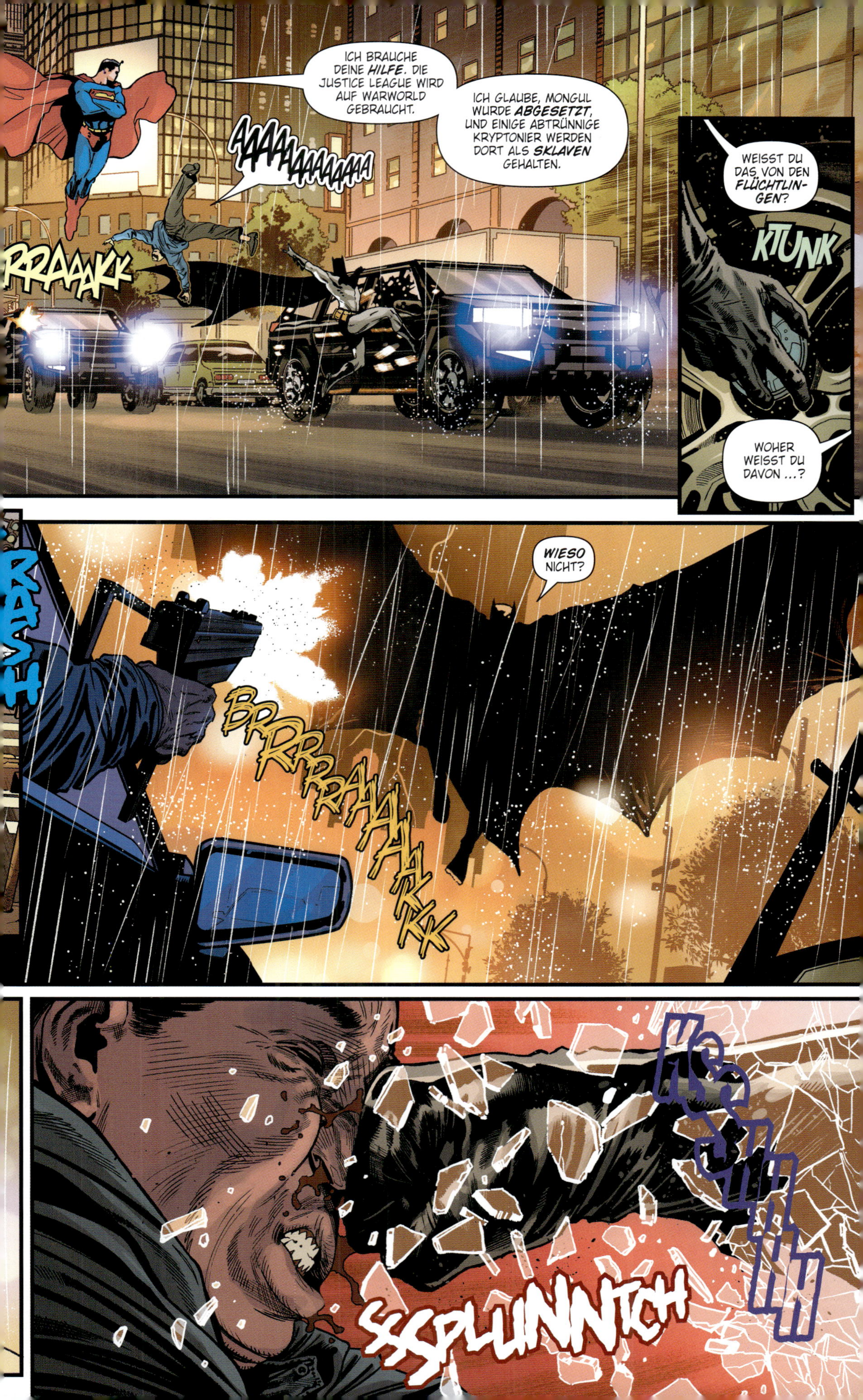

ICH BRAUCHE DEINE *HILFE*. DIE JUSTICE LEAGUE WIRD AUF WARWORLD GEBRAUCHT.
AAAAAAAAAAAAA
ICH GLAUBE, MONGUL WURDE *ABGESETZT*, UND EINIGE ABTRÜNNIGE KRYPTONIER WERDEN DORT ALS *SKLAVEN* GEHALTEN.
RRAAAKK
WEISST DU DAS VON DEN *FLÜCHTLINGEN*?
KTUNK
WOHER WEISST DU DAVON ...?

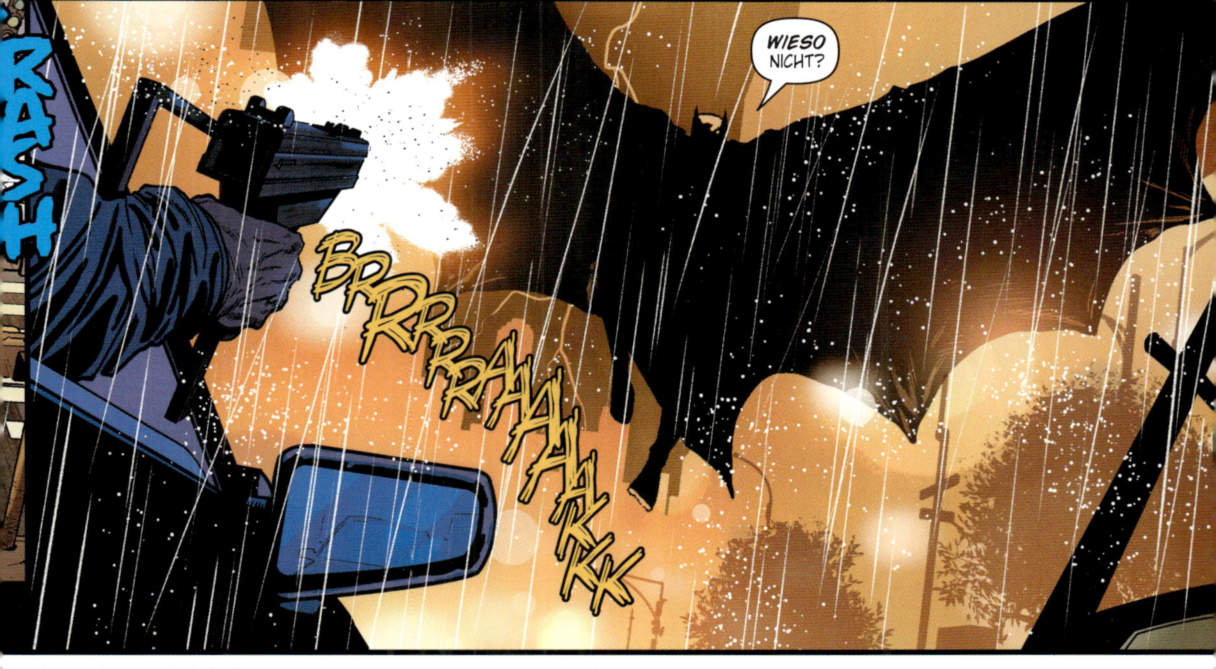

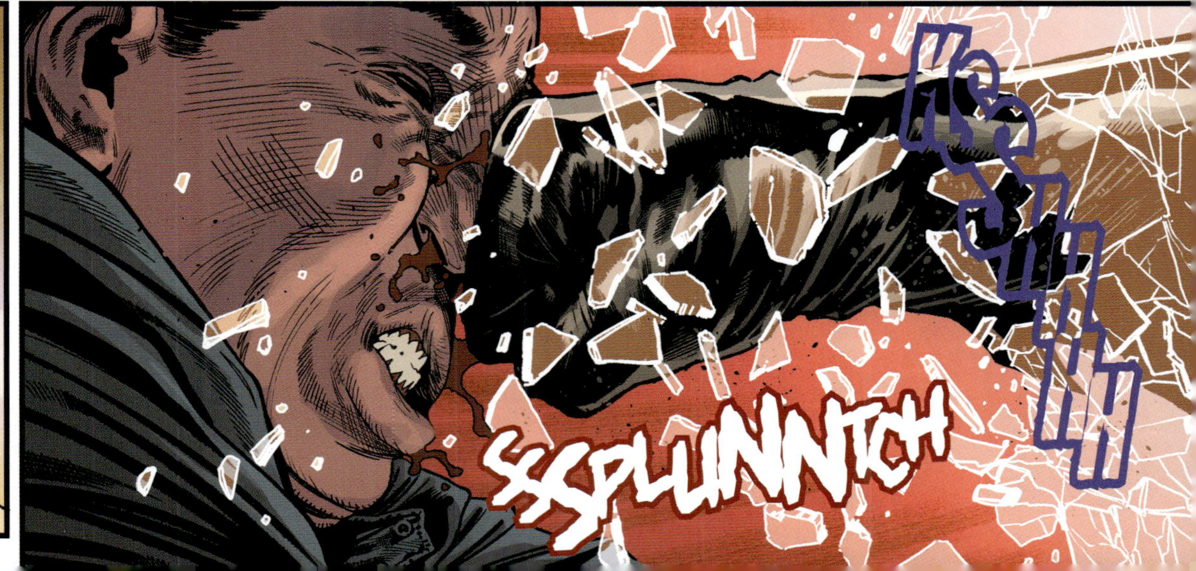

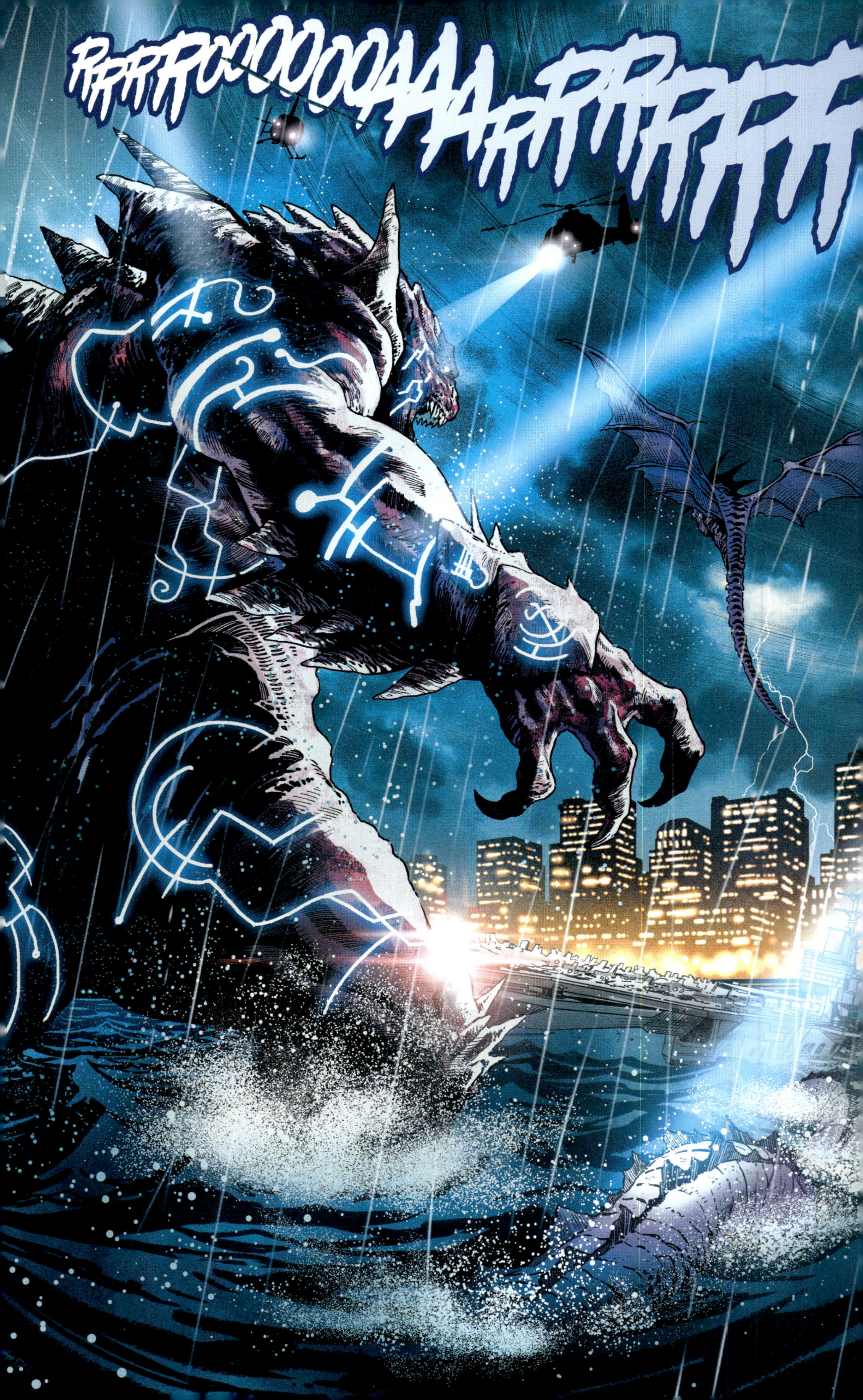
RRRROOOOOOAAARRRRRRRRR

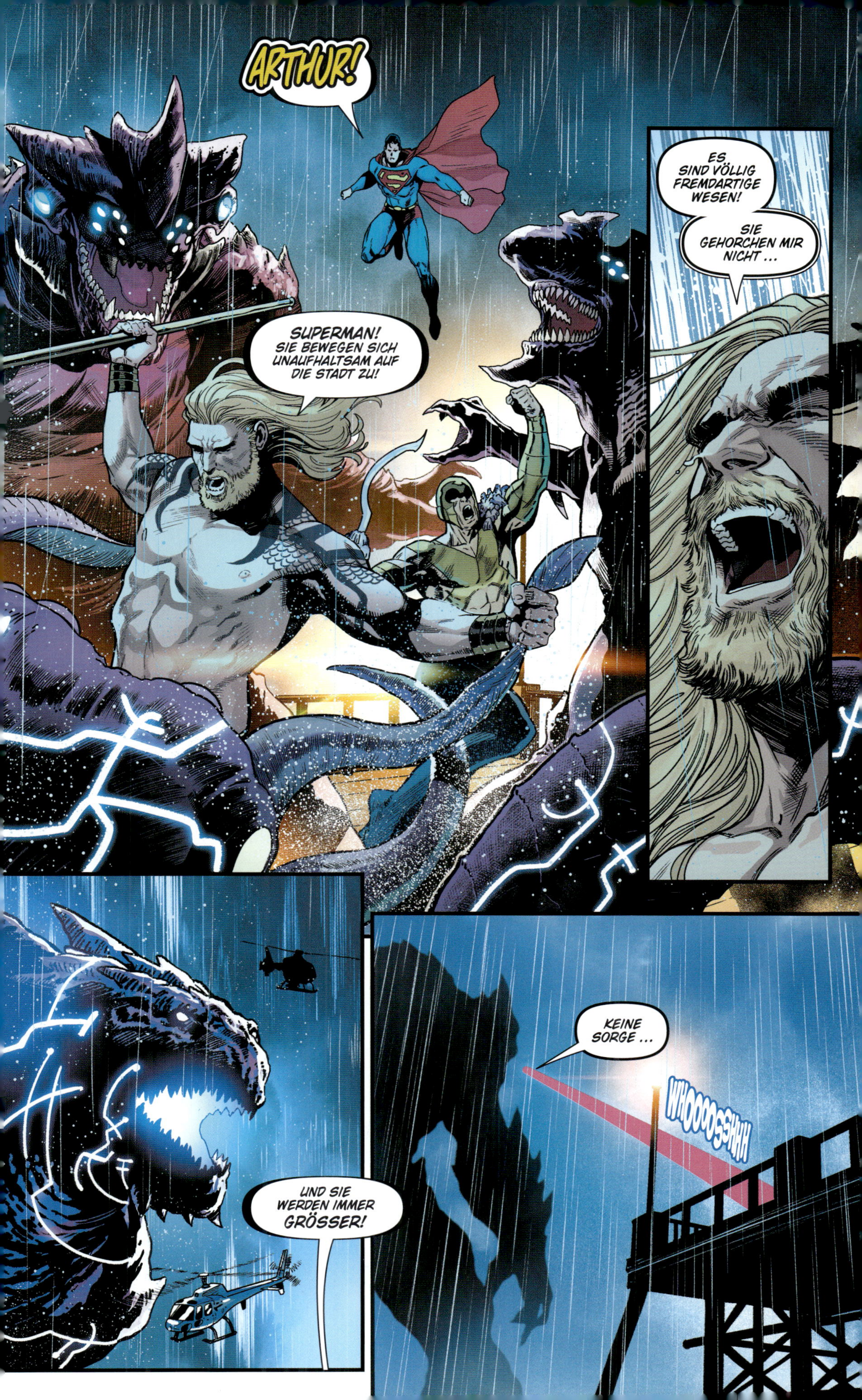
ARTHUR!
SUPERMAN! SIE BEWEGEN SICH UNAUFHALTSAM AUF DIE STADT ZU!
ES SIND VÖLLIG FREMDARTIGE WESEN!
SIE GEHORCHEN MIR NICHT …
UND SIE WERDEN IMMER GRÖSSER!
KEINE SORGE …
WHOOOOSSHHH

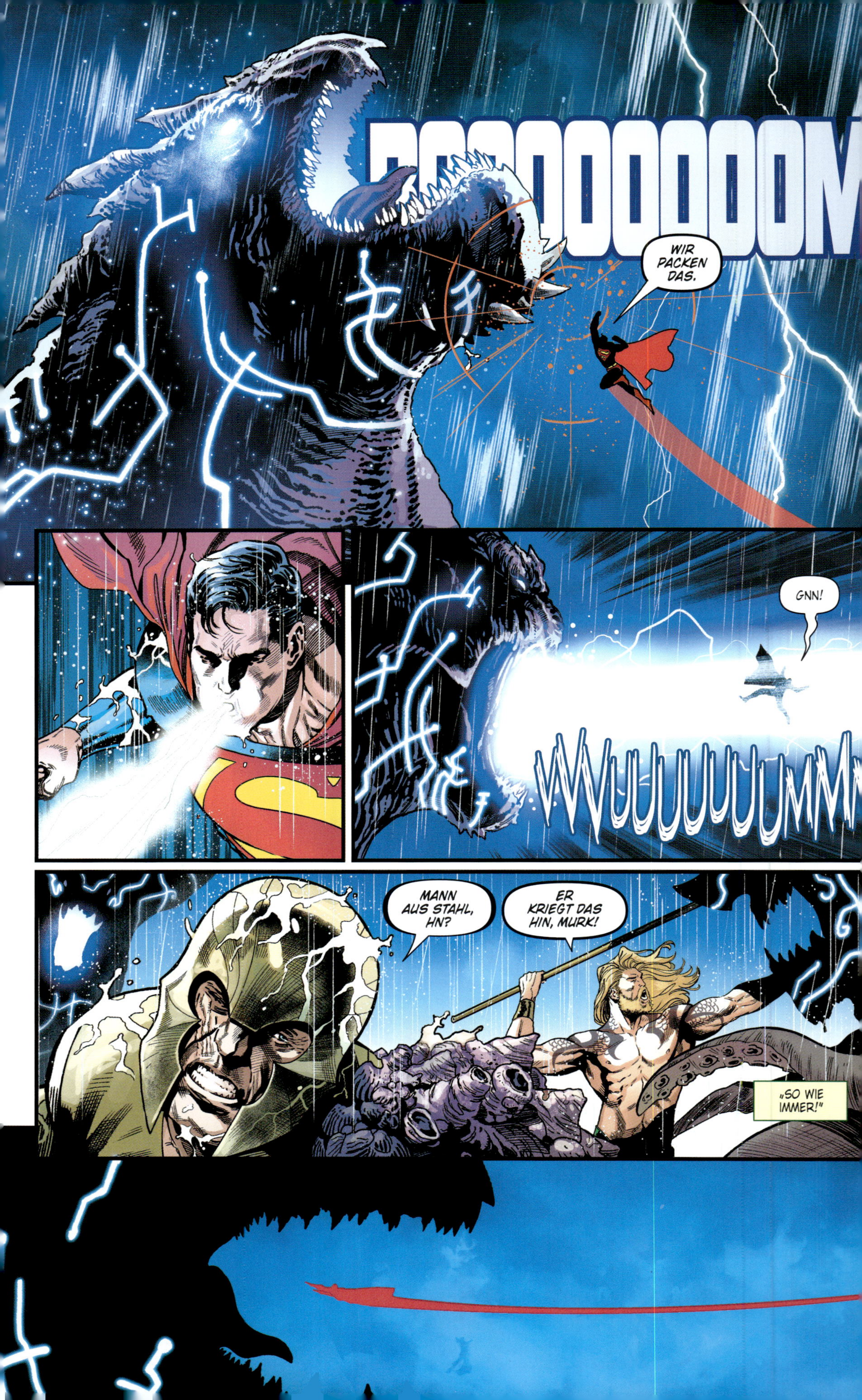
DOOOOOOOOM
WIR PACKEN DAS.
GNN!
WVUUUUUUUMM
MANN AUS STAHL, HN?
ER KRIEGT DAS HIN, MURK!
„SO WIE IMMER!"

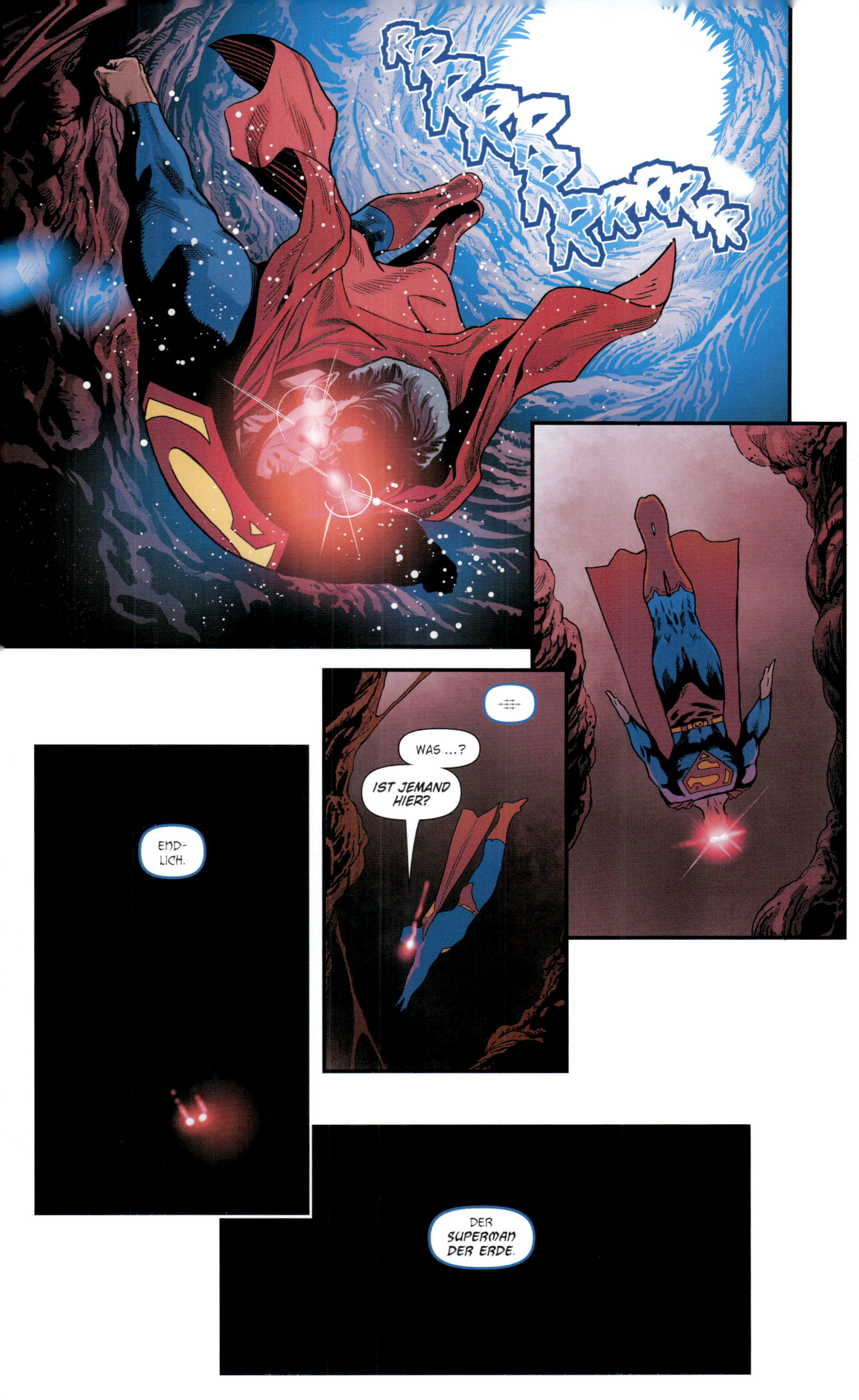

RRRRRRRRRR
WAS ...?
IST JEMAND HIER?
END-
LICH.
DER
SUPERMAN
DER ERDE.

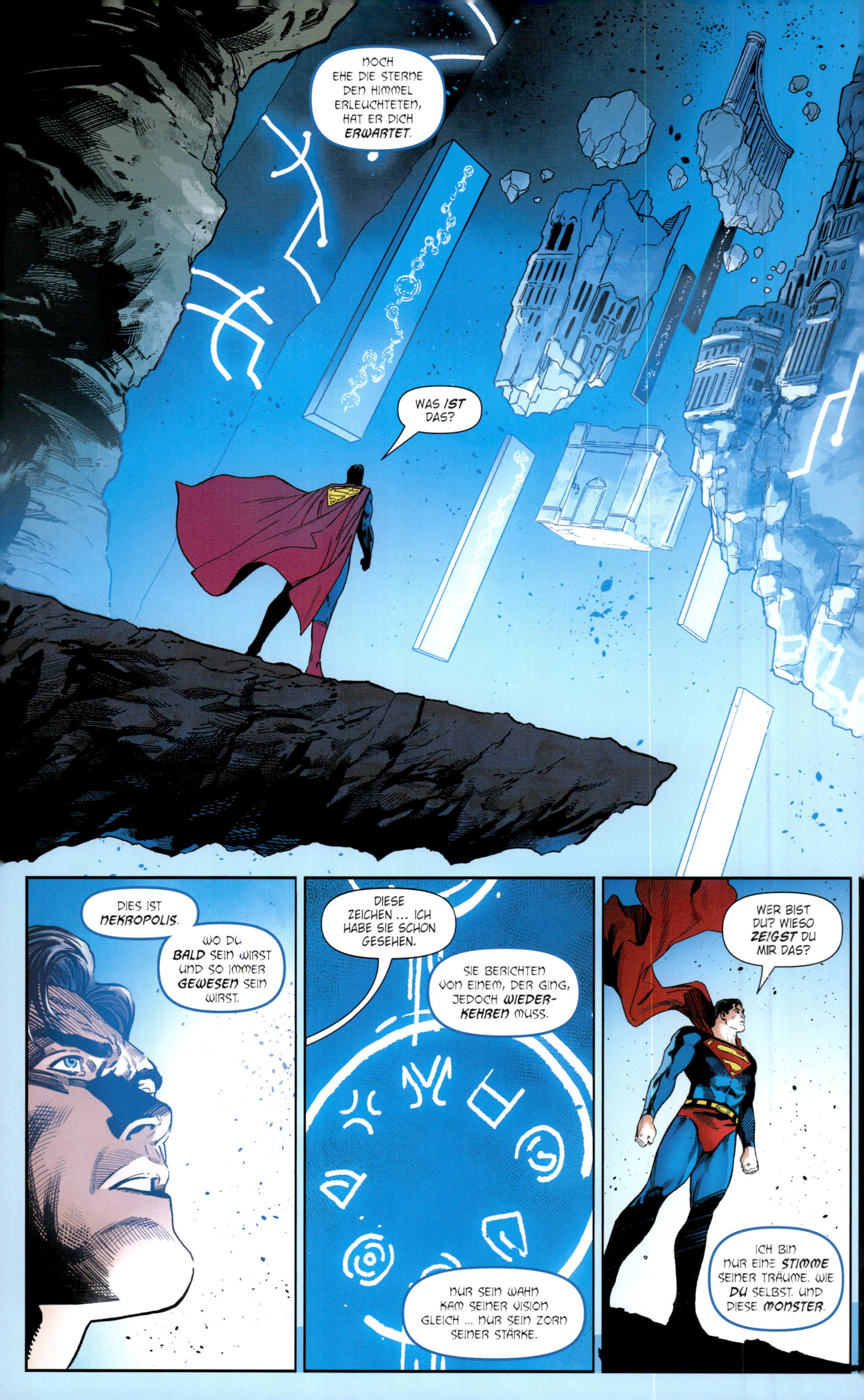

NOCH EHE DIE STERNE DEN HIMMEL ERLEUCHTETEN, HAT ER DICH **ERWARTET**.

WAS **IST** DAS?

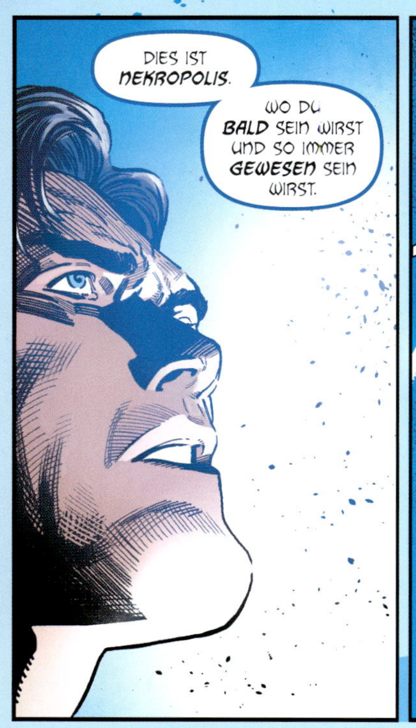

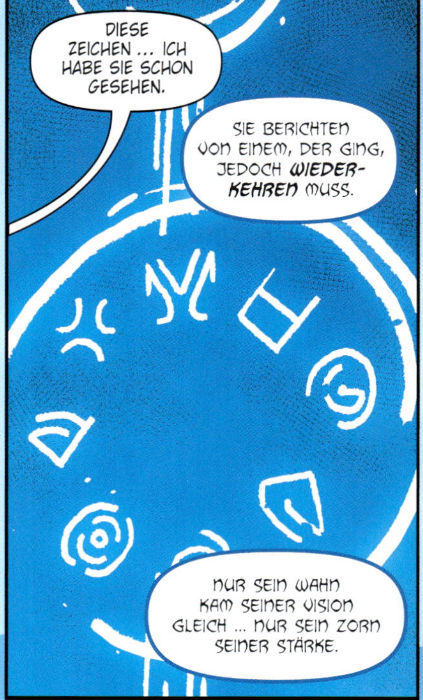

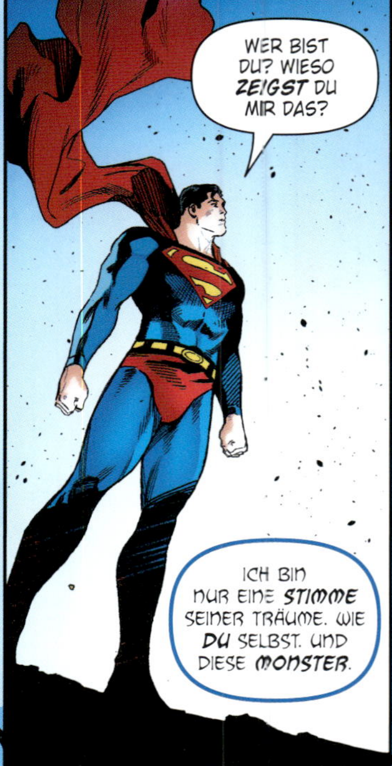

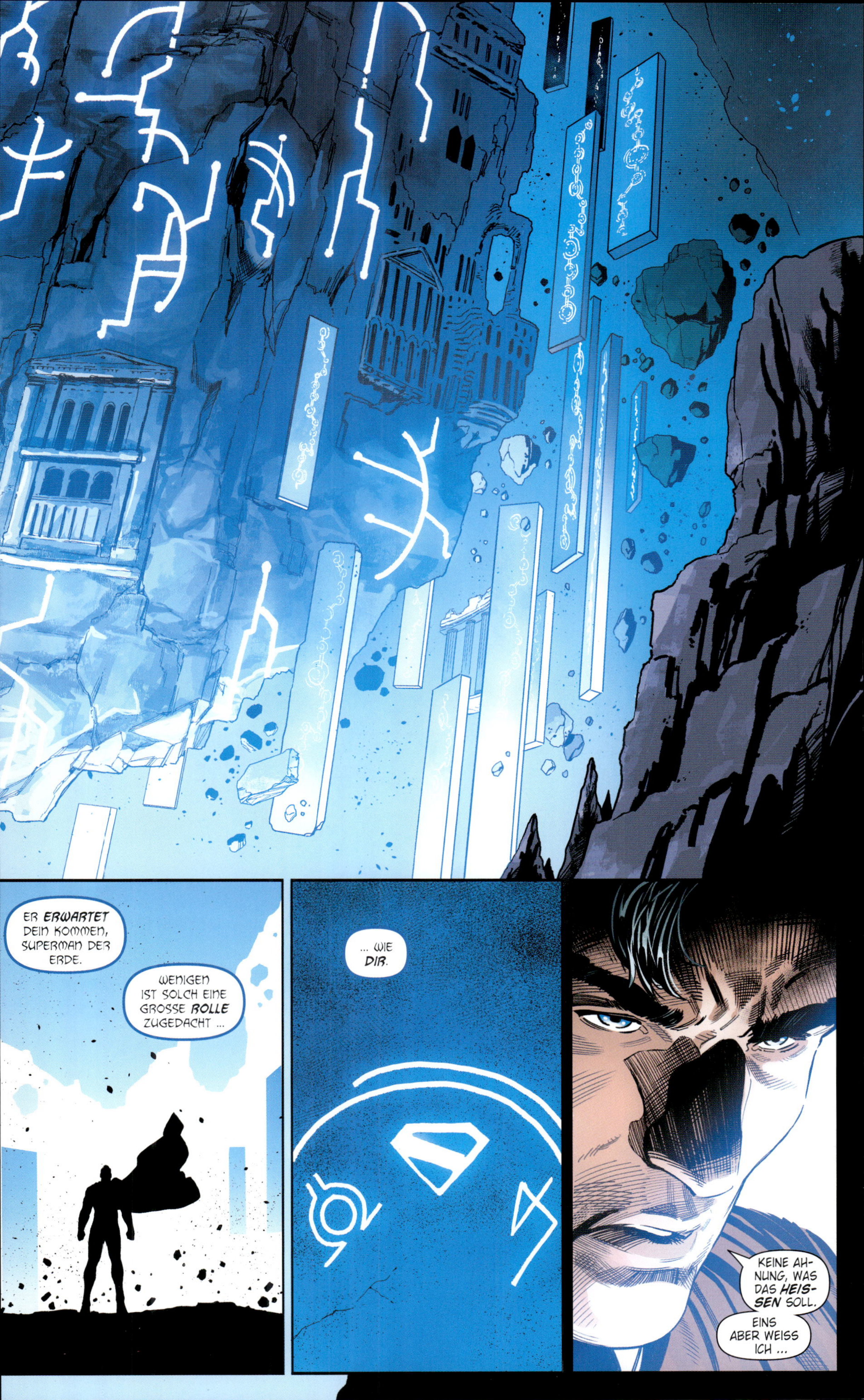
ER ERWARTET DEIN KOMMEN, SUPERMAN DER ERDE.
WENIGEN IST SOLCH EINE GROSSE ROLLE ZUGEDACHT ...
... WIE DIR.
KEINE AHNUNG, WAS DAS HEISSEN SOLL.
EINS ABER WEISS ICH ...

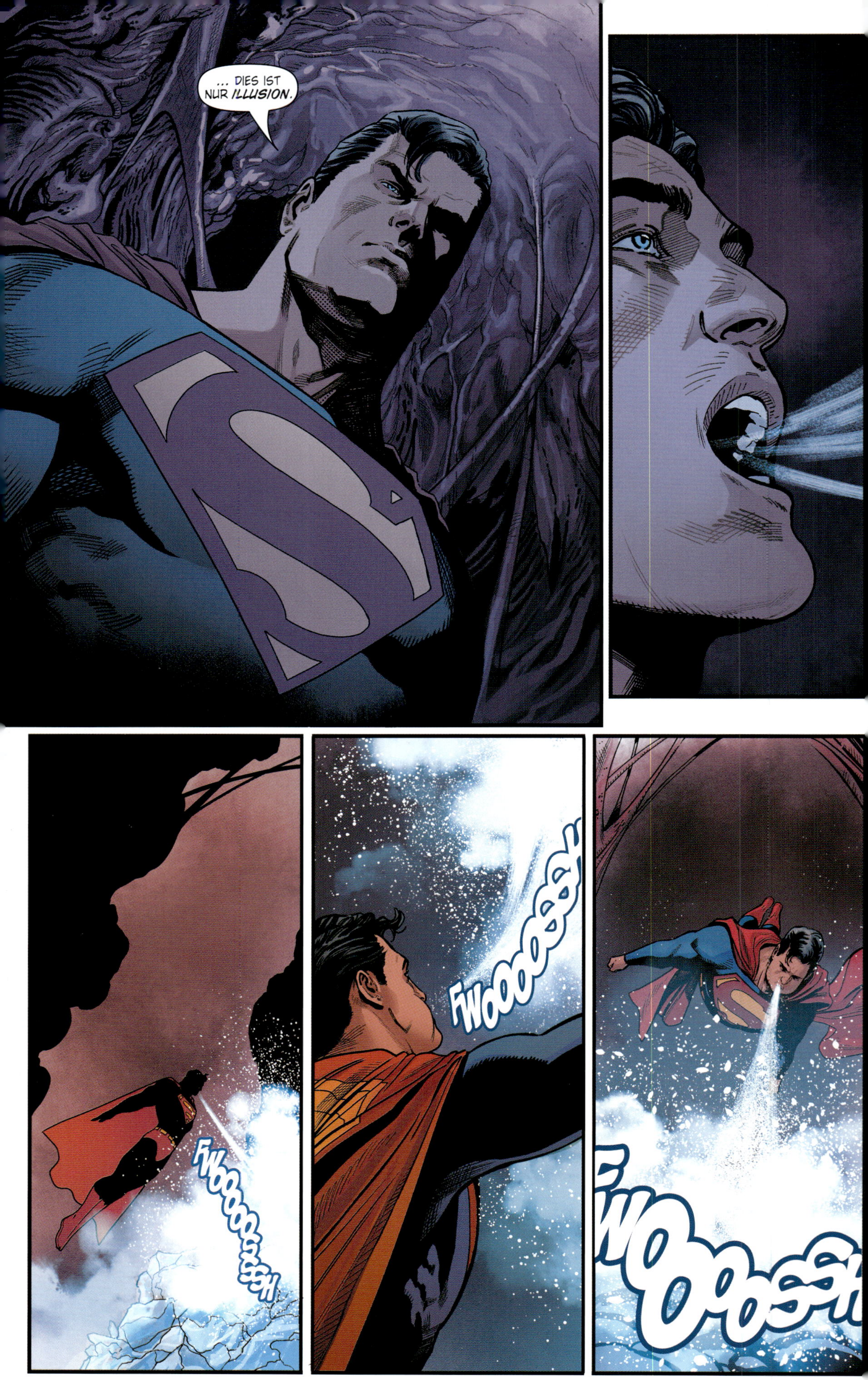

… DIES IST NUR *ILLUSION*.

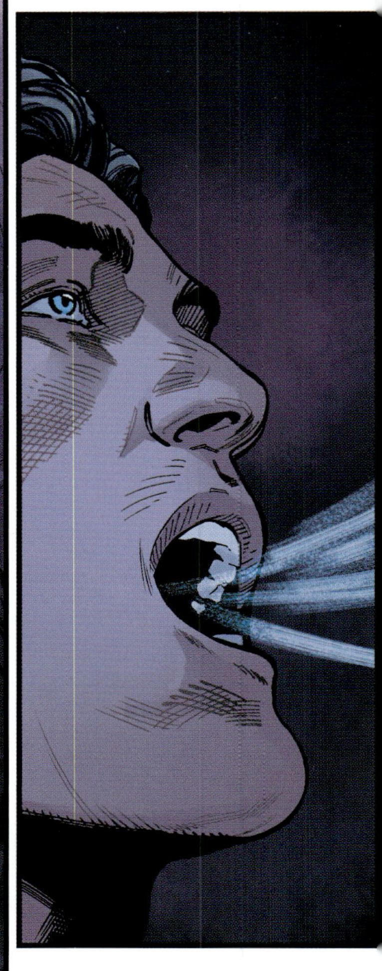

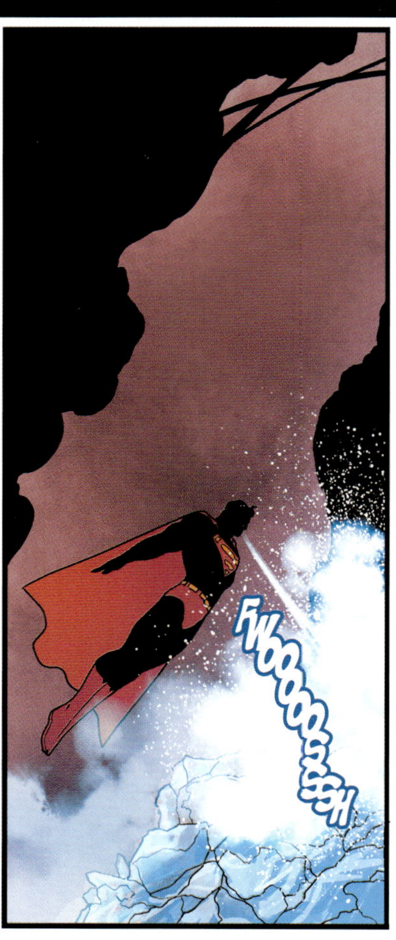

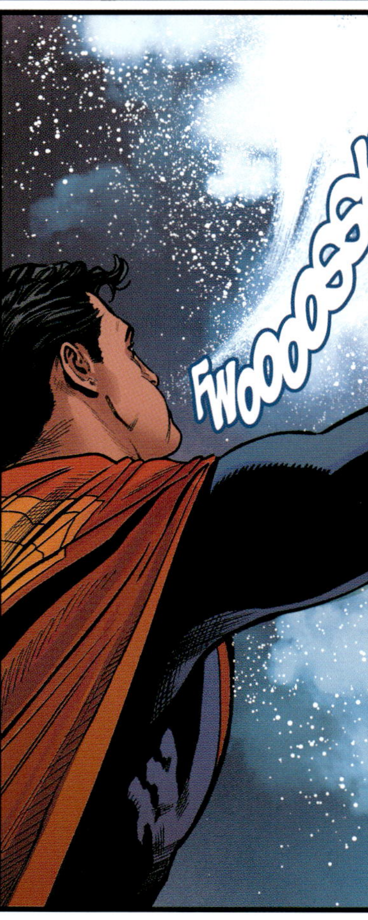

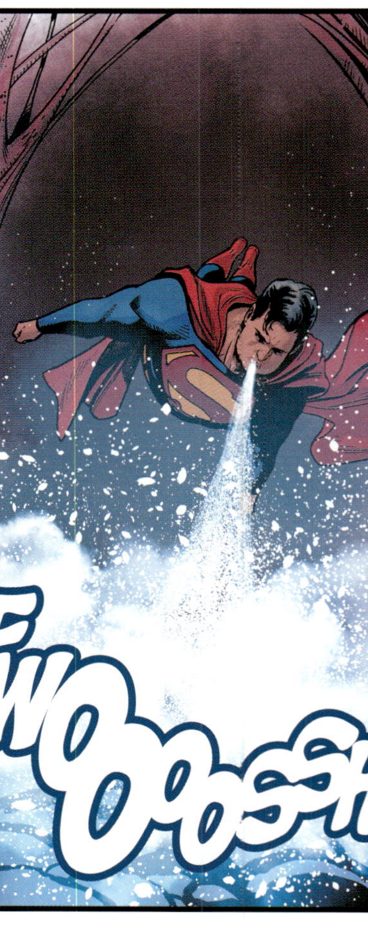

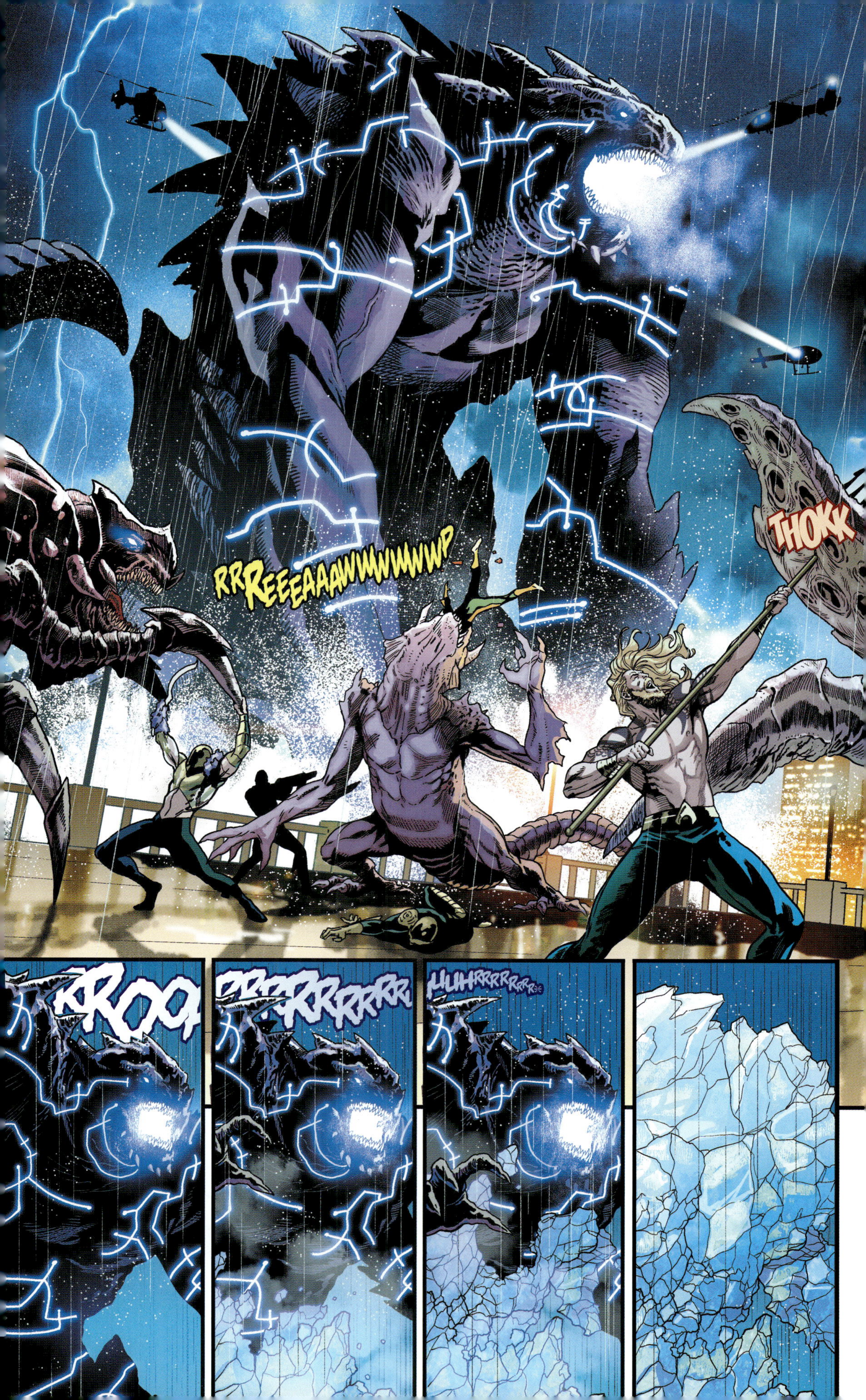
RRREEEAAAWWWWWWP
THOKK
KROO
RRRRRRRR
UUHRRRRRRRR

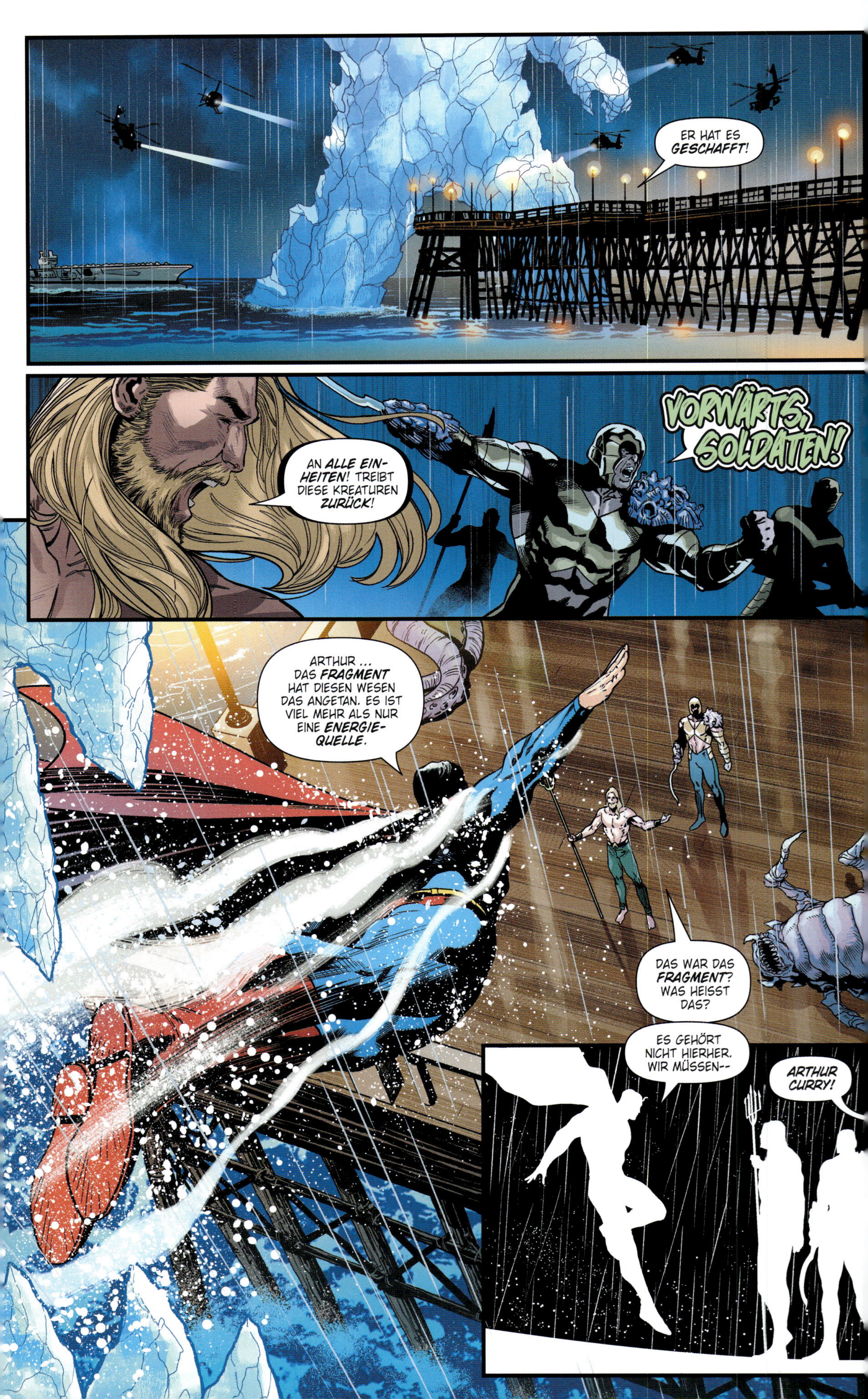
ER HAT ES GESCHAFFT!
AN ALLE EINHEITEN! TREIBT DIESE KREATUREN ZURÜCK!
VORWÄRTS, SOLDATEN!
ARTHUR ... DAS FRAGMENT HAT DIESEN WESEN DAS ANGETAN. ES IST VIEL MEHR ALS NUR EINE ENERGIEQUELLE.
DAS WAR DAS FRAGMENT? WAS HEISST DAS?
ES GEHÖRT NICHT HIERHER. WIR MÜSSEN--
ARTHUR CURRY!

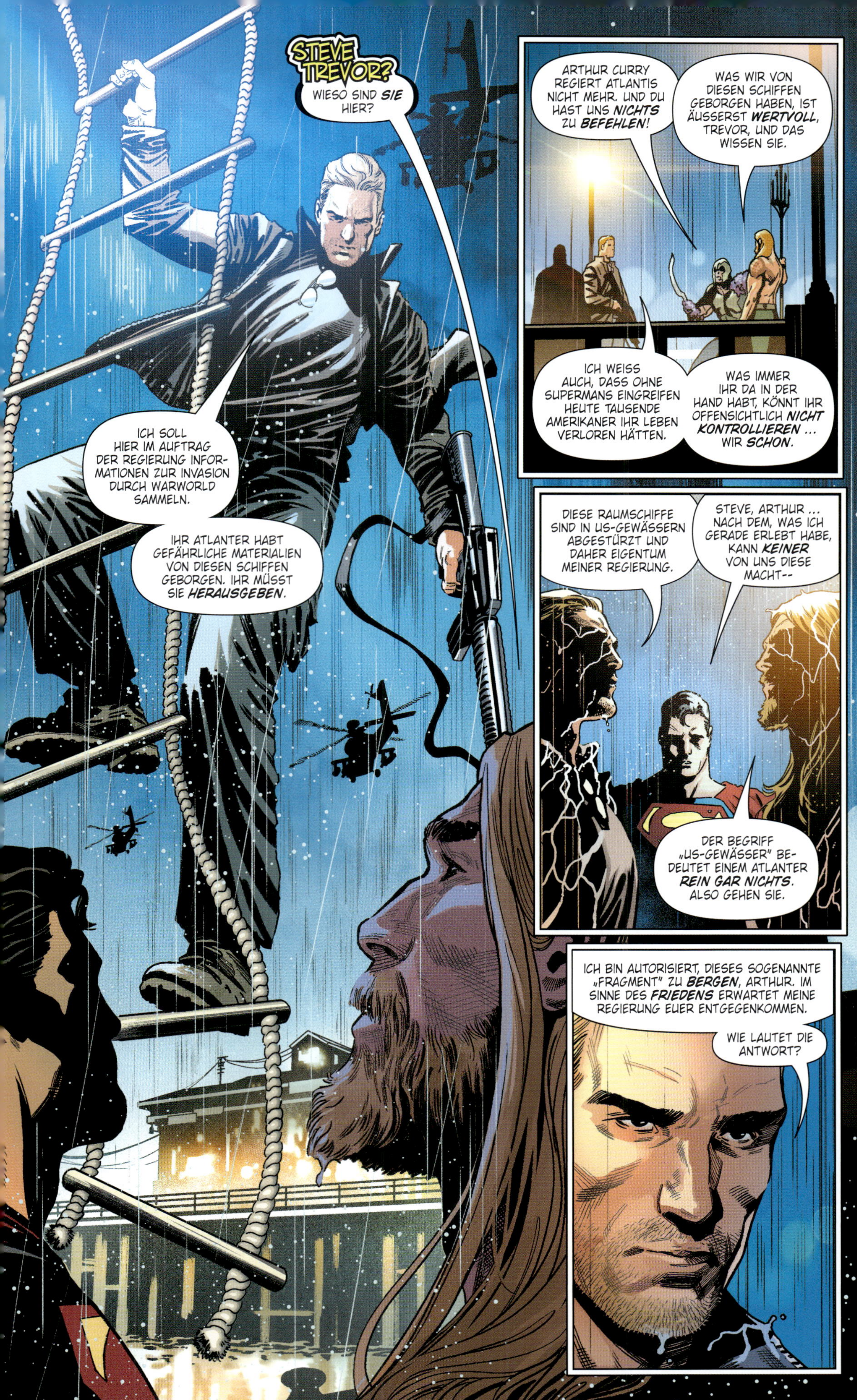
STEVE TREVOR? WIESO SIND SIE HIER?
ICH SOLL HIER IM AUFTRAG DER REGIERUNG INFORMATIONEN ZUR INVASION DURCH WARWORLD SAMMELN.
IHR ATLANTER HABT GEFÄHRLICHE MATERIALIEN VON DIESEN SCHIFFEN GEBORGEN. IHR MÜSST SIE HERAUSGEBEN.
ARTHUR CURRY REGIERT ATLANTIS NICHT MEHR. UND DU HAST UNS NICHTS ZU BEFEHLEN!
WAS WIR VON DIESEN SCHIFFEN GEBORGEN HABEN, IST ÄUSSERST WERTVOLL, TREVOR, UND DAS WISSEN SIE.
ICH WEISS AUCH, DASS OHNE SUPERMANS EINGREIFEN HEUTE TAUSENDE AMERIKANER IHR LEBEN VERLOREN HÄTTEN.
WAS IMMER IHR DA IN DER HAND HABT, KÖNNT IHR OFFENSICHTLICH NICHT KONTROLLIEREN ... WIR SCHON.
DIESE RAUMSCHIFFE SIND IN US-GEWÄSSERN ABGESTÜRZT UND DAHER EIGENTUM MEINER REGIERUNG.
STEVE, ARTHUR ... NACH DEM, WAS ICH GERADE ERLEBT HABE, KANN KEINER VON UNS DIESE MACHT--
DER BEGRIFF „US-GEWÄSSER" BEDEUTET EINEM ATLANTER REIN GAR NICHTS. ALSO GEHEN SIE.
ICH BIN AUTORISIERT, DIESES SOGENANNTE „FRAGMENT" ZU BERGEN, ARTHUR. IM SINNE DES FRIEDENS ERWARTET MEINE REGIERUNG EUER ENTGEGENKOMMEN.
WIE LAUTET DIE ANTWORT?

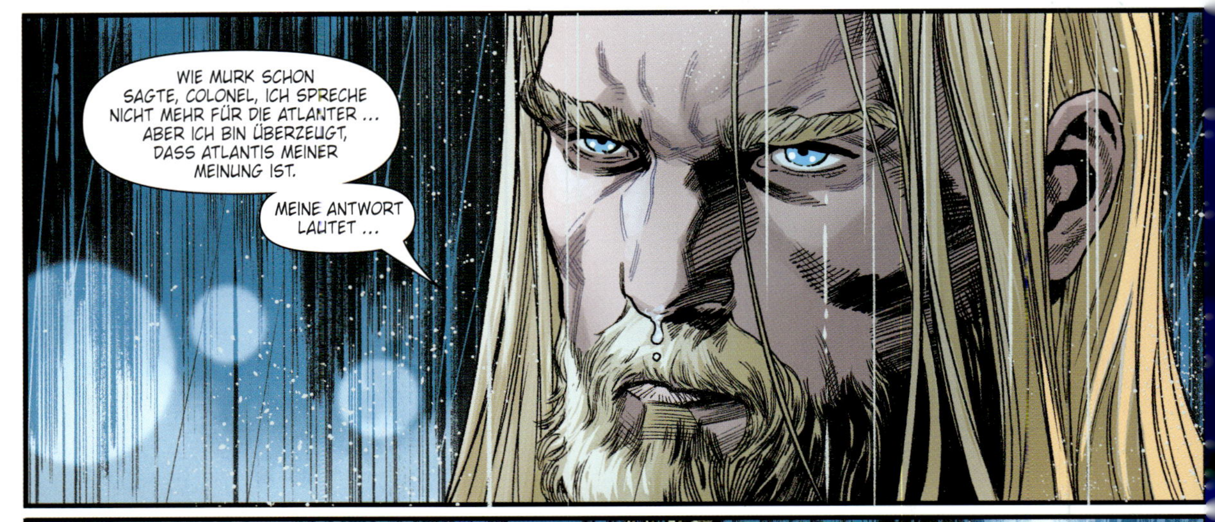

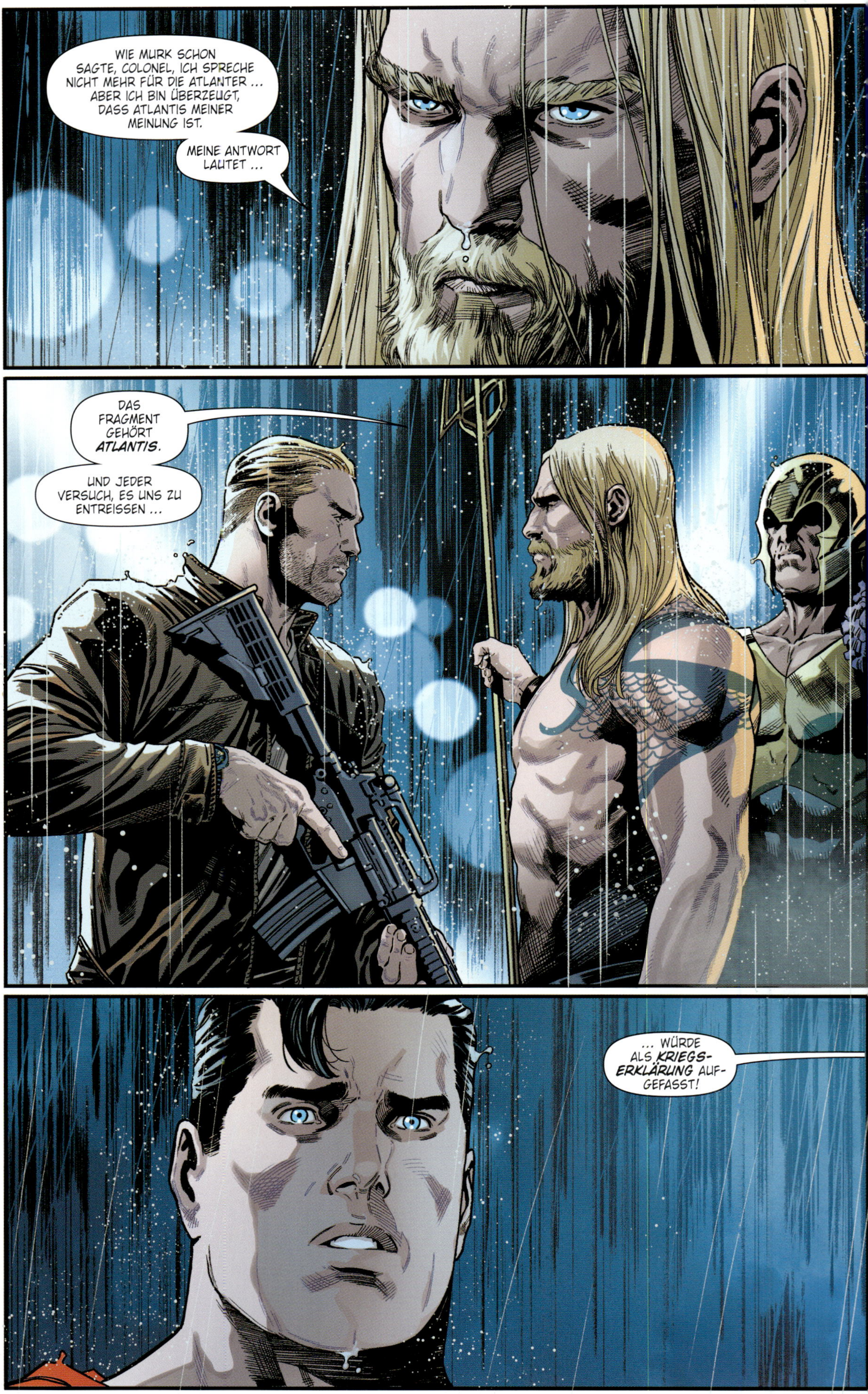

DAS FRAGMENT GEHÖRT ***ATLANTIS***.

UND JEDER VERSUCH, ES UNS ZU ENTREISSEN ...

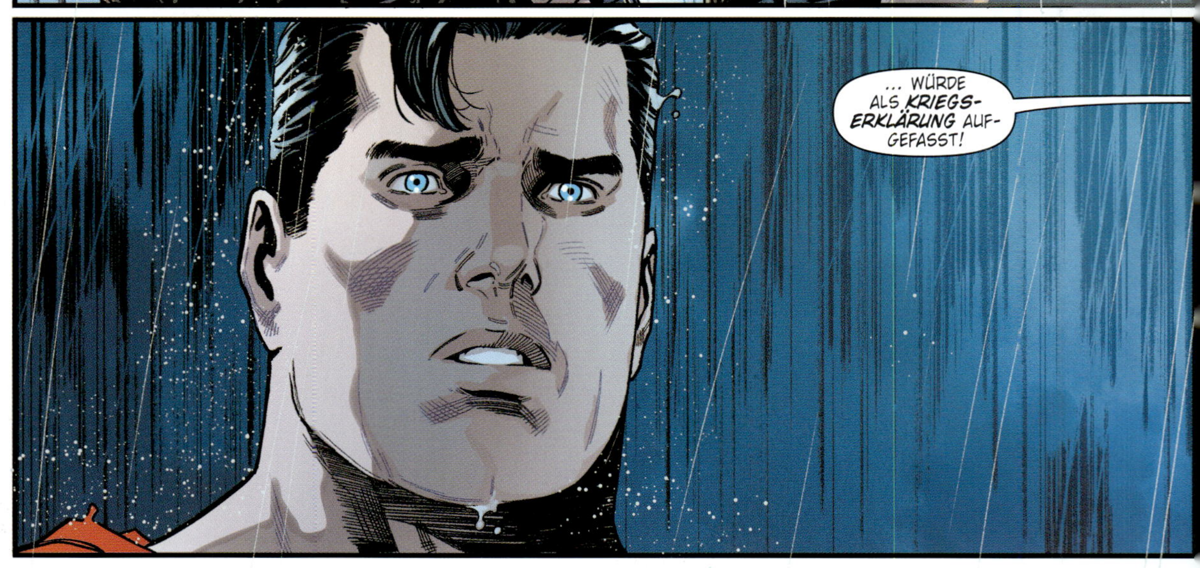

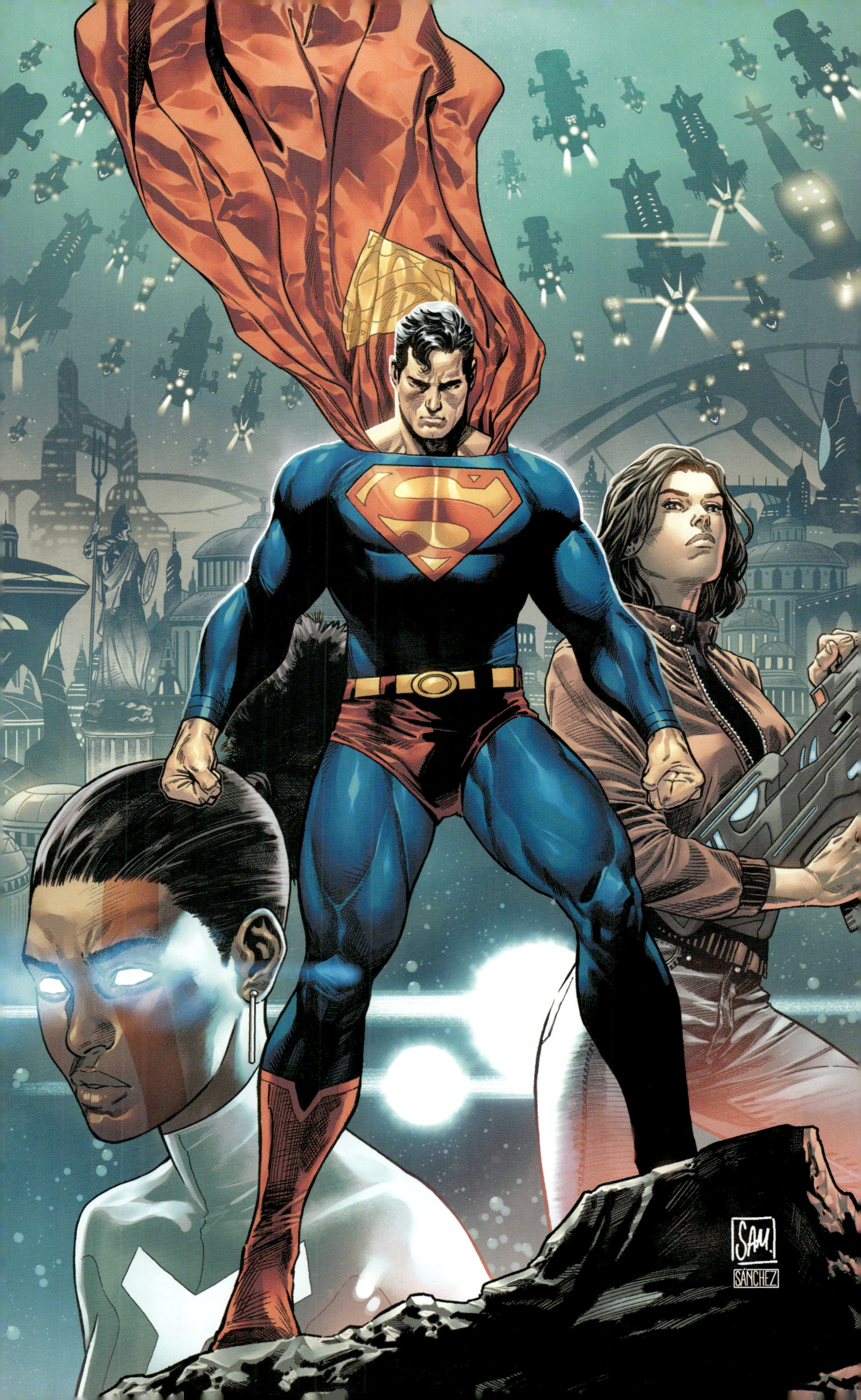
SAM.
SÁNCHEZ

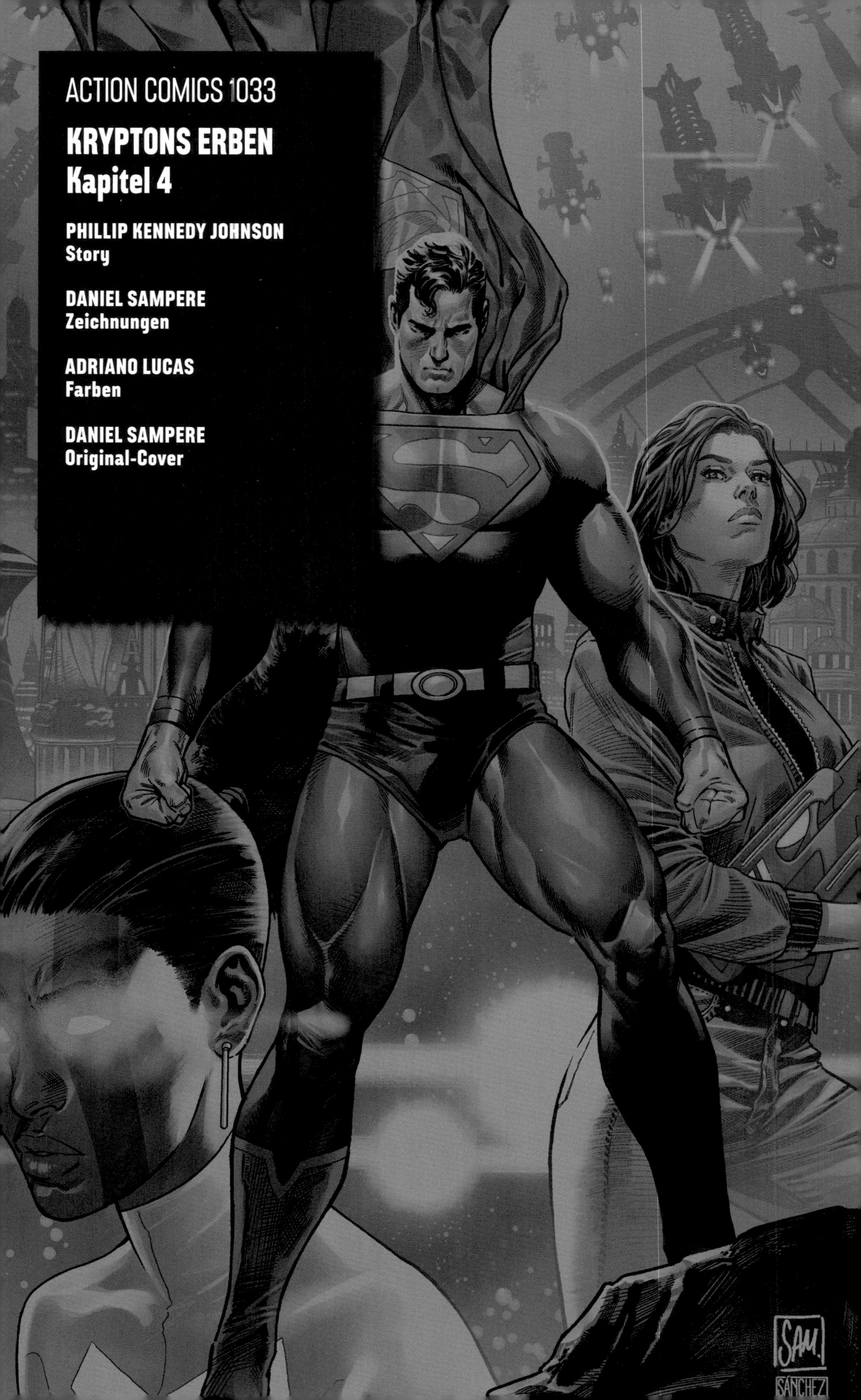
ACTION COMICS 1033
KRYPTONS ERBEN
Kapitel 4
PHILLIP KENNEDY JOHNSON
Story
DANIEL SAMPERE
Zeichnungen
ADRIANO LUCAS
Farben
DANIEL SAMPERE
Original-Cover
SAM.
SANCHEZ

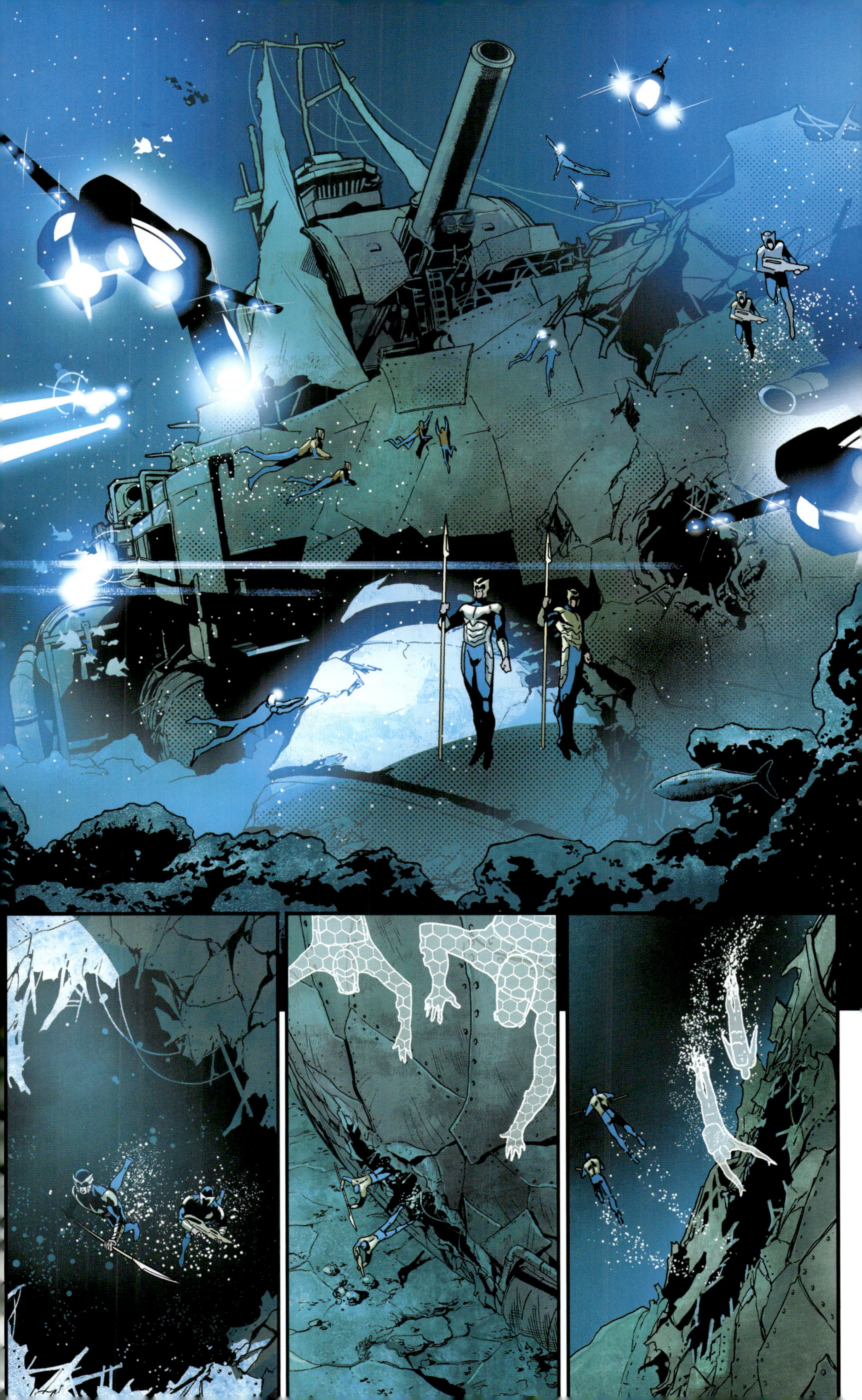

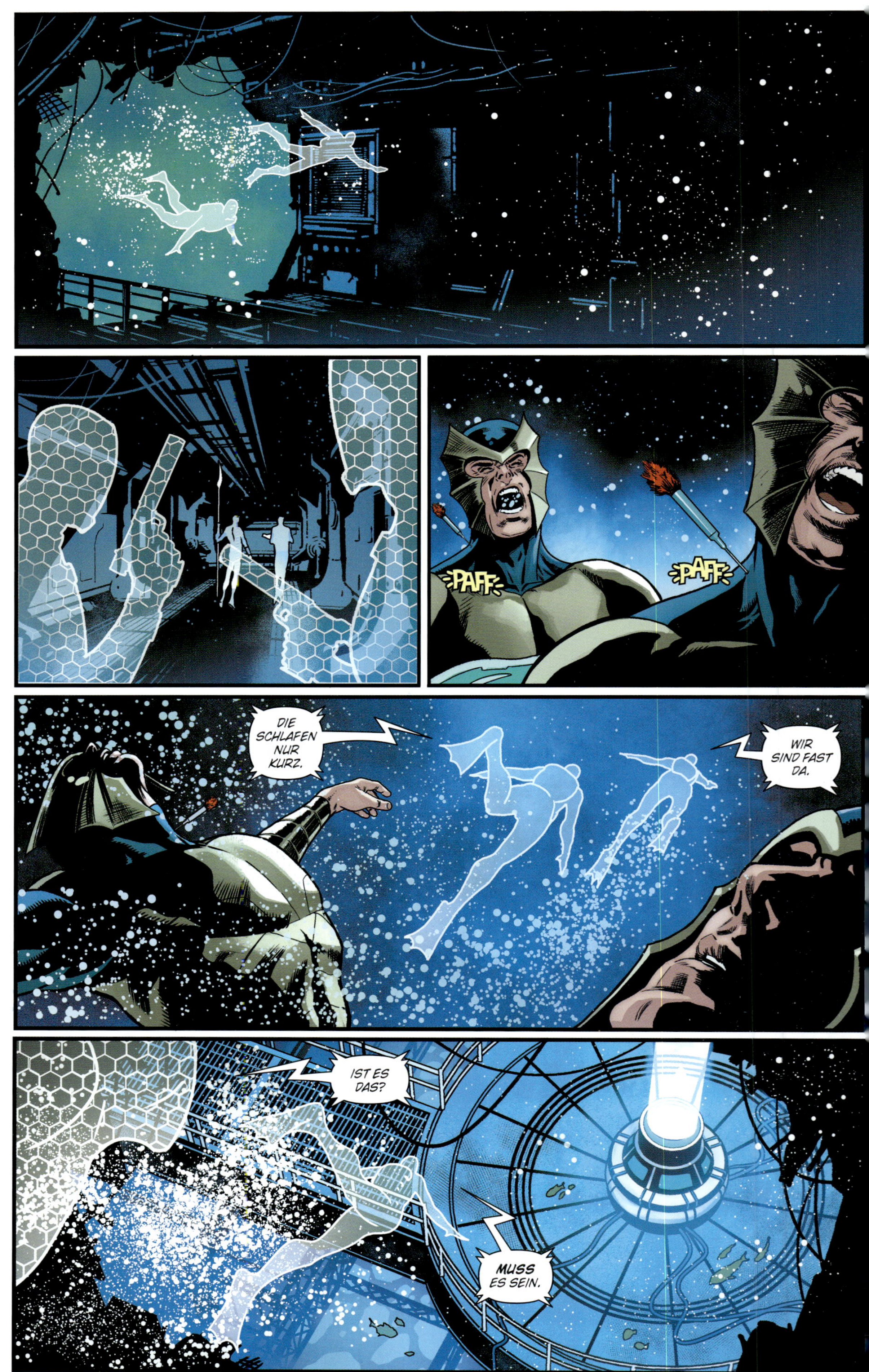
PAFF
PAFF
DIE SCHLAFEN NUR KURZ.
WIR SIND FAST DA.
IST ES DAS?
MUSS ES SEIN.

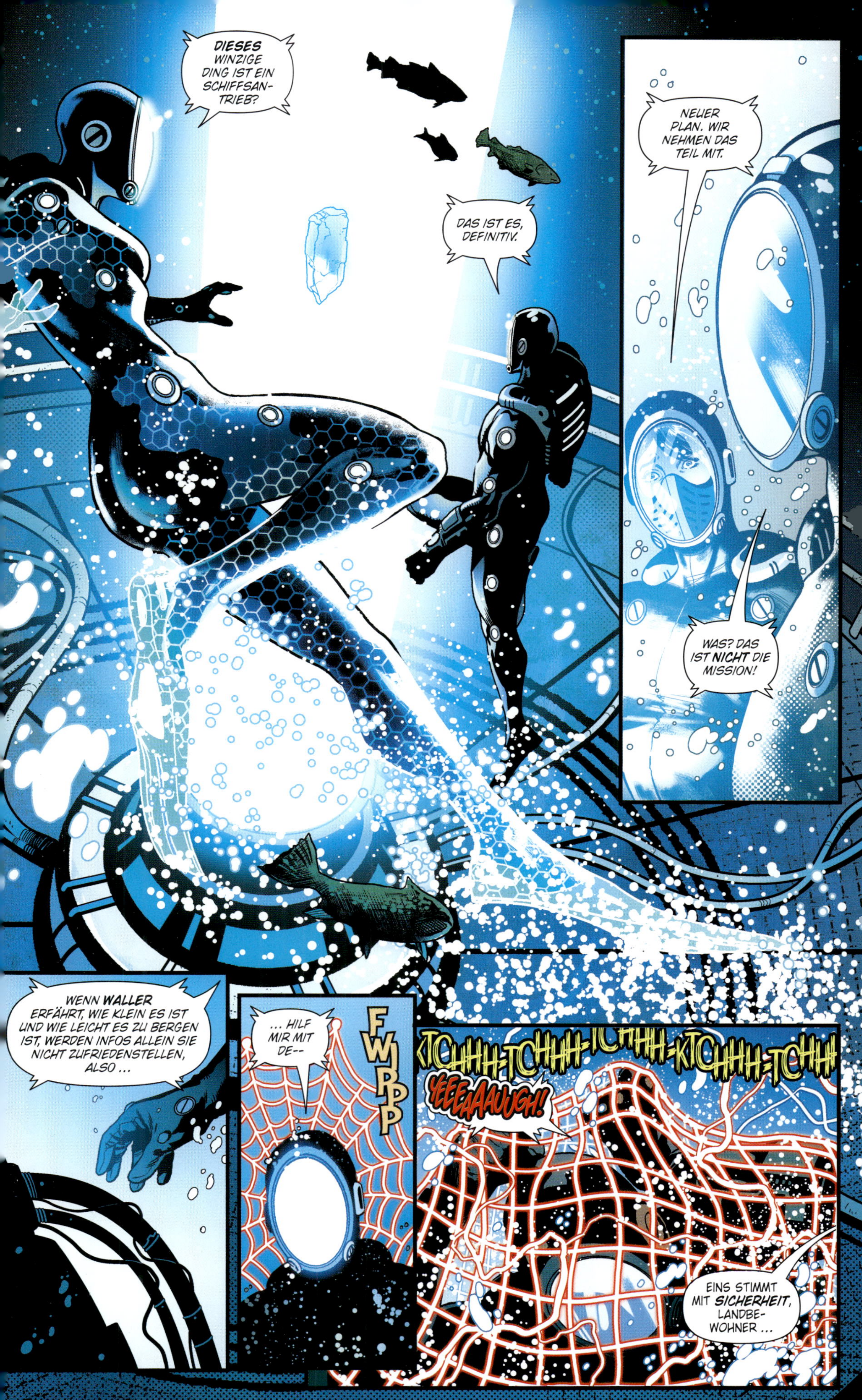
DIESES WINZIGE DING IST EIN SCHIFFSAN-TRIEB?
DAS IST ES, DEFINITIV.
NEUER PLAN. WIR NEHMEN DAS TEIL MIT.
WAS? DAS IST NICHT DIE MISSION!
WENN WALLER ERFÄHRT, WIE KLEIN ES IST UND WIE LEICHT ES ZU BERGEN IST, WERDEN INFOS ALLEIN SIE NICHT ZUFRIEDENSTELLEN, ALSO ...
... HILF MIR MIT DE--
FWIPP
KTCHHH-TCHHH-TCHHH-KTCHHH-TCHHH
YEEEAAAUUGH!
EINS STIMMT MIT SICHERHEIT, LANDBE-WOHNER ...

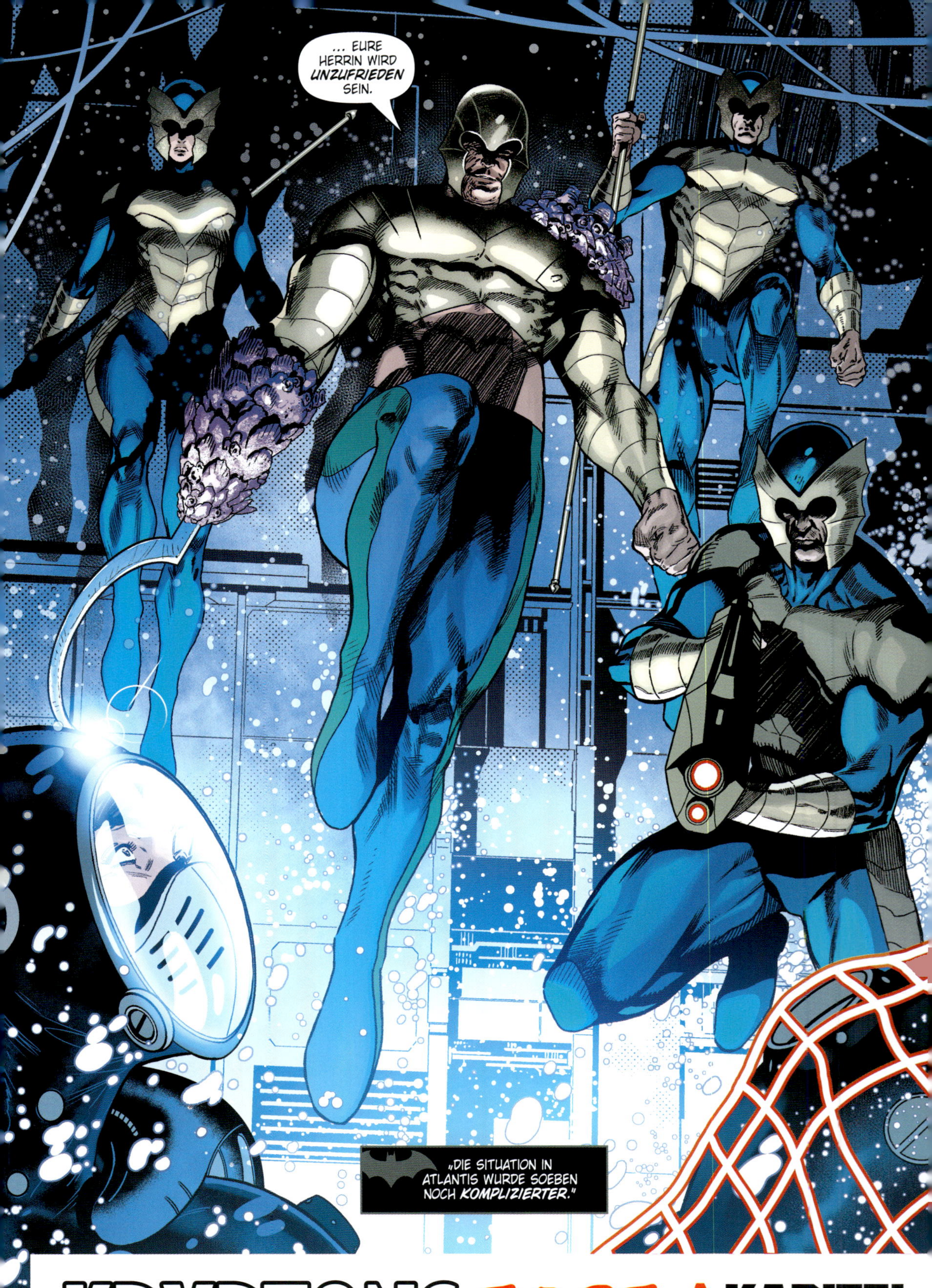

KRYPTONS ERBEN

KAPITEL VIER

PHILLIP KENNEDY JOHNSON STORY DANIEL SAMPERE ZEICHNUNGEN ADRIANO LUCAS FARBEN CHRISTIAN HEISS ÜBERSETZUNG
WALPROJECT LETTERING DIEGO LOPEZ & JAMIE S. RICH REDAKTION USA

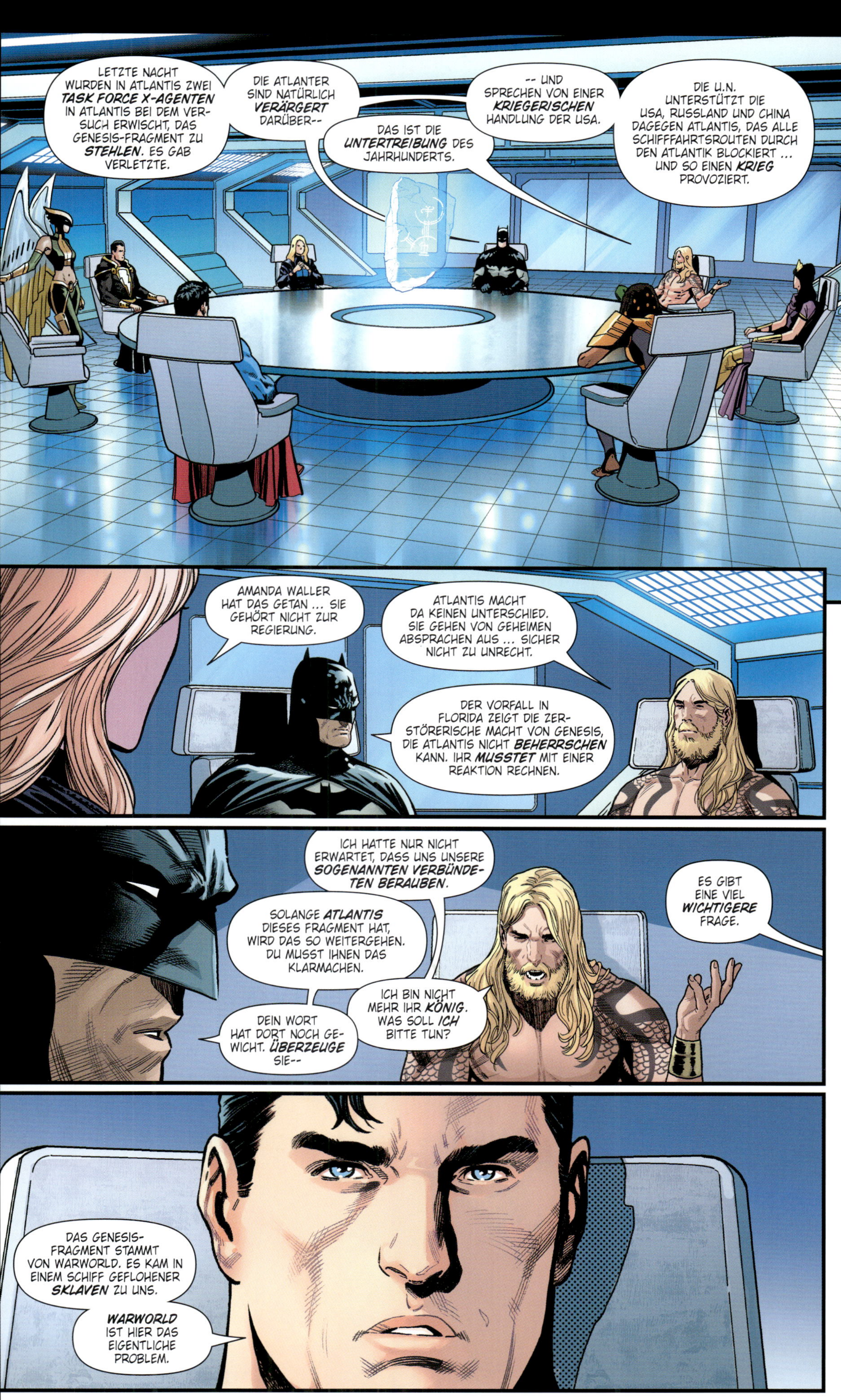
LETZTE NACHT WURDEN IN ATLANTIS ZWEI TASK FORCE X-AGENTEN IN ATLANTIS BEI DEM VERSUCH ERWISCHT, DAS GENESIS-FRAGMENT ZU STEHLEN. ES GAB VERLETZTE.
DIE ATLANTER SIND NATÜRLICH VERÄRGERT DARÜBER--
DAS IST DIE UNTERTREIBUNG DES JAHRHUNDERTS.
-- UND SPRECHEN VON EINER KRIEGERISCHEN HANDLUNG DER USA.
DIE U.N. UNTERSTÜTZT DIE USA, RUSSLAND UND CHINA DAGEGEN ATLANTIS, DAS ALLE SCHIFFFAHRTSROUTEN DURCH DEN ATLANTIK BLOCKIERT ... UND SO EINEN KRIEG PROVOZIERT.
AMANDA WALLER HAT DAS GETAN ... SIE GEHÖRT NICHT ZUR REGIERUNG.
ATLANTIS MACHT DA KEINEN UNTERSCHIED. SIE GEHEN VON GEHEIMEN ABSPRACHEN AUS ... SICHER NICHT ZU UNRECHT.
DER VORFALL IN FLORIDA ZEIGT DIE ZERSTÖRERISCHE MACHT VON GENESIS, DIE ATLANTIS NICHT BEHERRSCHEN KANN. IHR MUSSTET MIT EINER REAKTION RECHNEN.
ICH HATTE NUR NICHT ERWARTET, DASS UNS UNSERE SOGENANNTEN VERBÜNDETEN BERAUBEN.
SOLANGE ATLANTIS DIESES FRAGMENT HAT, WIRD DAS SO WEITERGEHEN. DU MUSST IHNEN DAS KLARMACHEN.
ICH BIN NICHT MEHR IHR KÖNIG. WAS SOLL ICH BITTE TUN?
DEIN WORT HAT DORT NOCH GEWICHT. ÜBERZEUGE SIE--
ES GIBT EINE VIEL WICHTIGERE FRAGE.
DAS GENESIS-FRAGMENT STAMMT VON WARWORLD. ES KAM IN EINEM SCHIFF GEFLOHENER SKLAVEN ZU UNS.
WARWORLD IST HIER DAS EIGENTLICHE PROBLEM.

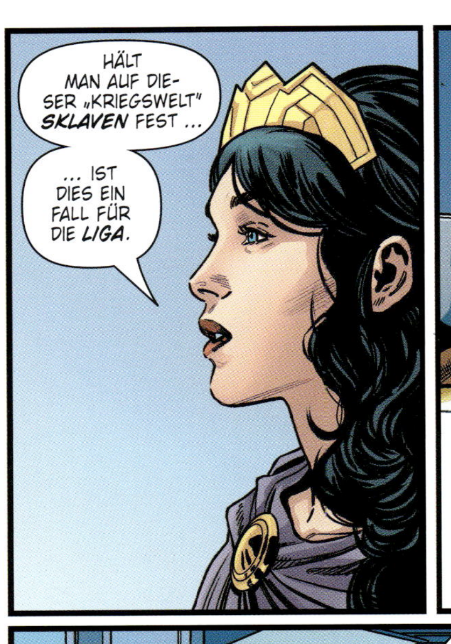
HÄLT MAN AUF DIESER „KRIEGSWELT" SKLAVEN FEST ...
... IST DIES EIN FALL FÜR DIE LIGA.
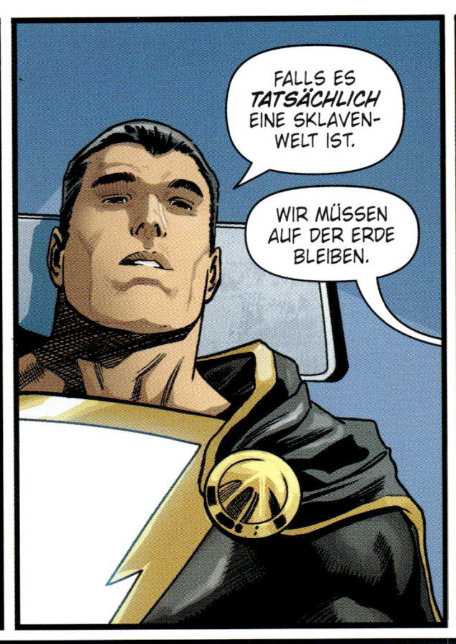
FALLS ES TATSÄCHLICH EINE SKLAVENWELT IST.
WIR MÜSSEN AUF DER ERDE BLEIBEN.
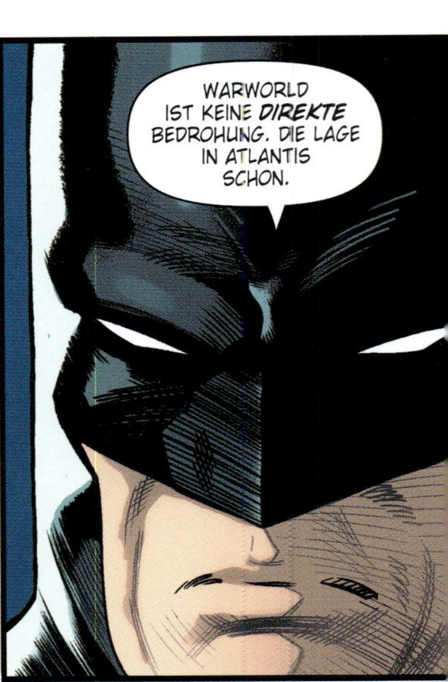
WARWORLD IST KEINE DIREKTE BEDROHUNG. DIE LAGE IN ATLANTIS SCHON.
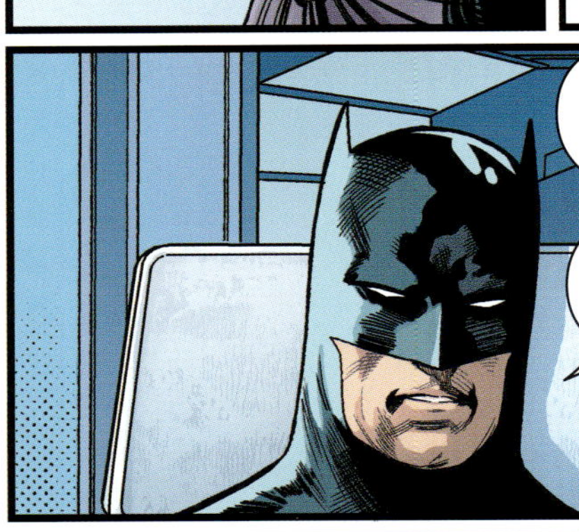
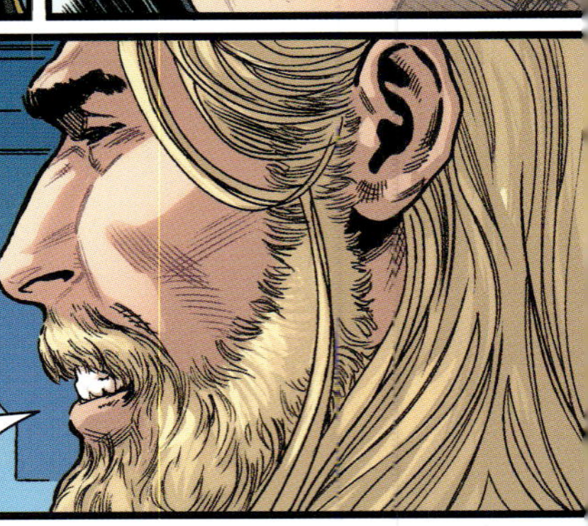
DAS FRAGMENT WAR NICHT BESTANDTEIL EINER WARWORLD-SUPERWAFFE ODER EINER INVASIONSARMADA. SIE HABEN ES VERLOREN.
WÄRE ES ANDERS GEKOMMEN, HÄTTEN SIE ES SICHER GEGEN UNS EINGESETZT. DOCH VOR DIESEM PROBLEM GILT ES, EINEN WELTKRIEG ZU VERHINDERN.
ATLANTIS HAT DIESES FRAGMENT UNTER KONTROLLE, UND WIR WERDEN ES NICHT HERAUSGEBEN. SCHON GAR NICHT, WENN MAN UNS DROHT.
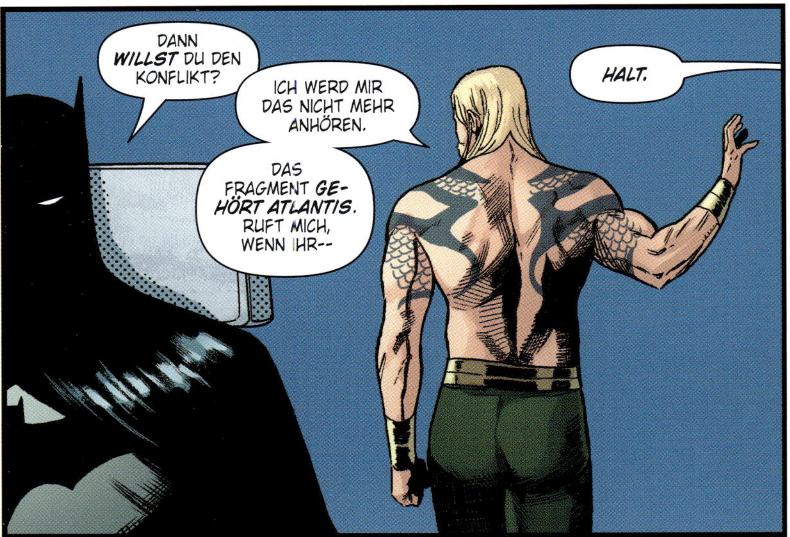
DANN WILLST DU DEN KONFLIKT?
ICH WERD MIR DAS NICHT MEHR ANHÖREN.
DAS FRAGMENT GEHÖRT ATLANTIS. RUFT MICH, WENN IHR--
HALT.
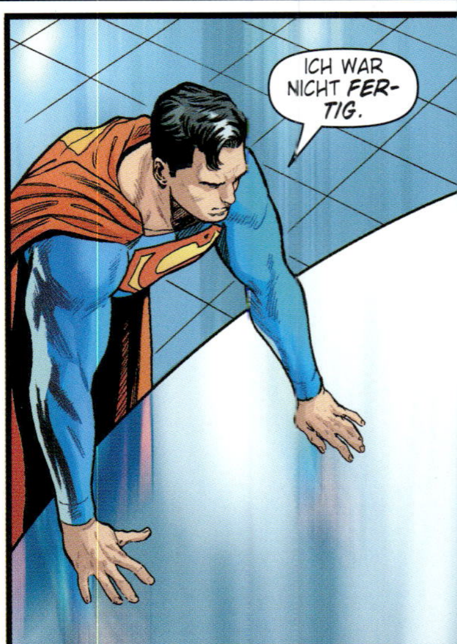
ICH WAR NICHT FERTIG.
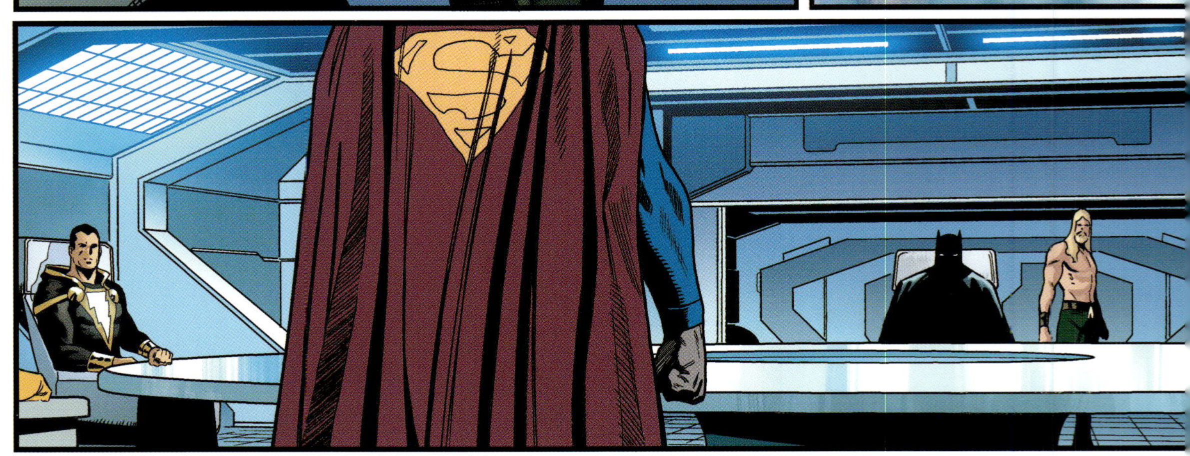

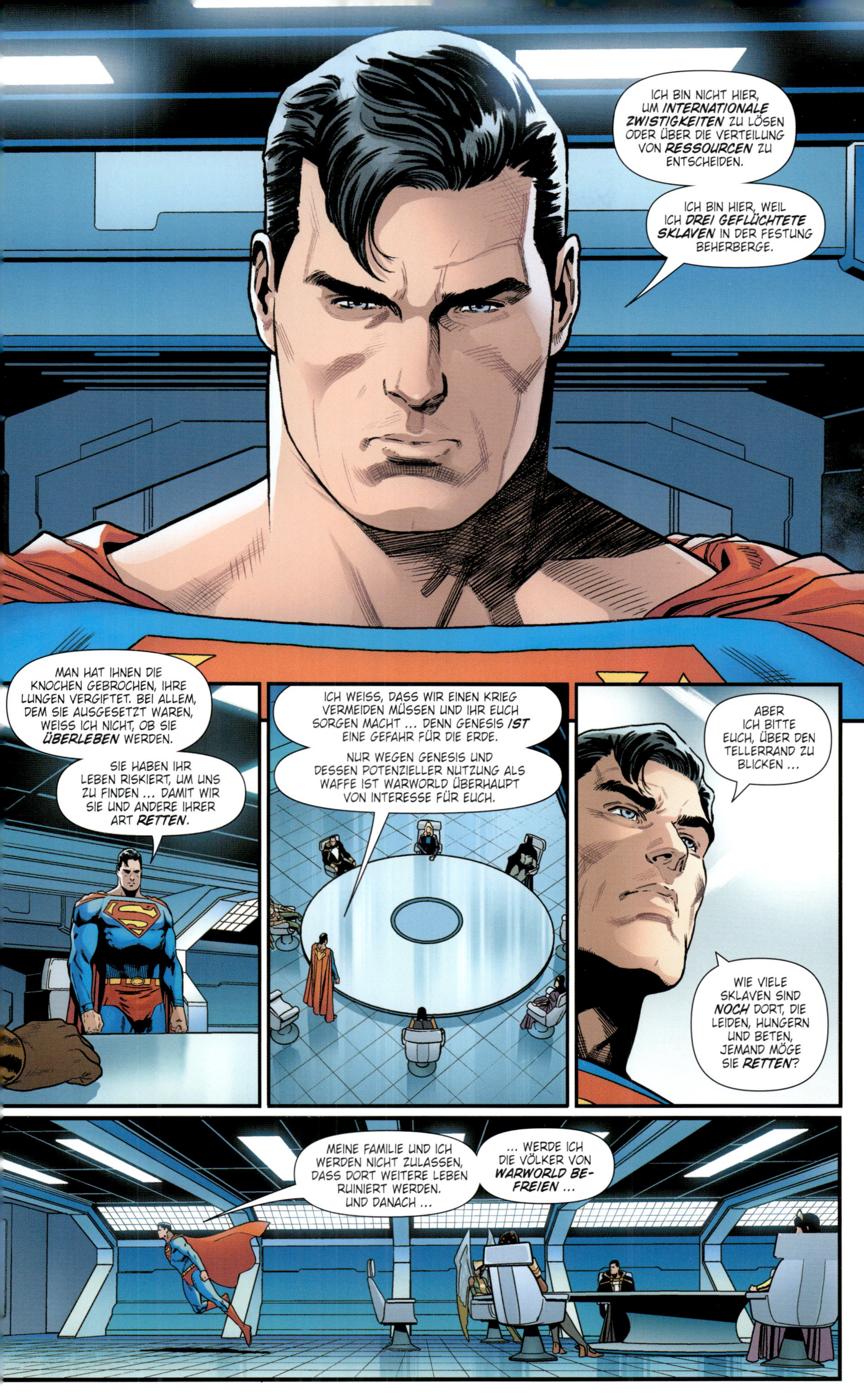
ICH BIN NICHT HIER, UM INTERNATIONALE ZWISTIGKEITEN ZU LÖSEN ODER ÜBER DIE VERTEILUNG VON RESSOURCEN ZU ENTSCHEIDEN.
ICH BIN HIER, WEIL ICH DREI GEFLÜCHTETE SKLAVEN IN DER FESTUNG BEHERBERGE.
MAN HAT IHNEN DIE KNOCHEN GEBROCHEN, IHRE LUNGEN VERGIFTET. BEI ALLEM, DEM SIE AUSGESETZT WAREN, WEISS ICH NICHT, OB SIE ÜBERLEBEN WERDEN.
SIE HABEN IHR LEBEN RISKIERT, UM UNS ZU FINDEN ... DAMIT WIR SIE UND ANDERE IHRER ART RETTEN.
ICH WEISS, DASS WIR EINEN KRIEG VERMEIDEN MÜSSEN UND IHR EUCH SORGEN MACHT ... DENN GENESIS IST EINE GEFAHR FÜR DIE ERDE.
NUR WEGEN GENESIS UND DESSEN POTENZIELLER NUTZUNG ALS WAFFE IST WARWORLD ÜBERHAUPT VON INTERESSE FÜR EUCH.
ABER ICH BITTE EUCH, ÜBER DEN TELLERRAND ZU BLICKEN ...
WIE VIELE SKLAVEN SIND NOCH DORT, DIE LEIDEN, HUNGERN UND BETEN, JEMAND MÖGE SIE RETTEN?
MEINE FAMILIE UND ICH WERDEN NICHT ZULASSEN, DASS DORT WEITERE LEBEN RUINIERT WERDEN. UND DANACH ...
... WERDE ICH DIE VÖLKER VON WARWORLD BEFREIEN ...

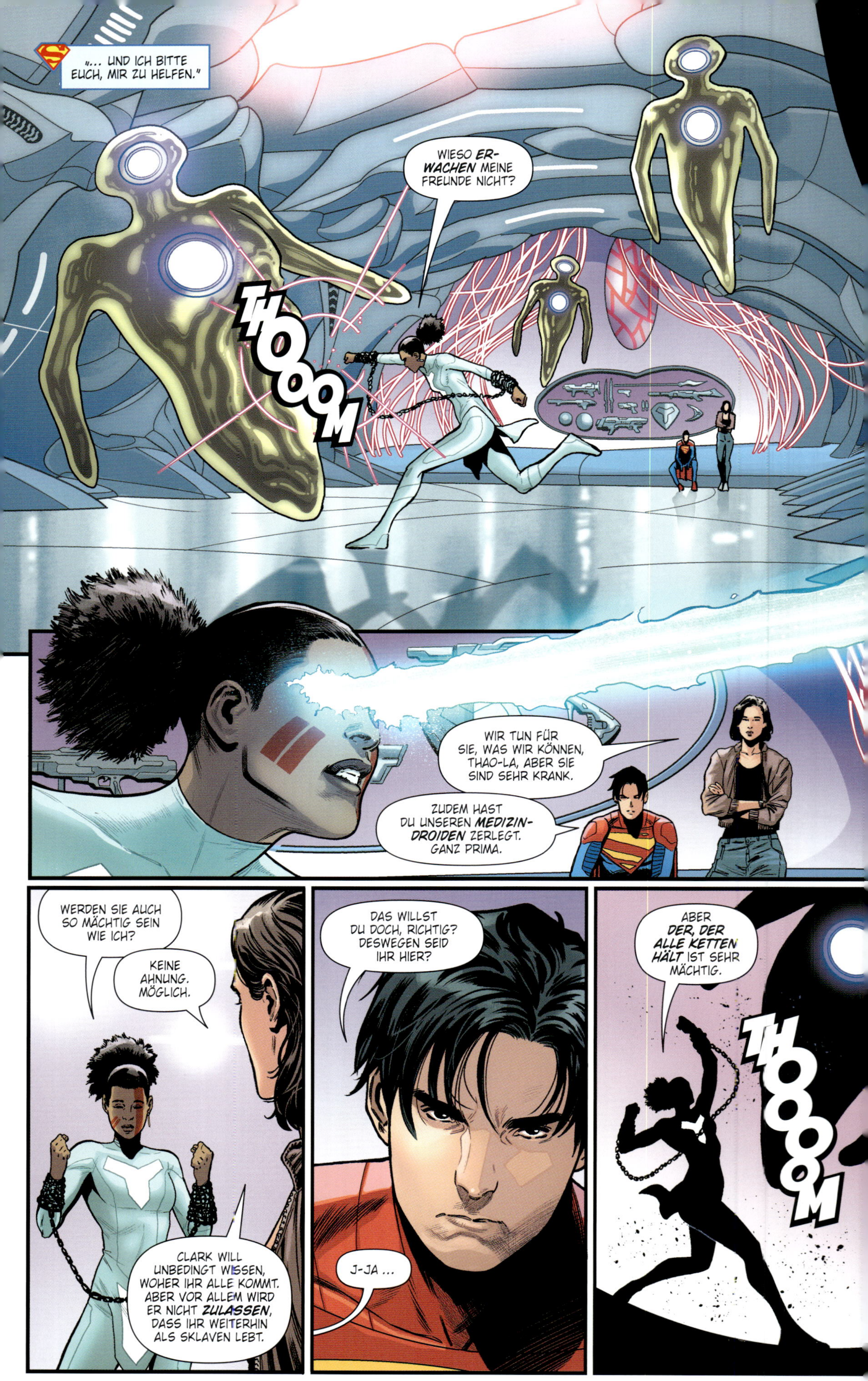

"... UND ICH BITTE EUCH, MIR ZU HELFEN."

WIESO *ER-WACHEN* MEINE FREUNDE NICHT?

THOOOM

WIR TUN FÜR SIE, WAS WIR KÖNNEN, THAO-LA, ABER SIE SIND SEHR KRANK.

ZUDEM HAST DU UNSEREN *MEDIZIN-DROIDEN* ZERLEGT. GANZ PRIMA.

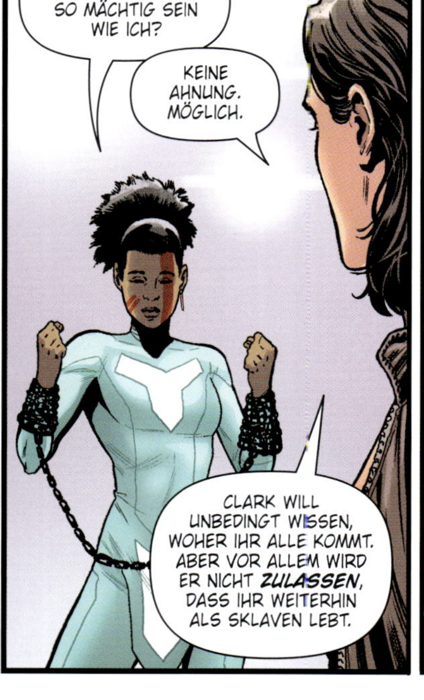

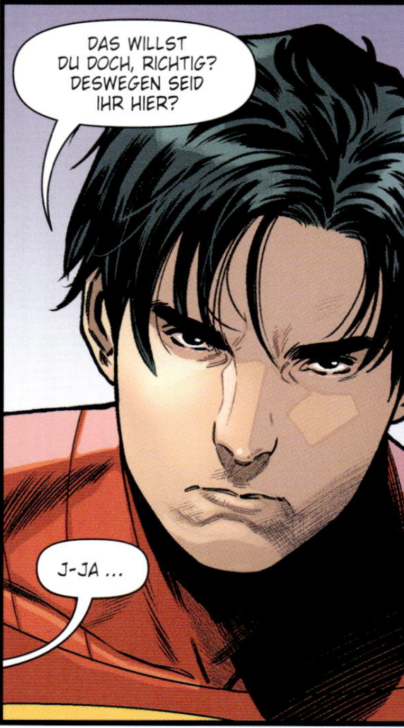

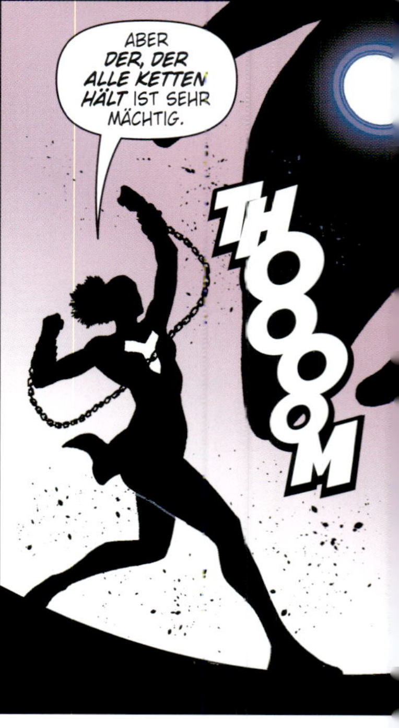

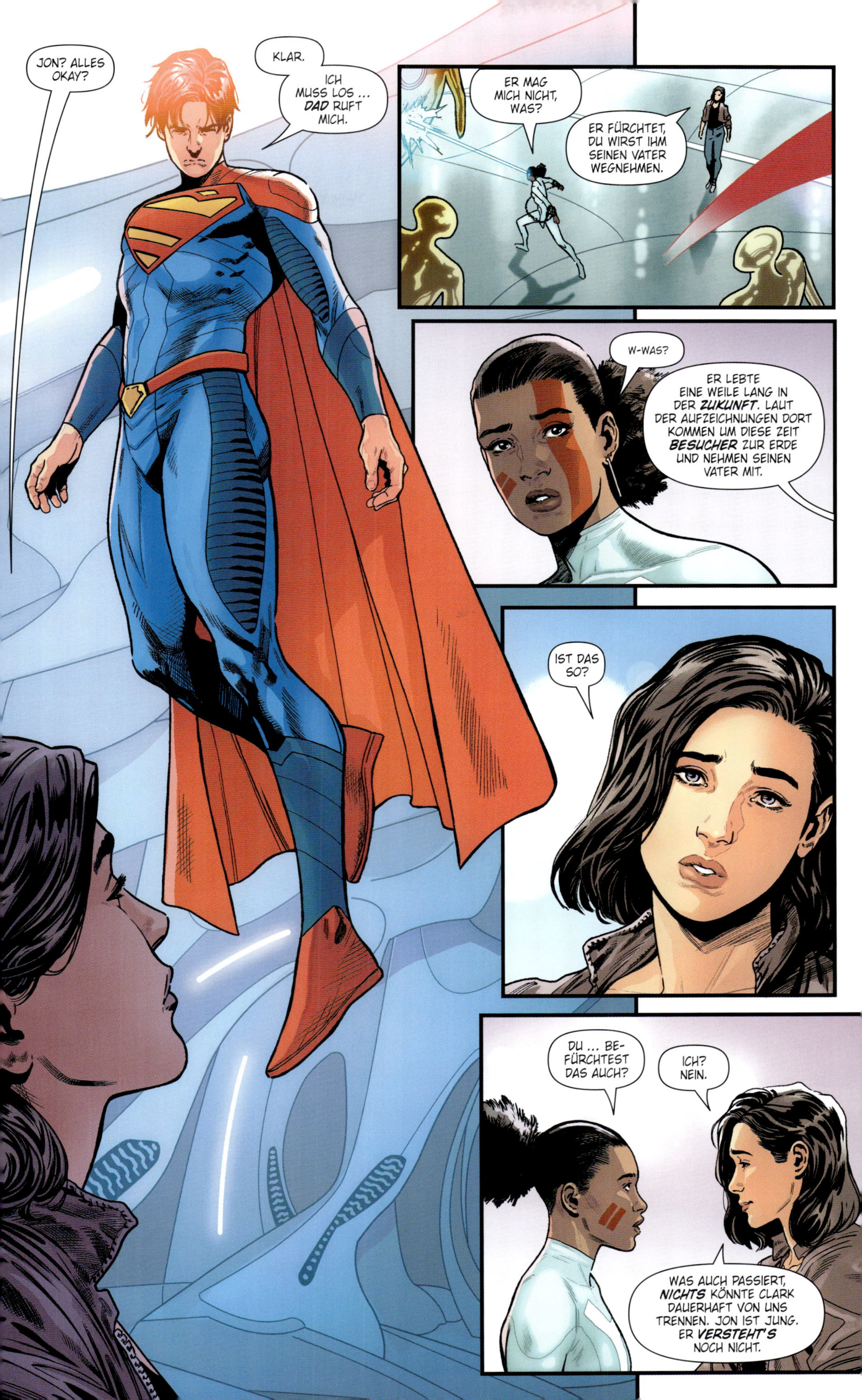
JON? ALLES OKAY?
KLAR.
ICH MUSS LOS ... **DAD** RUFT MICH.
ER MAG MICH NICHT, WAS?
ER FÜRCHTET, DU WIRST IHM SEINEN VATER WEGNEHMEN.
W-WAS?
ER LEBTE EINE WEILE LANG IN DER **ZUKUNFT**. LAUT DER AUFZEICHNUNGEN DORT KOMMEN UM DIESE ZEIT **BESUCHER** ZUR ERDE UND NEHMEN SEINEN VATER MIT.
IST DAS SO?
DU ... BEFÜRCHTEST DAS AUCH?
ICH? NEIN.
WAS AUCH PASSIERT, **NICHTS** KÖNNTE CLARK DAUERHAFT VON UNS TRENNEN. JON IST JUNG. ER **VERSTEHT'S** NOCH NICHT.

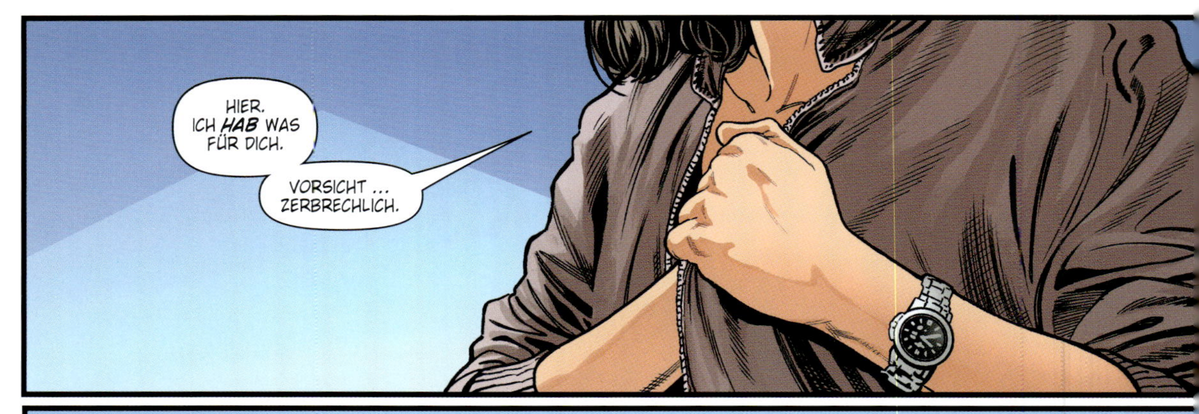
HIER. ICH HAB WAS FÜR DICH.
VORSICHT ... ZERBRECHLICH.

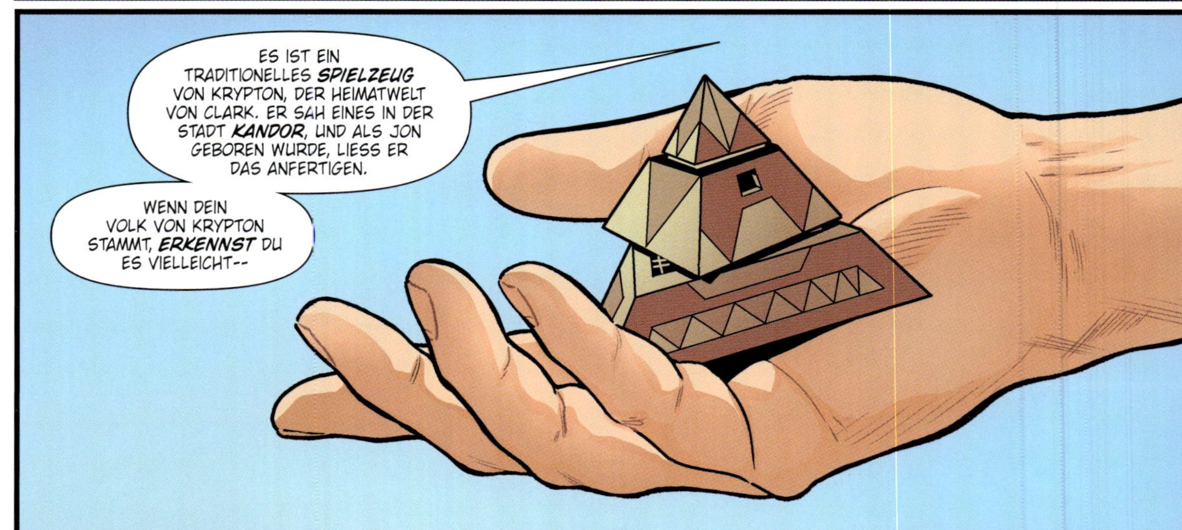
ES IST EIN TRADITIONELLES SPIELZEUG VON KRYPTON, DER HEIMATWELT VON CLARK. ER SAH EINES IN DER STADT KANDOR, UND ALS JON GEBOREN WURDE, LIESS ER DAS ANFERTIGEN.
WENN DEIN VOLK VON KRYPTON STAMMT, ERKENNST DU ES VIELLEICHT--

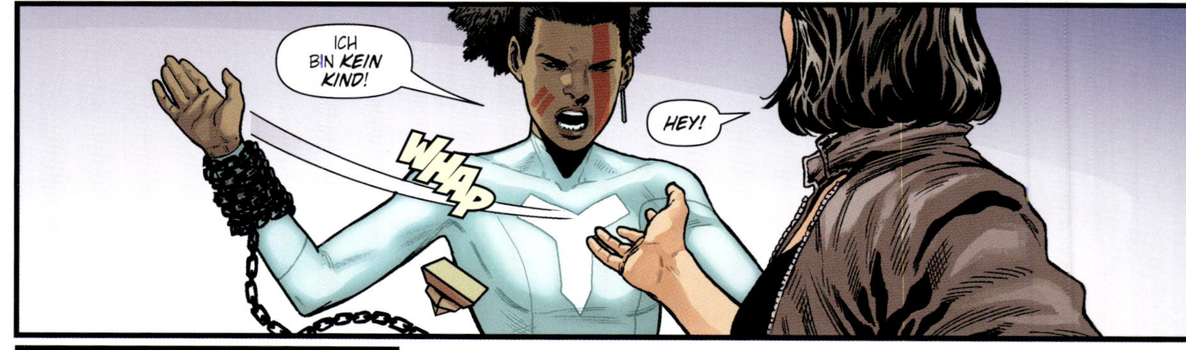
ICH BIN KEIN KIND!
WHAP
HEY!

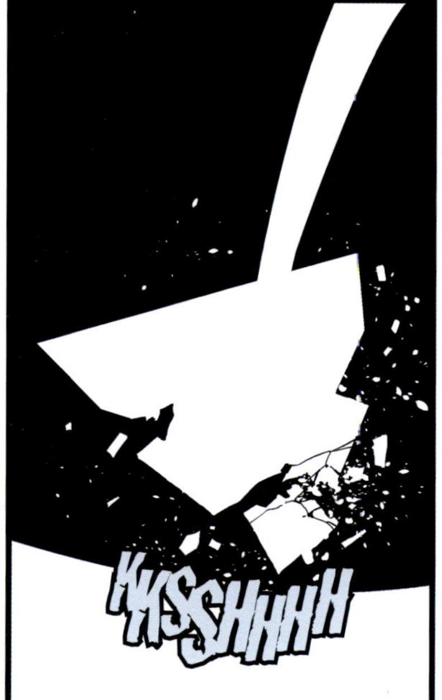
KKSSHHHH

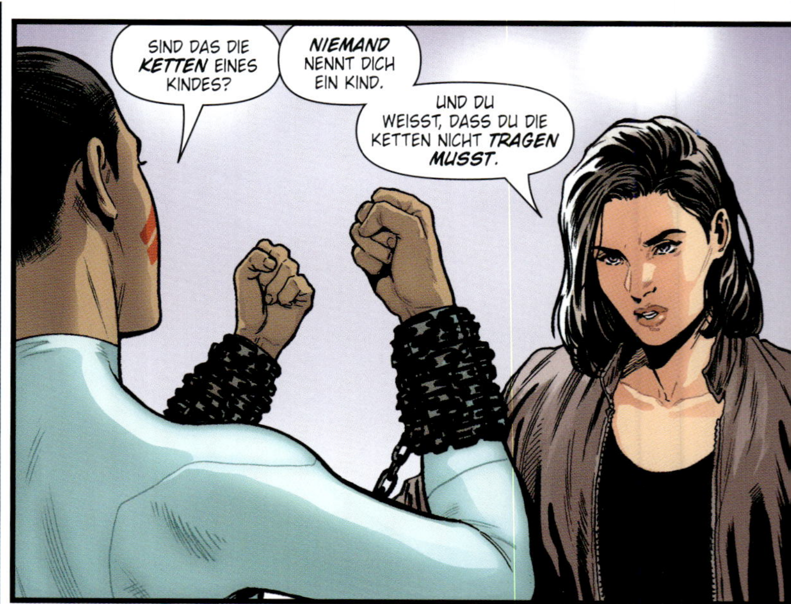
SIND DAS DIE KETTEN EINES KINDES?
NIEMAND NENNT DICH EIN KIND.
UND DU WEISST, DASS DU DIE KETTEN NICHT TRAGEN MUSST.

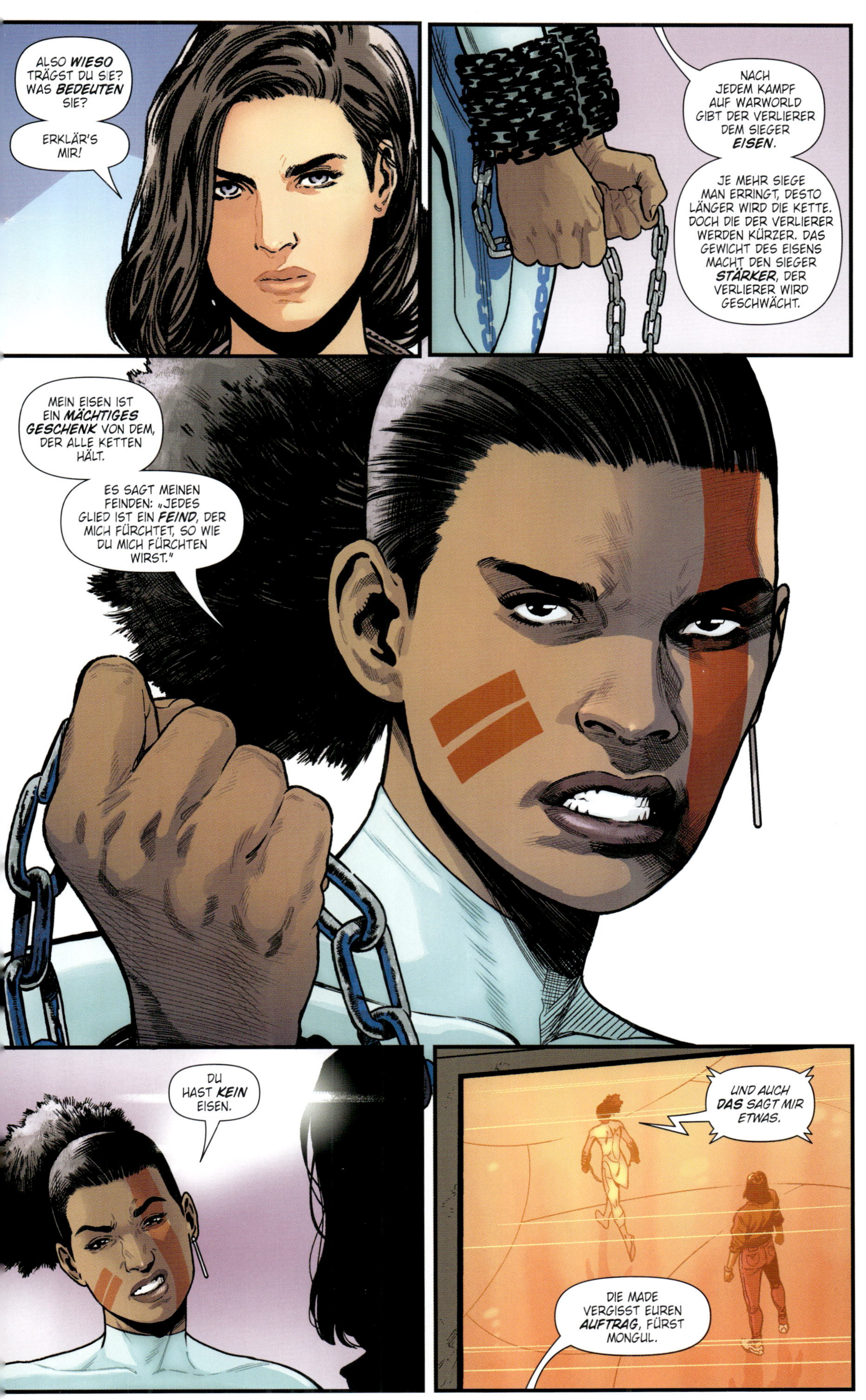

ALSO **WIESO** TRÄGST DU SIE? WAS **BEDEUTEN** SIE?
ERKLÄR'S MIR!
NACH JEDEM KAMPF AUF WARWORLD GIBT DER VERLIERER DEM SIEGER **EISEN**.
JE MEHR SIEGE MAN ERRINGT, DESTO LÄNGER WIRD DIE KETTE. DOCH DIE DER VERLIERER WERDEN KÜRZER. DAS GEWICHT DES EISENS MACHT DEN SIEGER **STÄRKER**, DER VERLIERER WIRD GESCHWÄCHT.
MEIN EISEN IST EIN **MÄCHTIGES GESCHENK** VON DEM, DER ALLE KETTEN HÄLT.
ES SAGT MEINEN FEINDEN: „JEDES GLIED IST EIN **FEIND**, DER MICH FÜRCHTET, SO WIE DU MICH FÜRCHTEN WIRST."
DU HAST **KEIN** EISEN.
UND AUCH **DAS** SAGT MIR ETWAS.
DIE MADE VERGISST EUREN **AUFTRAG**, FÜRST MONGUL.

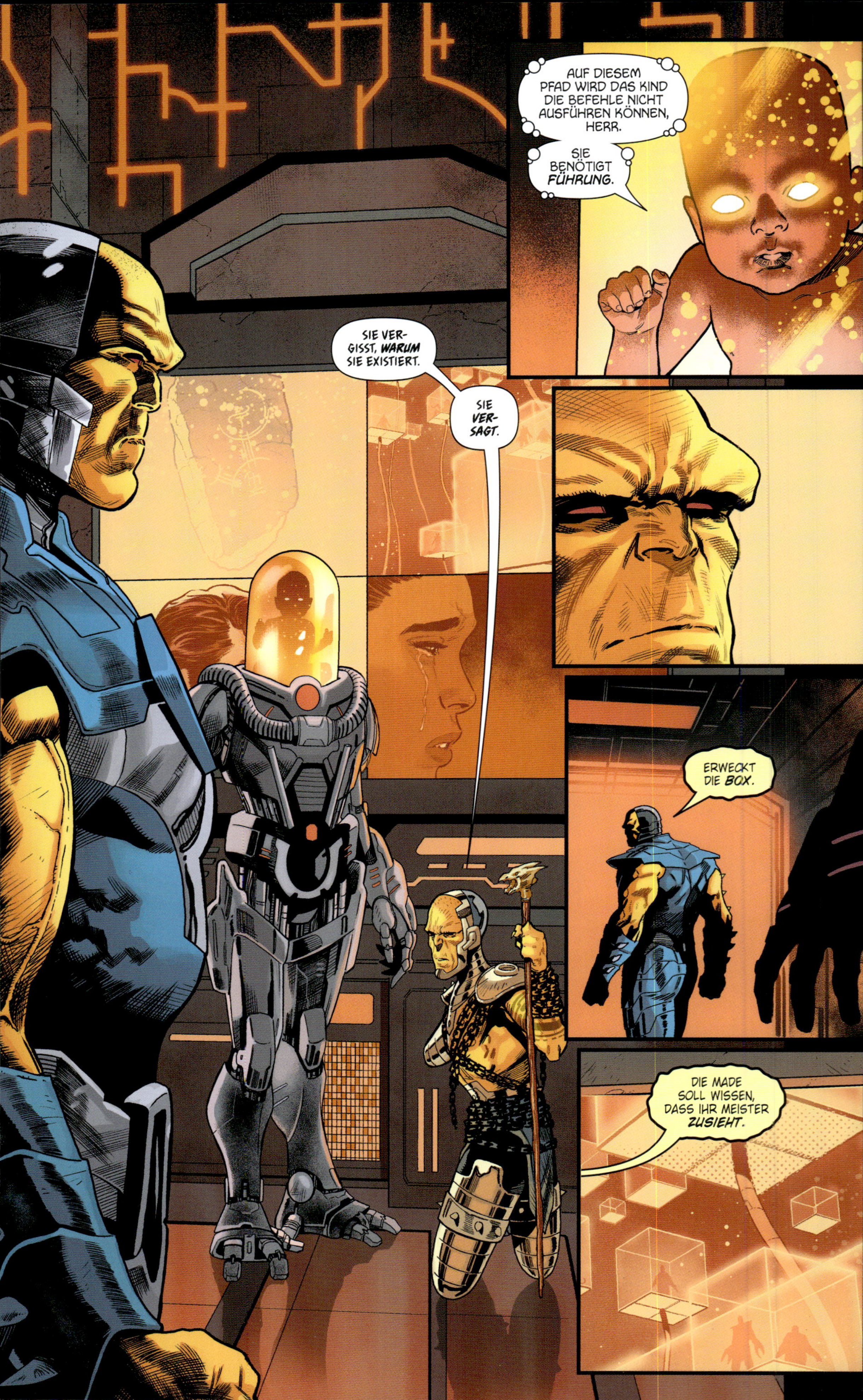
AUF DIESEM PFAD WIRD DAS KIND DIE BEFEHLE NICHT AUSFÜHREN KÖNNEN, HERR.
SIE BENÖTIGT FÜHRUNG.
SIE VERGISST, WARUM SIE EXISTIERT.
SIE VERSAGT.
ERWECKT DIE BOX.
DIE MADE SOLL WISSEN, DASS IHR MEISTER ZUSIEHT.

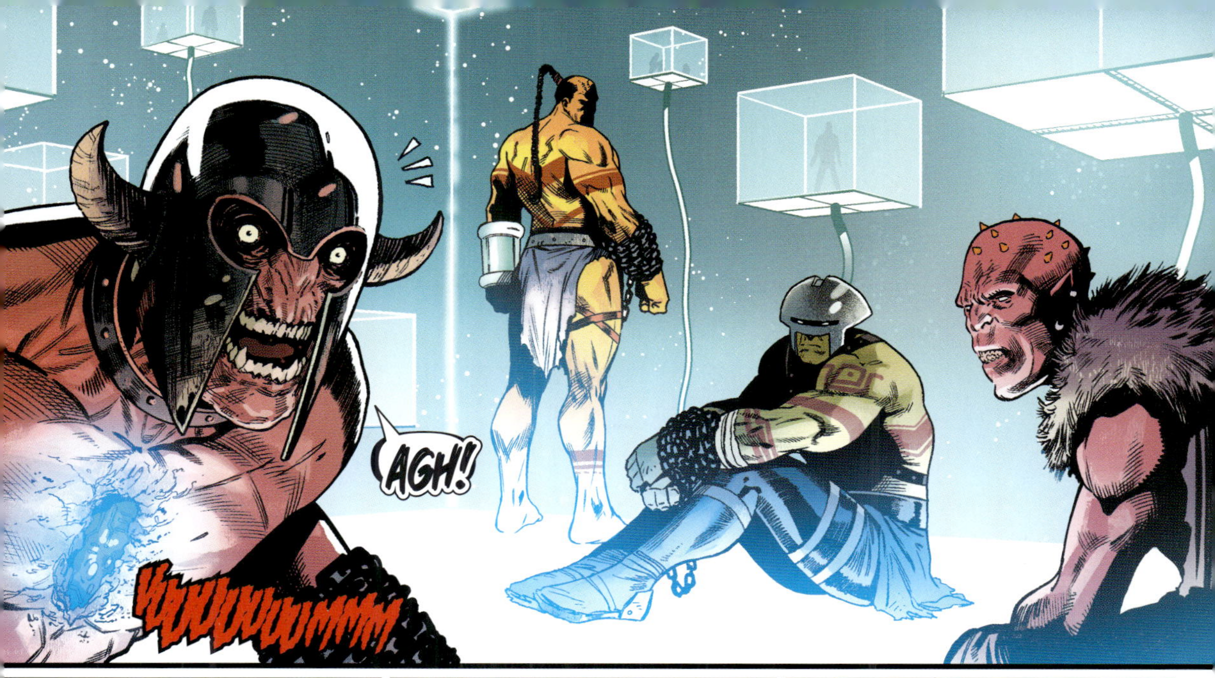
AGH!
VVVVVVVVUUMMM

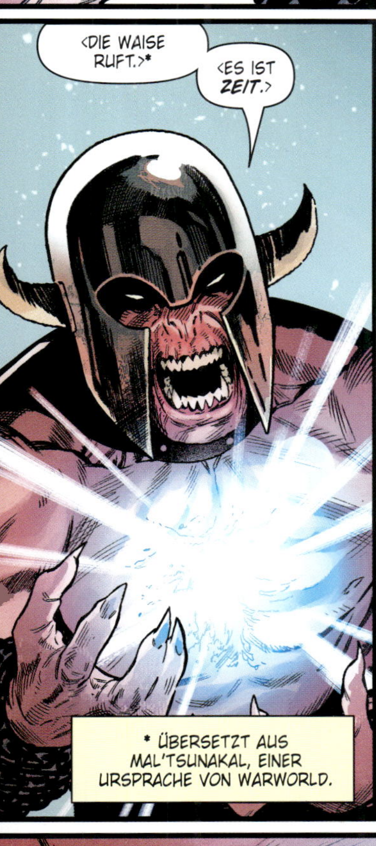
<DIE WAISE RUFT.>*
<ES IST ZEIT.>
* ÜBERSETZT AUS MAL'TSUNAKAL, EINER URSPRACHE VON WARWORLD.

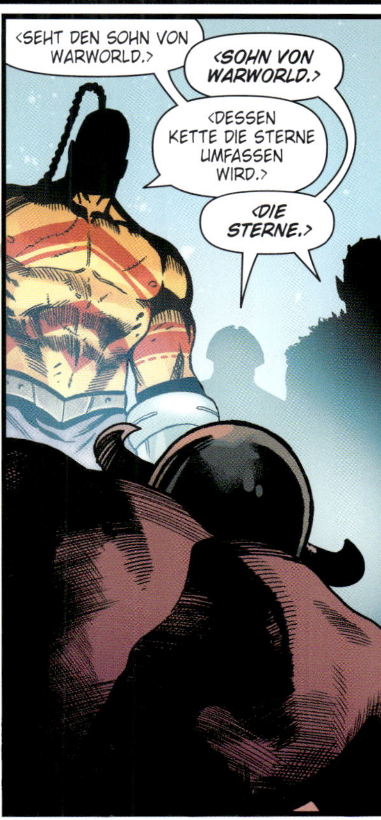
<SEHT DEN SOHN VON WARWORLD.>
<SOHN VON WARWORLD.>
<DESSEN KETTE DIE STERNE UMFASSEN WIRD.>
<DIE STERNE.>

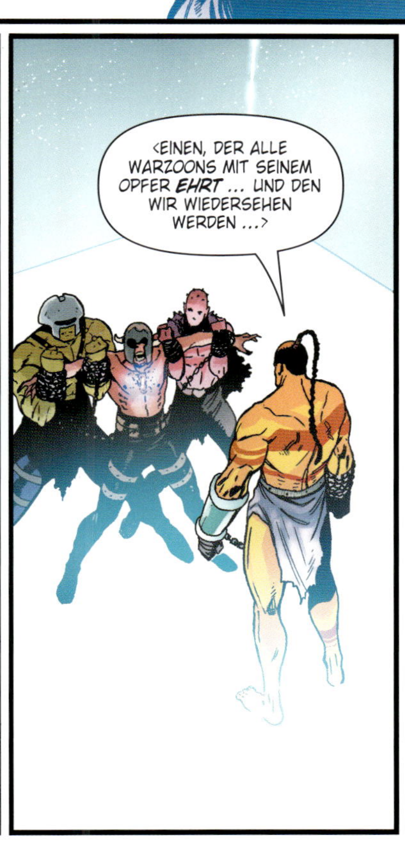
<EINEN, DER ALLE WARZOONS MIT SEINEM OPFER EHRT ... UND DEN WIR WIEDERSEHEN WERDEN ...>

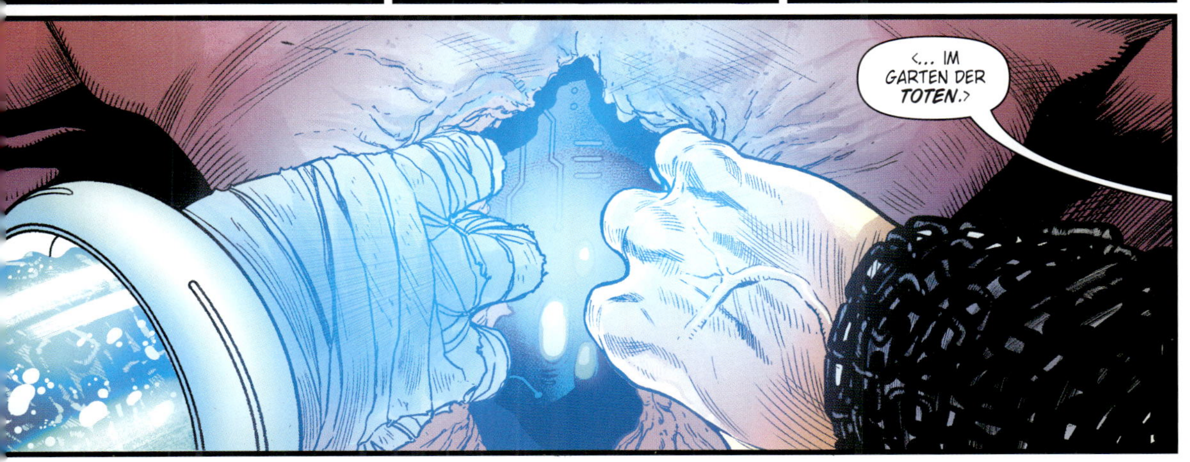
<... IM GARTEN DER TOTEN.>

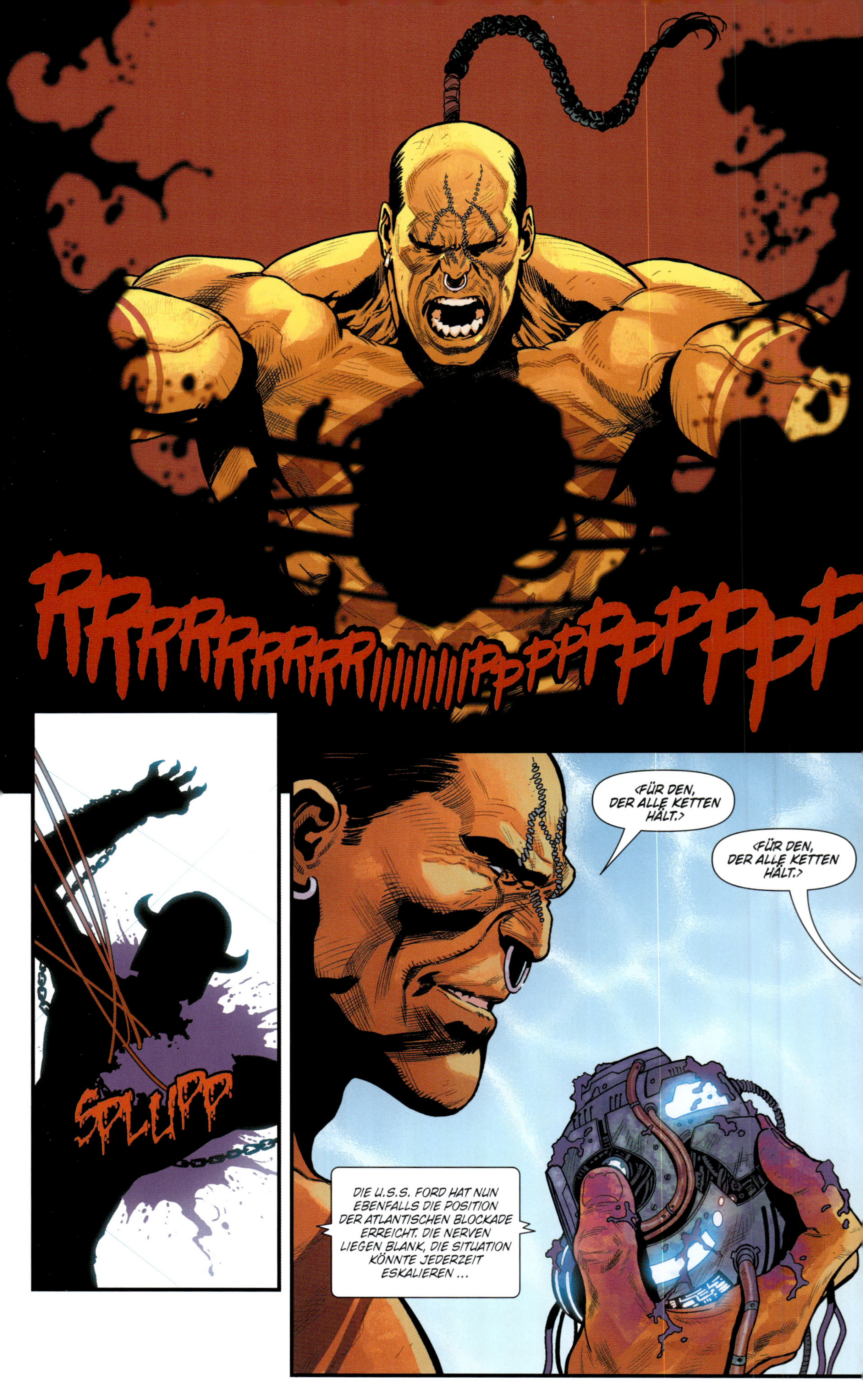
RRRRRRRRRRRIIIIIIIIIPPPPPPPPPPPF
SPLUPP
‹FÜR DEN, DER ALLE KETTEN HÄLT.›
‹FÜR DEN, DER ALLE KETTEN HÄLT.›
DIE U.S.S. FORD HAT NUN EBENFALLS DIE POSITION DER ATLANTISCHEN BLOCKADE ERREICHT. DIE NERVEN LIEGEN BLANK, DIE SITUATION KÖNNTE JEDERZEIT ESKALIEREN ...

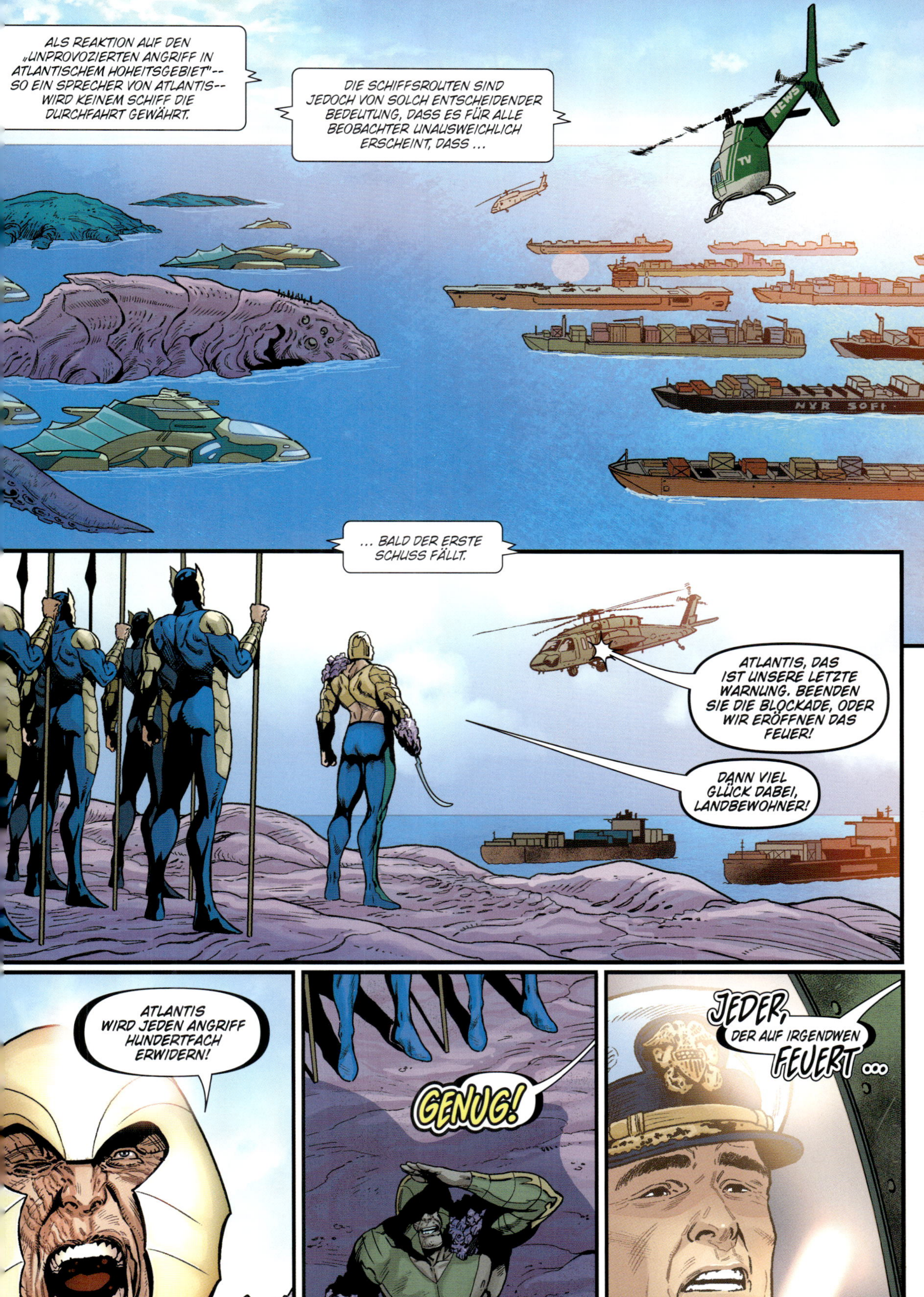
ALS REAKTION AUF DEN „UNPROVOZIERTEN ANGRIFF IN ATLANTISCHEM HOHEITSGEBIET"-- SO EIN SPRECHER VON ATLANTIS-- WIRD KEINEM SCHIFF DIE DURCHFAHRT GEWÄHRT.
DIE SCHIFFSROUTEN SIND JEDOCH VON SOLCH ENTSCHEIDENDER BEDEUTUNG, DASS ES FÜR ALLE BEOBACHTER UNAUSWEICHLICH ERSCHEINT, DASS ...
NEWS
TV
NYR SOFI
... BALD DER ERSTE SCHUSS FÄLLT.
ATLANTIS, DAS IST UNSERE LETZTE WARNUNG. BEENDEN SIE DIE BLOCKADE, ODER WIR ERÖFFNEN DAS FEUER!
DANN VIEL GLÜCK DABEI, LANDBEWOHNER!
ATLANTIS WIRD JEDEN ANGRIFF HUNDERTFACH ERWIDERN!
GENUG!
JEDER, DER AUF IRGENDWEN FEUERT ...

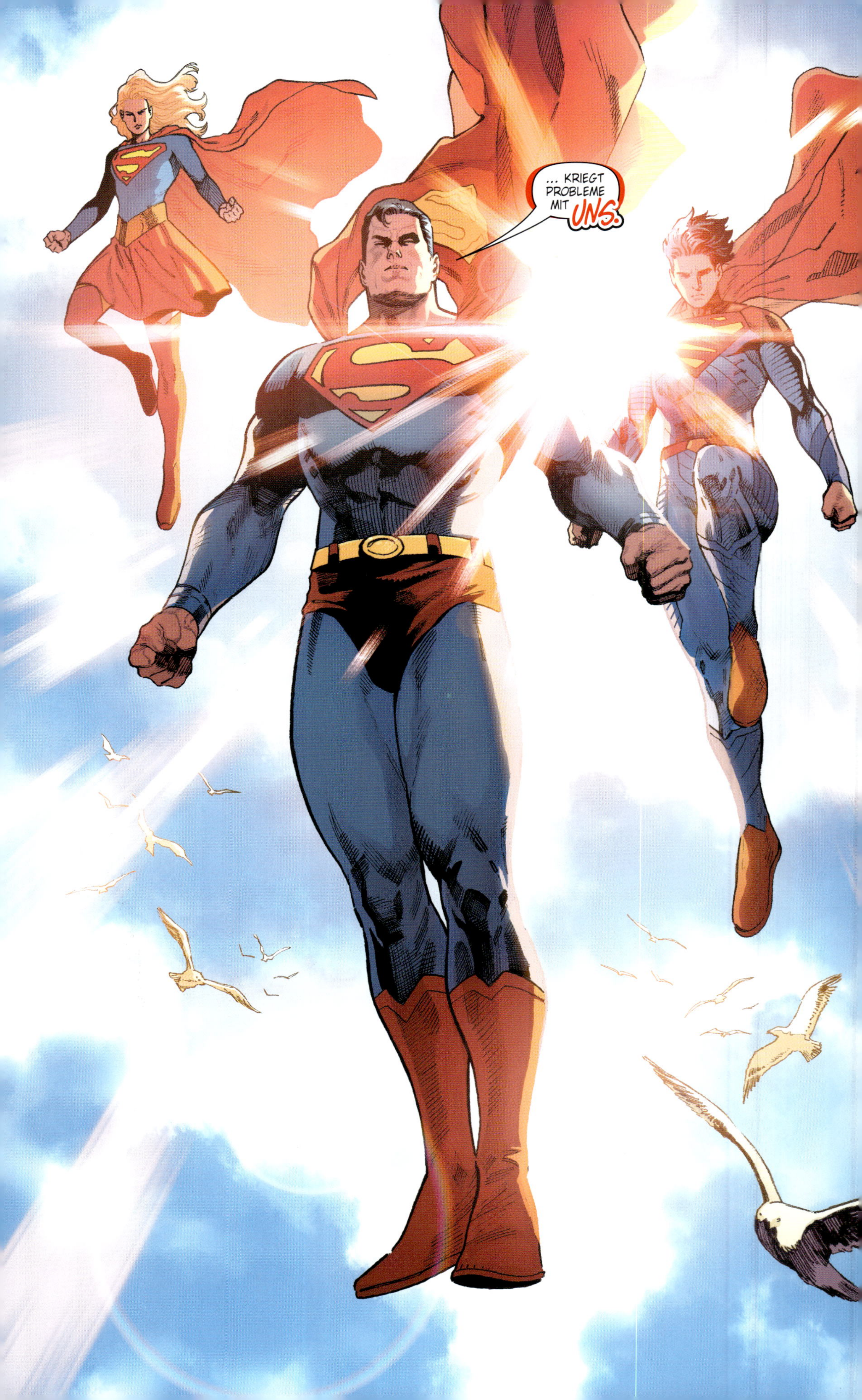
... KRIEGT PROBLEME MIT UNS.

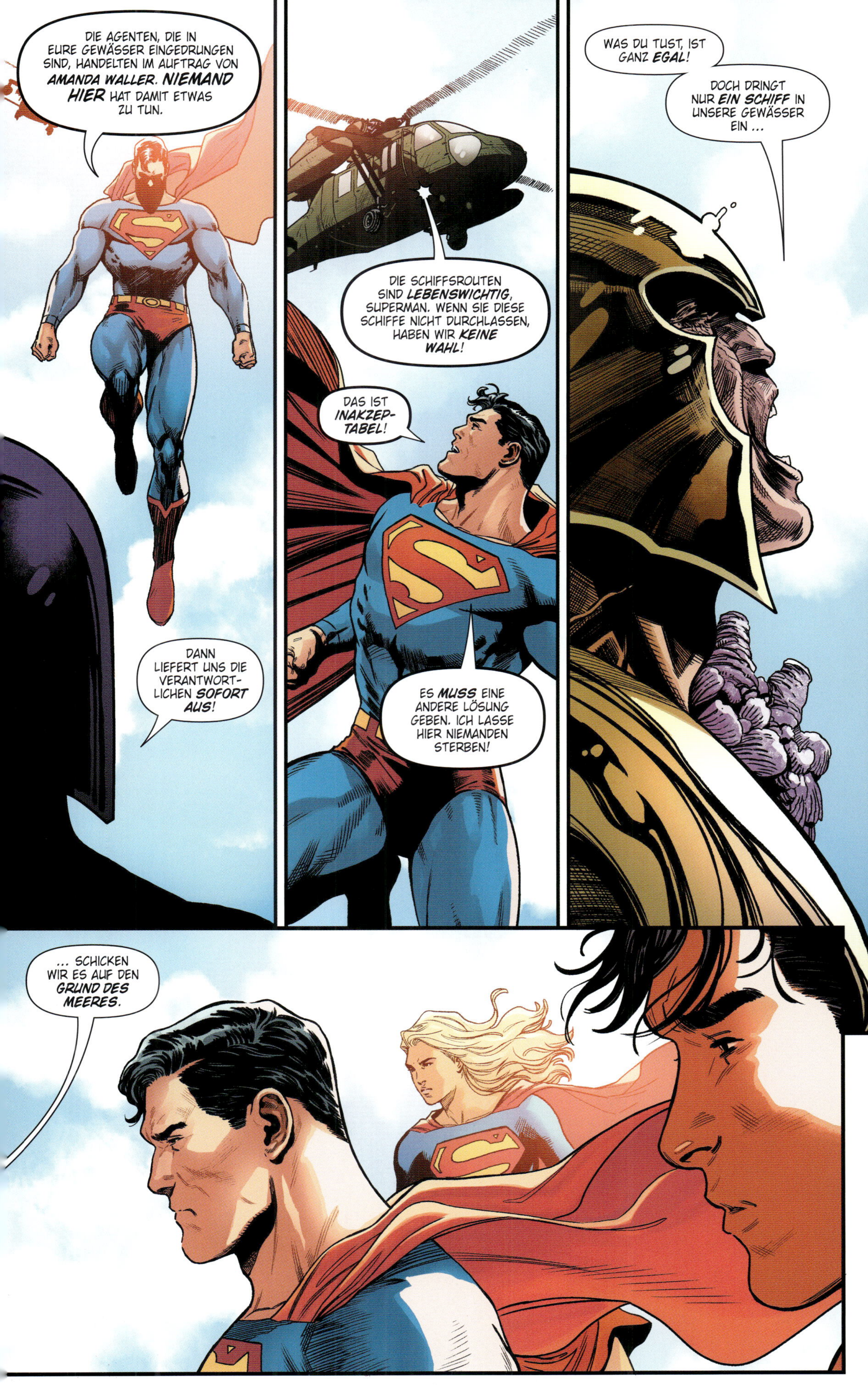
DIE AGENTEN, DIE IN EURE GEWÄSSER EINGEDRUNGEN SIND, HANDELTEN IM AUFTRAG VON AMANDA WALLER. NIEMAND HIER HAT DAMIT ETWAS ZU TUN.
DANN LIEFERT UNS DIE VERANTWORT-LICHEN SOFORT AUS!
DIE SCHIFFSROUTEN SIND LEBENSWICHTIG, SUPERMAN. WENN SIE DIESE SCHIFFE NICHT DURCHLASSEN, HABEN WIR KEINE WAHL!
DAS IST INAKZEP-TABEL!
ES MUSS EINE ANDERE LÖSUNG GEBEN. ICH LASSE HIER NIEMANDEN STERBEN!
WAS DU TUST, IST GANZ EGAL!
DOCH DRINGT NUR EIN SCHIFF IN UNSERE GEWÄSSER EIN ...
... SCHICKEN WIR ES AUF DEN GRUND DES MEERES.

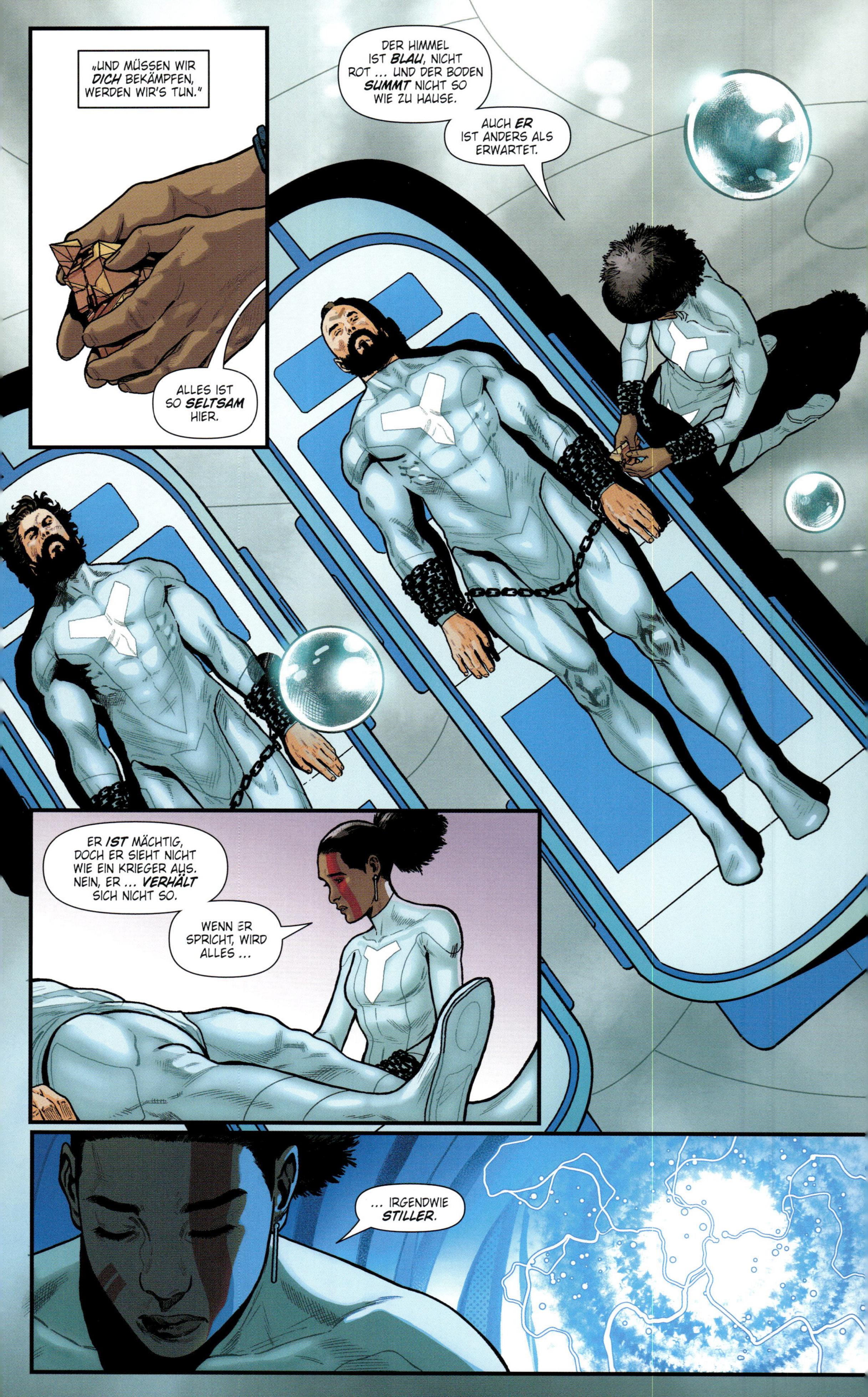
„UND MÜSSEN WIR DICH BEKÄMPFEN, WERDEN WIR'S TUN."
ALLES IST SO SELTSAM HIER.
DER HIMMEL IST BLAU, NICHT ROT ... UND DER BODEN SUMMT NICHT SO WIE ZU HAUSE.
AUCH ER IST ANDERS ALS ERWARTET.
ER IST MÄCHTIG, DOCH ER SIEHT NICHT WIE EIN KRIEGER AUS. NEIN, ER ... VERHÄLT SICH NICHT SO.
WENN ER SPRICHT, WIRD ALLES ...
... IRGENDWIE STILLER.

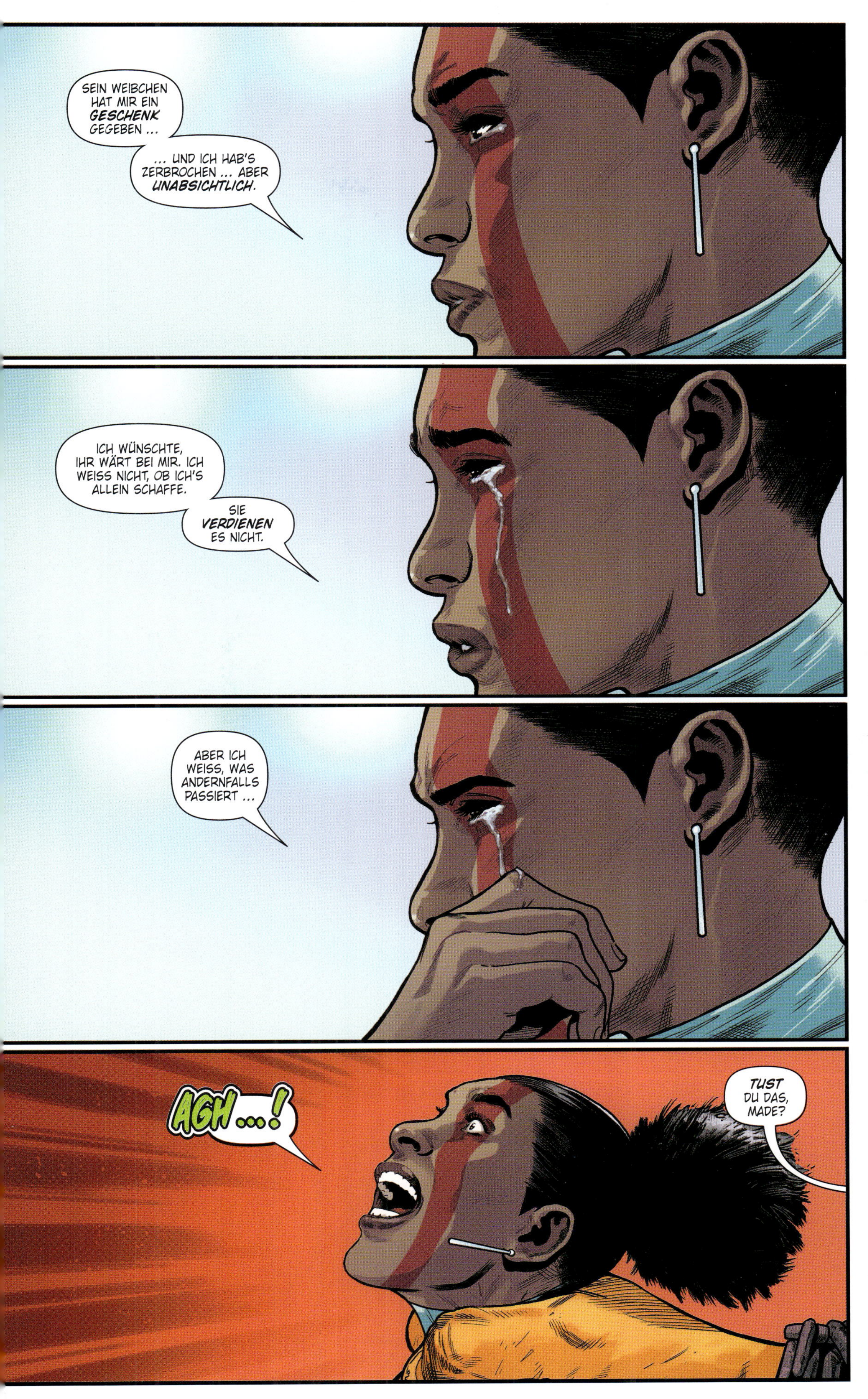
SEIN WEIBCHEN HAT MIR EIN **GESCHENK** GEGEBEN …
… UND ICH HAB'S ZERBROCHEN … ABER **UNABSICHTLICH**.
ICH WÜNSCHTE, IHR WÄRT BEI MIR. ICH WEISS NICHT, OB ICH'S ALLEIN SCHAFFE.
SIE **VERDIENEN** ES NICHT.
ABER ICH WEISS, WAS ANDERNFALLS PASSIERT …
AGH …!
TUST DU DAS, MADE?

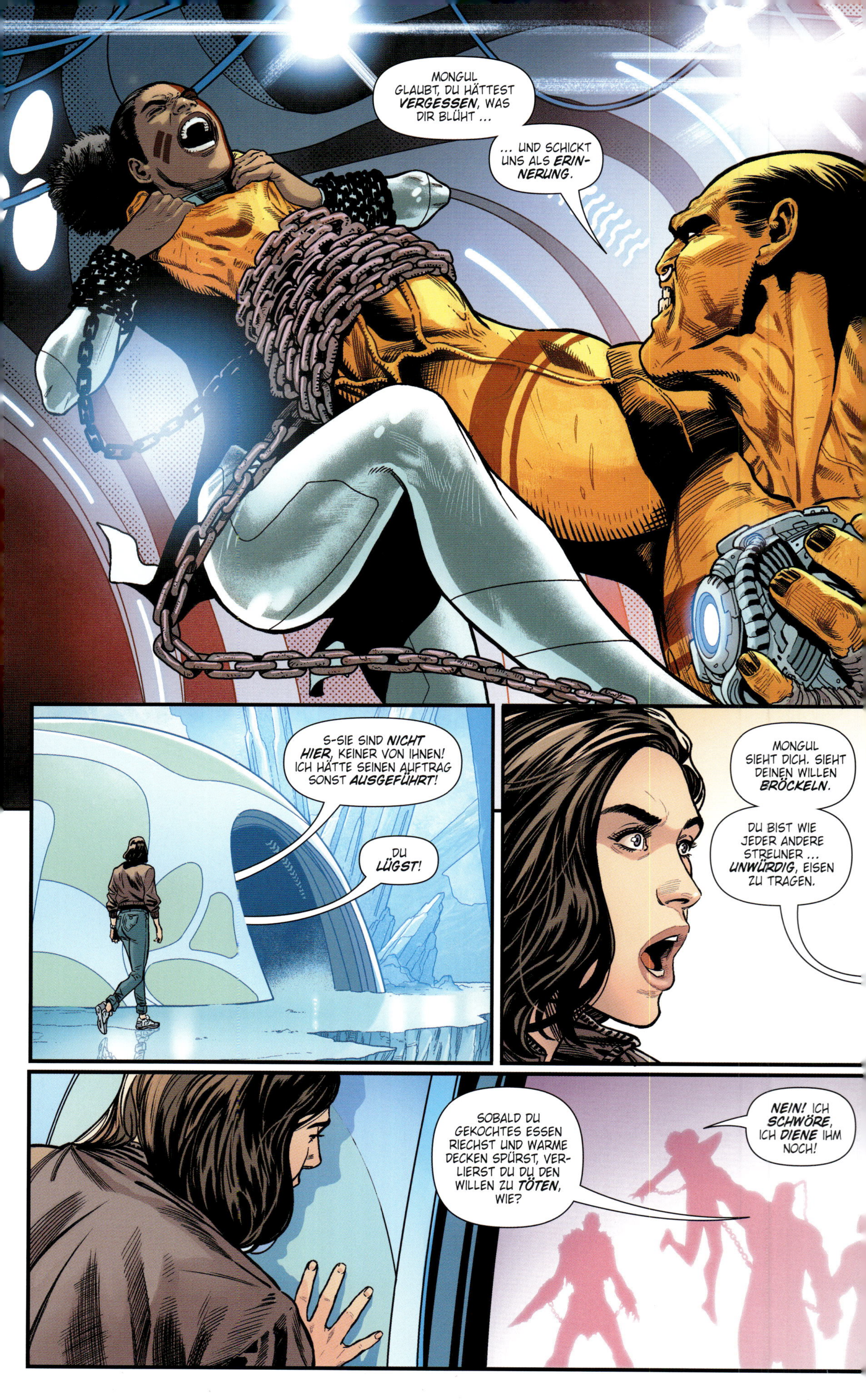
MONGUL GLAUBT, DU HÄTTEST VERGESSEN, WAS DIR BLÜHT …
… UND SCHICKT UNS ALS ERINNERUNG.
S-SIE SIND NICHT HIER, KEINER VON IHNEN! ICH HÄTTE SEINEN AUFTRAG SONST AUSGEFÜHRT!
DU LÜGST!
MONGUL SIEHT DICH. SIEHT DEINEN WILLEN BRÖCKELN.
DU BIST WIE JEDER ANDERE STREUNER … UNWÜRDIG, EISEN ZU TRAGEN.
SOBALD DU GEKOCHTES ESSEN RIECHST UND WARME DECKEN SPÜRST, VERLIERST DU DU DEN WILLEN ZU TÖTEN, WIE?
NEIN! ICH SCHWÖRE, ICH DIENE IHM NOCH!

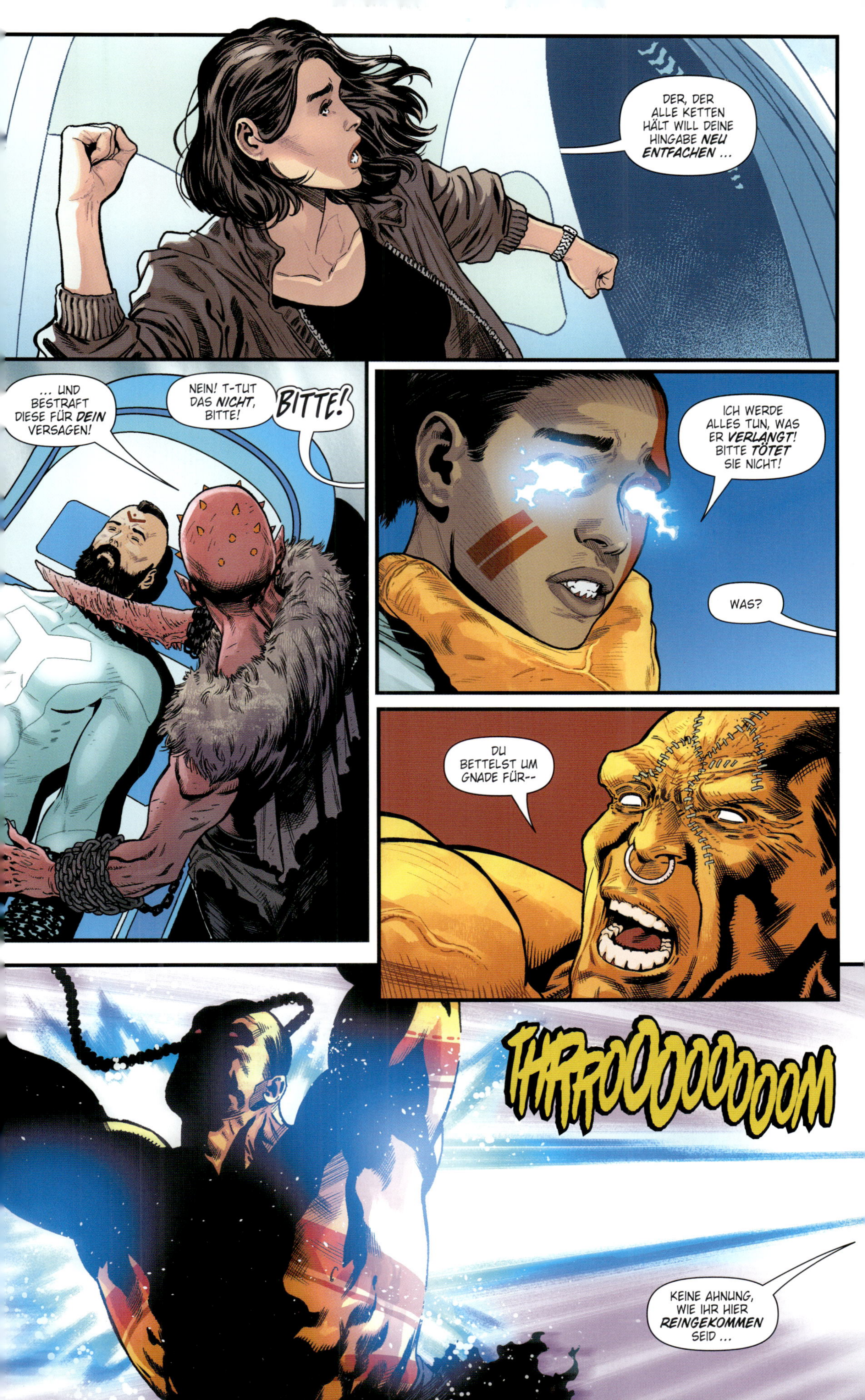
DER, DER ALLE KETTEN HÄLT WILL DEINE HINGABE NEU ENTFACHEN ...
... UND BESTRAFT DIESE FÜR DEIN VERSAGEN!
NEIN! T-TUT DAS NICHT, BITTE!
BITTE!
ICH WERDE ALLES TUN, WAS ER VERLANGT! BITTE TÖTET SIE NICHT!
WAS?
DU BETTELST UM GNADE FÜR--
THRROOOOOOOOM
KEINE AHNUNG, WIE IHR HIER REINGEKOMMEN SEID ...

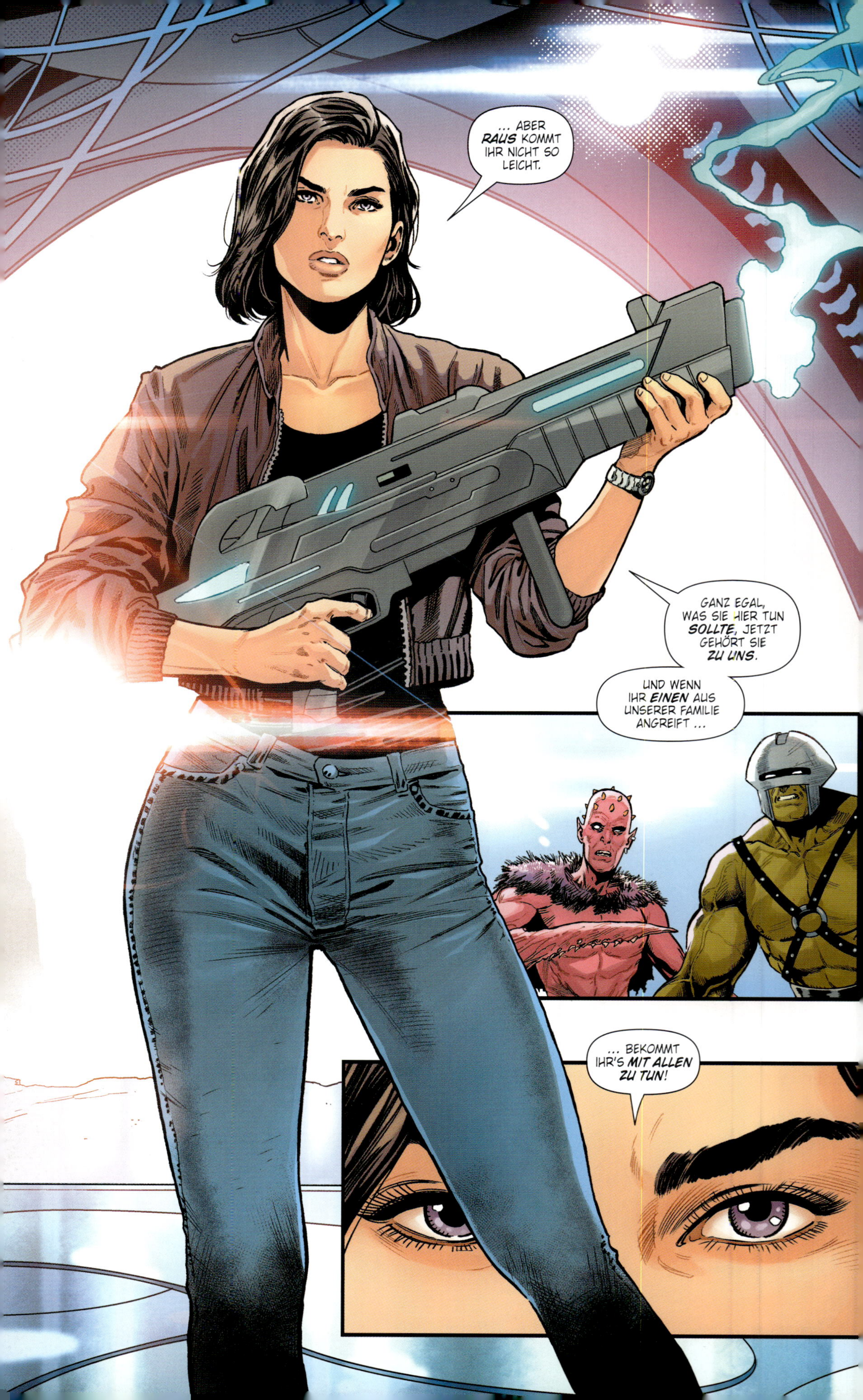
... ABER RAUS KOMMT IHR NICHT SO LEICHT.
GANZ EGAL, WAS SIE HIER TUN SOLLTE, JETZT GEHÖRT SIE ZU UNS.
UND WENN IHR EINEN AUS UNSERER FAMILIE ANGREIFT ...
... BEKOMMT IHR'S MIT ALLEN ZU TUN!

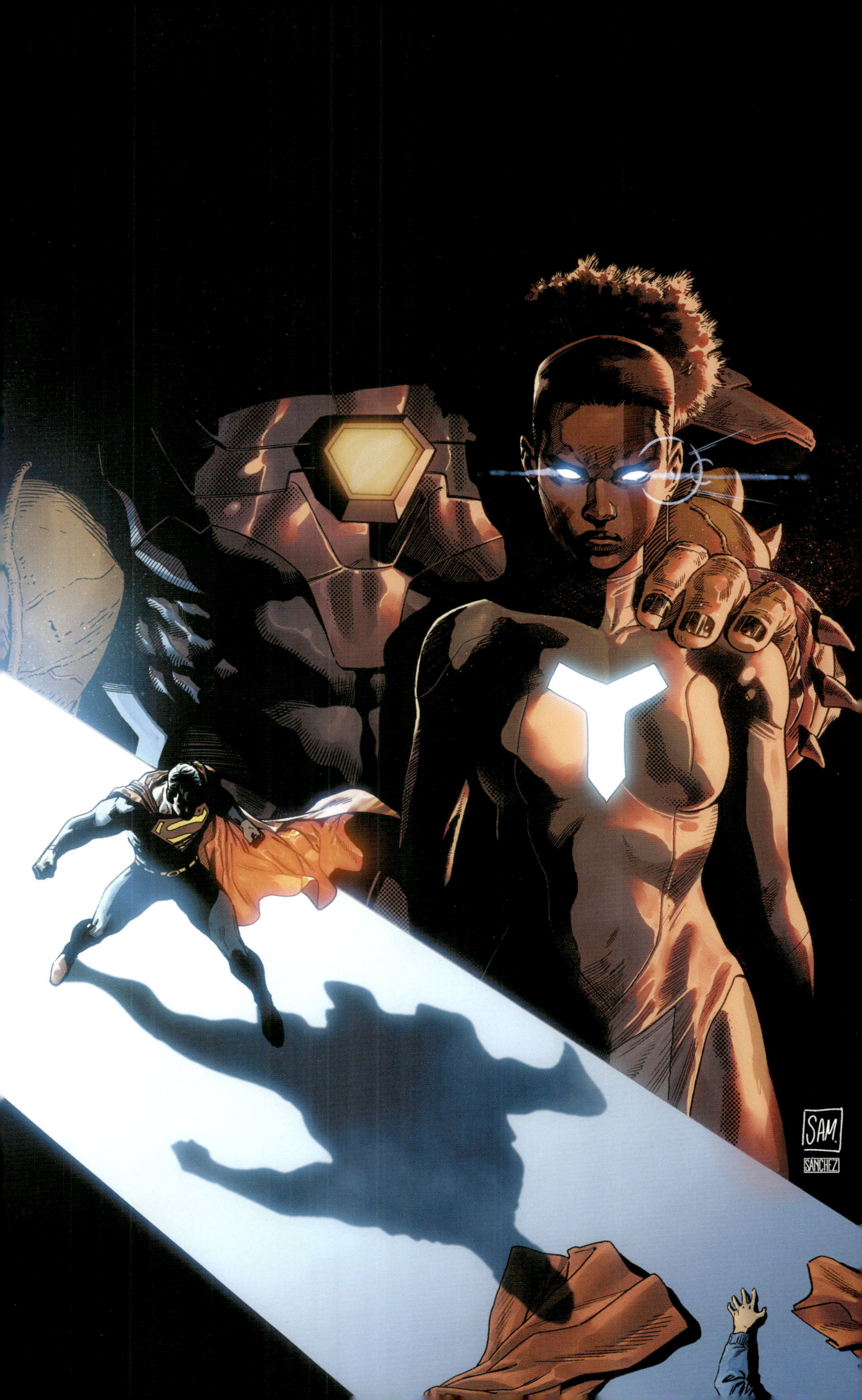
SAM.
SÁNCHEZ

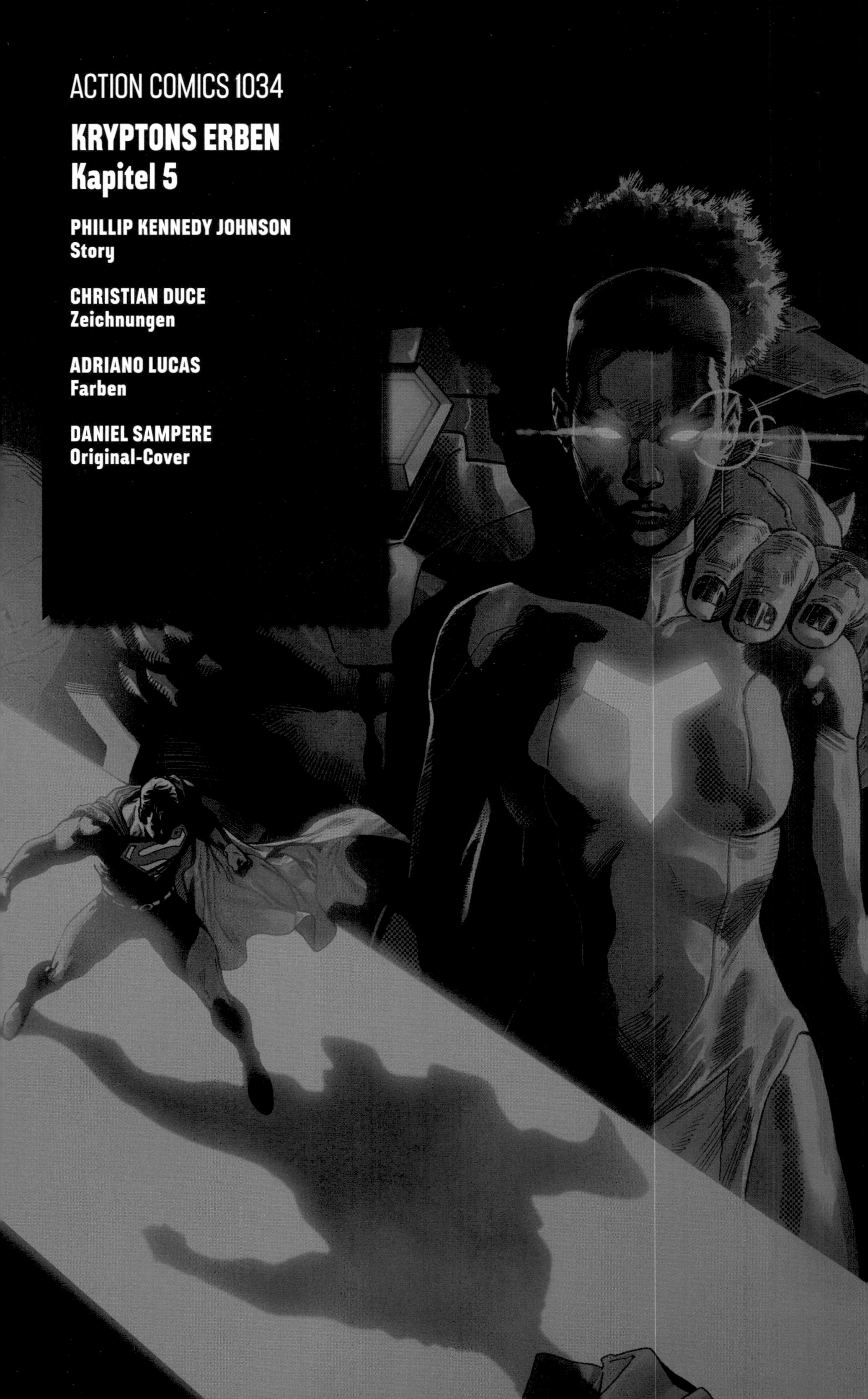
ACTION COMICS 1034
KRYPTONS ERBEN
Kapitel 5
PHILLIP KENNEDY JOHNSON
Story
CHRISTIAN DUCE
Zeichnungen
ADRIANO LUCAS
Farben
DANIEL SAMPERE
Original-Cover

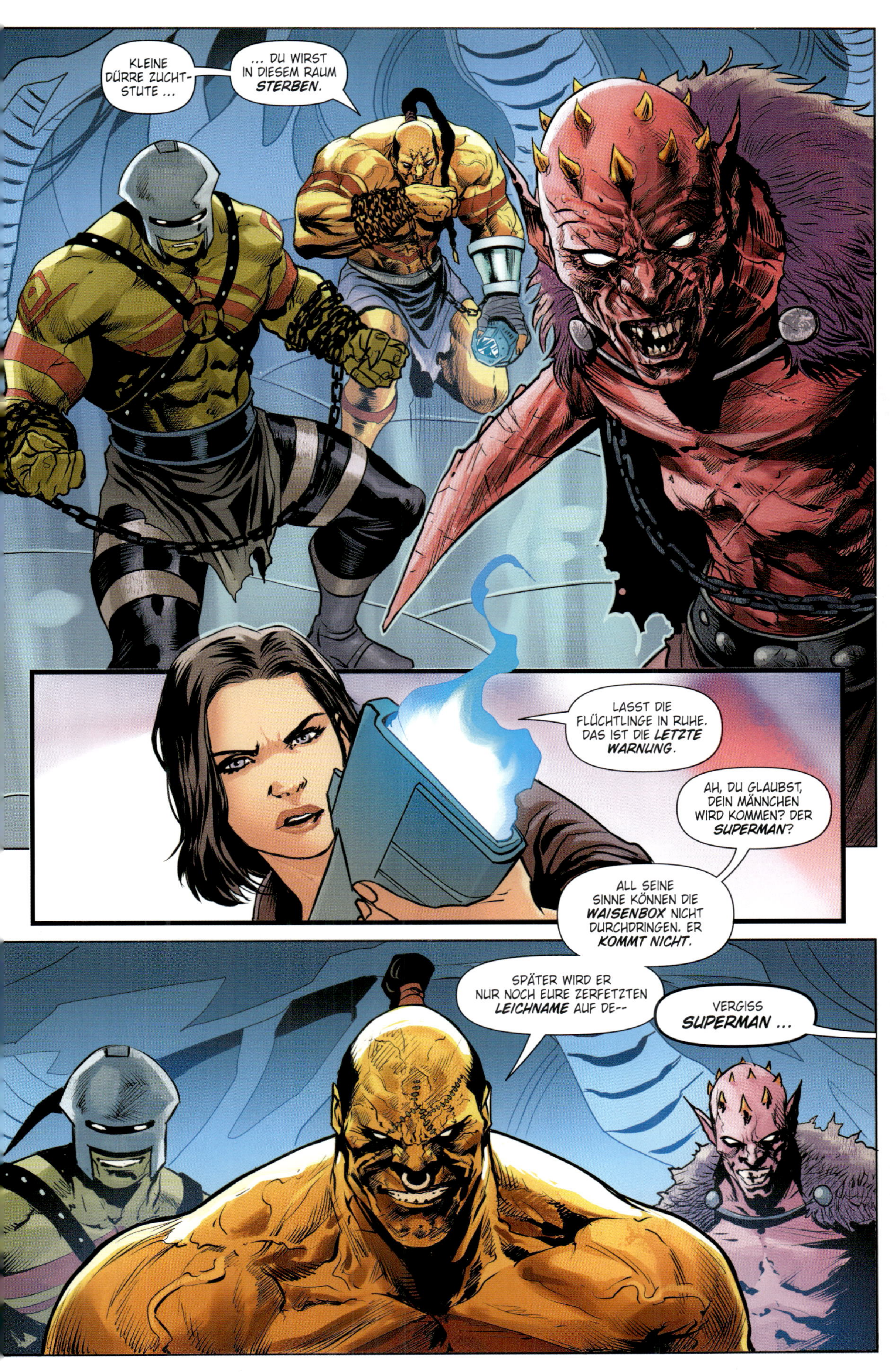
KLEINE DÜRRE ZUCHT-STUTE ...
... DU WIRST IN DIESEM RAUM STERBEN.
LASST DIE FLÜCHTLINGE IN RUHE. DAS IST DIE LETZTE WARNUNG.
AH, DU GLAUBST, DEIN MÄNNCHEN WIRD KOMMEN? DER SUPERMAN?
ALL SEINE SINNE KÖNNEN DIE WAISENBOX NICHT DURCHDRINGEN. ER KOMMT NICHT.
SPÄTER WIRD ER NUR NOCH EURE ZERFETZTEN LEICHNAME AUF DE--
VERGISS SUPERMAN ...

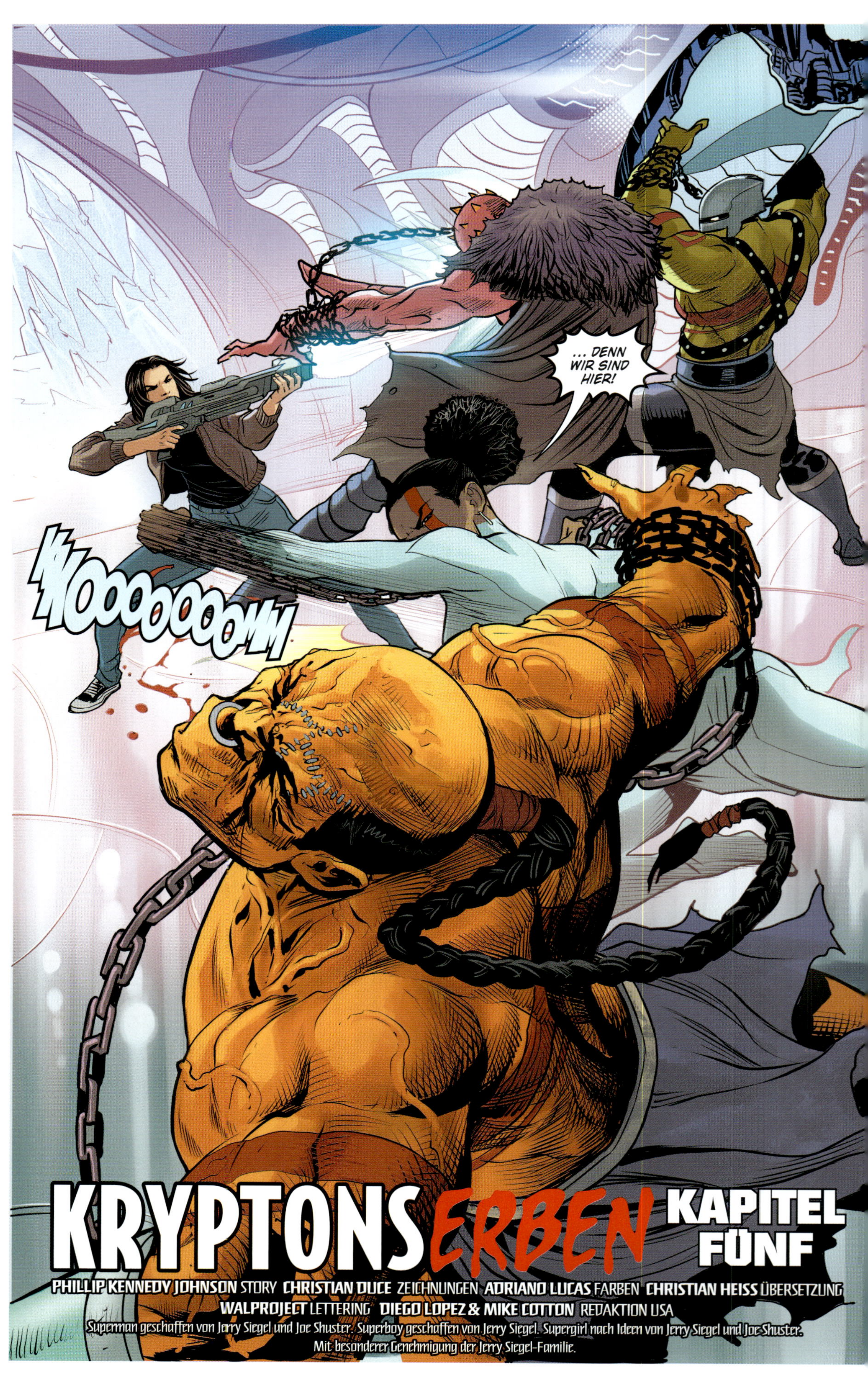
... DENN WIR SIND HIER!
WOOOOOOOOMM
KRYPTONS ERBEN KAPITEL FÜNF
PHILLIP KENNEDY JOHNSON STORY CHRISTIAN DUCE ZEICHNUNGEN ADRIANO LUCAS FARBEN CHRISTIAN HEISS ÜBERSETZUNG
WALPROJECT LETTERING DIEGO LOPEZ & MIKE COTTON REDAKTION USA
Superman geschaffen von Jerry Siegel und Joe Shuster. Superboy geschaffen von Jerry Siegel. Supergirl nach Ideen von Jerry Siegel und Joe Shuster.
Mit besonderer Genehmigung der Jerry Siegel-Familie.

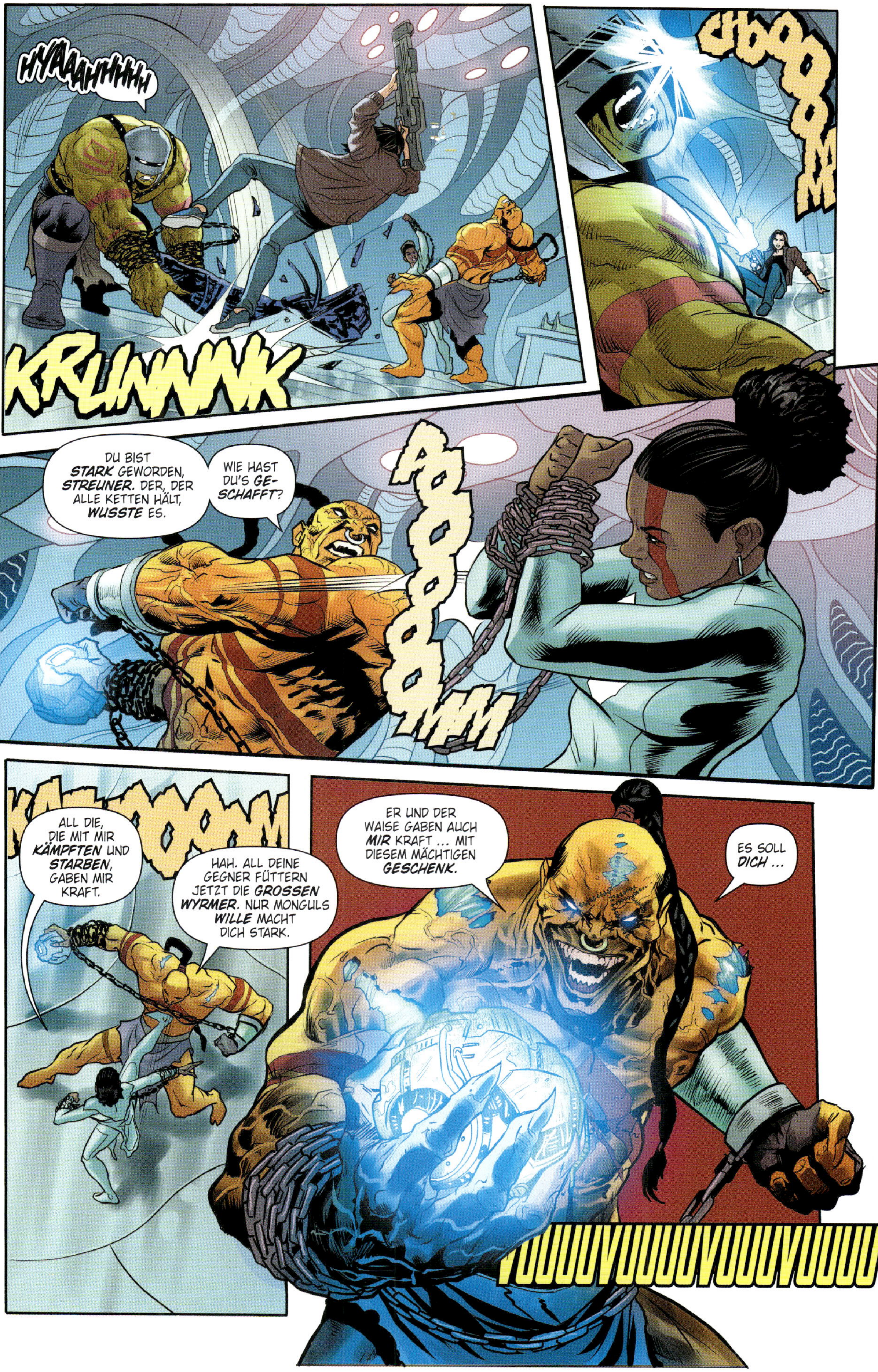

HYAAAAHHHHH
KRUNNNK
CHOOOOOM
DU BIST STARK GEWORDEN, STREUNER. DER, DER ALLE KETTEN HÄLT, WUSSTE ES.
WIE HAST DU'S GESCHAFFT?
ALL DIE, DIE MIT MIR KÄMPFTEN UND STARBEN, GABEN MIR KRAFT.
HAH. ALL DEINE GEGNER FÜTTERN JETZT DIE GROSSEN WYRMER. NUR MONGULS WILLE MACHT DICH STARK.
ER UND DER WAISE GABEN AUCH MIR KRAFT ... MIT DIESEM MÄCHTIGEN GESCHENK.
ES SOLL DICH ...
VUUUUVUUUUVUUUVUUUU

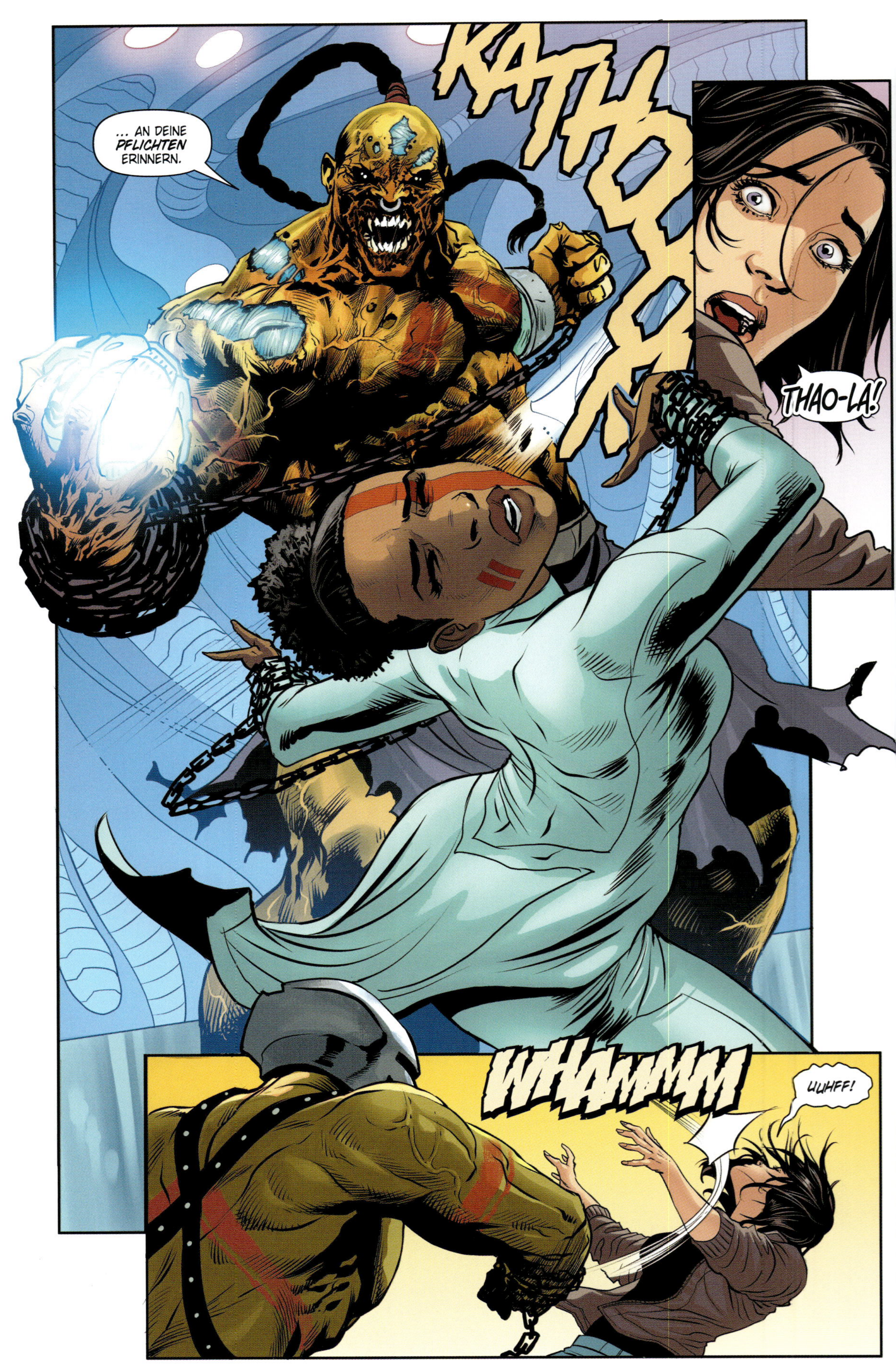
... AN DEINE PFLICHTEN ERINNERN.
KATHOOOM
THAO-LA!
WHAMMM
UUHFF!

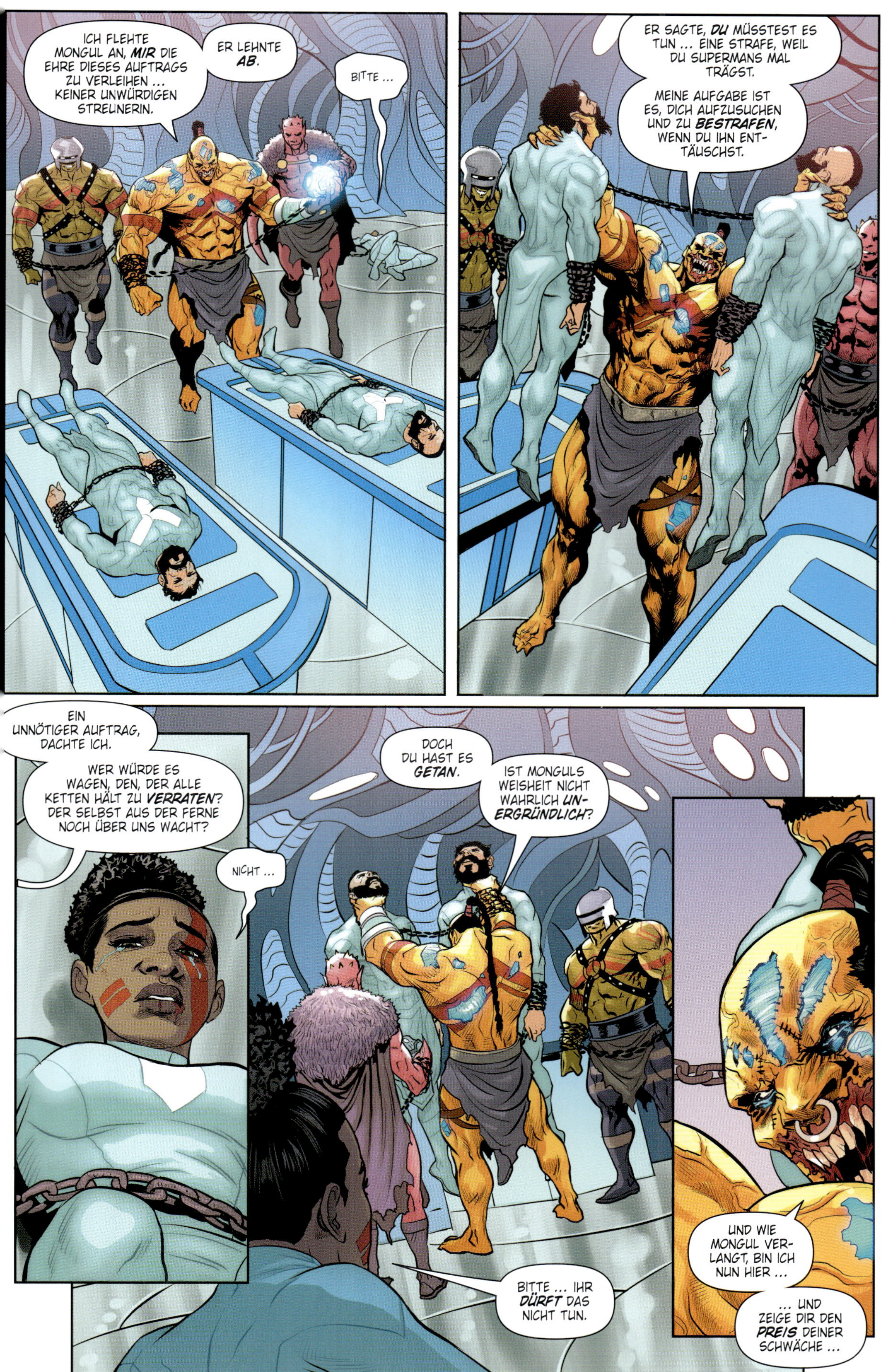
ICH FLEHTE MONGUL AN, MIR DIE EHRE DIESES AUFTRAGS ZU VERLEIHEN ... KEINER UNWÜRDIGEN STREUNERIN.
ER LEHNTE AB.
BITTE ...
ER SAGTE, DU MÜSSTEST ES TUN ... EINE STRAFE, WEIL DU SUPERMANS MAL TRÄGST.
MEINE AUFGABE IST ES, DICH AUFZUSUCHEN UND ZU BESTRAFEN, WENN DU IHN ENTTÄUSCHST.
EIN UNNÖTIGER AUFTRAG, DACHTE ICH.
WER WÜRDE ES WAGEN, DEN, DER ALLE KETTEN HÄLT ZU VERRATEN? DER SELBST AUS DER FERNE NOCH ÜBER UNS WACHT?
NICHT ...
DOCH DU HAST ES GETAN.
IST MONGULS WEISHEIT NICHT WAHRLICH UNERGRÜNDLICH?
BITTE ... IHR DÜRFT DAS NICHT TUN.
UND WIE MONGUL VERLANGT, BIN ICH NUN HIER ...
... UND ZEIGE DIR DEN PREIS DEINER SCHWÄCHE ...

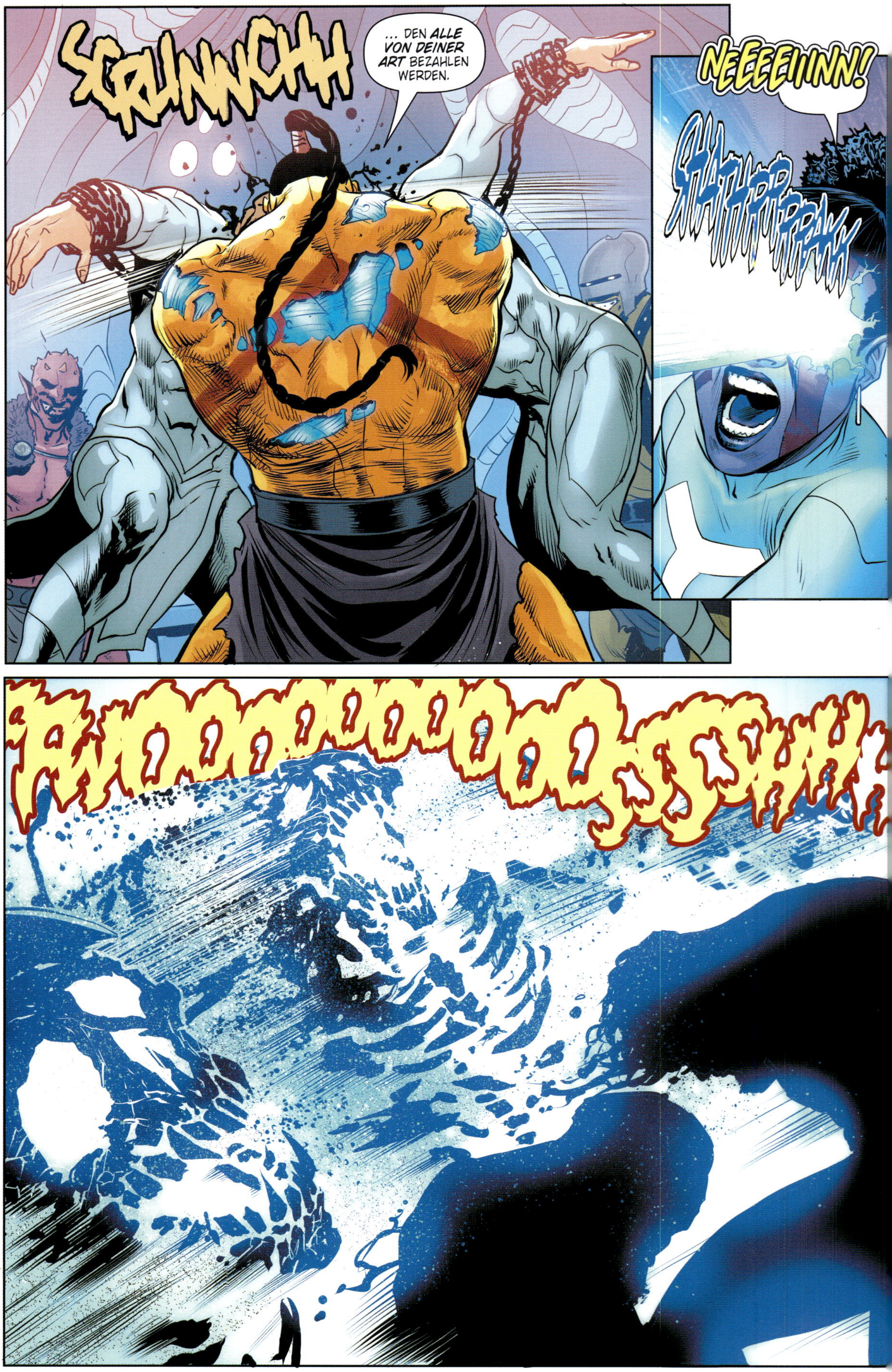

SCRUNNCHH
... DEN ALLE VON DEINER ART BEZAHLEN WERDEN.
NEEEEIIINN!

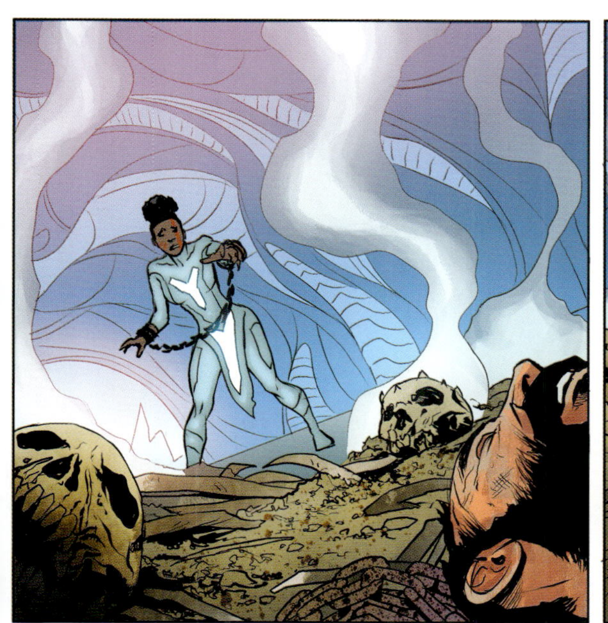

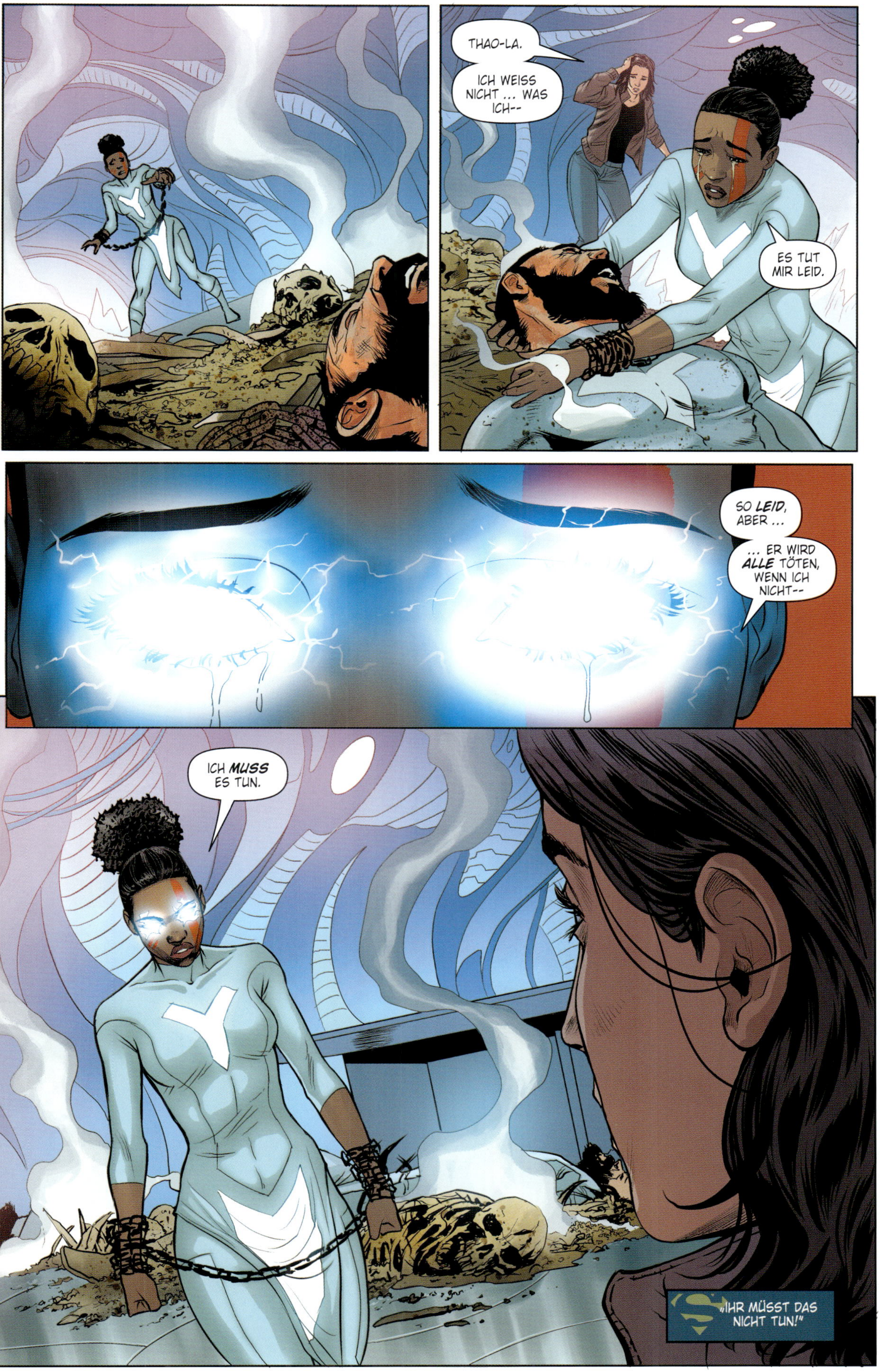

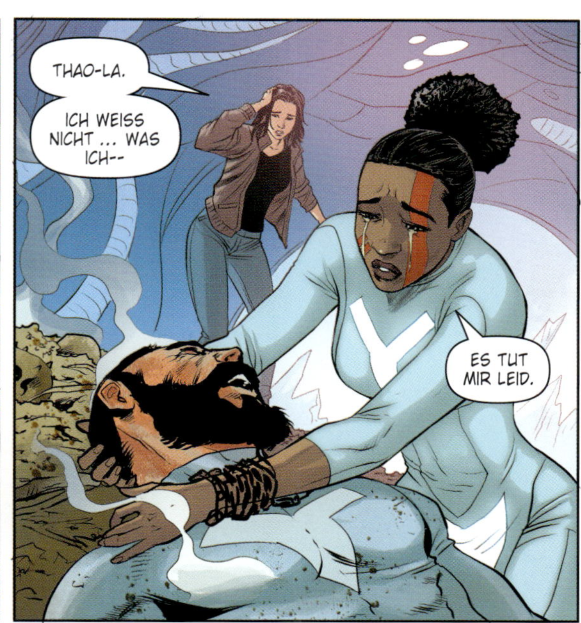

SO *LEID*, ABER ...

... ER WIRD *ALLE* TÖTEN, WENN ICH NICHT--

ICH *MUSS* ES TUN.

„IHR MÜSST DAS NICHT TUN!"

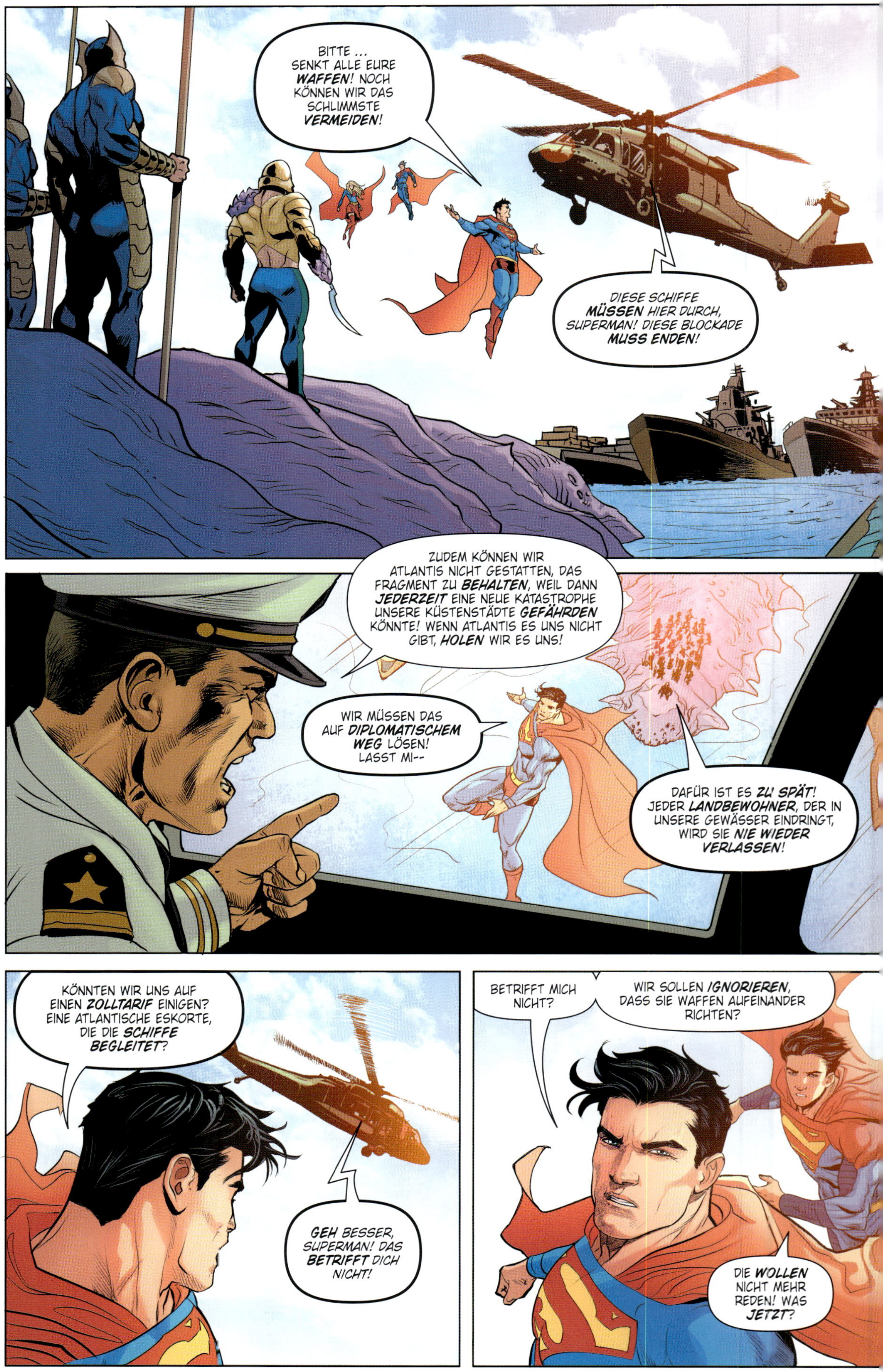

BITTE ... SENKT ALLE EURE WAFFEN! NOCH KÖNNEN WIR DAS SCHLIMMSTE VERMEIDEN!

DIESE SCHIFFE MÜSSEN HIER DURCH, SUPERMAN! DIESE BLOCKADE MUSS ENDEN!

ZUDEM KÖNNEN WIR ATLANTIS NICHT GESTATTEN, DAS FRAGMENT ZU BEHALTEN, WEIL DANN JEDERZEIT EINE NEUE KATASTROPHE UNSERE KÜSTENSTÄDTE GEFÄHRDEN KÖNNTE! WENN ATLANTIS ES UNS NICHT GIBT, HOLEN WIR ES UNS!

WIR MÜSSEN DAS AUF DIPLOMATISCHEM WEG LÖSEN! LASST MI--

DAFÜR IST ES ZU SPÄT! JEDER LANDBEWOHNER, DER IN UNSERE GEWÄSSER EINDRINGT, WIRD SIE NIE WIEDER VERLASSEN!

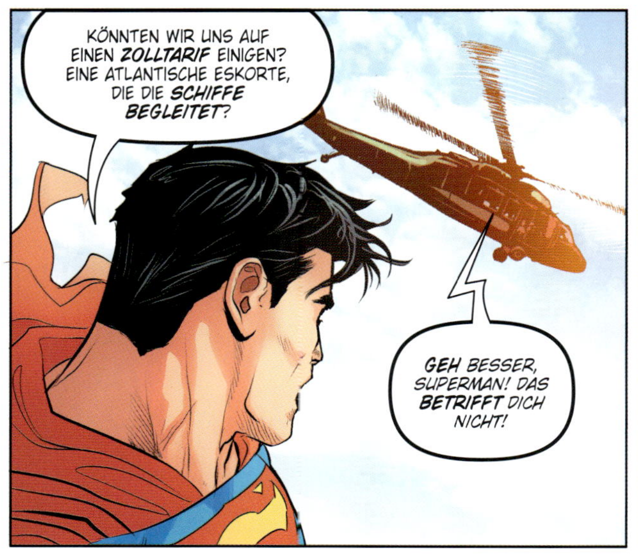

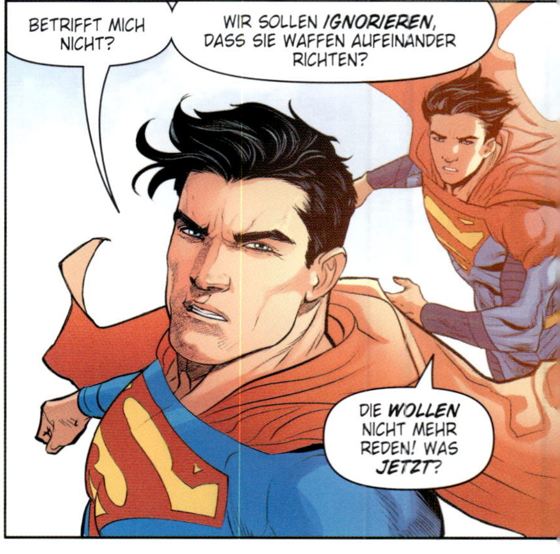

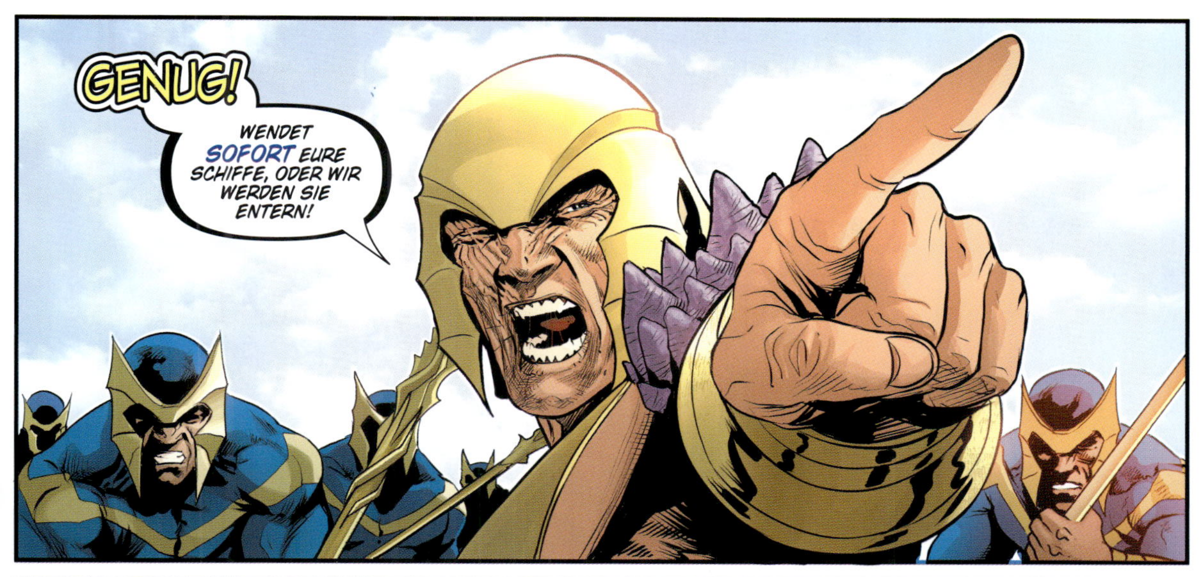

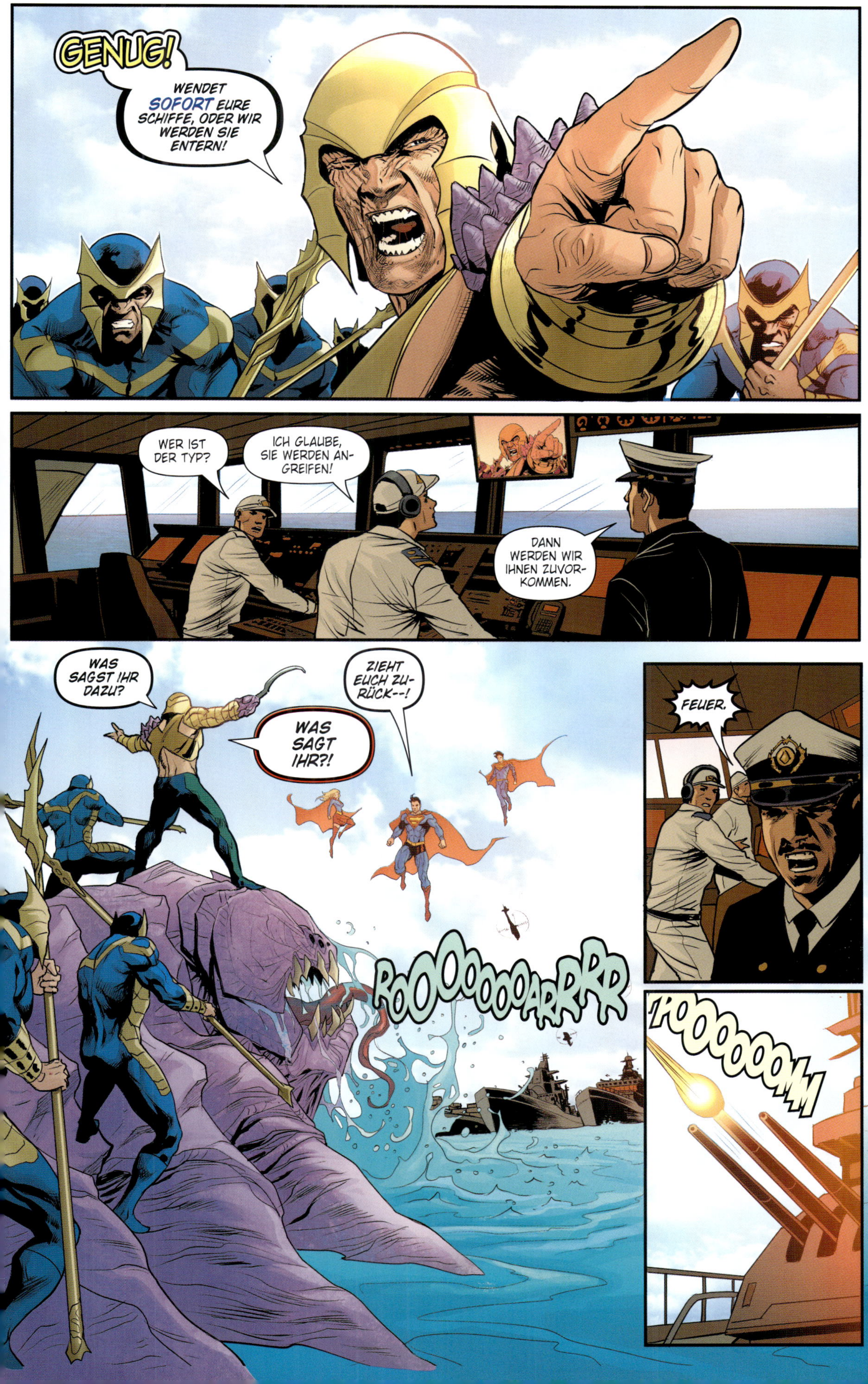

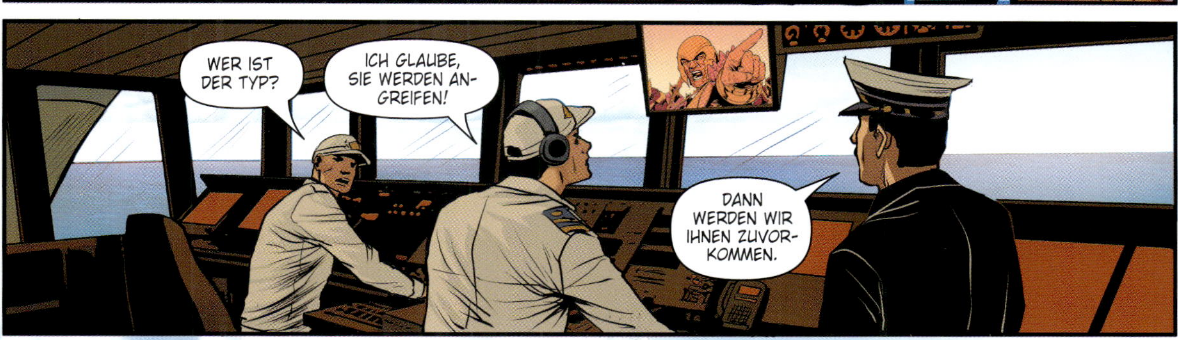

WAS SAGST IHR DAZU?

WAS SAGT IHR?!

ZIEHT EUCH ZURÜCK--!

ROOOOOOOARRRR

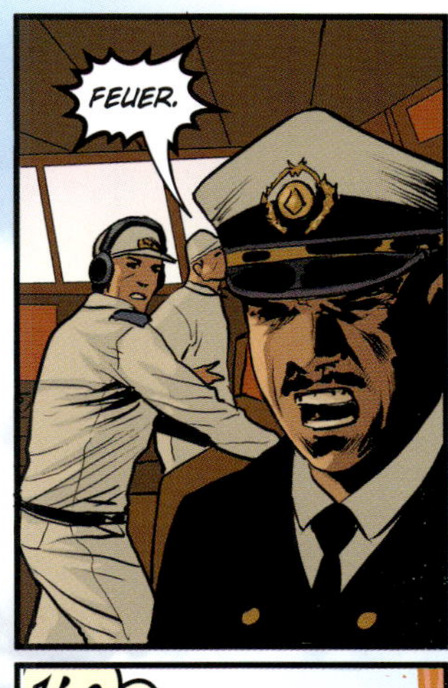

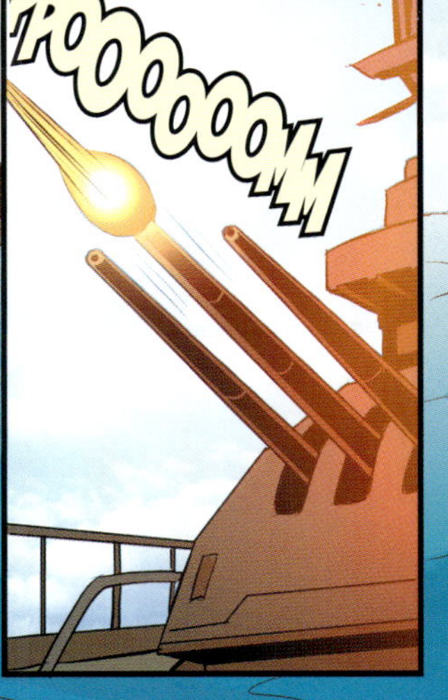

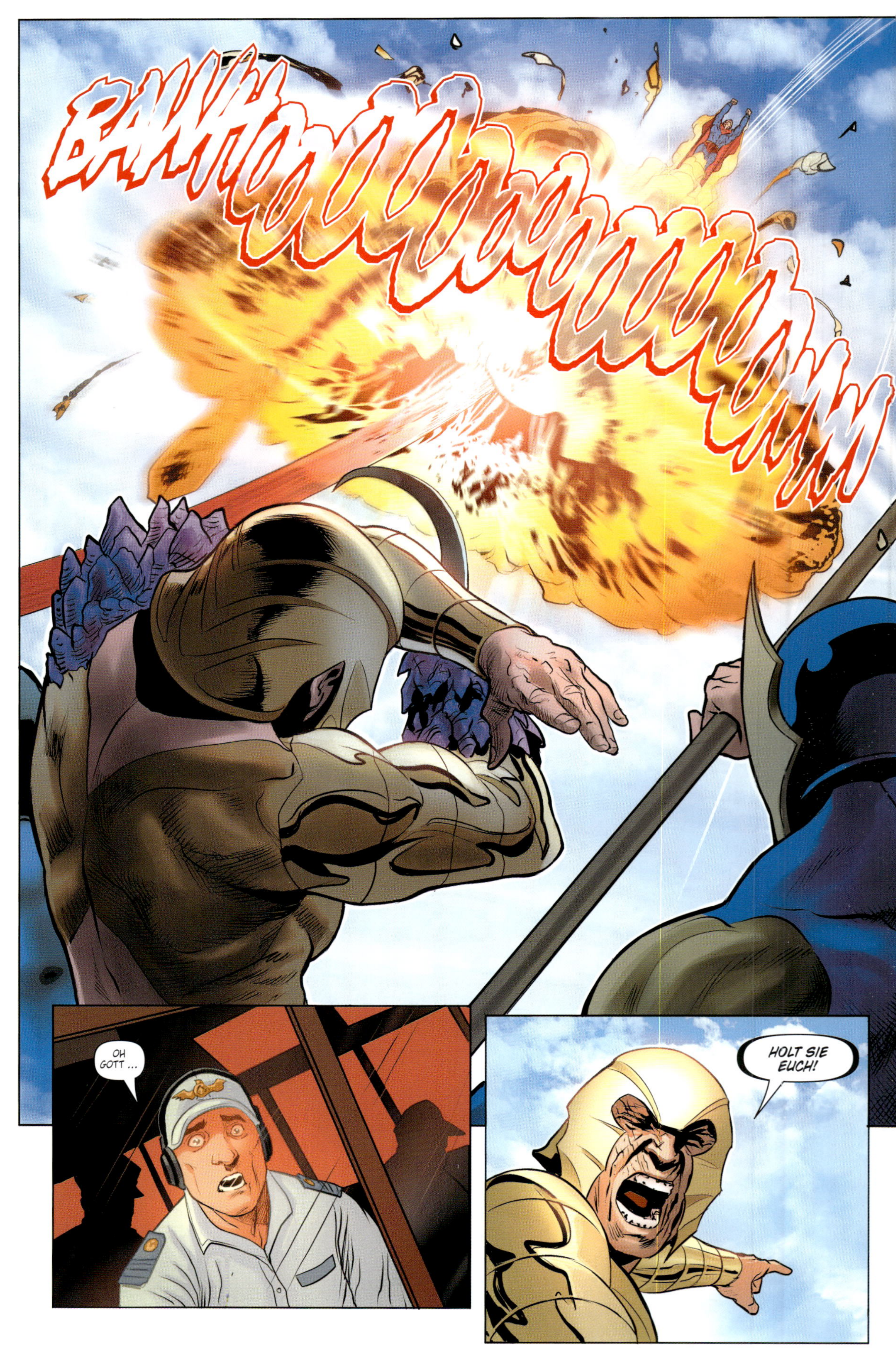
BAWOOOOOOOOOOOOOMM
OH GOTT ...
HOLT SIE EUCH!

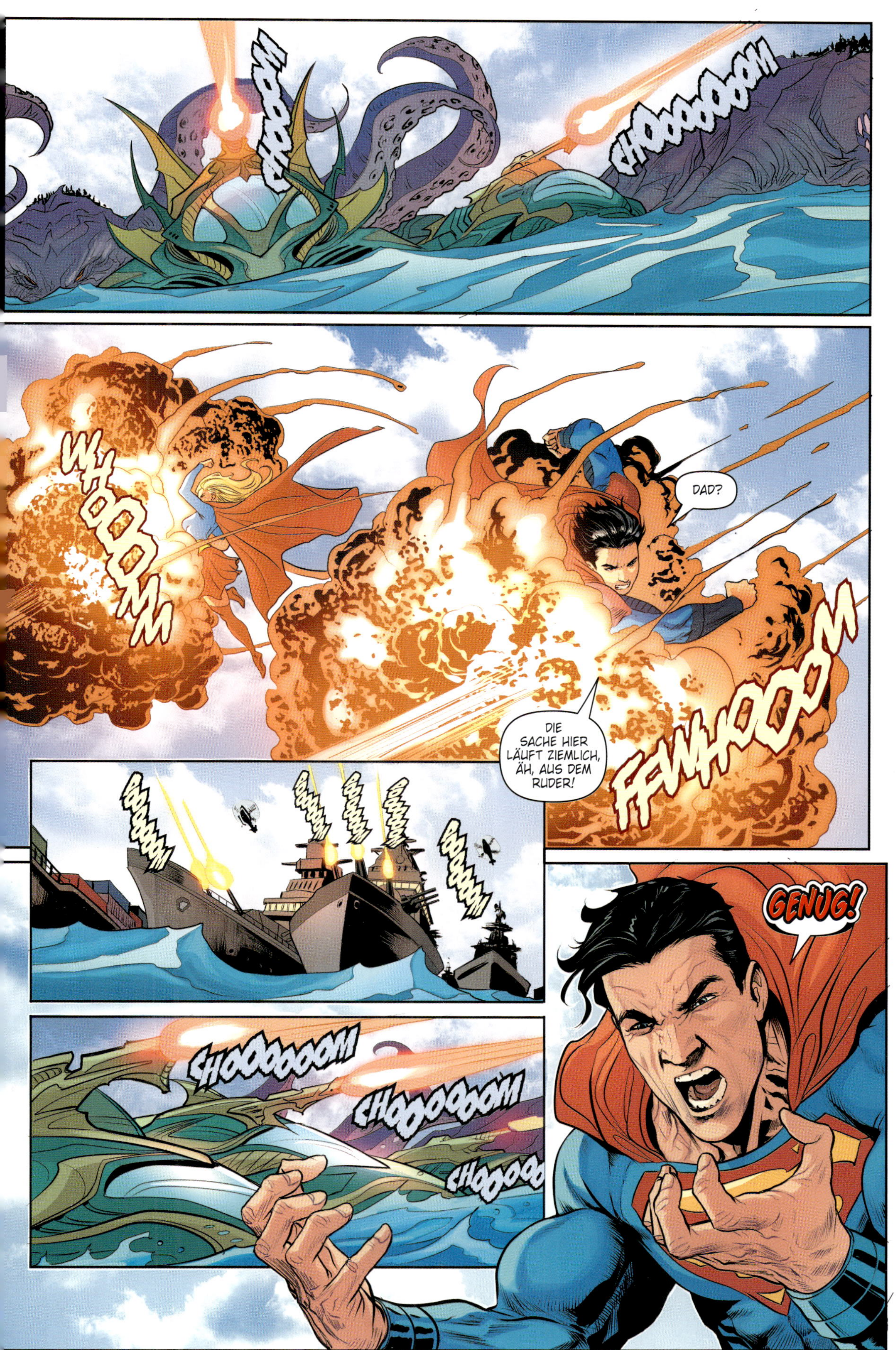
CHOOOOM
CHOOOOOOM
WHOOOOM
DAD?
DIE SACHE HIER LÄUFT ZIEMLICH, ÄH, AUS DEM RUDER!
FFWHOOOOM
GENUG!
CHOOOOOOM
CHOOOOOOM
CHOOOOO

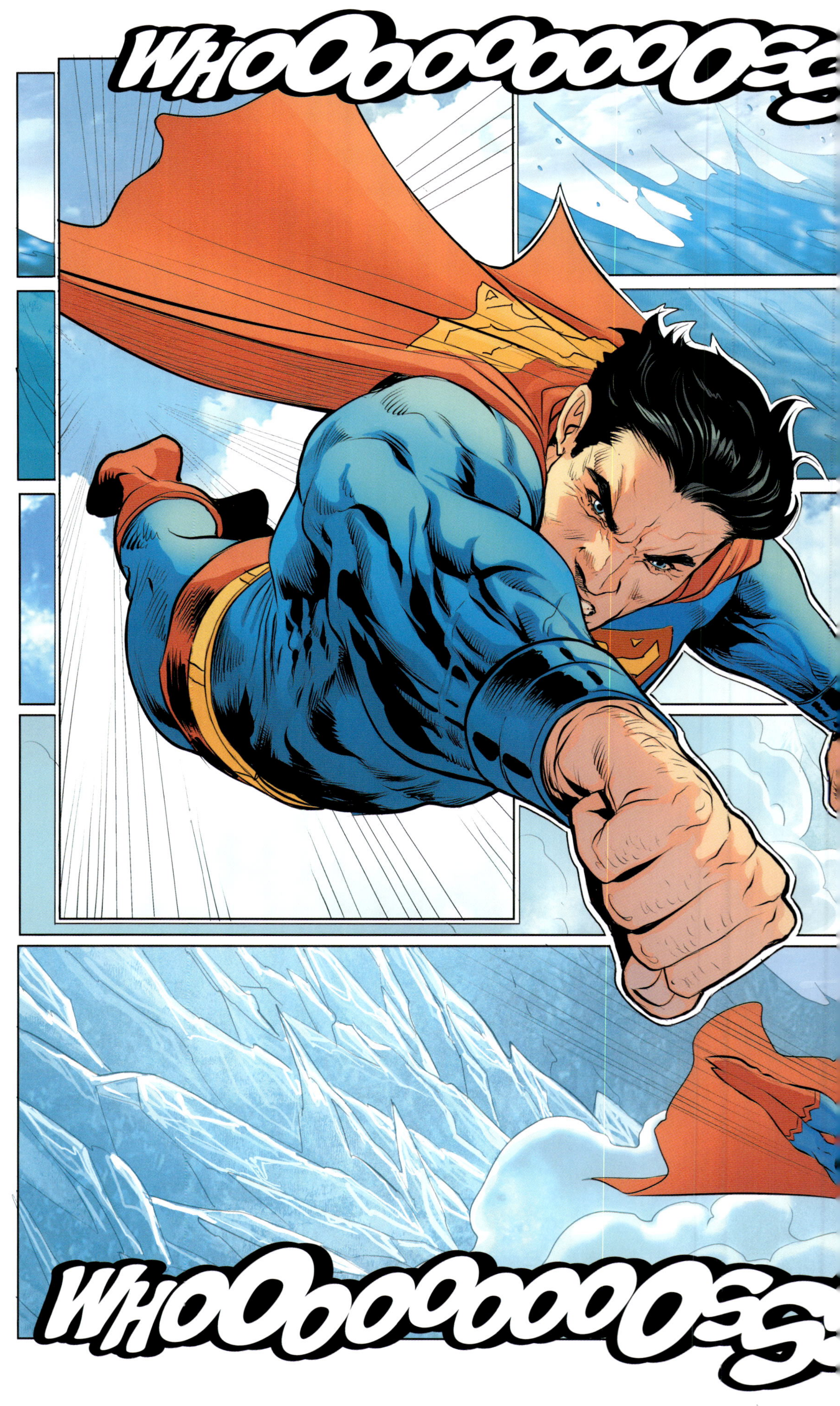
WHOOOOOOOOOS
WHOOOOOOOOOS

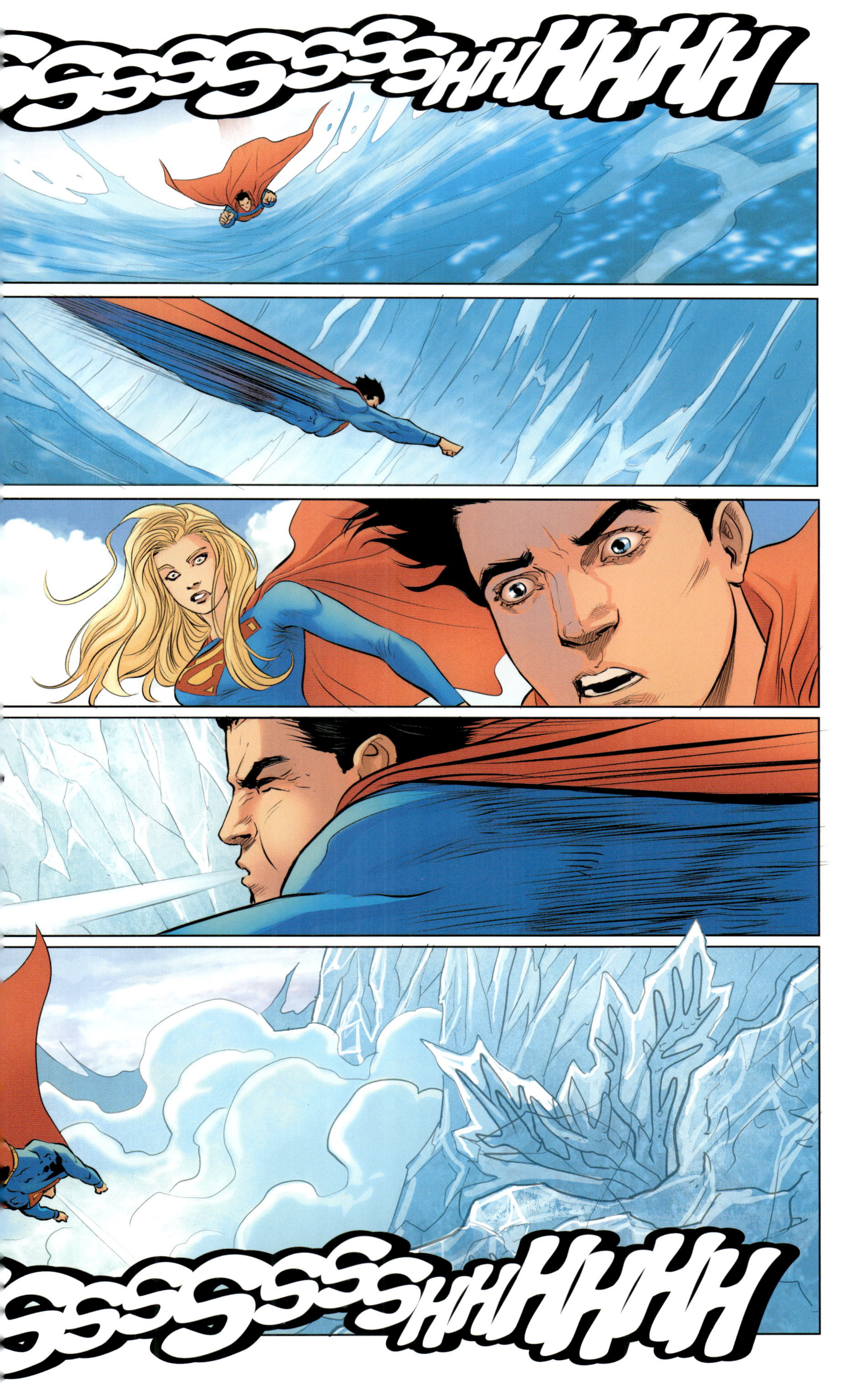
SSSSSSSHHHHHH
SSSSSSSHHHHHH

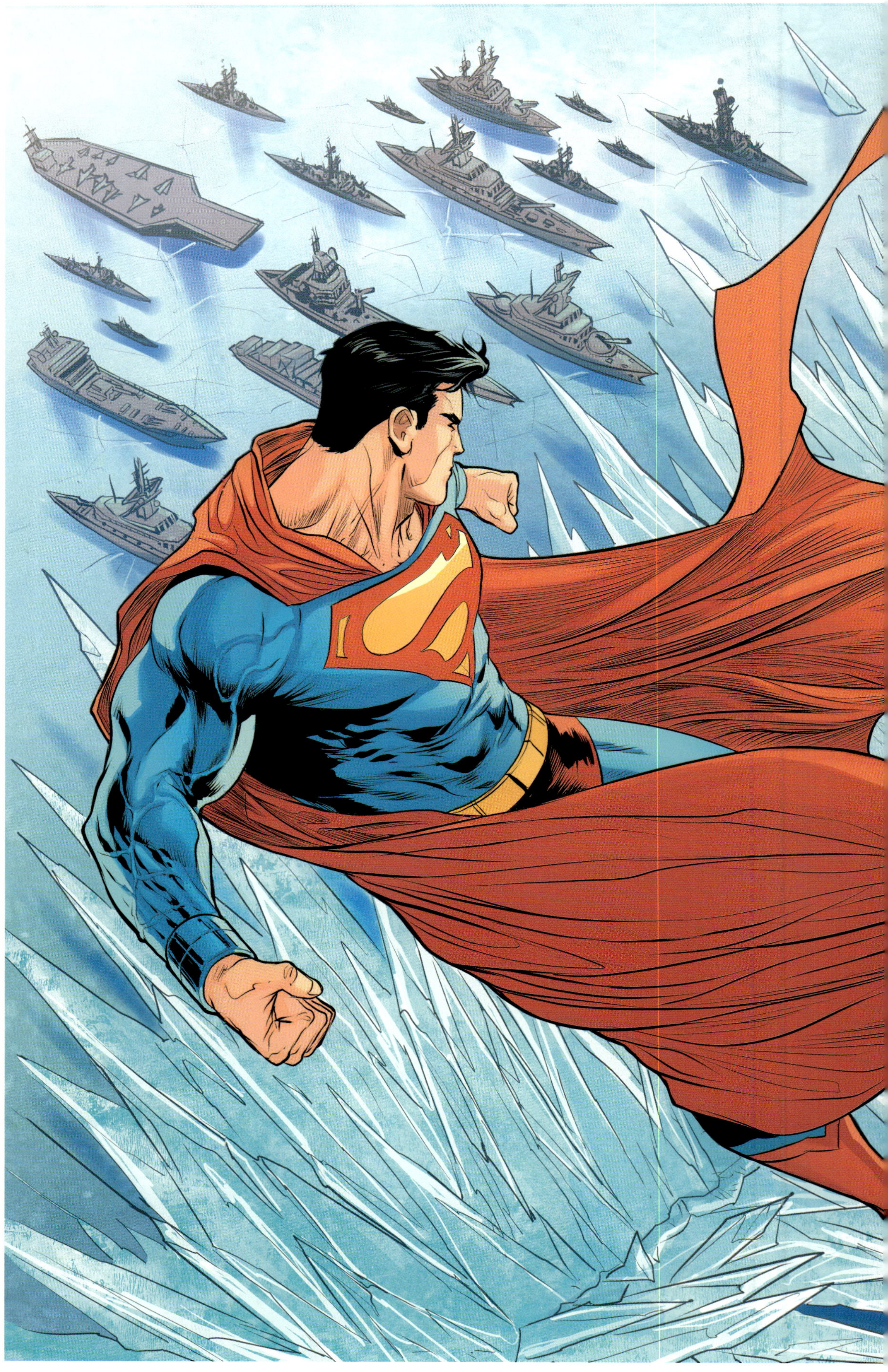

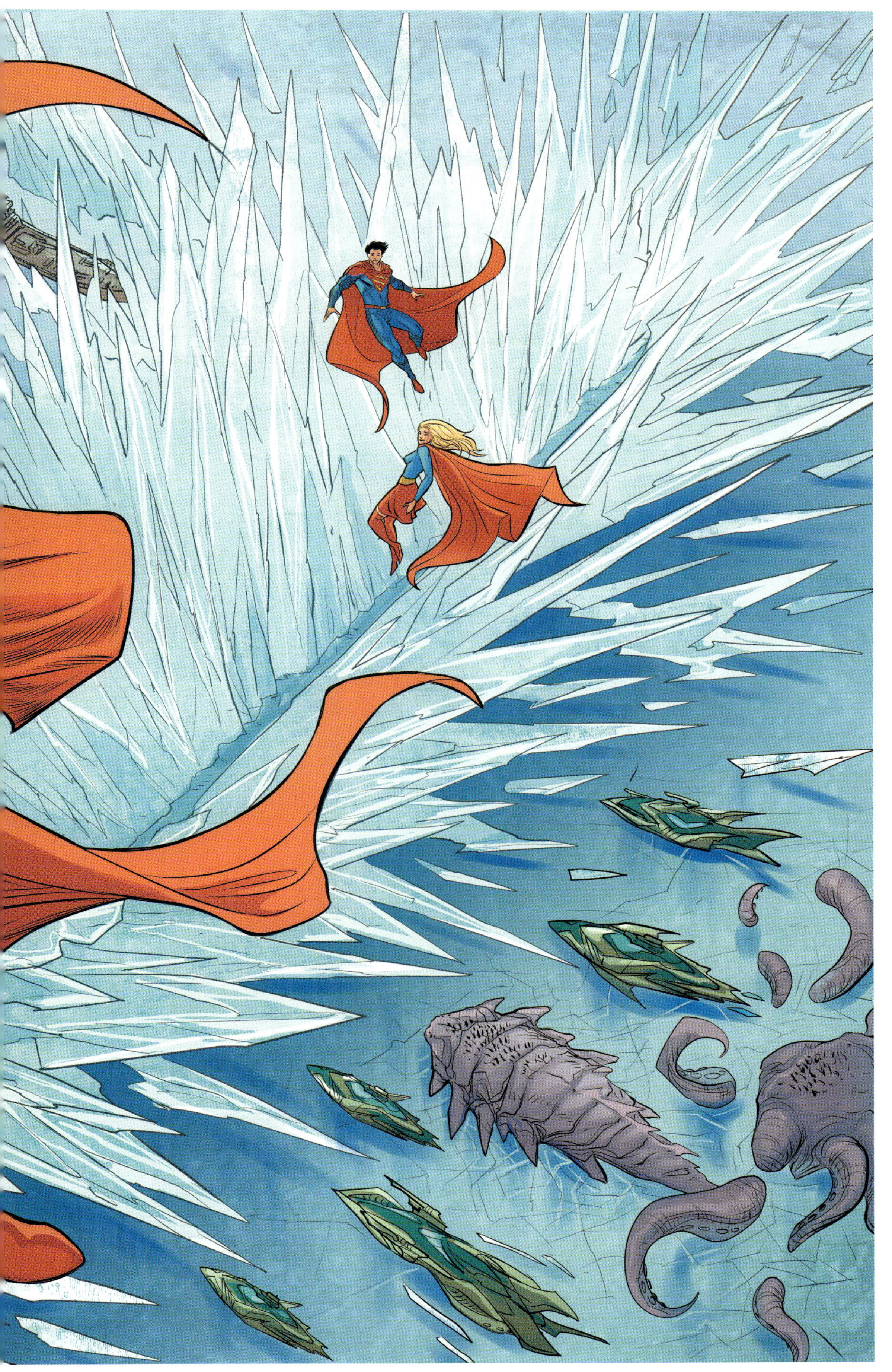

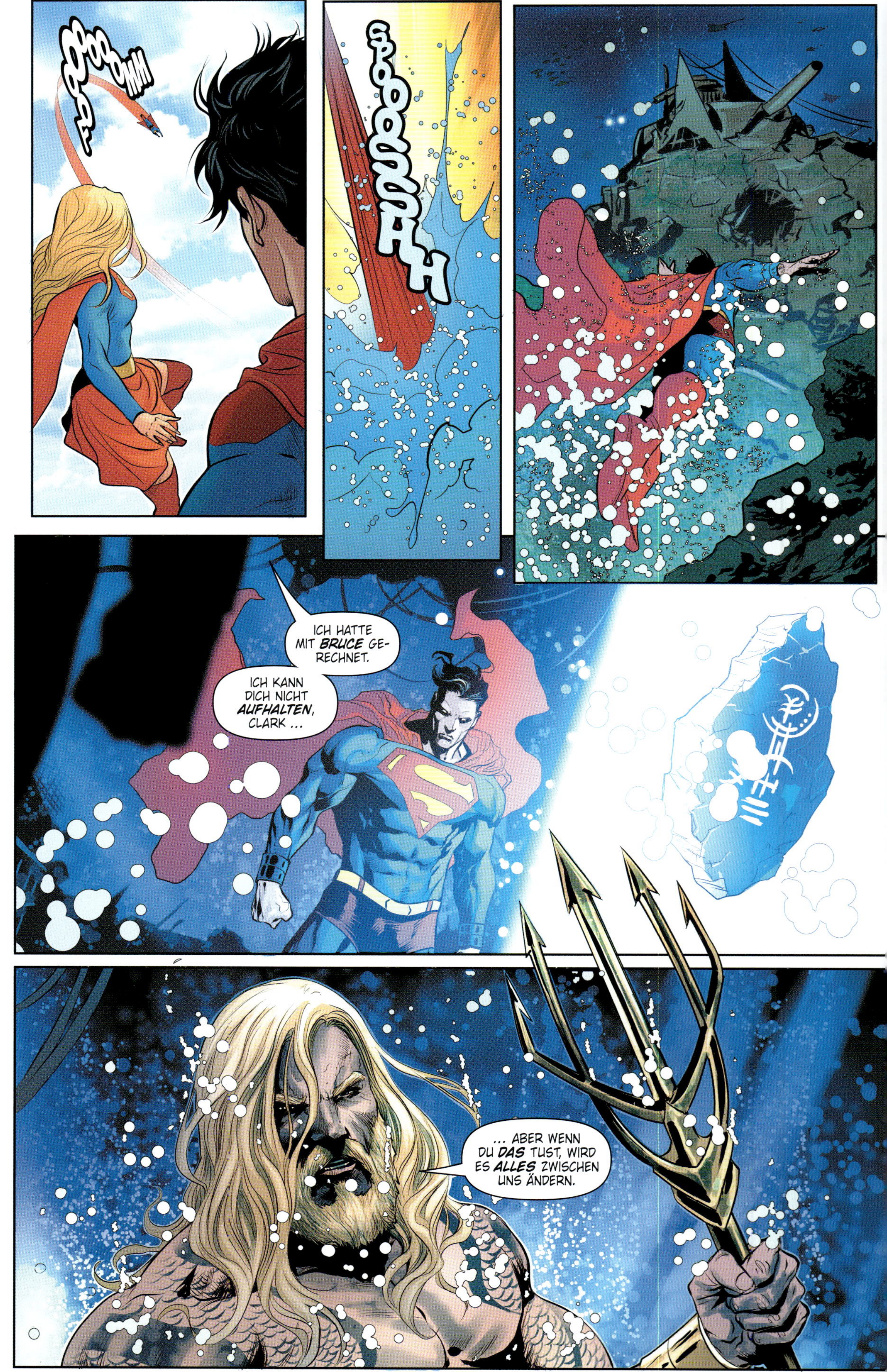

ICH HATTE MIT **BRUCE** GERECHNET.
ICH KANN DICH NICHT **AUFHALTEN**, CLARK …
… ABER WENN DU **DAS** TUST, WIRD ES **ALLES** ZWISCHEN UNS ÄNDERN.

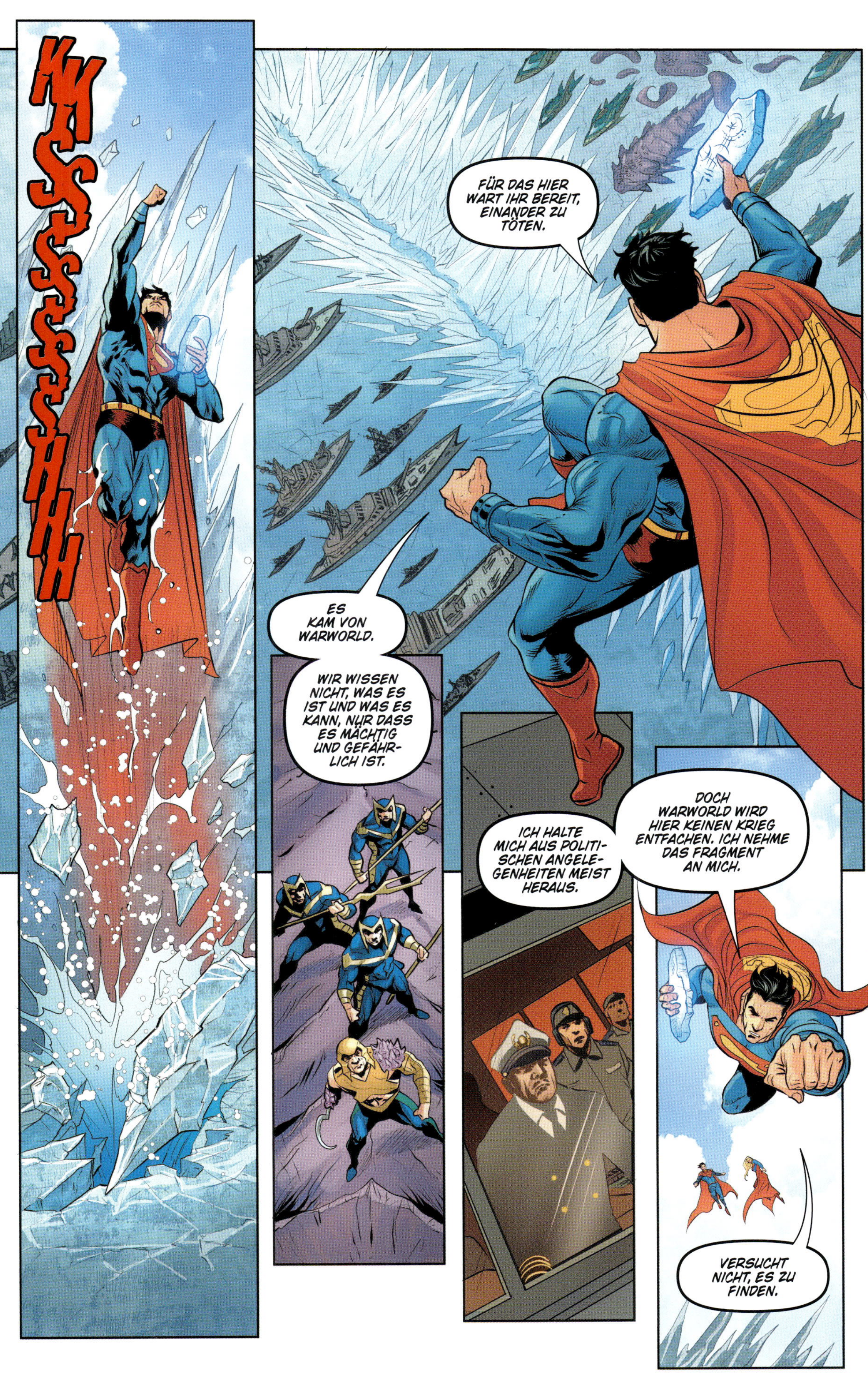
KKKSSSSSSHHH
FÜR DAS HIER WART IHR BEREIT, EINANDER ZU TÖTEN.
ES KAM VON WARWORLD.
WIR WISSEN NICHT, WAS ES IST UND WAS ES KANN, NUR DASS ES MÄCHTIG UND GEFÄHRLICH IST.
ICH HALTE MICH AUS POLITISCHEN ANGELEGENHEITEN MEIST HERAUS.
DOCH WARWORLD WIRD HIER KEINEN KRIEG ENTFACHEN. ICH NEHME DAS FRAGMENT AN MICH.
VERSUCHT NICHT, ES ZU FINDEN.

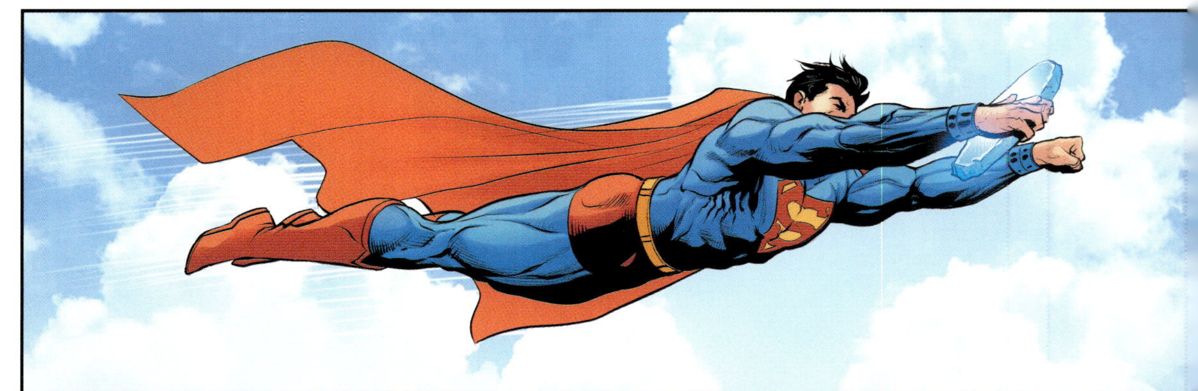

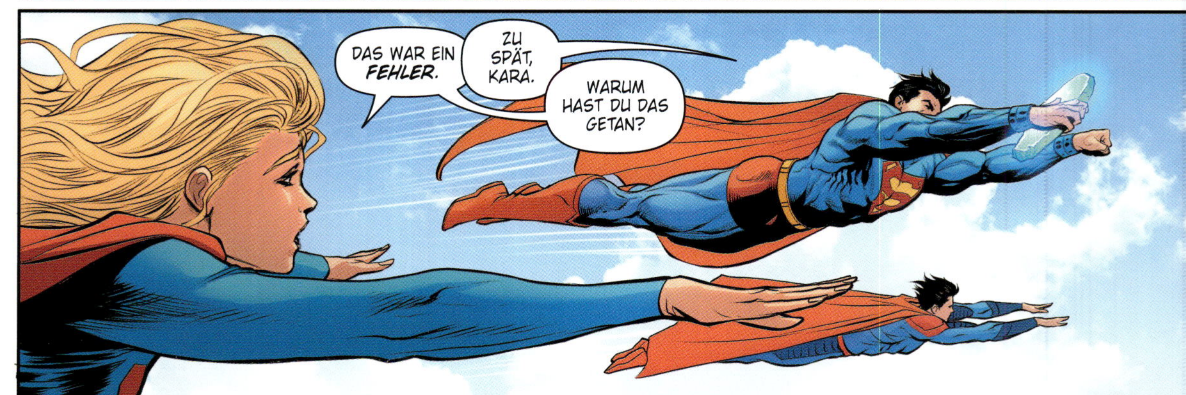
DAS WAR EIN FEHLER.
ZU SPÄT, KARA.
WARUM HAST DU DAS GETAN?

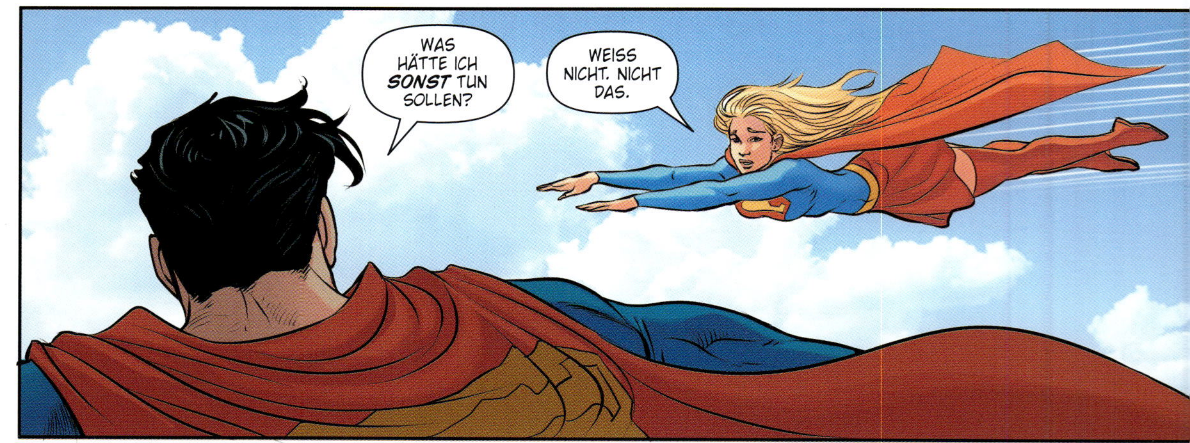
WAS HÄTTE ICH SONST TUN SOLLEN?
WEISS NICHT. NICHT DAS.

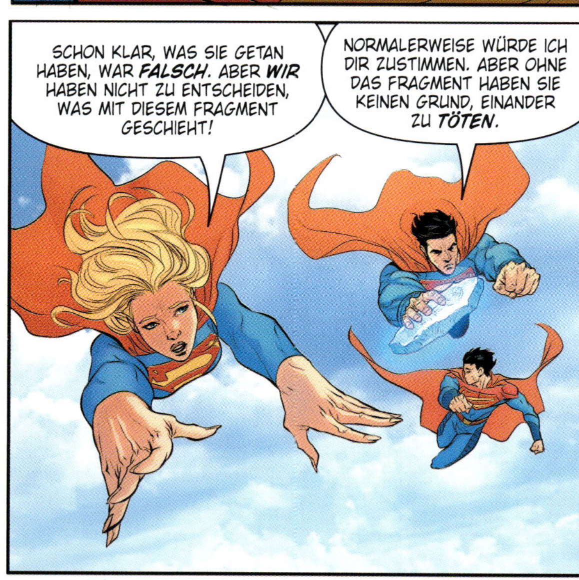
SCHON KLAR, WAS SIE GETAN HABEN, WAR FALSCH. ABER WIR HABEN NICHT ZU ENTSCHEIDEN, WAS MIT DIESEM FRAGMENT GESCHIEHT!
NORMALERWEISE WÜRDE ICH DIR ZUSTIMMEN. ABER OHNE DAS FRAGMENT HABEN SIE KEINEN GRUND, EINANDER ZU TÖTEN.

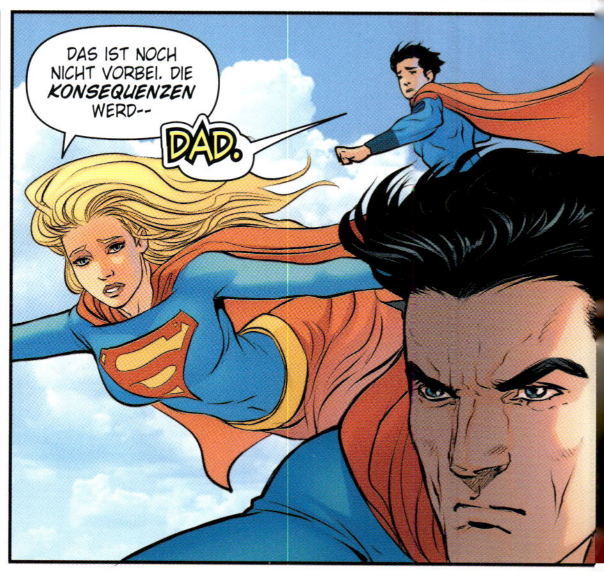
DAS IST NOCH NICHT VORBEI. DIE KONSEQUENZEN WERD--
DAD.

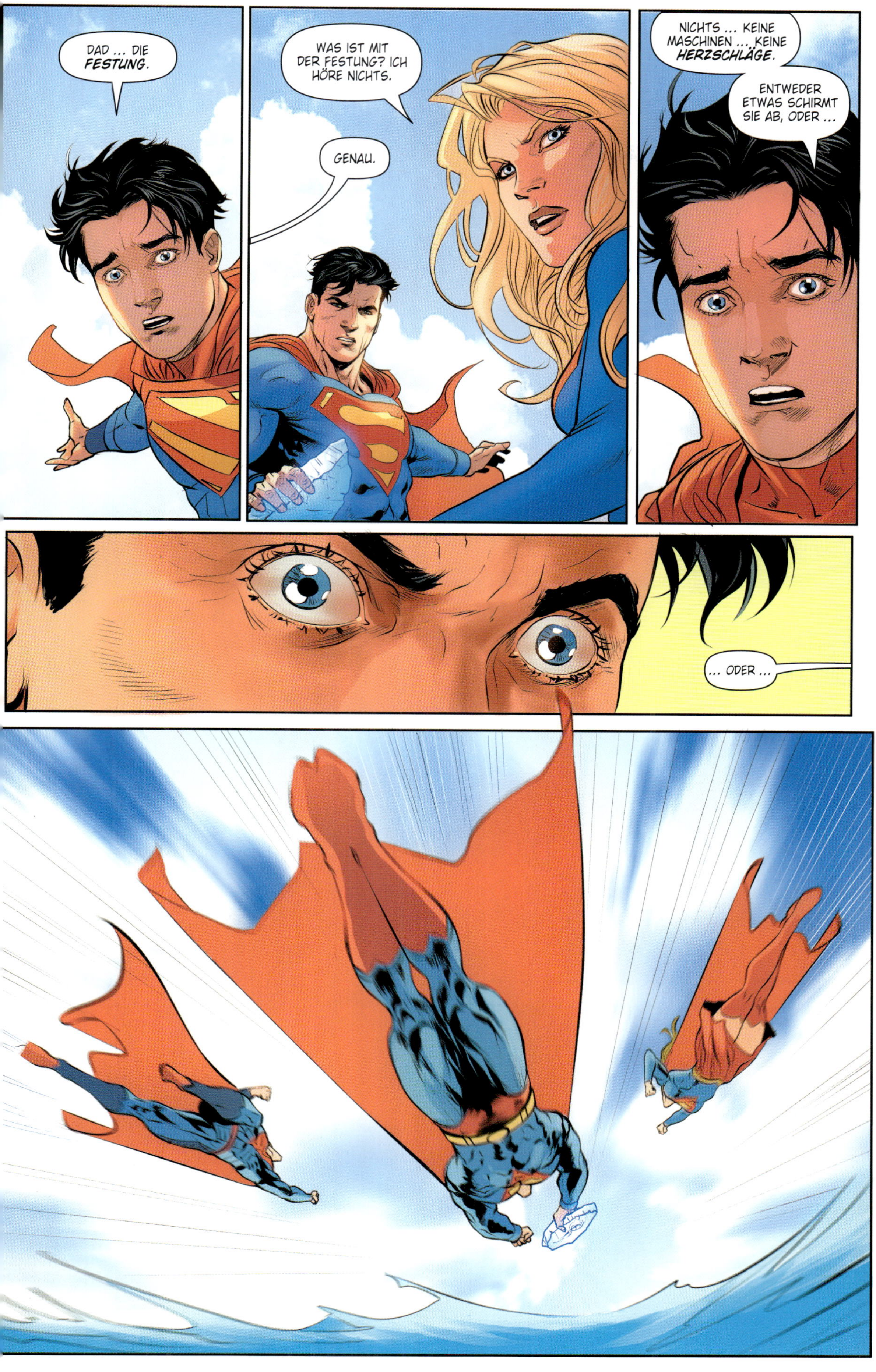

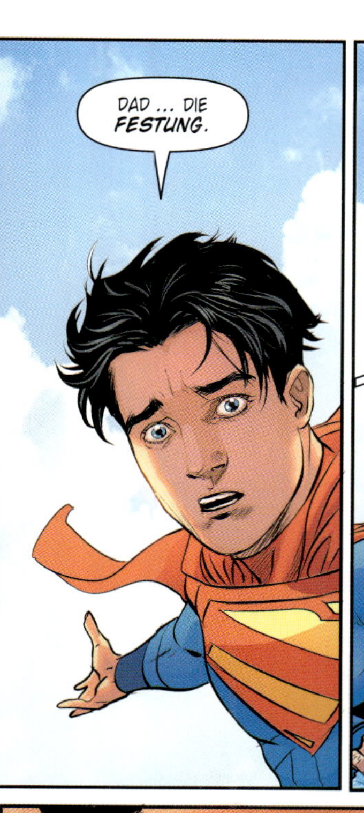
DAD ... DIE **FESTUNG**.

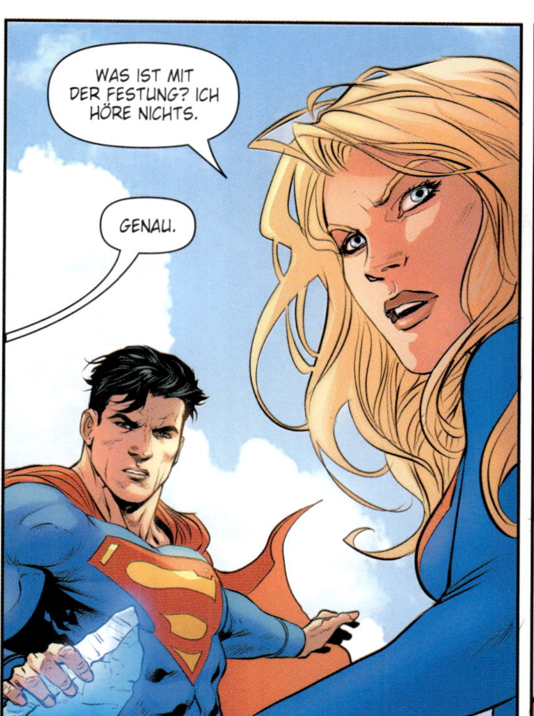
WAS IST MIT DER FESTUNG? ICH HÖRE NICHTS.
GENAU.

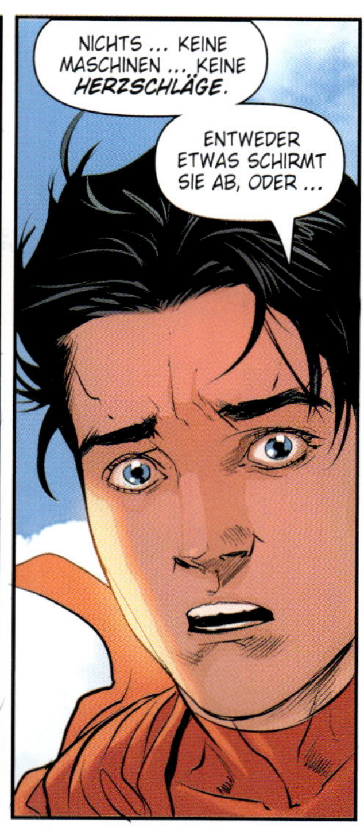
NICHTS ... KEINE MASCHINEN ... KEINE **HERZSCHLÄGE**.
ENTWEDER ETWAS SCHIRMT SIE AB, ODER ...

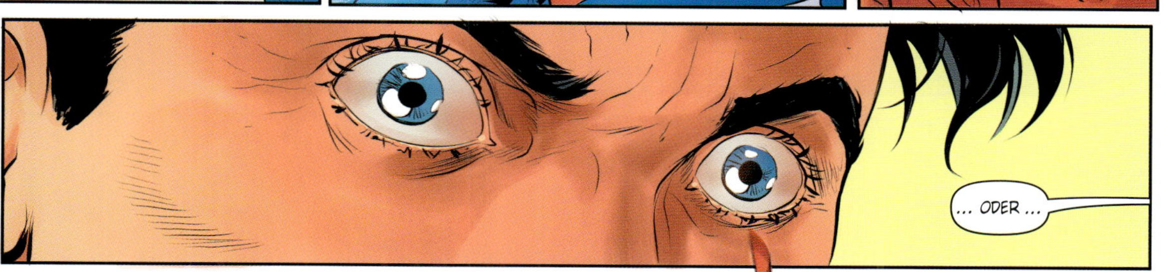
... ODER ...

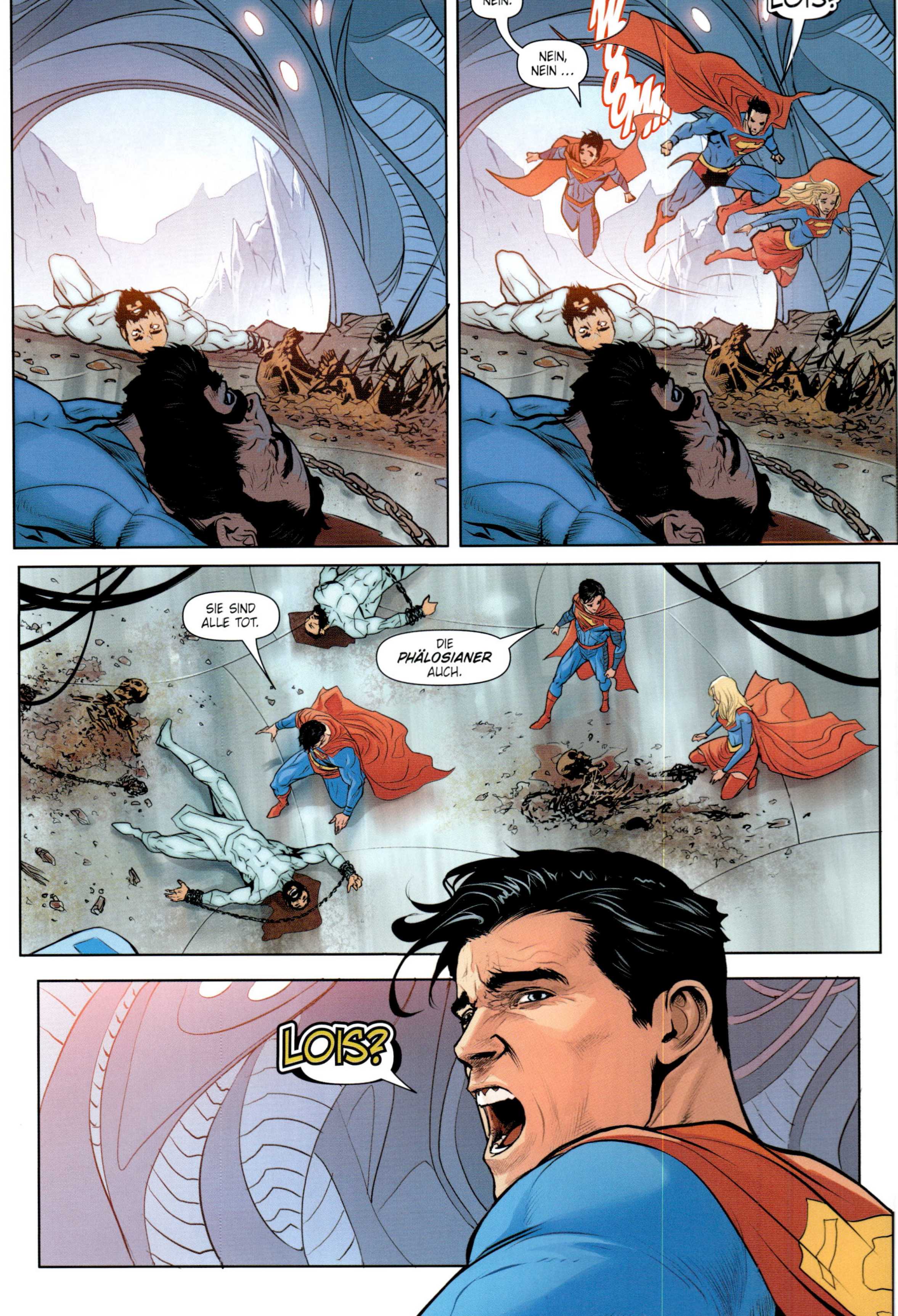
NEIN.
NEIN, NEIN ...
FWOOM
LOIS?
SIE SIND ALLE TOT.
DIE PHÄLOSIANER AUCH.
LOIS?

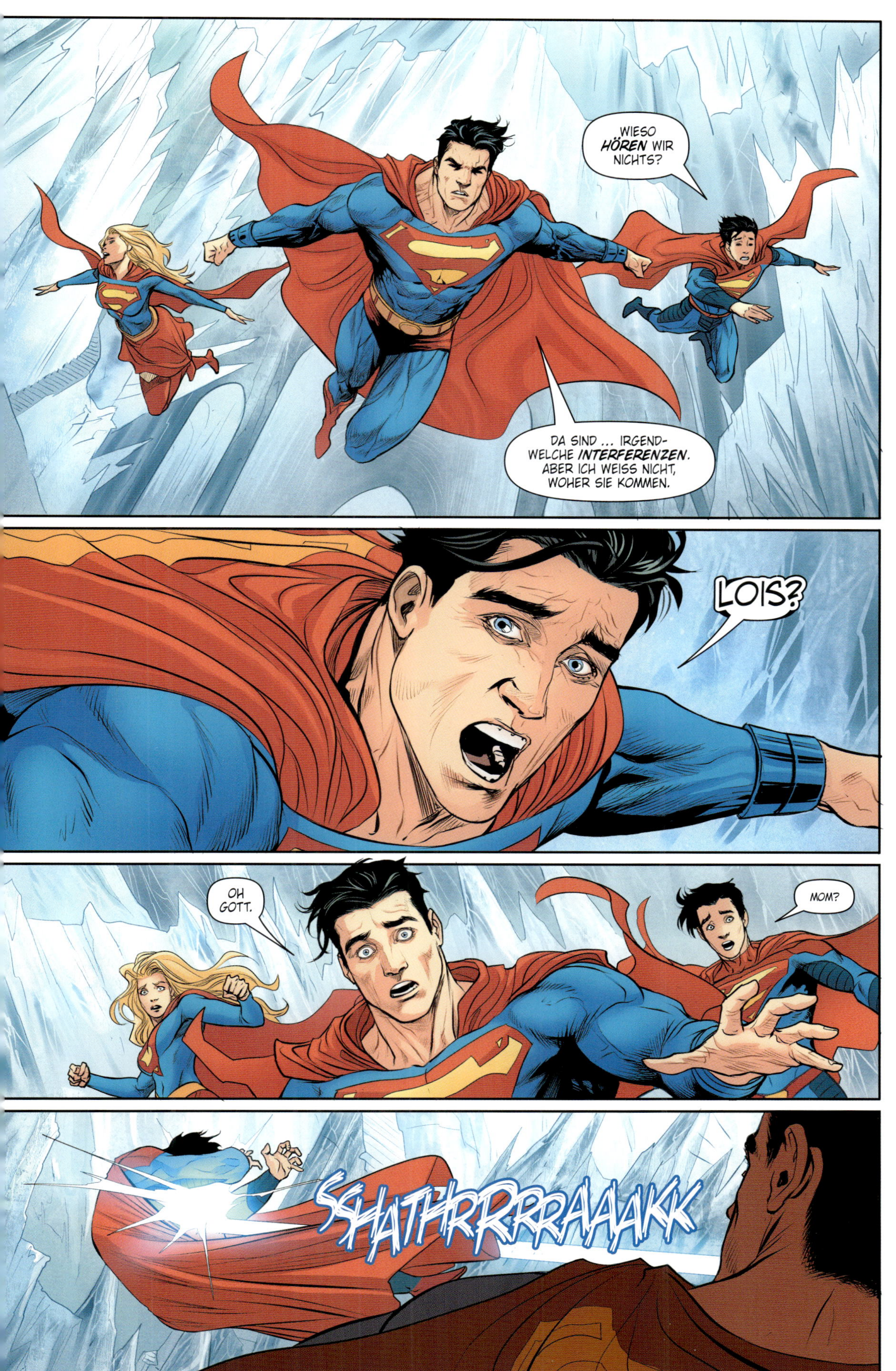
WIESO HÖREN WIR NICHTS?
DA SIND ... IRGEND-WELCHE INTERFERENZEN. ABER ICH WEISS NICHT, WOHER SIE KOMMEN.
LOIS?
OH GOTT.
MOM?
SSHATHRRRRAAAKK

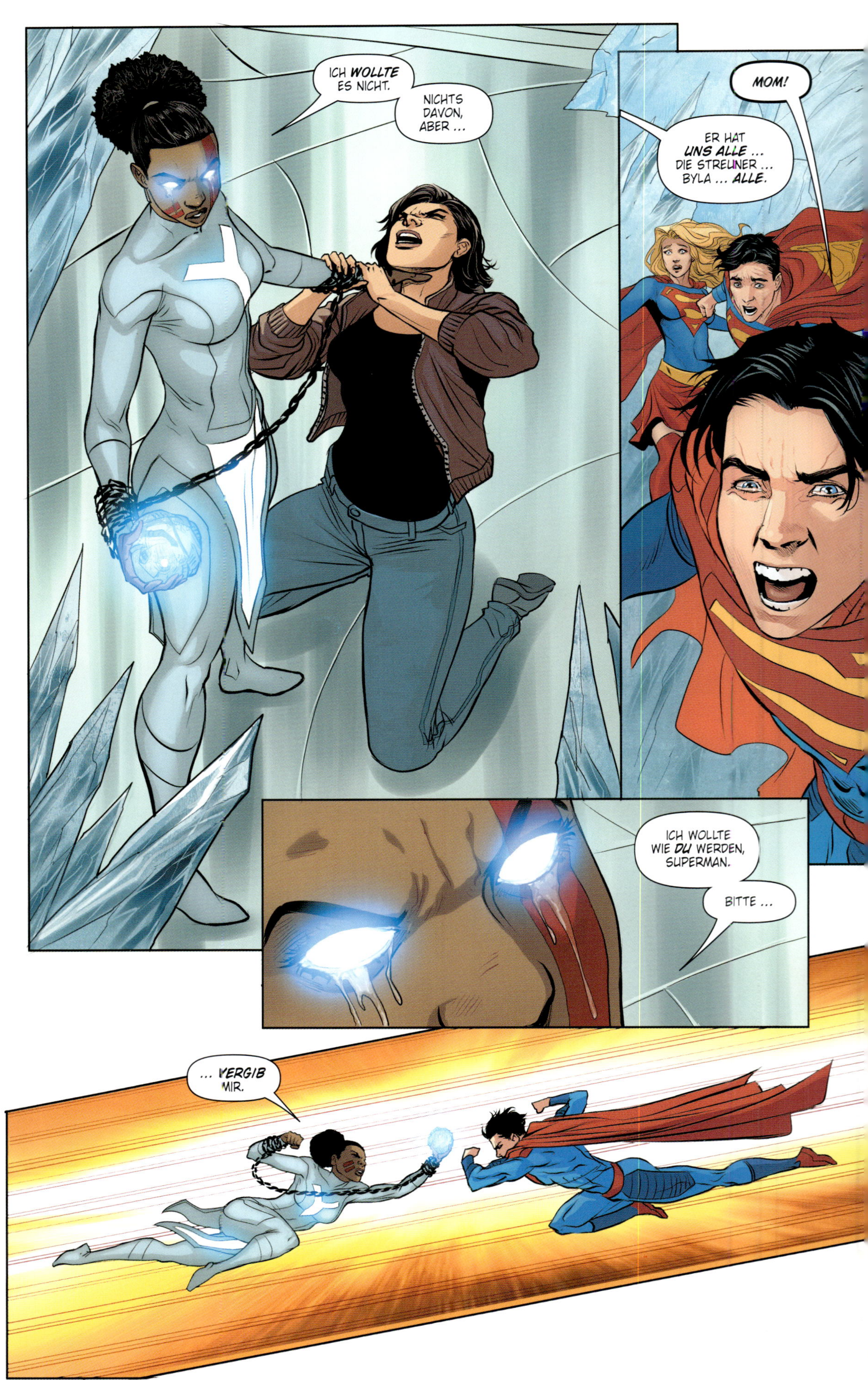
ICH WOLLTE ES NICHT.
NICHTS DAVON, ABER ...
MOM!
ER HAT UNS ALLE ... DIE STREUNER ... BYLA ... ALLE.
ICH WOLLTE WIE DU WERDEN, SUPERMAN.
BITTE ...
... VERGIB MIR.

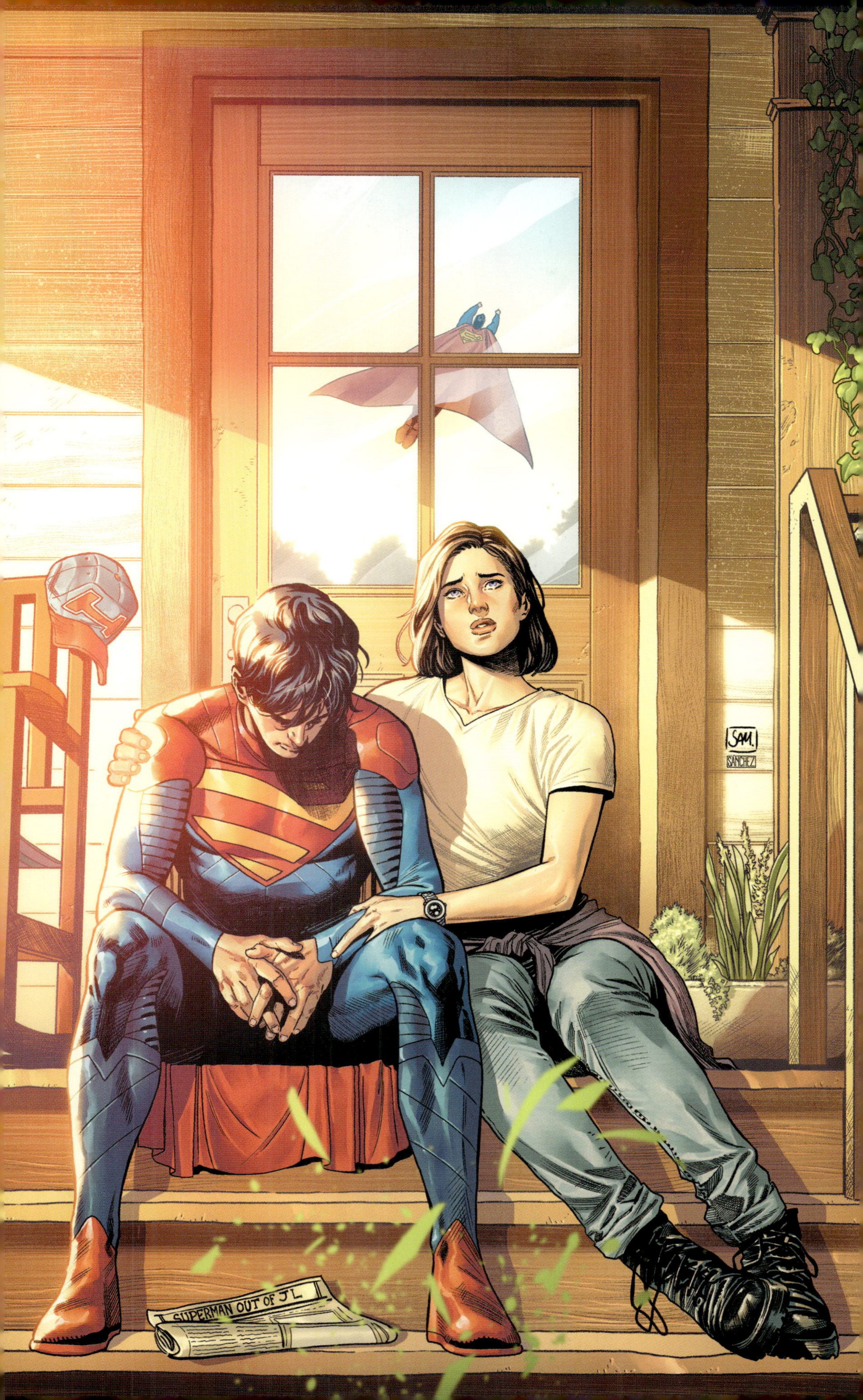
SAM.
SÁNCHEZ
SUPERMAN OUT OF JL

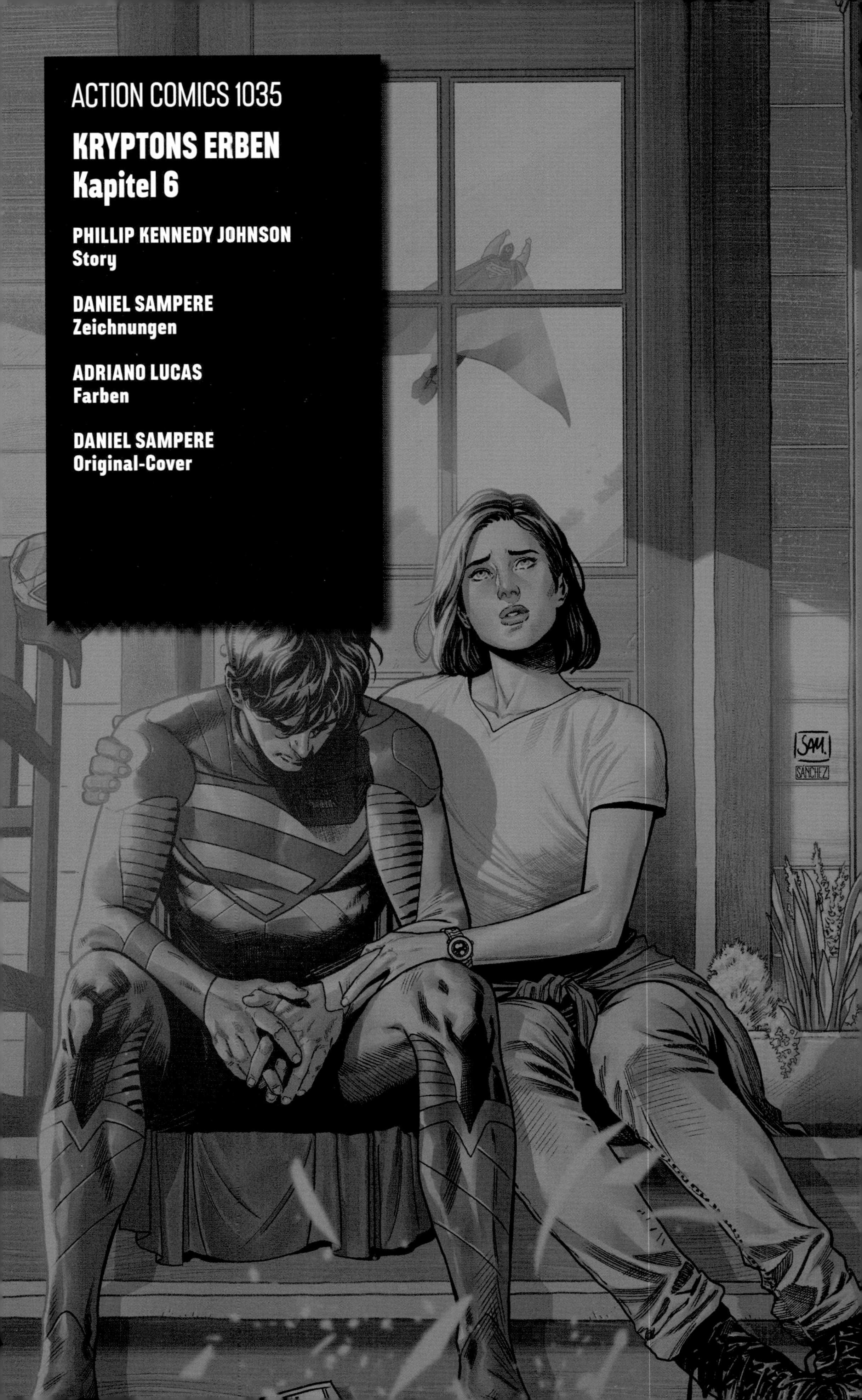

ACTION COMICS 1035

KRYPTONS ERBEN
Kapitel 6

PHILLIP KENNEDY JOHNSON
Story

DANIEL SAMPERE
Zeichnungen

ADRIANO LUCAS
Farben

DANIEL SAMPERE
Original-Cover

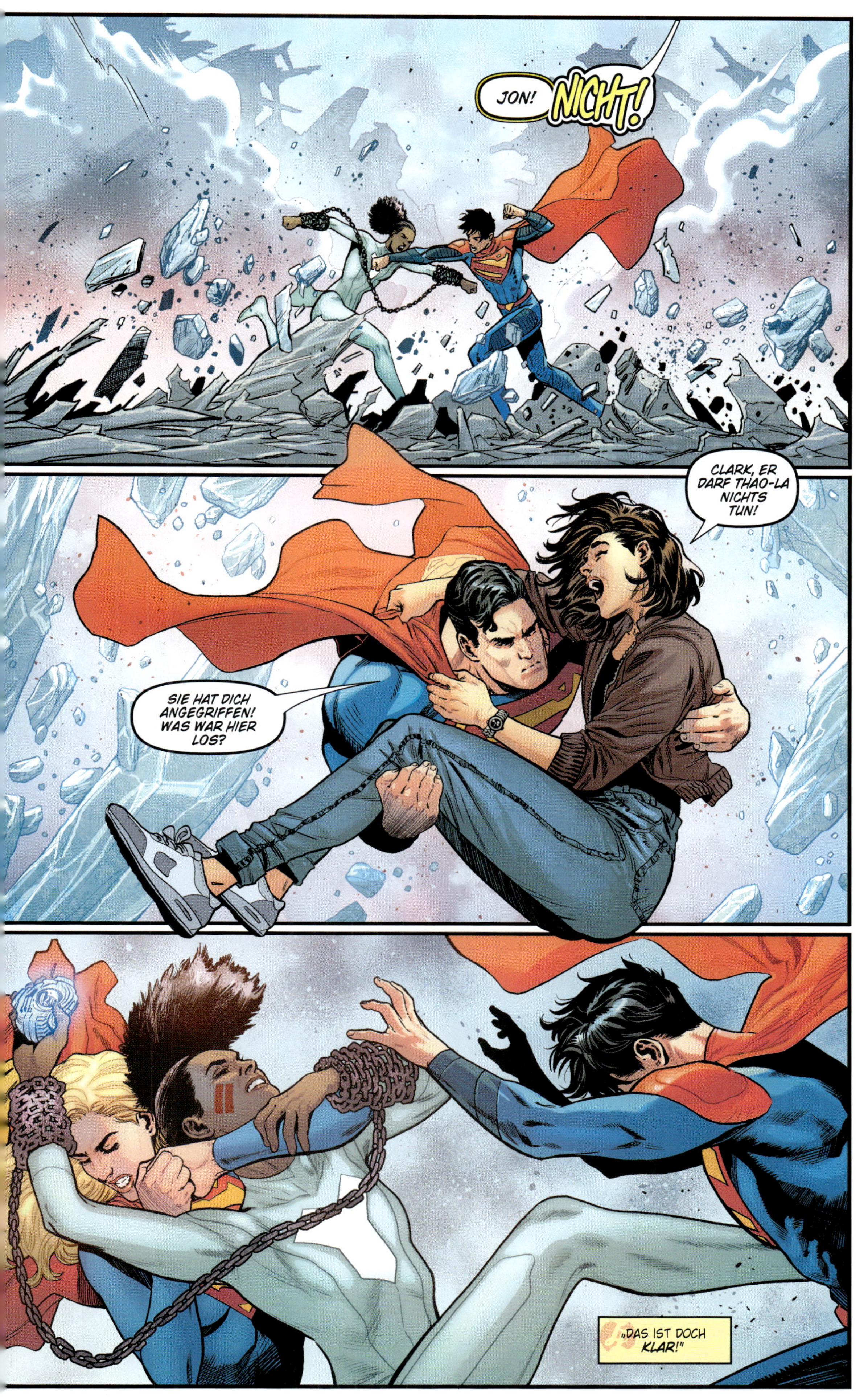
JON! NICHT!
CLARK, ER DARF THAO-LA NICHTS TUN!
SIE HAT DICH ANGEGRIFFEN! WAS WAR HIER LOS?
„DAS IST DOCH KLAR!"

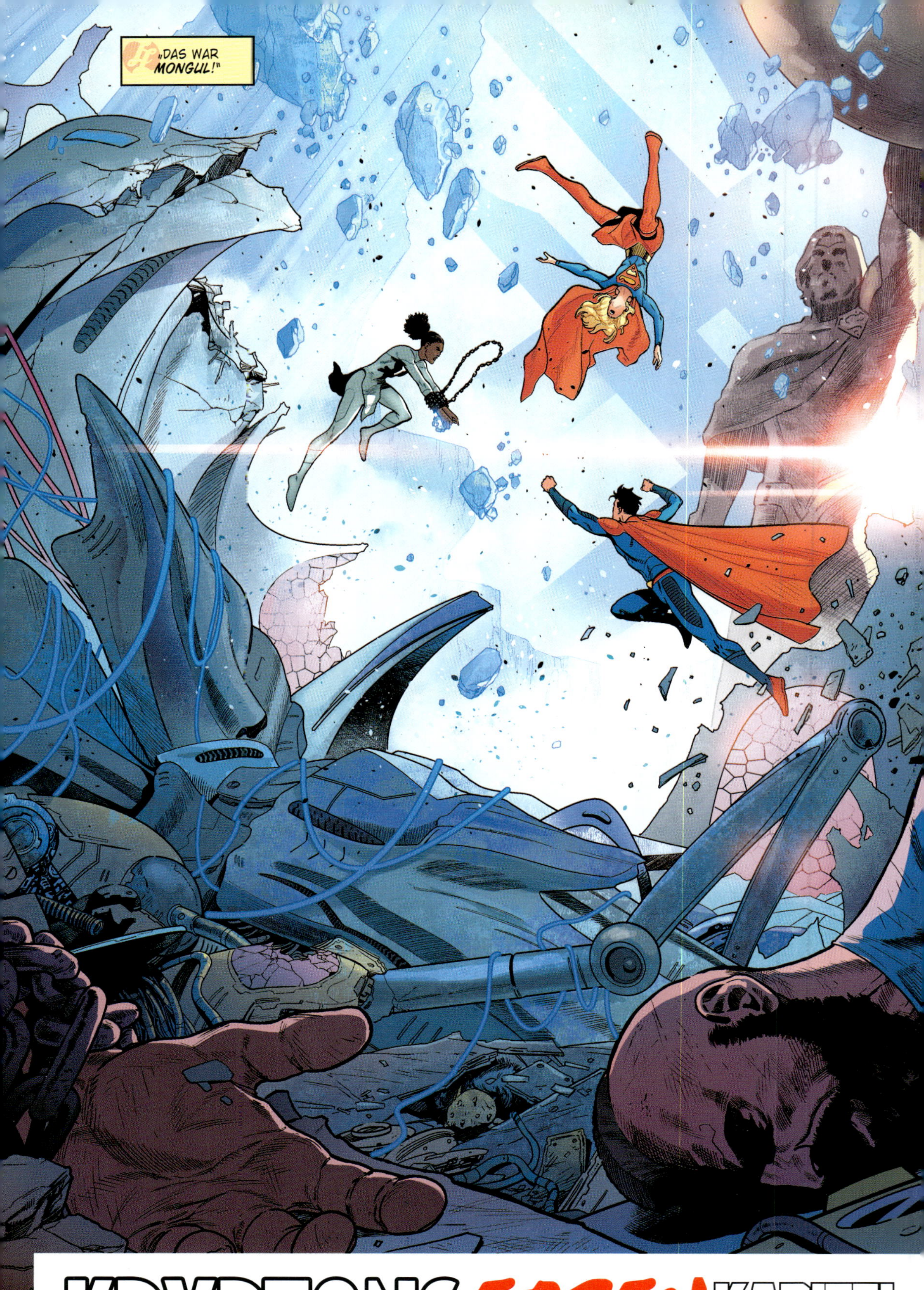

KRYPTONS ERBEN KAPITEL SECHS

PHILLIP KENNEDY JOHNSON STORY **DANIEL SAMPERE** ZEICHNUNGEN **ADRIANO LUCAS** FARBEN **CHRISTIAN HEISS** ÜBERSETZUNG
WALPROJECT LETTERING **DIEGO LOPEZ & MIKE COTTON** REDAKTION USA

Superman geschaffen von Jerry Siegel und Joe Shuster. Superboy geschaffen von Jerry Siegel. Supergirl nach Ideen von Jerry Siegel und Joe Shuster.
Mit besonderer Genehmigung der Jerry Siegel-Familie.

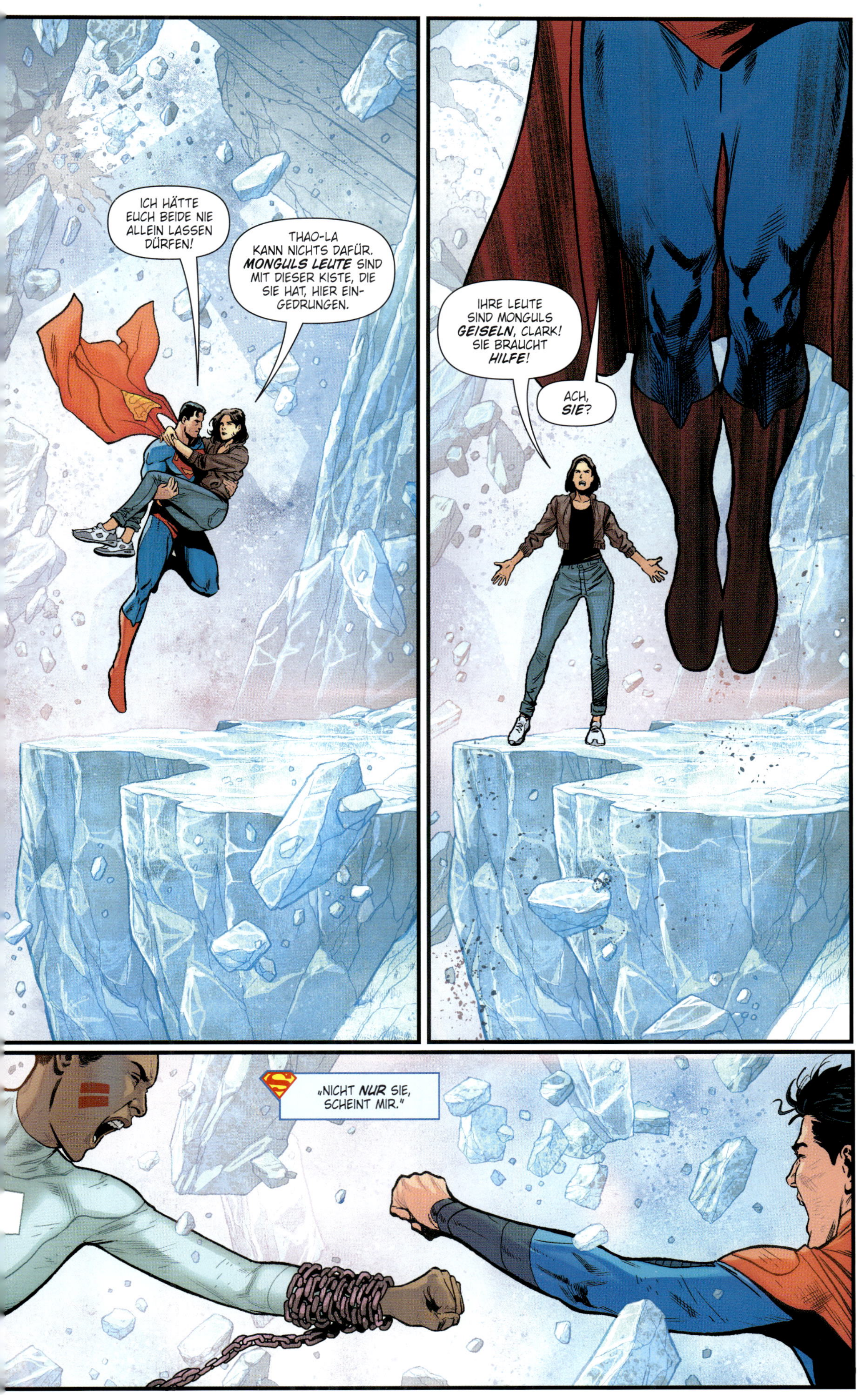
ICH HÄTTE EUCH BEIDE NIE ALLEIN LASSEN DÜRFEN!
THAO-LA KANN NICHTS DAFÜR. **MONGULS LEUTE** SIND MIT DIESER KISTE, DIE SIE HAT, HIER EIN-GEDRUNGEN.
IHRE LEUTE SIND MONGULS **GEISELN**, CLARK! SIE BRAUCHT **HILFE**!
ACH, **SIE**?
„NICHT **NUR** SIE, SCHEINT MIR."

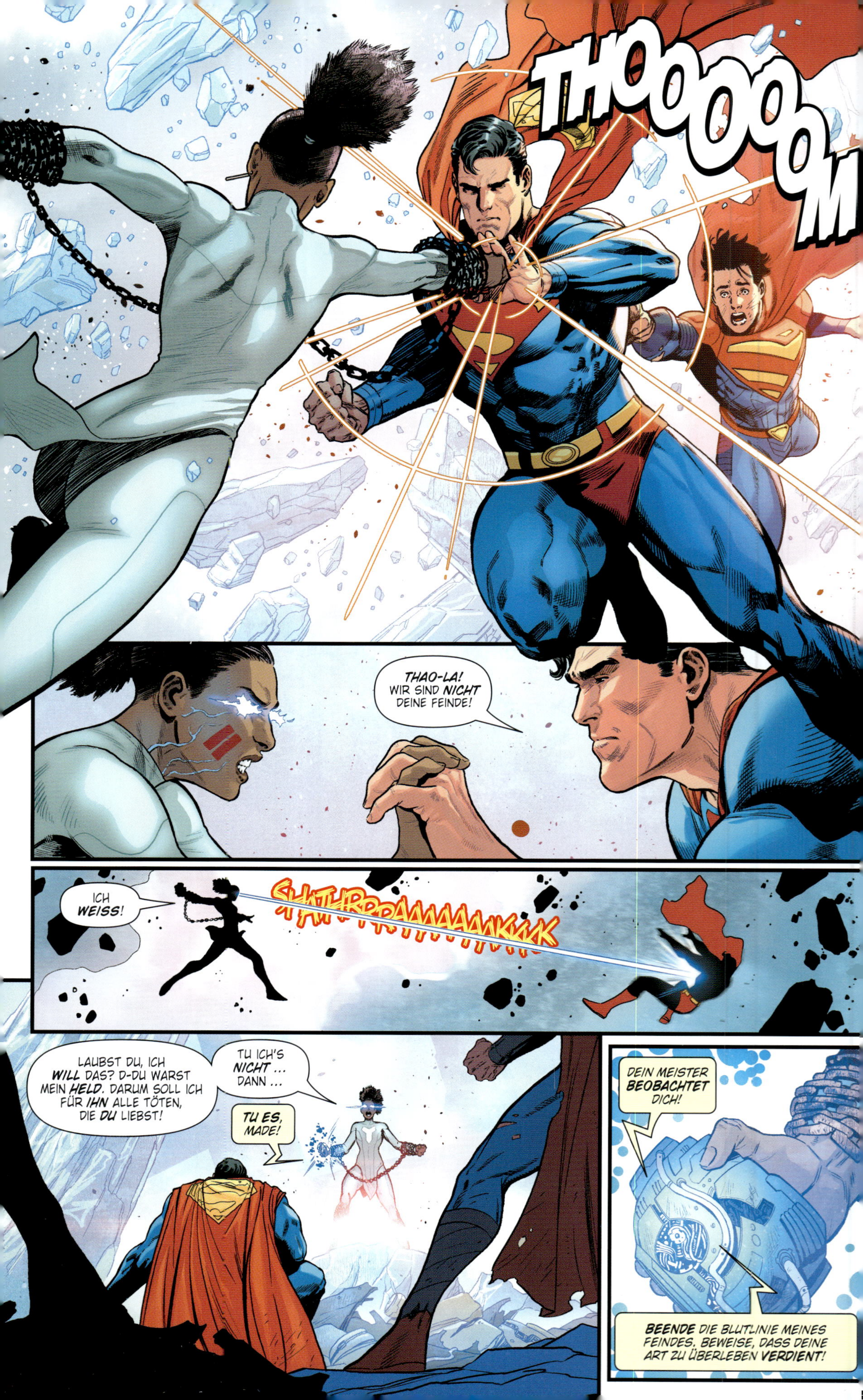
THOOOOOOM
THAO-LA! WIR SIND NICHT DEINE FEINDE!
ICH WEISS!
SHATHRRRAAAAAAKKKK
LAUBST DU, ICH WILL DAS? D-DU WARST MEIN HELD. DARUM SOLL ICH FÜR IHN ALLE TÖTEN, DIE DU LIEBST!
TU ICH'S NICHT ... DANN ...
TU ES, MADE!
DEIN MEISTER BEOBACHTET DICH!
BEENDE DIE BLUTLINIE MEINES FEINDES. BEWEISE, DASS DEINE ART ZU ÜBERLEBEN VERDIENT!

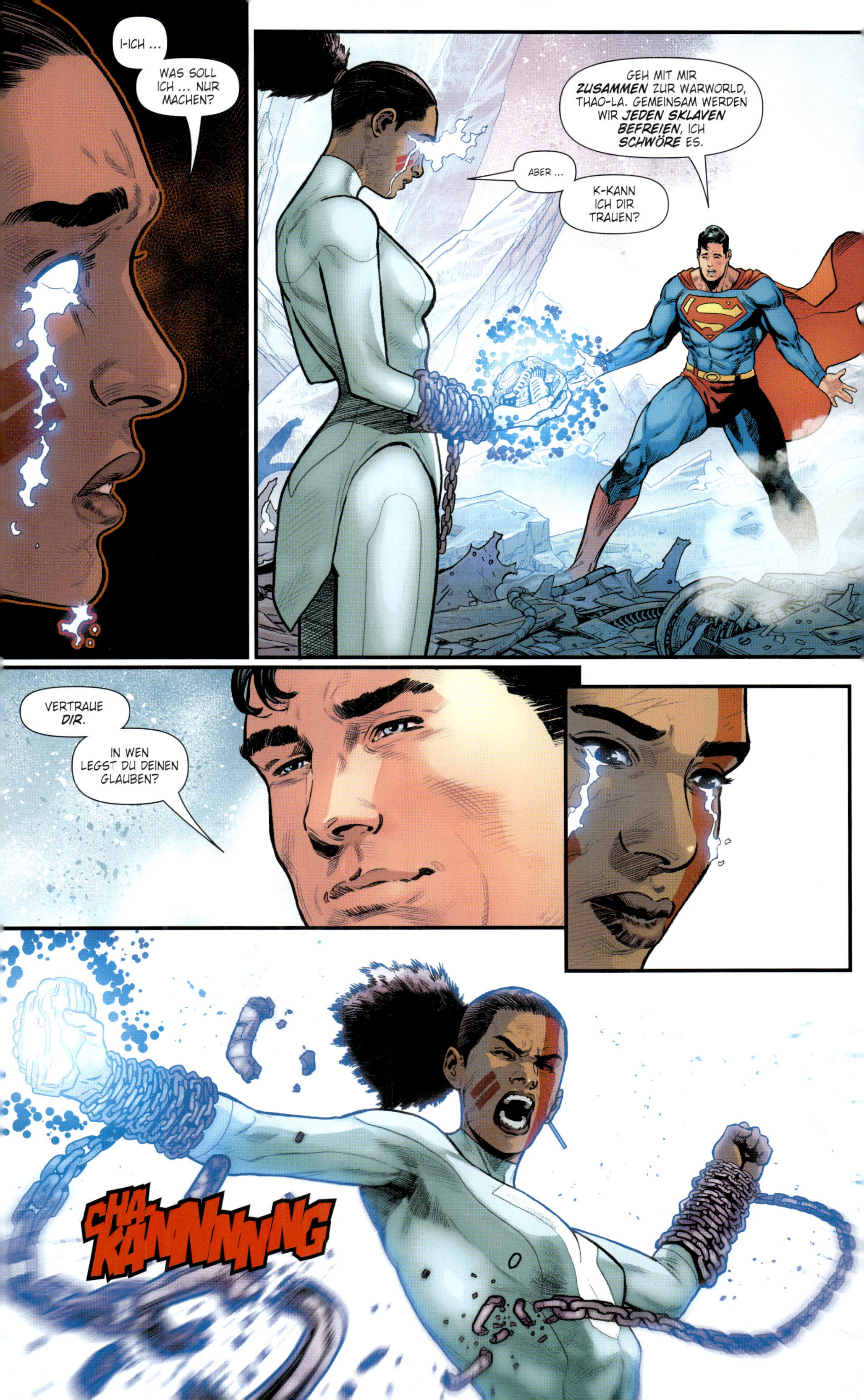
I-ICH ...
WAS SOLL ICH ... NUR MACHEN?
GEH MIT MIR ZUSAMMEN ZUR WARWORLD, THAO-LA. GEMEINSAM WERDEN WIR JEDEN SKLAVEN BEFREIEN, ICH SCHWÖRE ES.
ABER ...
K-KANN ICH DIR TRAUEN?
VERTRAUE DIR.
IN WEN LEGST DU DEINEN GLAUBEN?
CHA-KANNNNNG

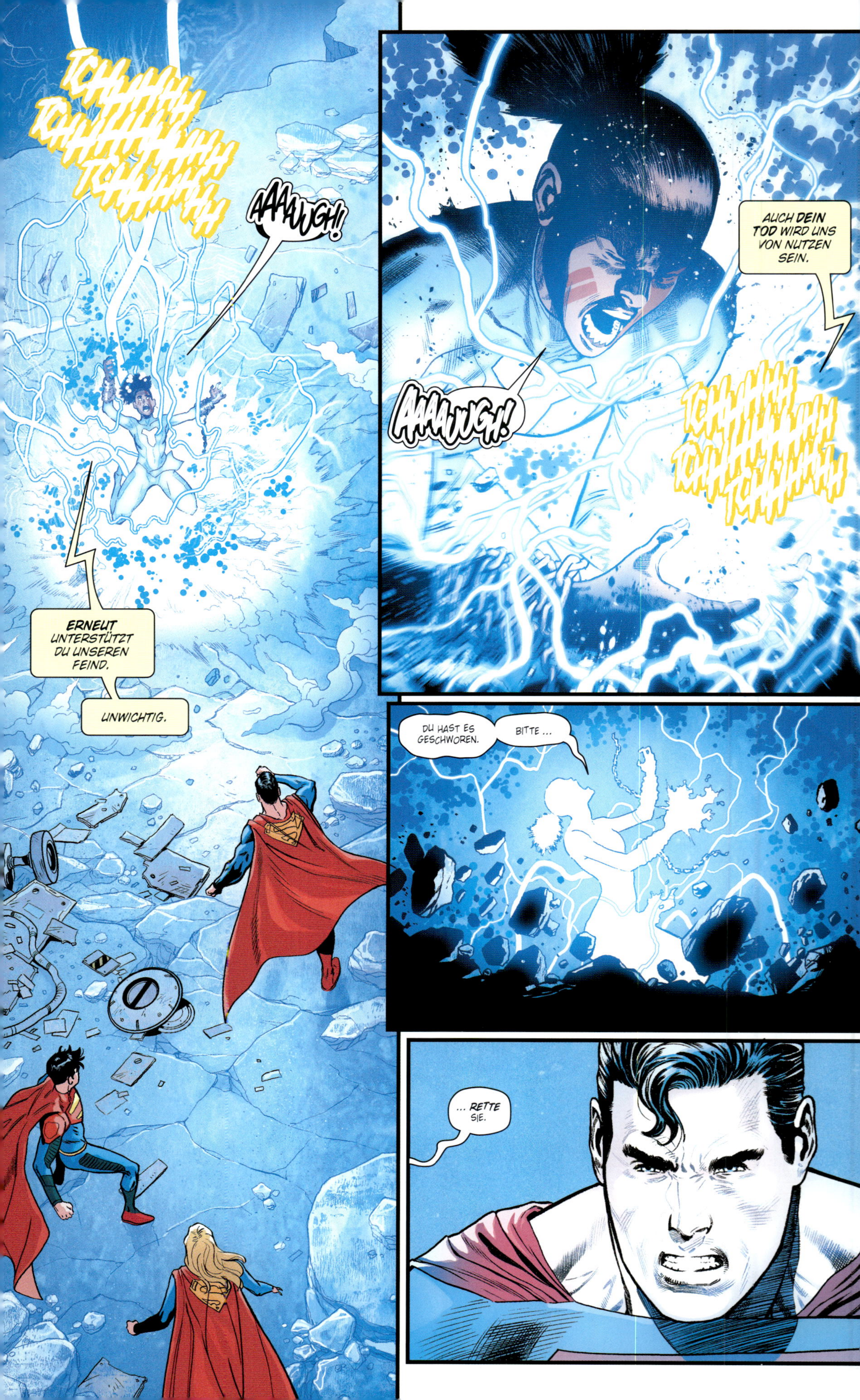
AAAAUGH!
ERNEUT UNTERSTÜTZT DU UNSEREN FEIND.
UNWICHTIG.
AUCH DEIN TOD WIRD UNS VON NUTZEN SEIN.
AAAAUGH!
DU HAST ES GESCHWOREN.
BITTE ...
... RETTE SIE.

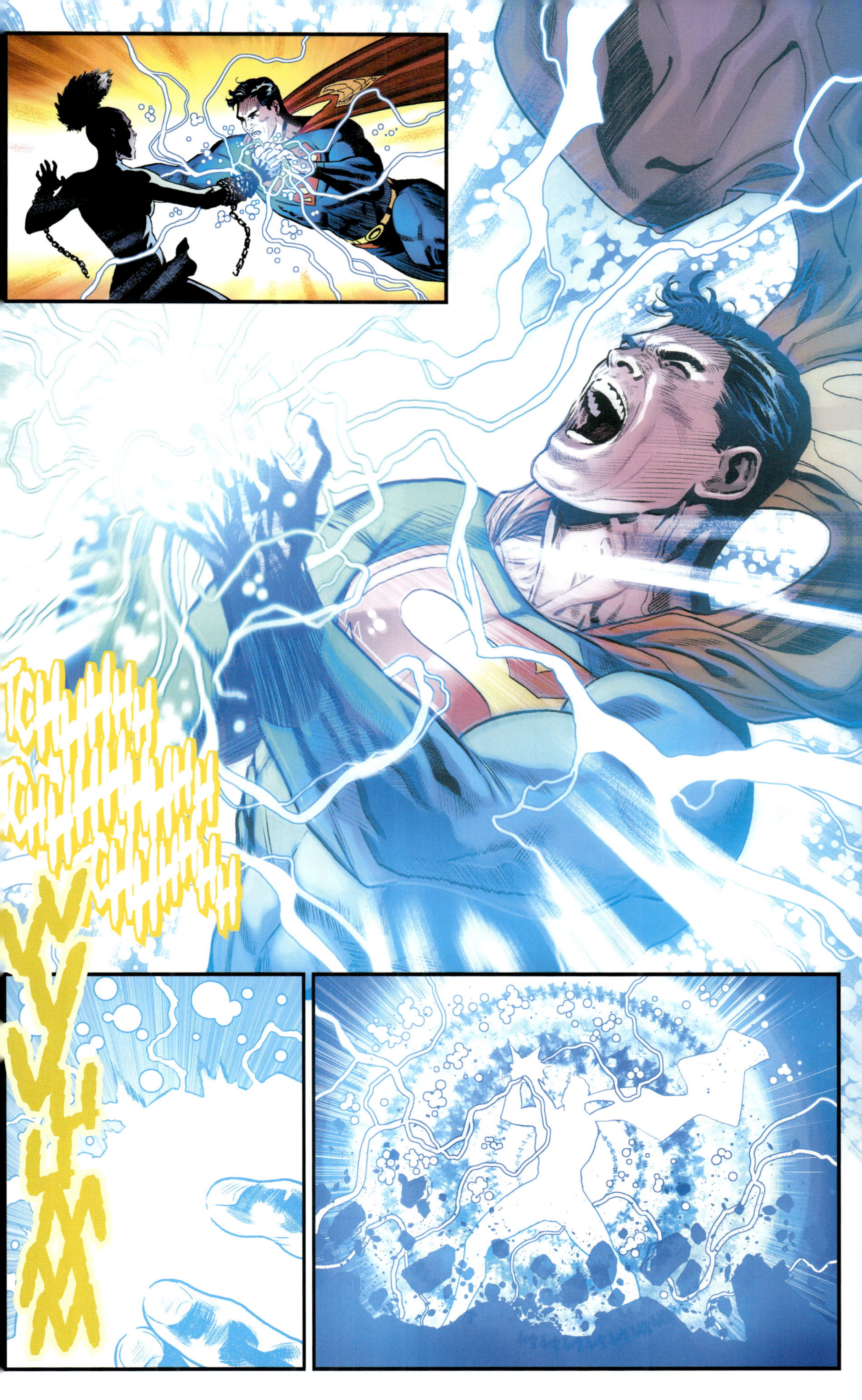

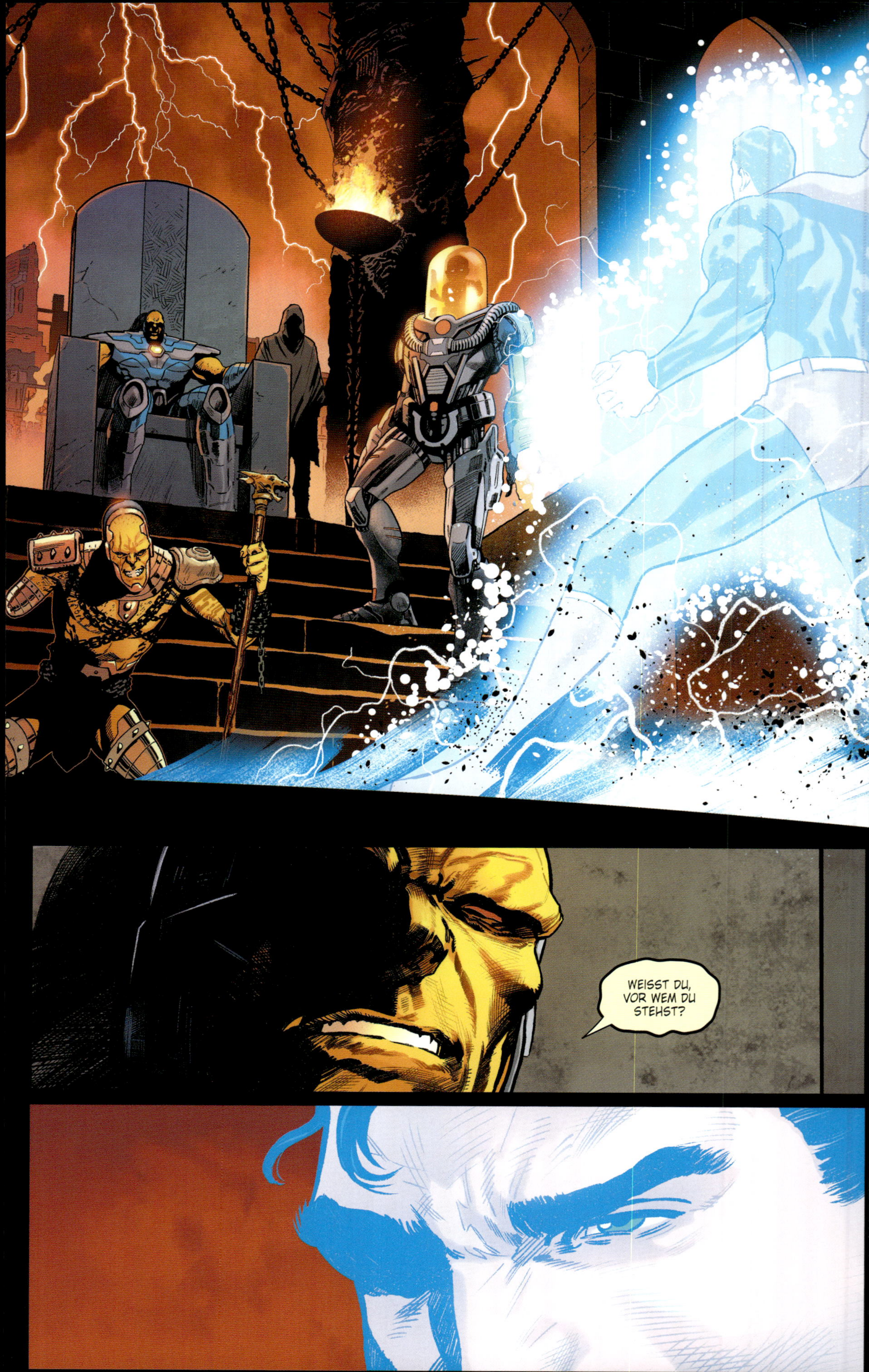
WEISST DU,
VOR WEM DU
STEHST?

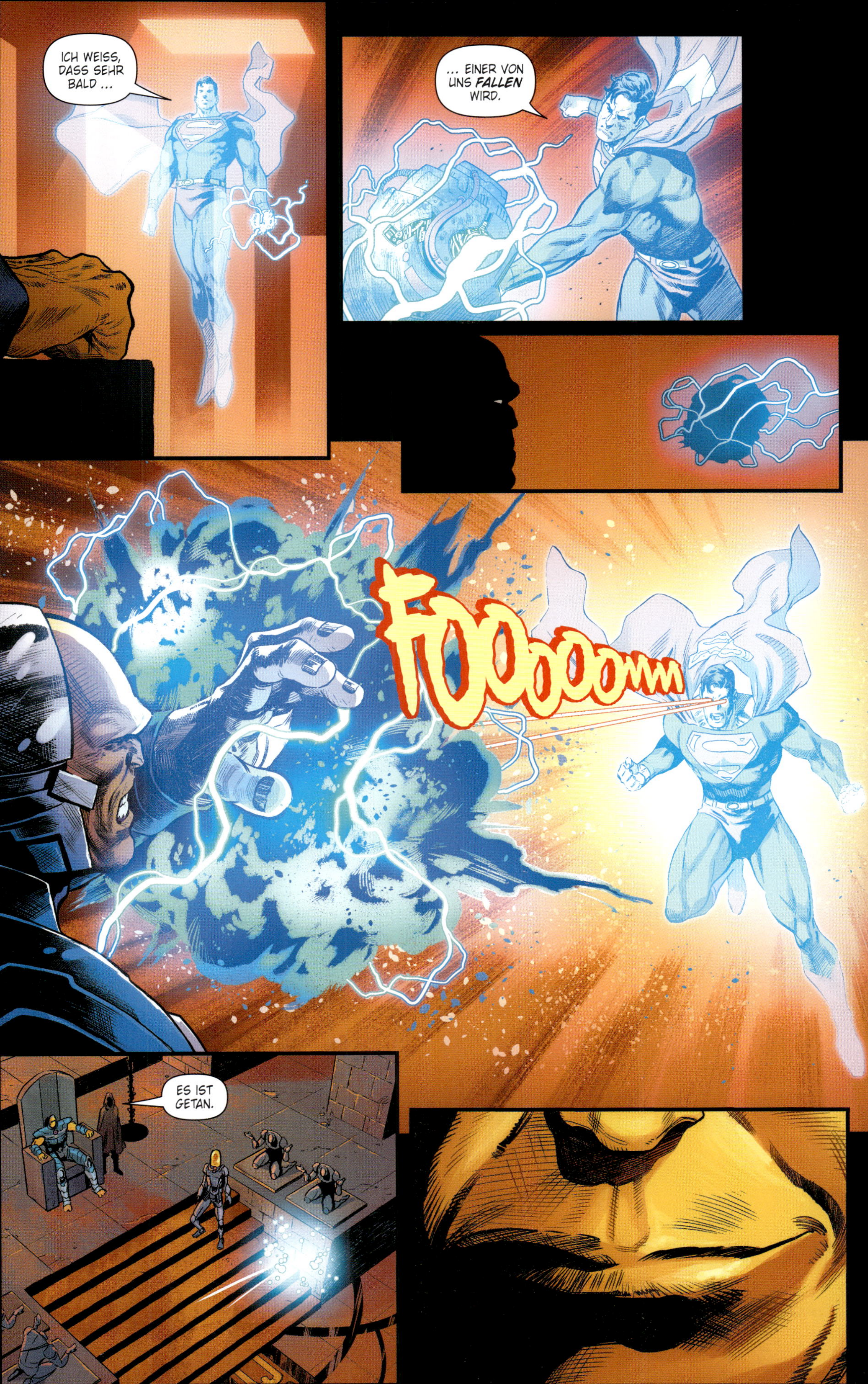
ICH WEISS, DASS SEHR BALD ...
... EINER VON UNS *FALLEN* WIRD.
FOOOOOMM
ES IST GETAN.

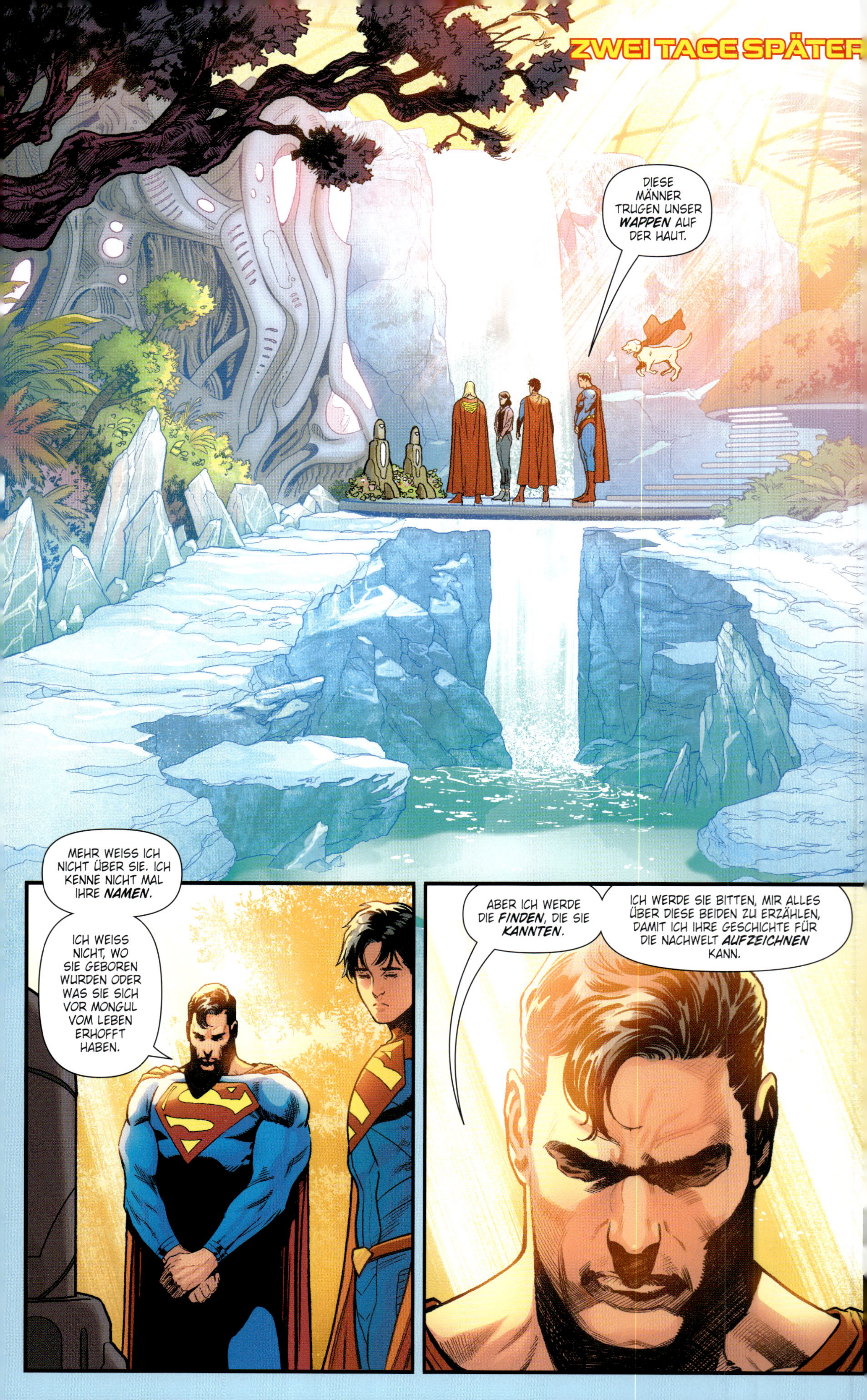
ZWEI TAGE SPÄTER
DIESE MÄNNER TRUGEN UNSER WAPPEN AUF DER HAUT.
MEHR WEISS ICH NICHT ÜBER SIE. ICH KENNE NICHT MAL IHRE NAMEN.
ICH WEISS NICHT, WO SIE GEBOREN WURDEN ODER WAS SIE SICH VOR MONGUL VOM LEBEN ERHOFFT HABEN.
ABER ICH WERDE DIE FINDEN, DIE SIE KANNTEN.
ICH WERDE SIE BITTEN, MIR ALLES ÜBER DIESE BEIDEN ZU ERZÄHLEN, DAMIT ICH IHRE GESCHICHTE FÜR DIE NACHWELT AUFZEICHNEN KANN.

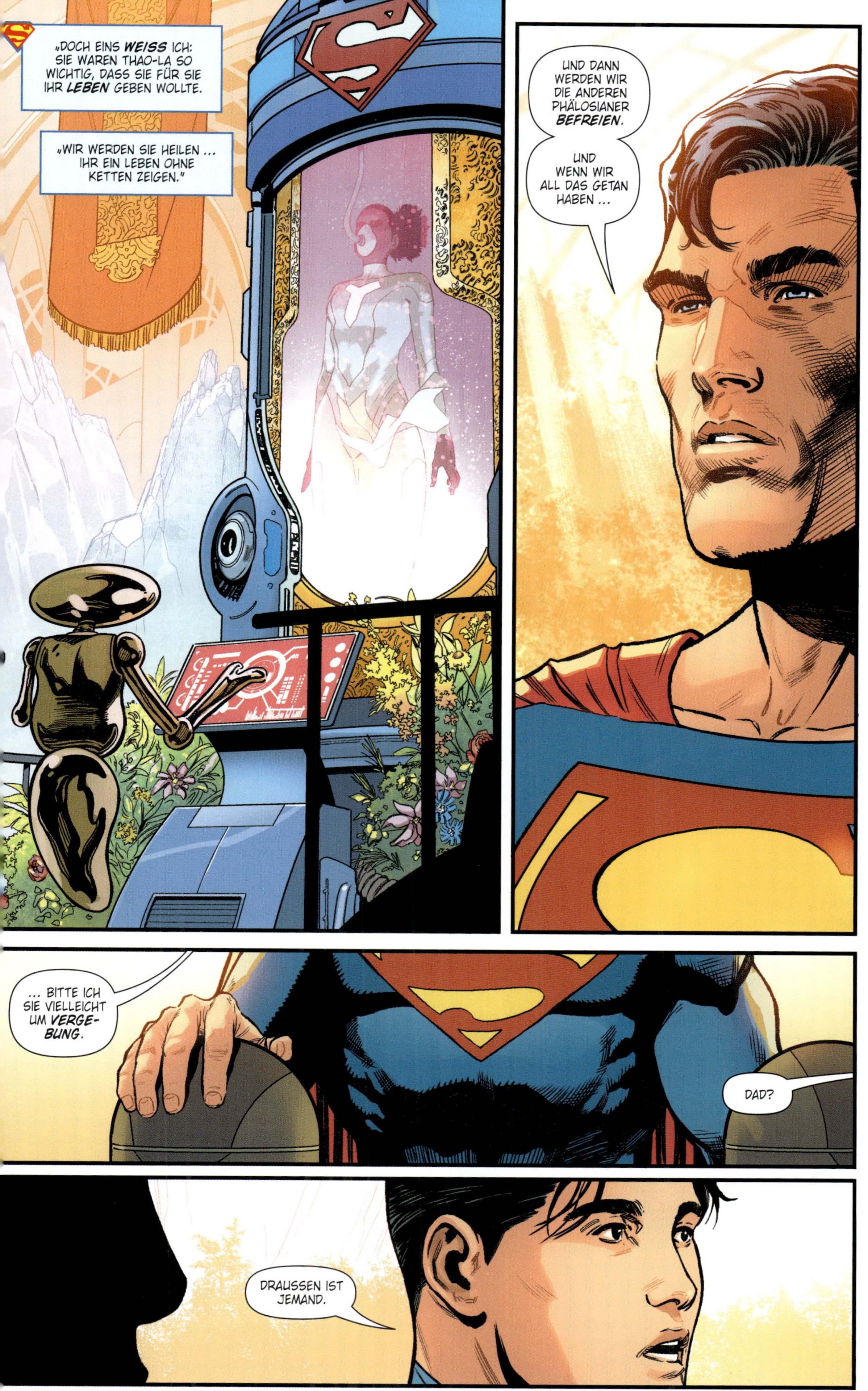
„DOCH EINS WEISS ICH: SIE WAREN THAO-LA SO WICHTIG, DASS SIE FÜR SIE IHR LEBEN GEBEN WOLLTE.
„WIR WERDEN SIE HEILEN … IHR EIN LEBEN OHNE KETTEN ZEIGEN."
UND DANN WERDEN WIR DIE ANDEREN PHÄLOSIANER BEFREIEN.
UND WENN WIR ALL DAS GETAN HABEN …
… BITTE ICH SIE VIELLEICHT UM VERGE-BUNG.
DAD?
DRAUSSEN IST JEMAND.

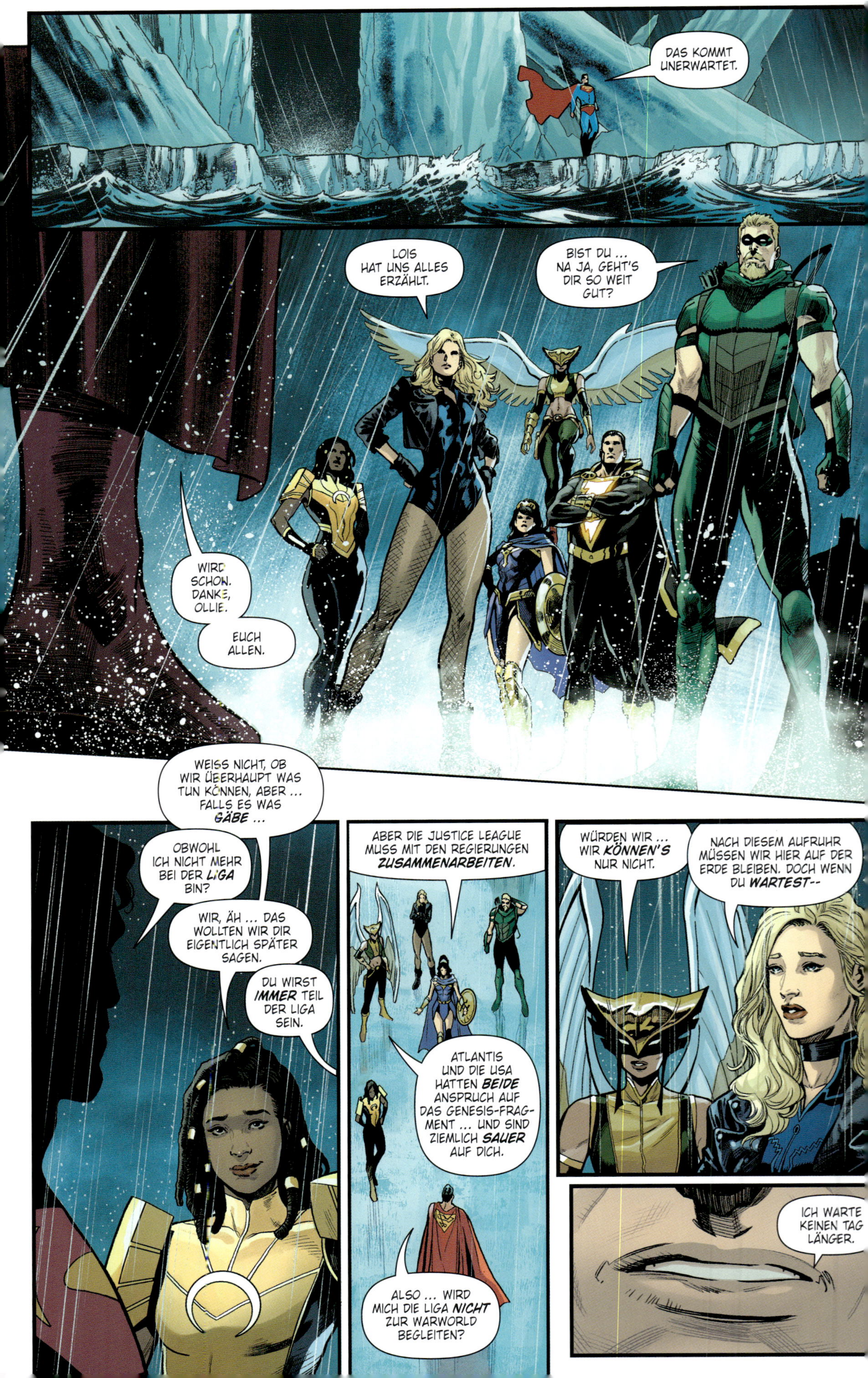

DAS KOMMT UNERWARTET.

LOIS HAT UNS ALLES ERZÄHLT.

BIST DU ... NA JA, GEHT'S DIR SO WEIT GUT?

WIRD SCHON. DANKE, OLLIE.

EUCH ALLEN.

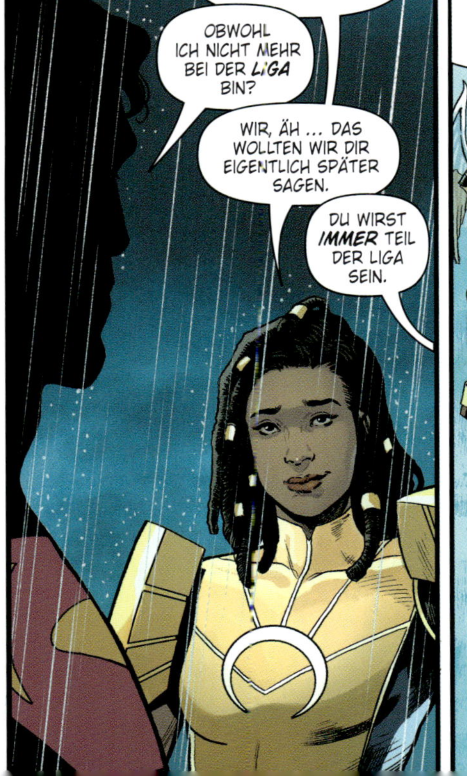

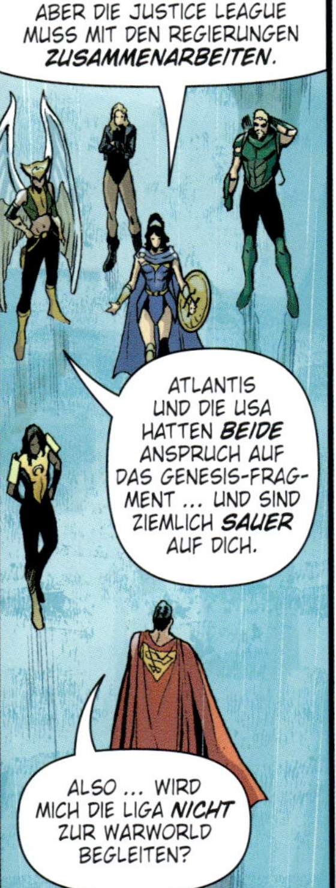

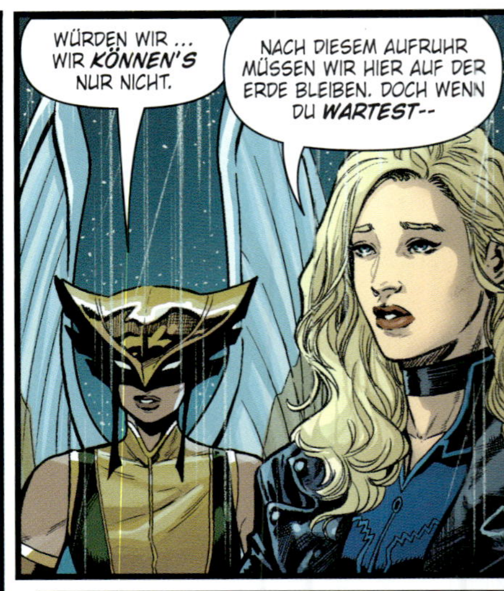

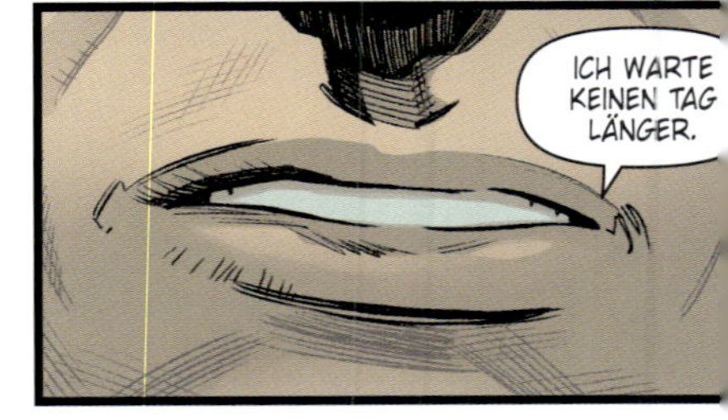

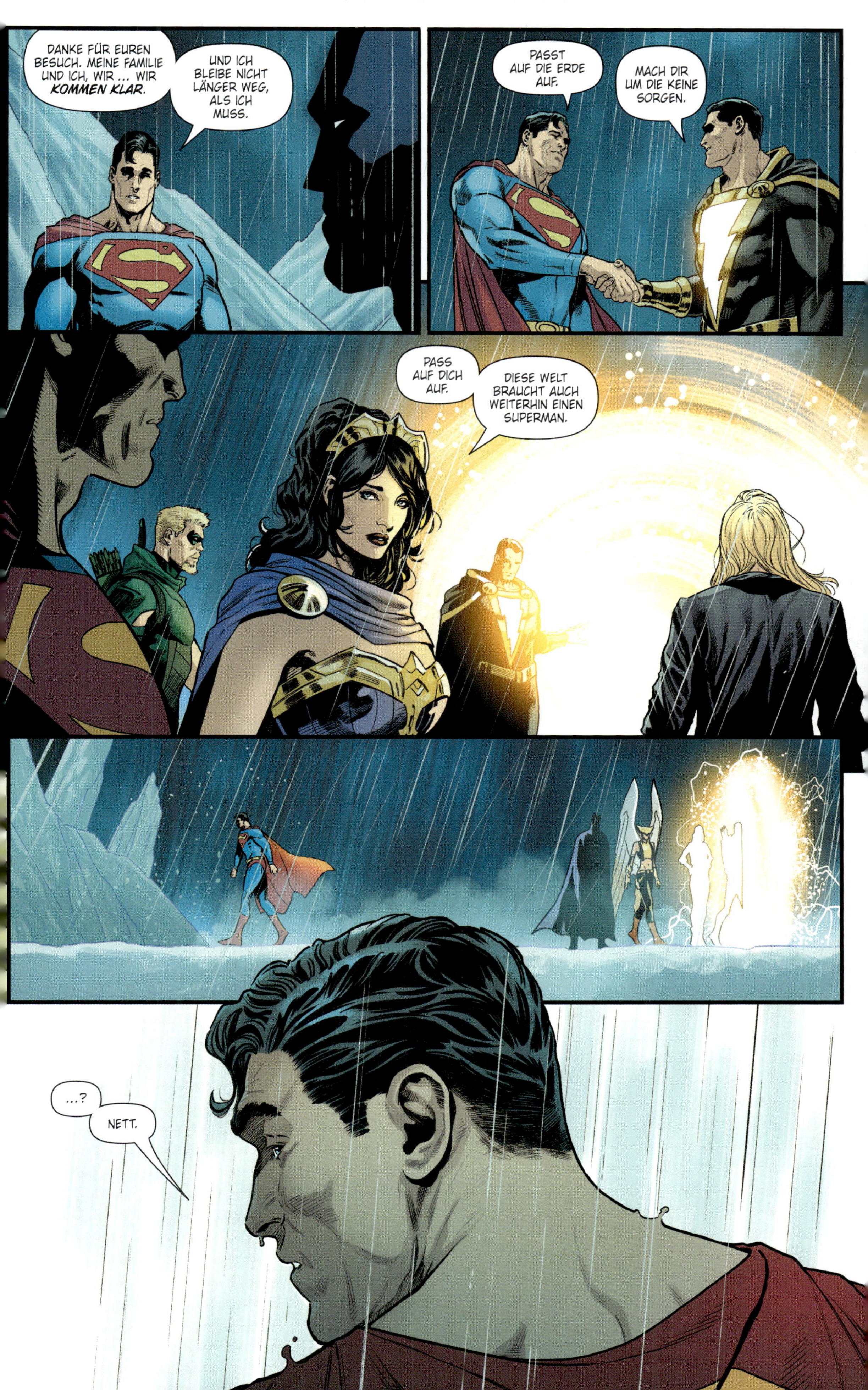
DANKE FÜR EUREN BESUCH. MEINE FAMILIE UND ICH, WIR ... WIR **KOMMEN KLAR**.
UND ICH BLEIBE NICHT LÄNGER WEG, ALS ICH MUSS.
PASST AUF DIE ERDE AUF.
MACH DIR UM DIE KEINE SORGEN.
PASS AUF DICH AUF.
DIESE WELT BRAUCHT AUCH WEITERHIN EINEN SUPERMAN.
...?
NETT.

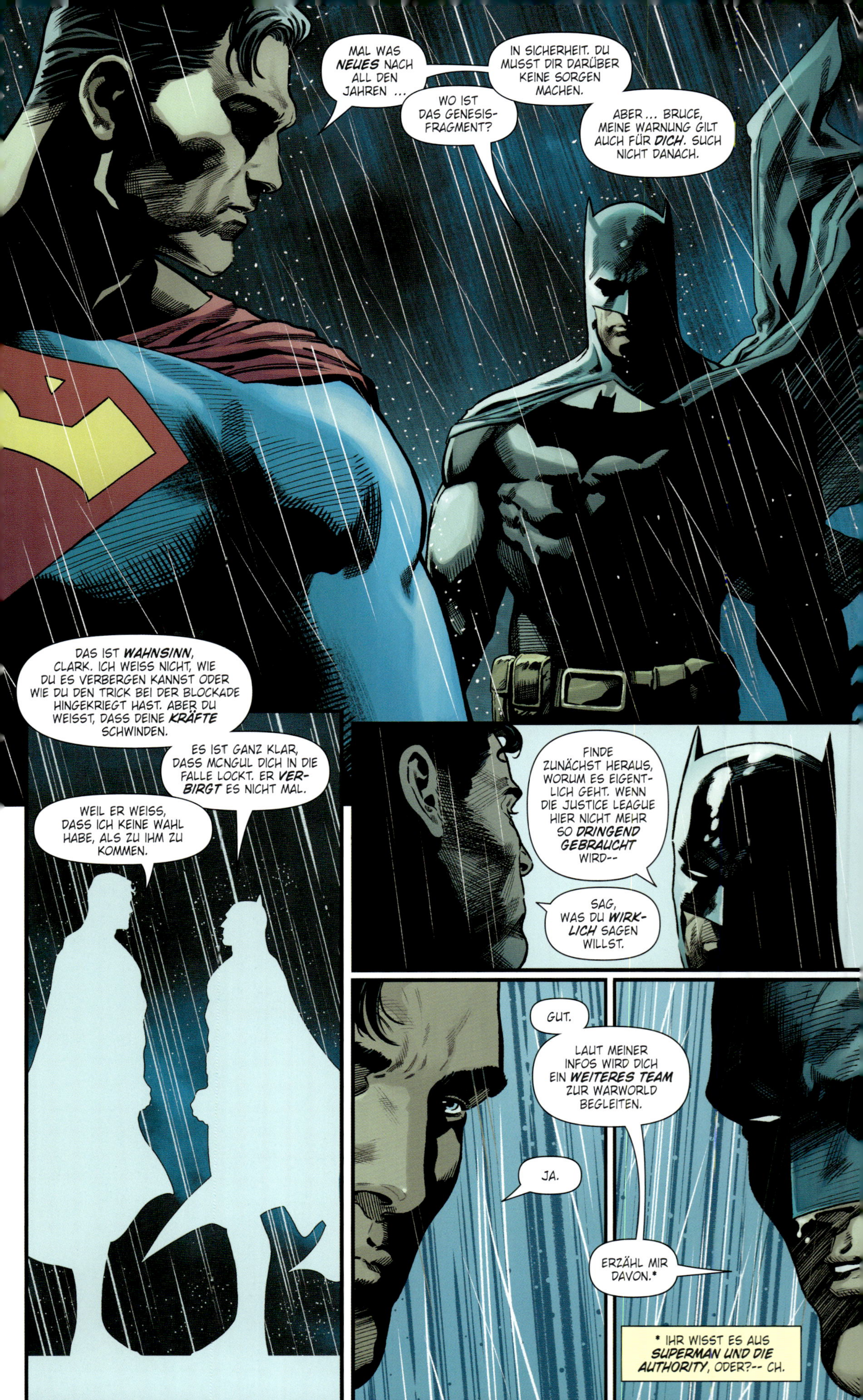
MAL WAS NEUES NACH ALL DEN JAHREN …
WO IST DAS GENESIS-FRAGMENT?
IN SICHERHEIT. DU MUSST DIR DARÜBER KEINE SORGEN MACHEN.
ABER … BRUCE, MEINE WARNUNG GILT AUCH FÜR DICH. SUCH NICHT DANACH.
DAS IST WAHNSINN, CLARK. ICH WEISS NICHT, WIE DU ES VERBERGEN KANNST ODER WIE DU DEN TRICK BEI DER BLOCKADE HINGEKRIEGT HAST. ABER DU WEISST, DASS DEINE KRÄFTE SCHWINDEN.
ES IST GANZ KLAR, DASS MCNGUL DICH IN DIE FALLE LOCKT. ER VERBIRGT ES NICHT MAL.
WEIL ER WEISS, DASS ICH KEINE WAHL HABE, ALS ZU IHM ZU KOMMEN.
FINDE ZUNÄCHST HERAUS, WORUM ES EIGENTLICH GEHT. WENN DIE JUSTICE LEAGUE HIER NICHT MEHR SO DRINGEND GEBRAUCHT WIRD--
SAG, WAS DU WIRKLICH SAGEN WILLST.
GUT.
LAUT MEINER INFOS WIRD DICH EIN WEITERES TEAM ZUR WARWORLD BEGLEITEN.
JA.
ERZÄHL MIR DAVON.*
* IHR WISST ES AUS SUPERMAN UND DIE AUTHORITY, ODER?-- CH.

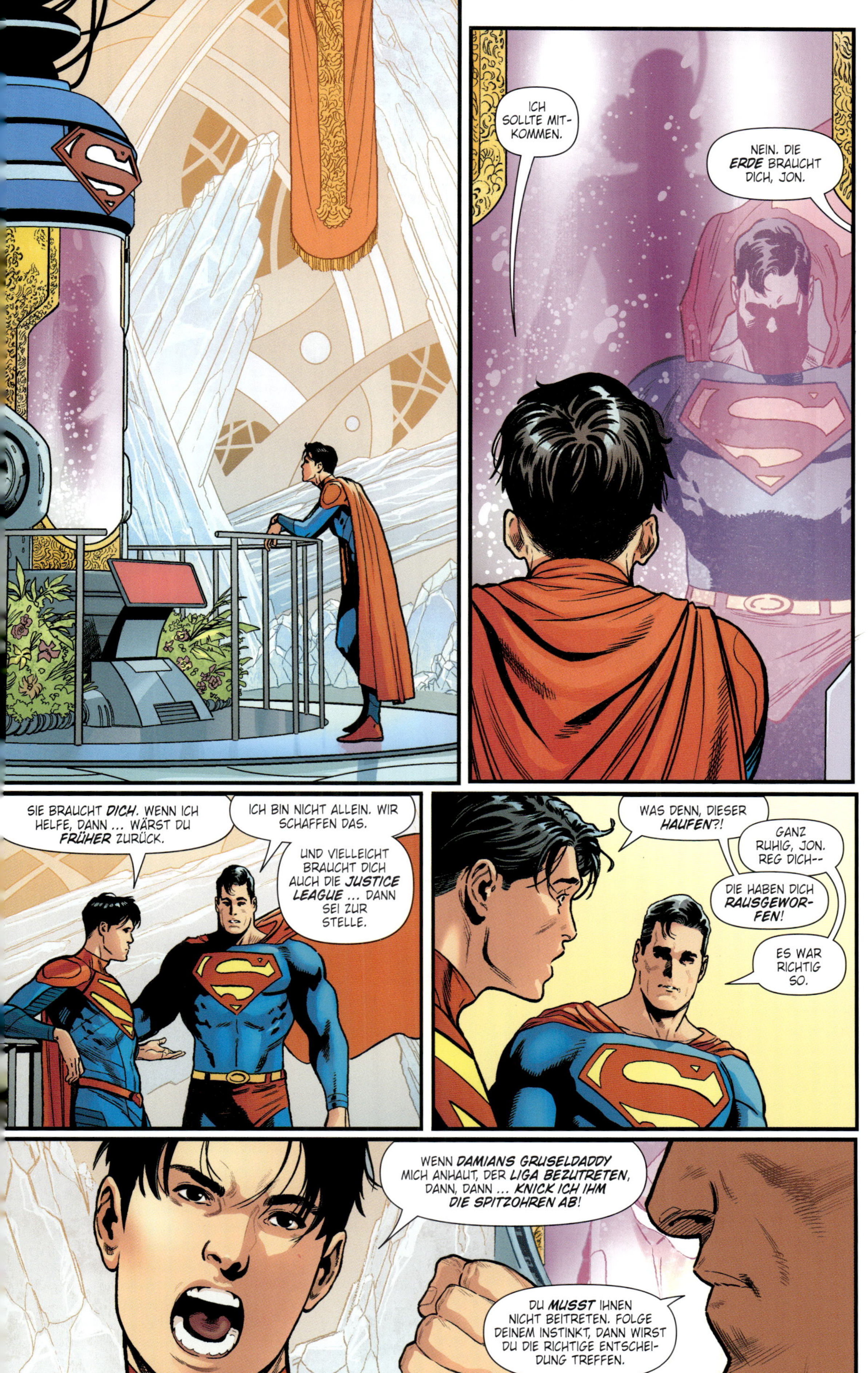

ICH SOLLTE MIT-KOMMEN.
NEIN. DIE ERDE BRAUCHT DICH, JON.
SIE BRAUCHT DICH. WENN ICH HELFE, DANN ... WÄRST DU FRÜHER ZURÜCK.
ICH BIN NICHT ALLEIN. WIR SCHAFFEN DAS.
UND VIELLEICHT BRAUCHT DICH AUCH DIE JUSTICE LEAGUE ... DANN SEI ZUR STELLE.
WAS DENN, DIESER HAUFEN?!
GANZ RUHIG, JON. REG DICH--
DIE HABEN DICH RAUSGEWOR-FEN!
ES WAR RICHTIG SO.
WENN DAMIANS GRUSELDADDY MICH ANHAUT, DER LIGA BEIZUTRETEN, DANN, DANN ... KNICK ICH IHM DIE SPITZOHREN AB!
DU MUSST IHNEN NICHT BEITRETEN. FOLGE DEINEM INSTINKT, DANN WIRST DU DIE RICHTIGE ENTSCHEI-DUNG TREFFEN.

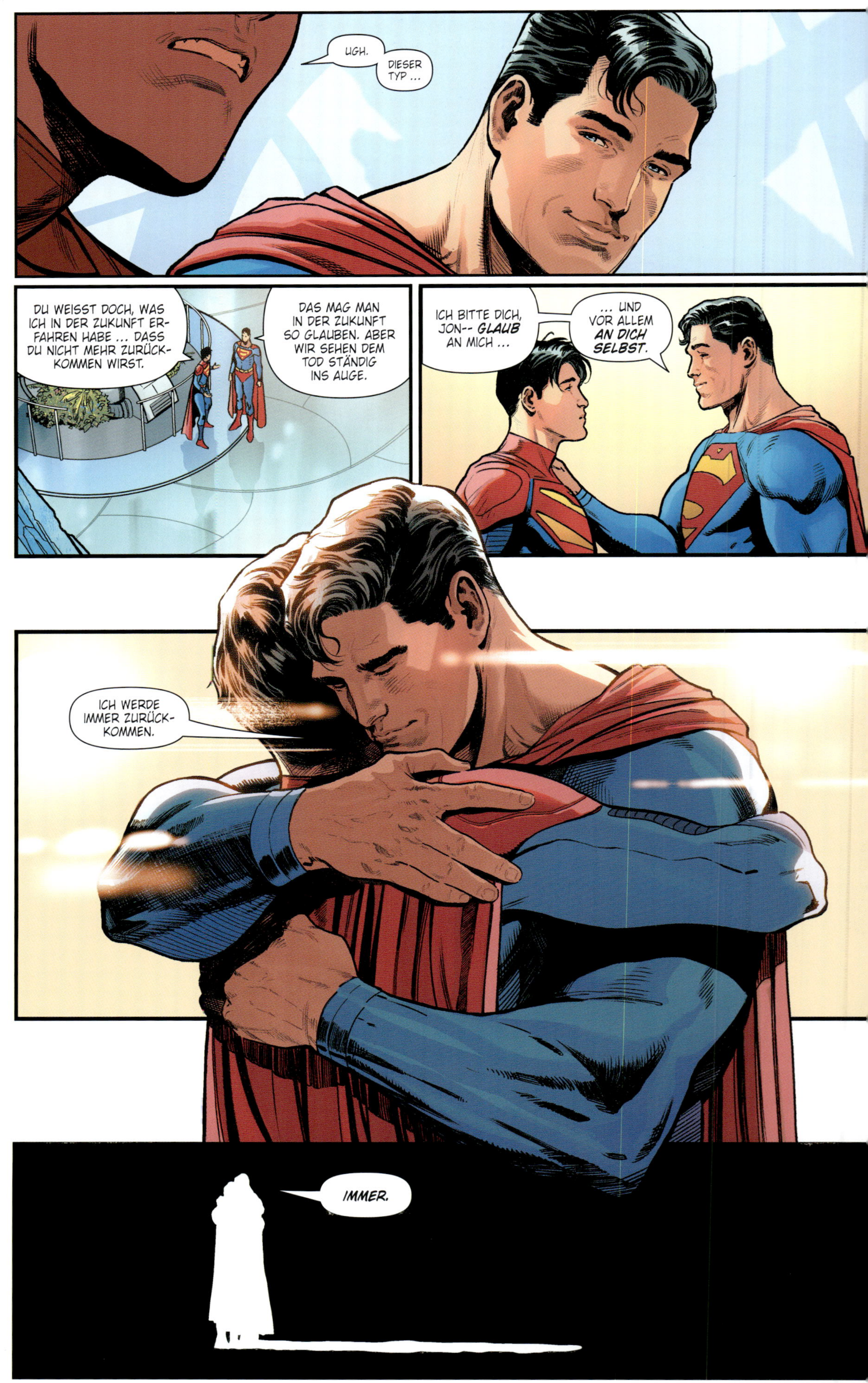
UGH.
DIESER TYP ...
DU WEISST DOCH, WAS ICH IN DER ZUKUNFT ERFAHREN HABE ... DASS DU NICHT MEHR ZURÜCKKOMMEN WIRST.
DAS MAG MAN IN DER ZUKUNFT SO GLAUBEN. ABER WIR SEHEN DEM TOD STÄNDIG INS AUGE.
ICH BITTE DICH, JON-- GLAUB AN MICH ...
... UND VOR ALLEM AN DICH SELBST.
ICH WERDE IMMER ZURÜCKKOMMEN.
IMMER.

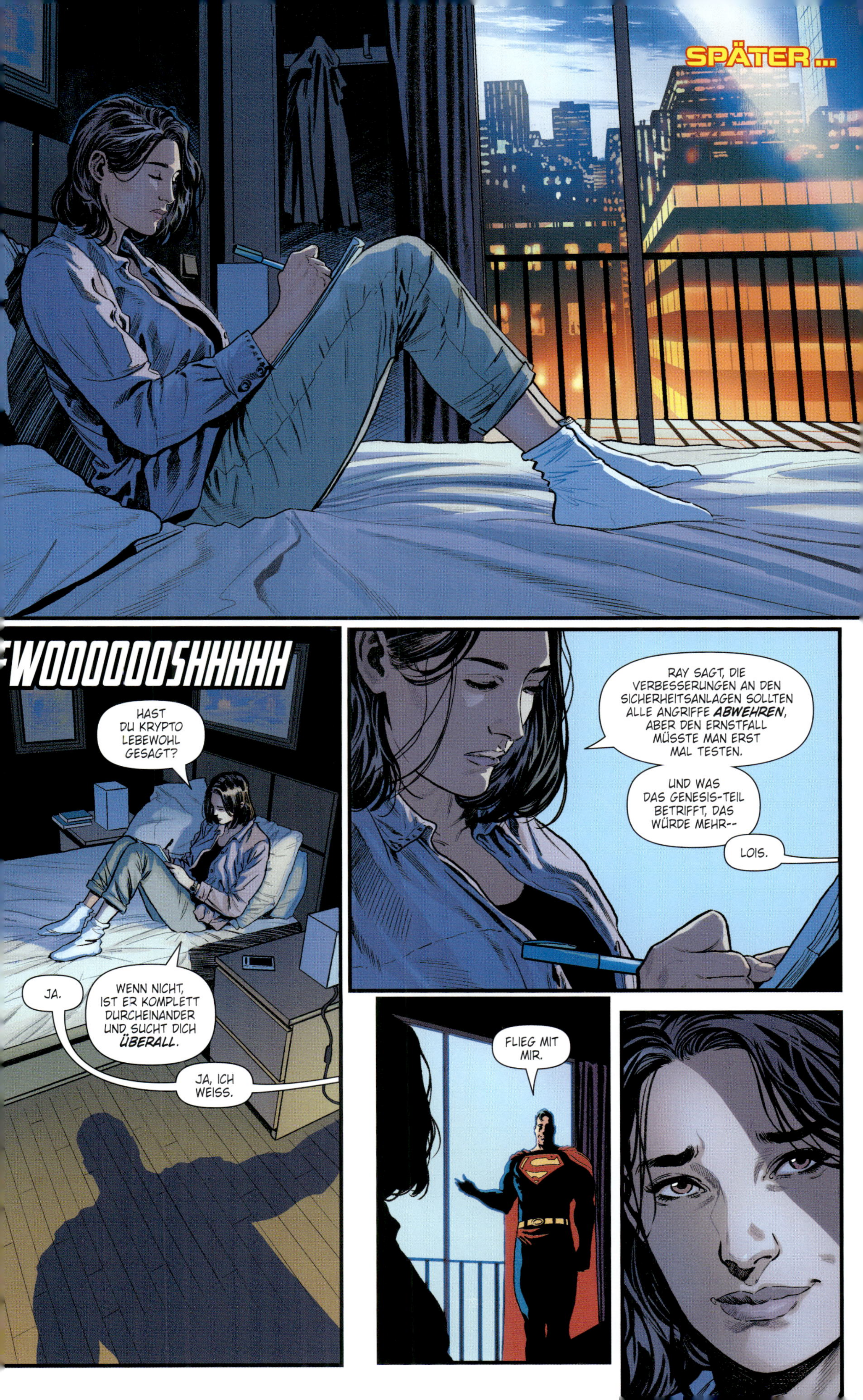

SPÄTER ...

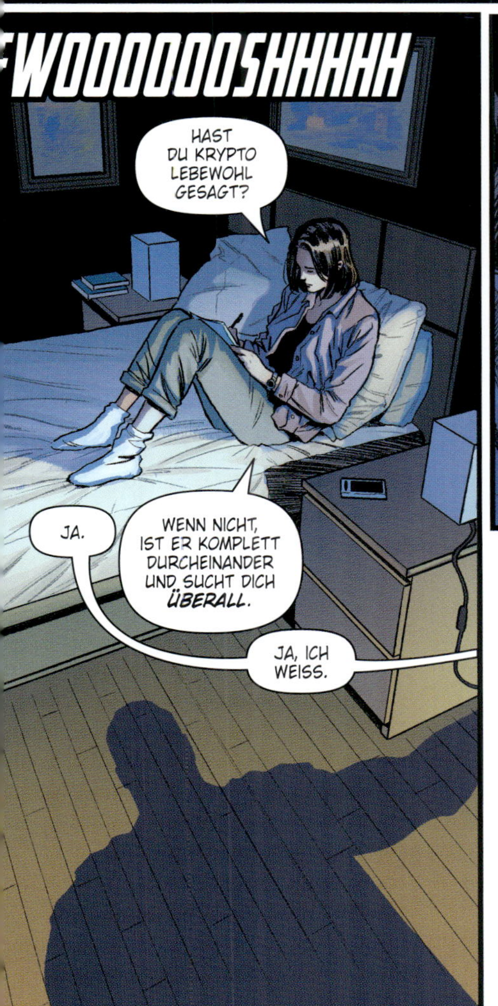
WOOOOOOSHHHHH
HAST DU KRYPTO LEBEWOHL GESAGT?
JA.
WENN NICHT, IST ER KOMPLETT DURCHEINANDER UND SUCHT DICH **ÜBERALL**.
JA, ICH WEISS.

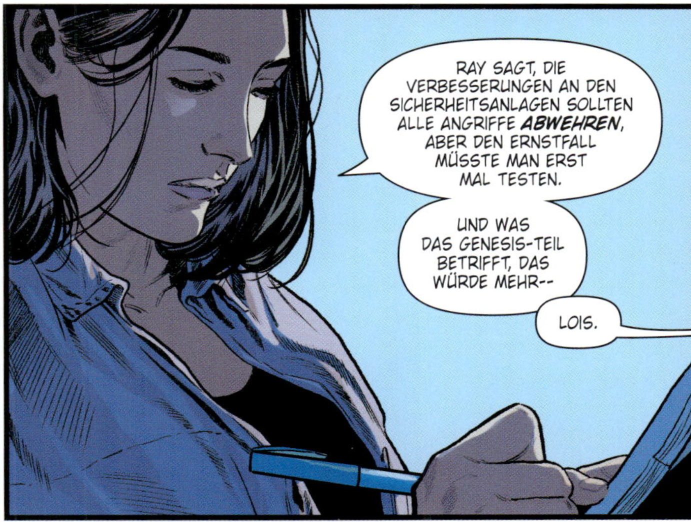
RAY SAGT, DIE VERBESSERUNGEN AN DEN SICHERHEITSANLAGEN SOLLTEN ALLE ANGRIFFE ***ABWEHREN***, ABER DEN ERNSTFALL MÜSSTE MAN ERST MAL TESTEN.
UND WAS DAS GENESIS-TEIL BETRIFFT, DAS WÜRDE MEHR--
LOIS.

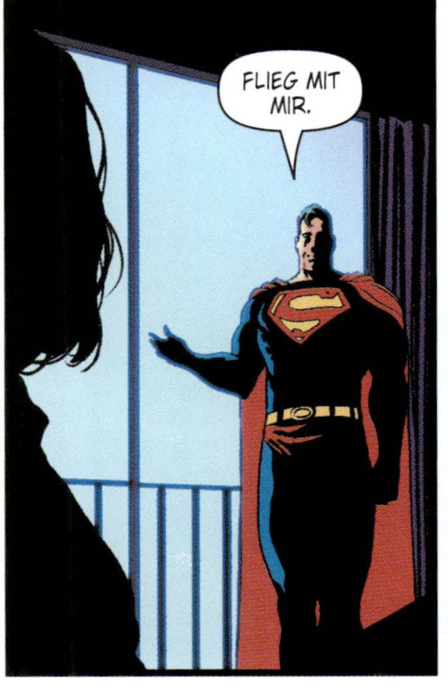
FLIEG MIT MIR.

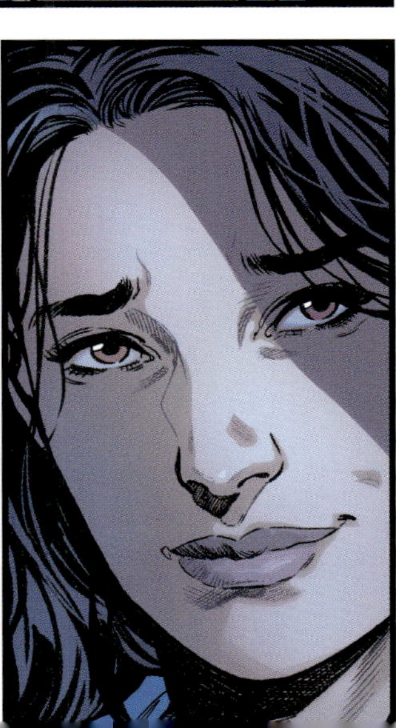

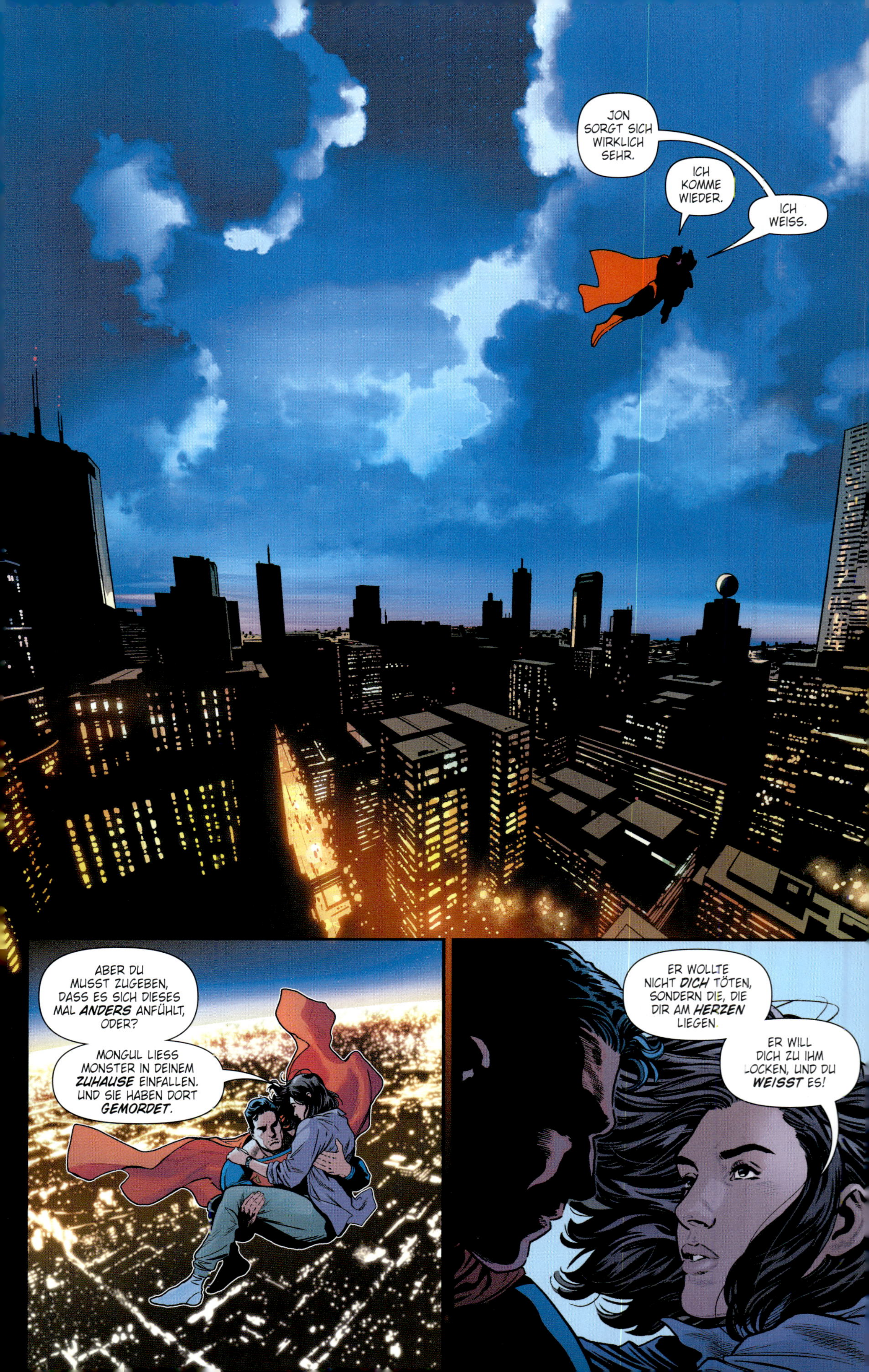
JON SORGT SICH WIRKLICH SEHR.
ICH KOMME WIEDER.
ICH WEISS.
ABER DU MUSST ZUGEBEN, DASS ES SICH DIESES MAL ANDERS ANFÜHLT, ODER?
MONGUL LIESS MONSTER IN DEINEM ZUHAUSE EINFALLEN. UND SIE HABEN DORT GEMORDET.
ER WOLLTE NICHT DICH TÖTEN, SONDERN DIE, DIE DIR AM HERZEN LIEGEN.
ER WILL DICH ZU IHM LOCKEN, UND DU WEISST ES!

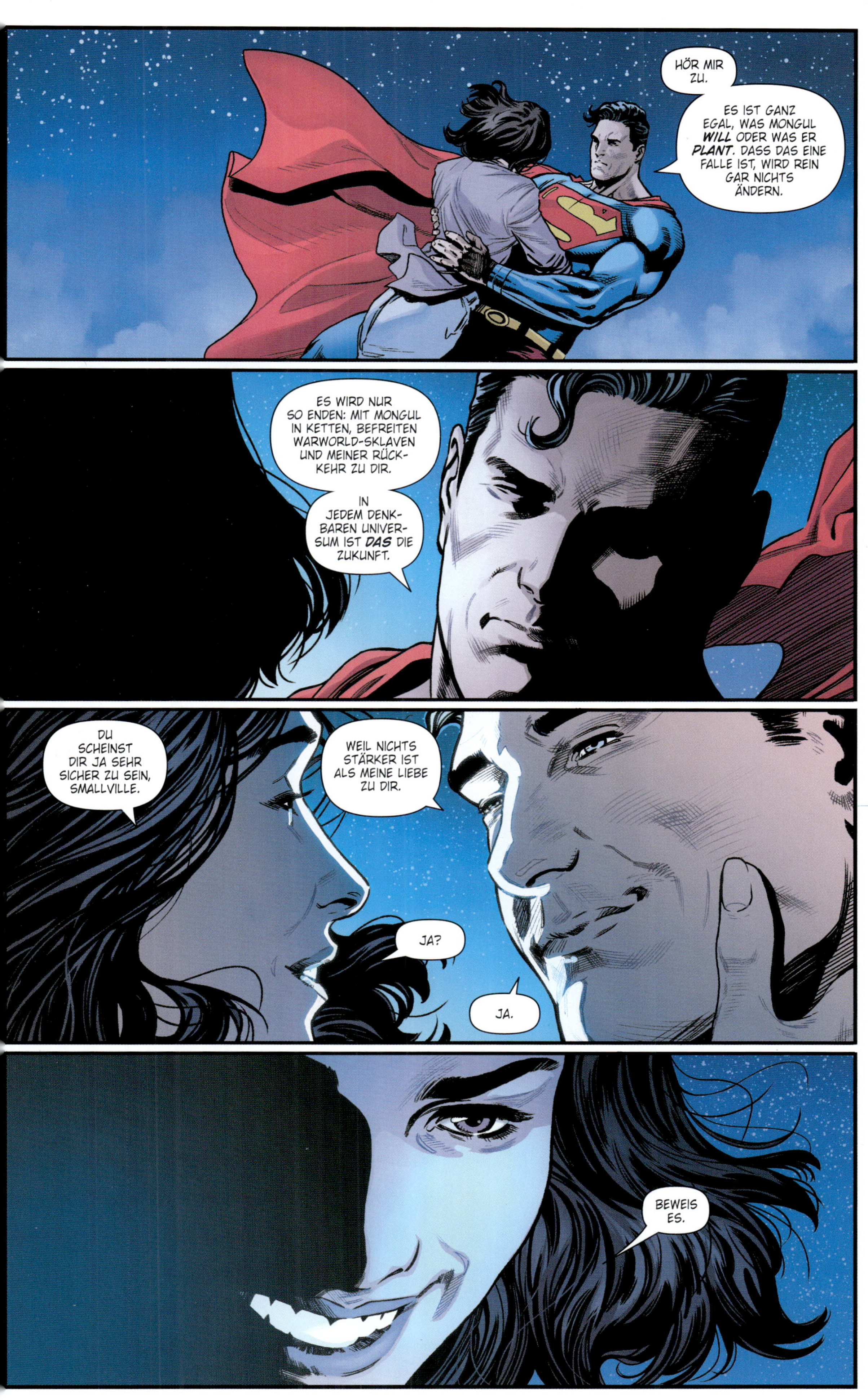
HÖR MIR ZU.
ES IST GANZ EGAL, WAS MONGUL **WILL** ODER WAS ER **PLANT**. DASS DAS EINE FALLE IST, WIRD REIN GAR NICHTS ÄNDERN.
ES WIRD NUR SO ENDEN: MIT MONGUL IN KETTEN, BEFREITEN WARWORLD-SKLAVEN UND MEINER RÜCKKEHR ZU DIR.
IN JEDEM DENKBAREN UNIVERSUM IST **DAS** DIE ZUKUNFT.
DU SCHEINST DIR JA SEHR SICHER ZU SEIN, SMALLVILLE.
WEIL NICHTS STÄRKER IST ALS MEINE LIEBE ZU DIR.
JA?
JA.
BEWEIS ES.

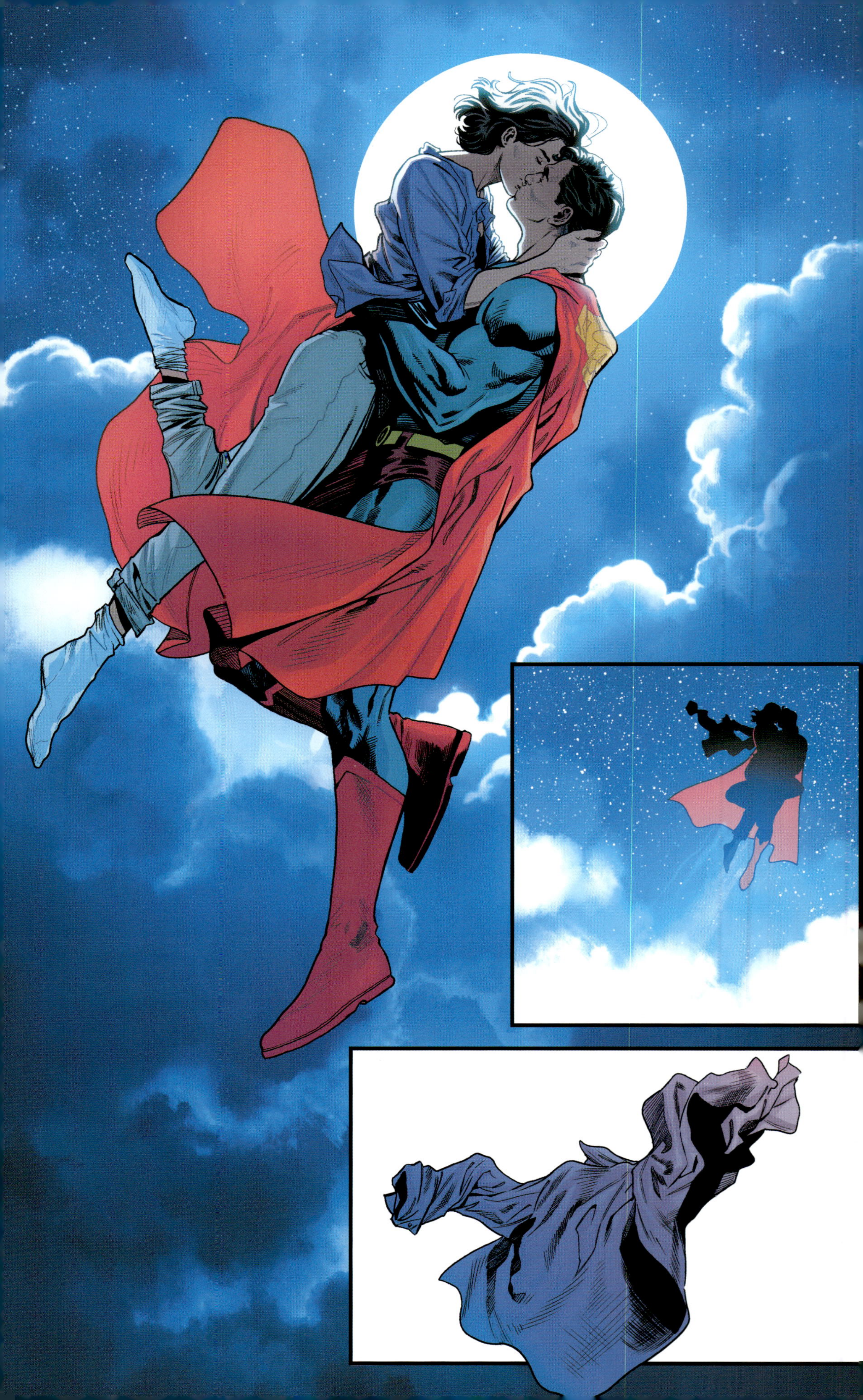

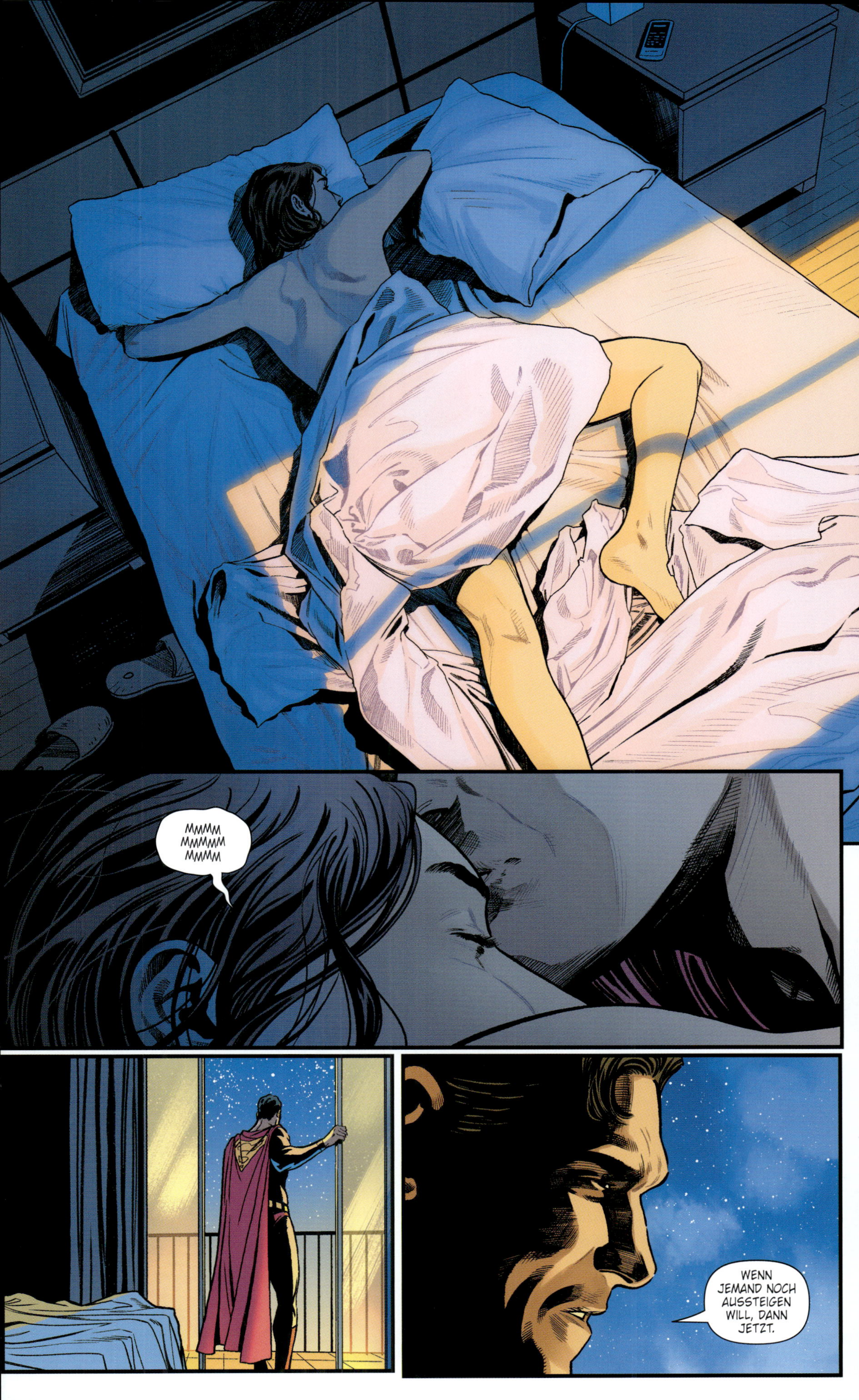
MMMM
MMMMM
MMMM
WENN JEMAND NOCH AUSSTEIGEN WILL, DANN JETZT.

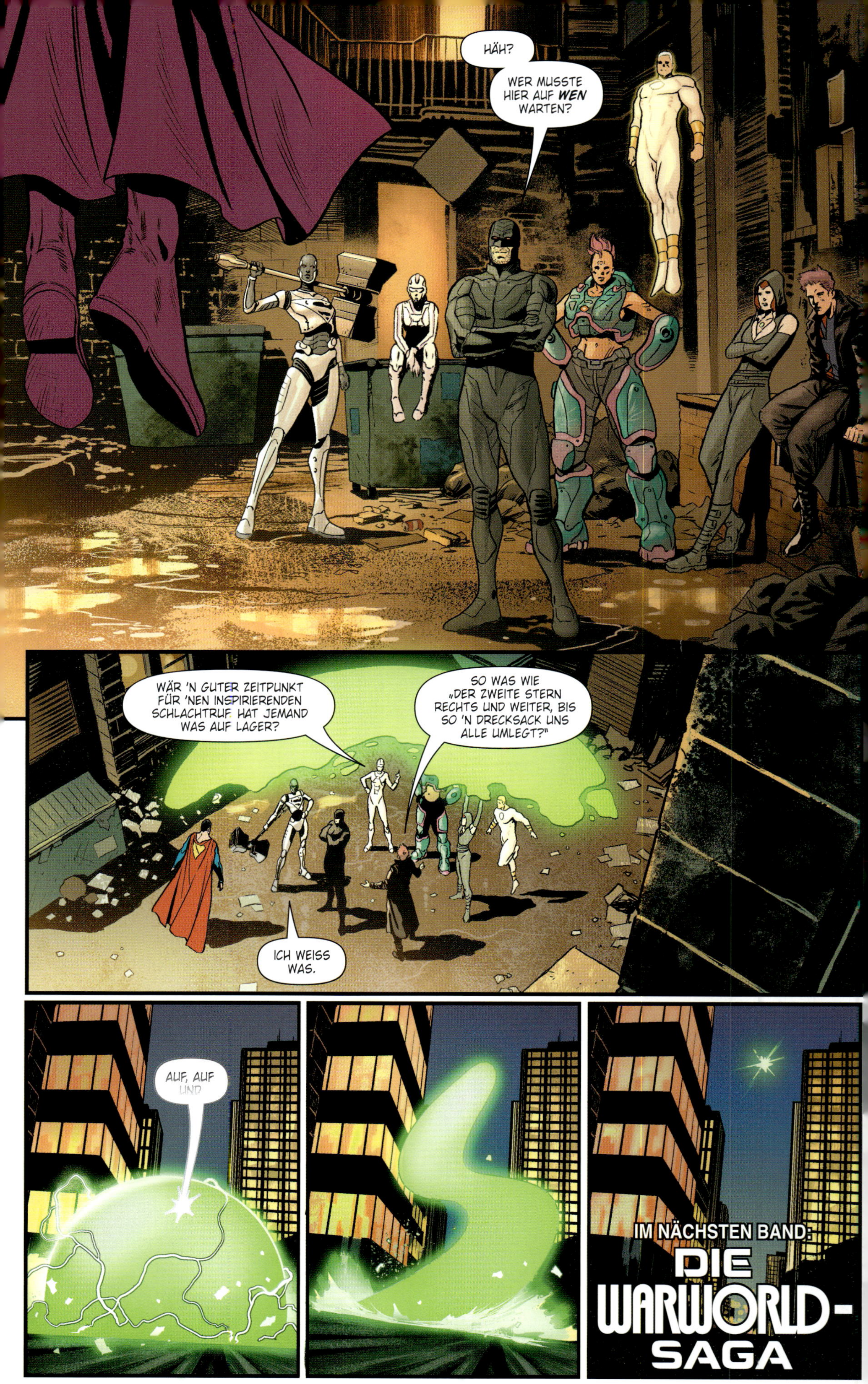

HÄH?
WER MUSSTE HIER AUF **WEN** WARTEN?

WÄR 'N GUTER ZEITPUNKT FÜR 'NEN INSPIRIERENDEN SCHLACHTRUF. HAT JEMAND WAS AUF LAGER?
SO WAS WIE „DER ZWEITE STERN RECHTS UND WEITER, BIS SO 'N DRECKSACK UNS ALLE UMLEGT?"
ICH WEISS WAS.

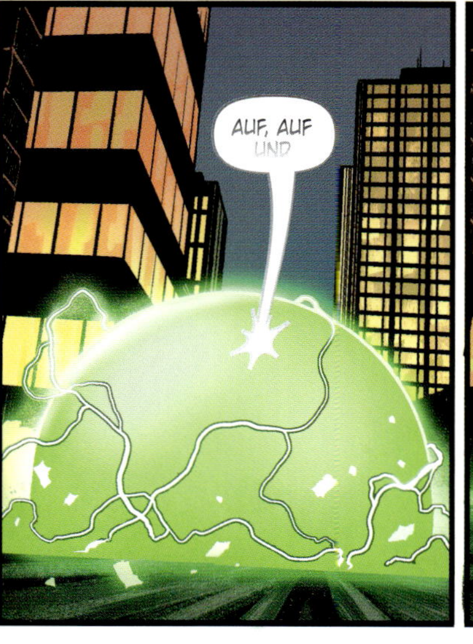

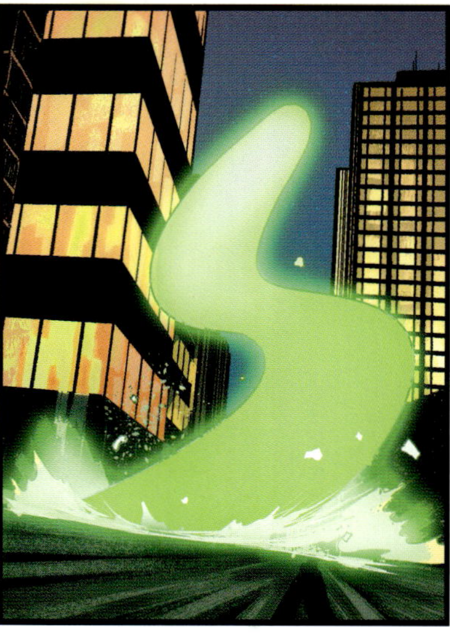

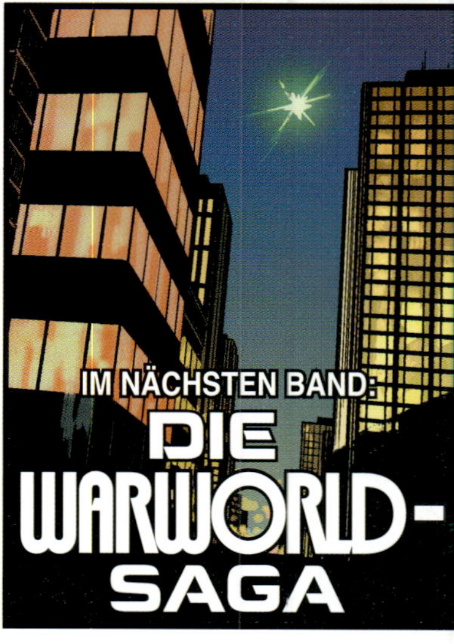

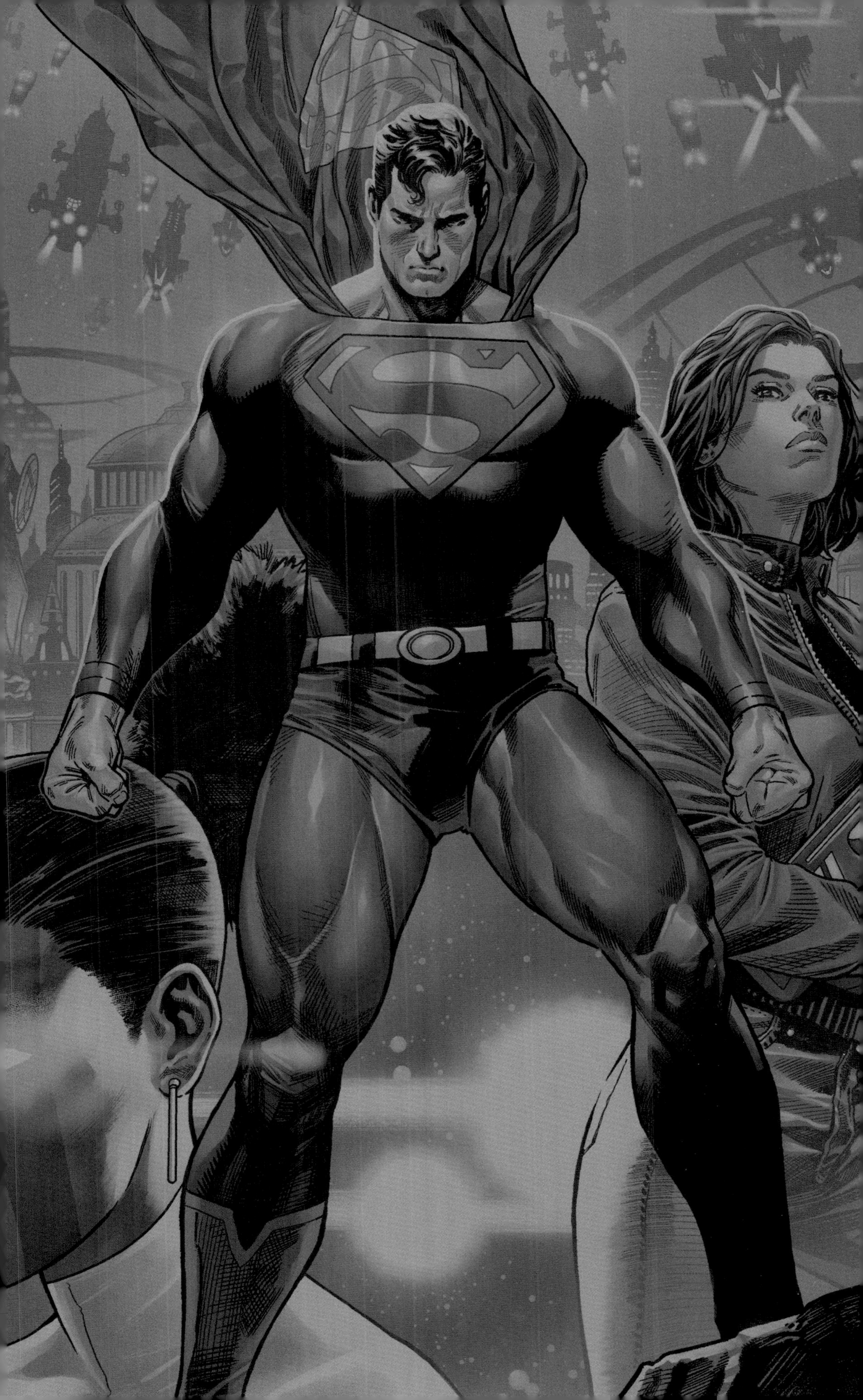

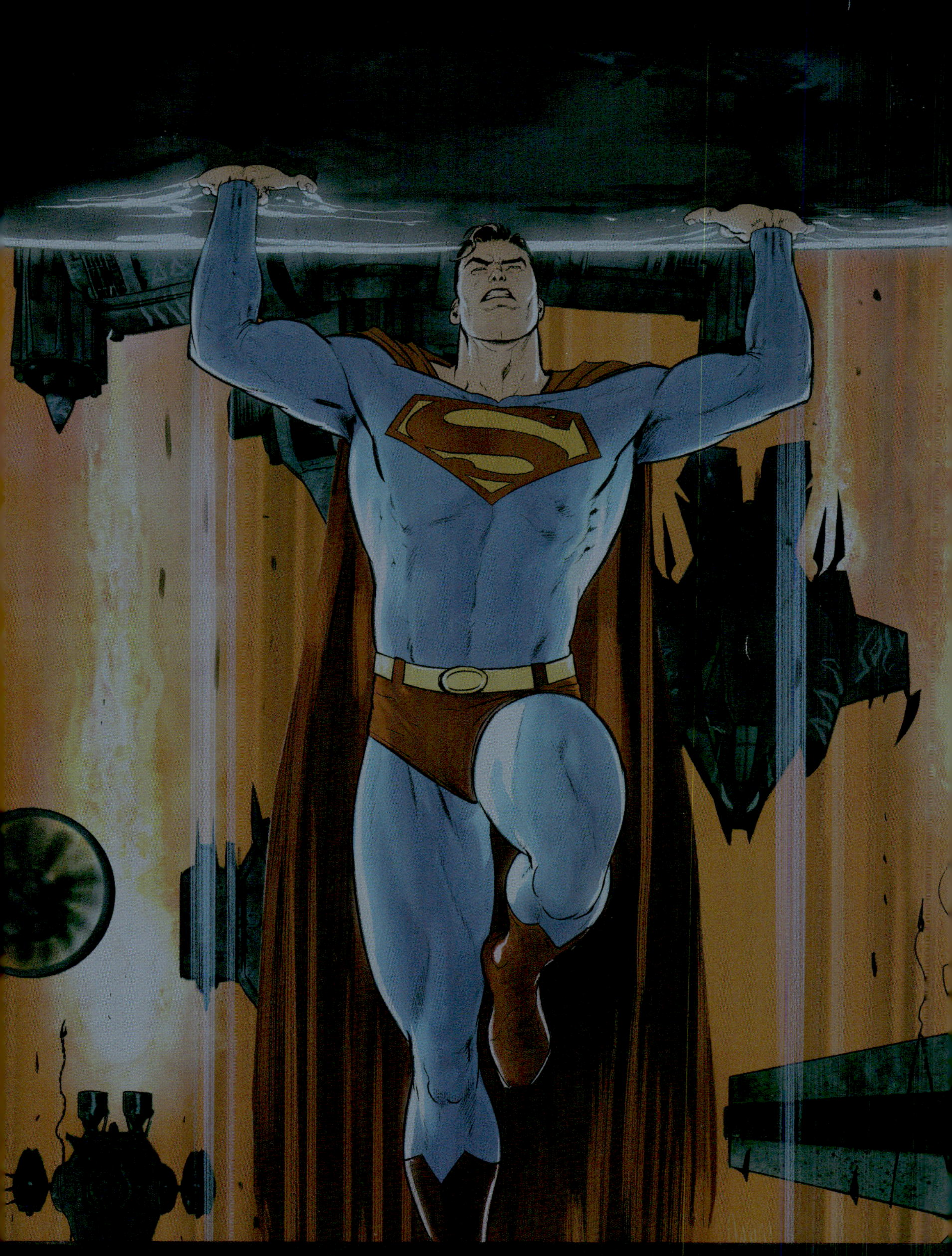

VARIANT-COVER-GALERIE

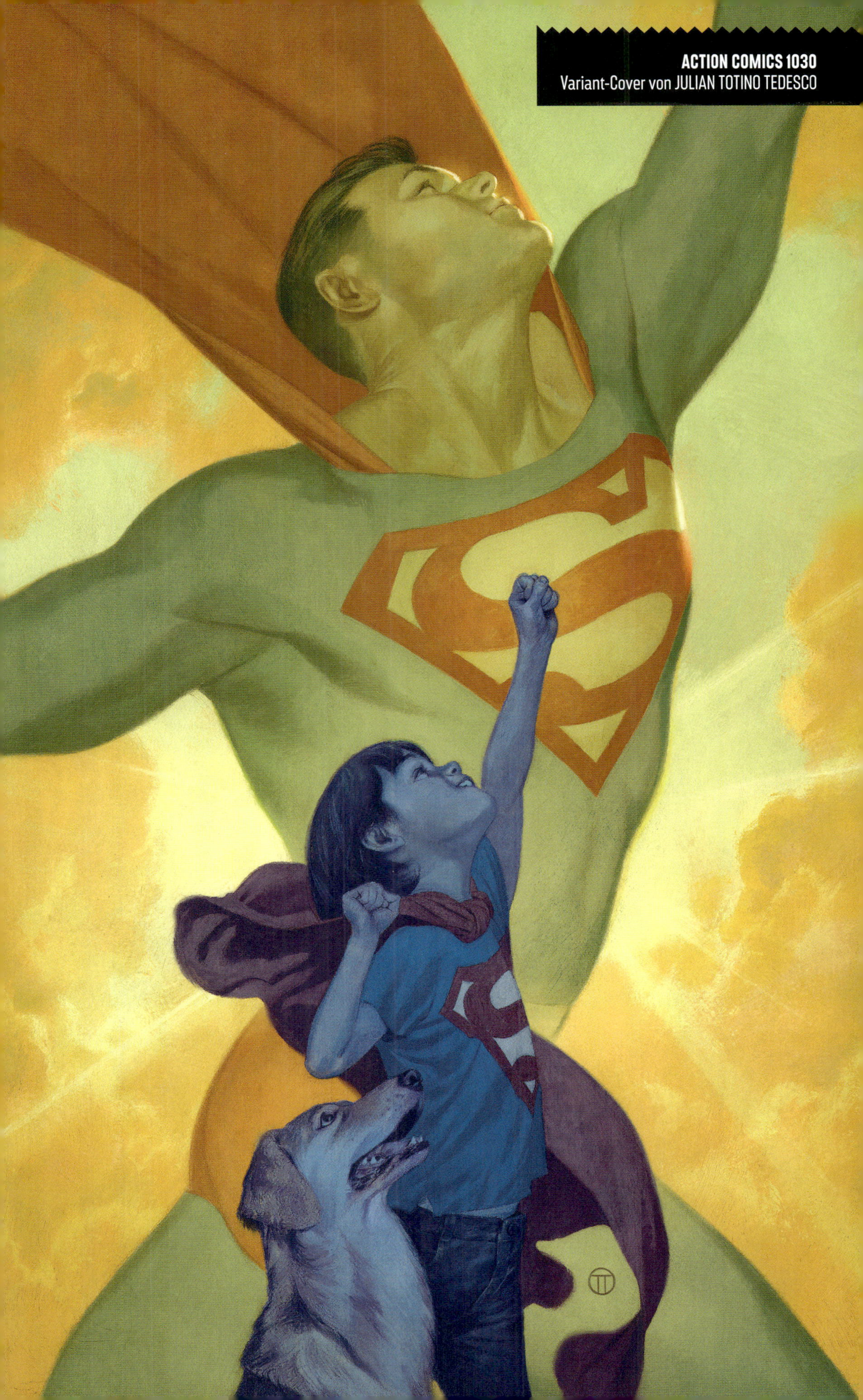
ACTION COMICS 1030
Variant-Cover von JULIAN TOTINO TEDESCO

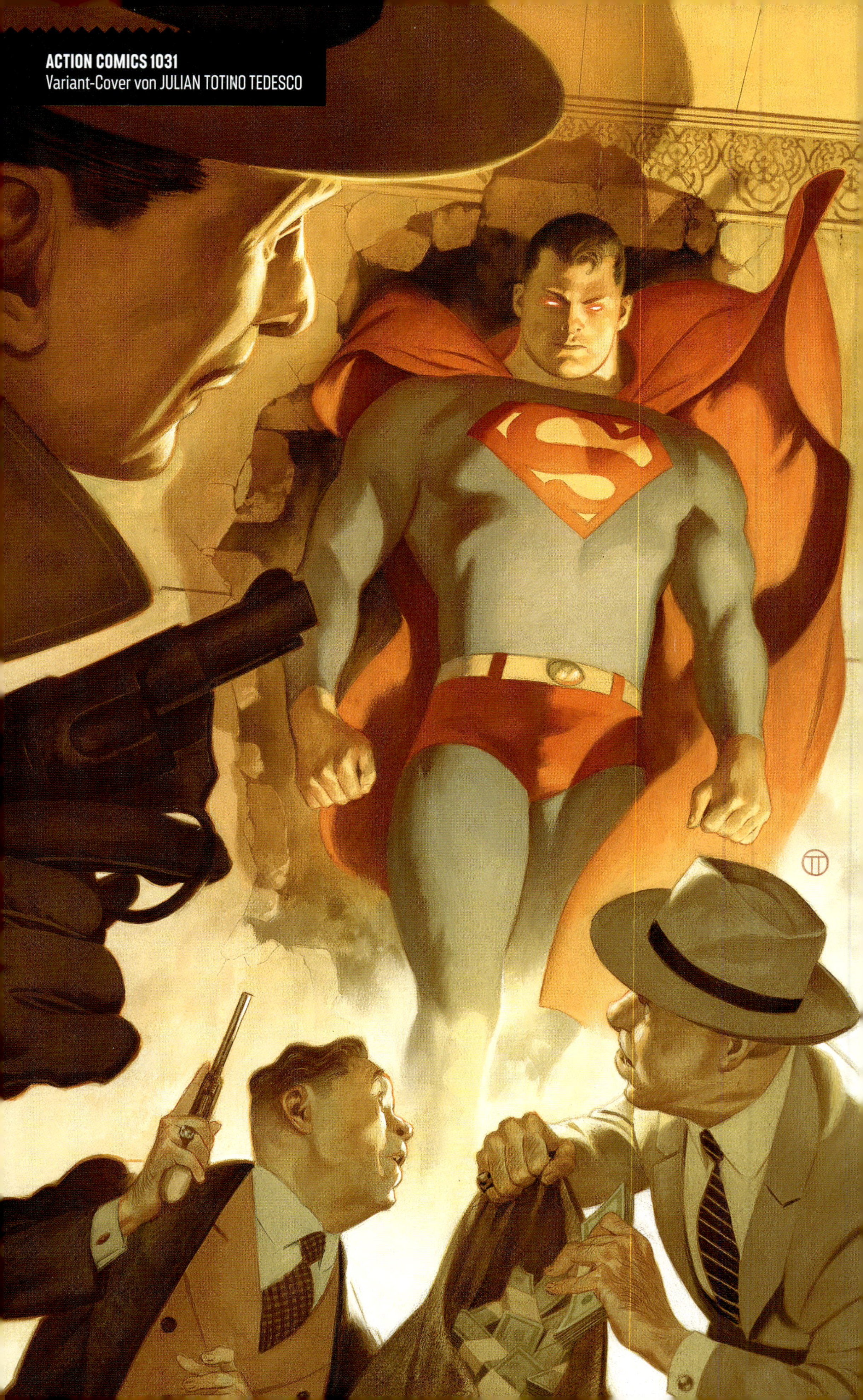

ACTION COMICS 1031
Variant-Cover von JULIAN TOTINO TEDESCO

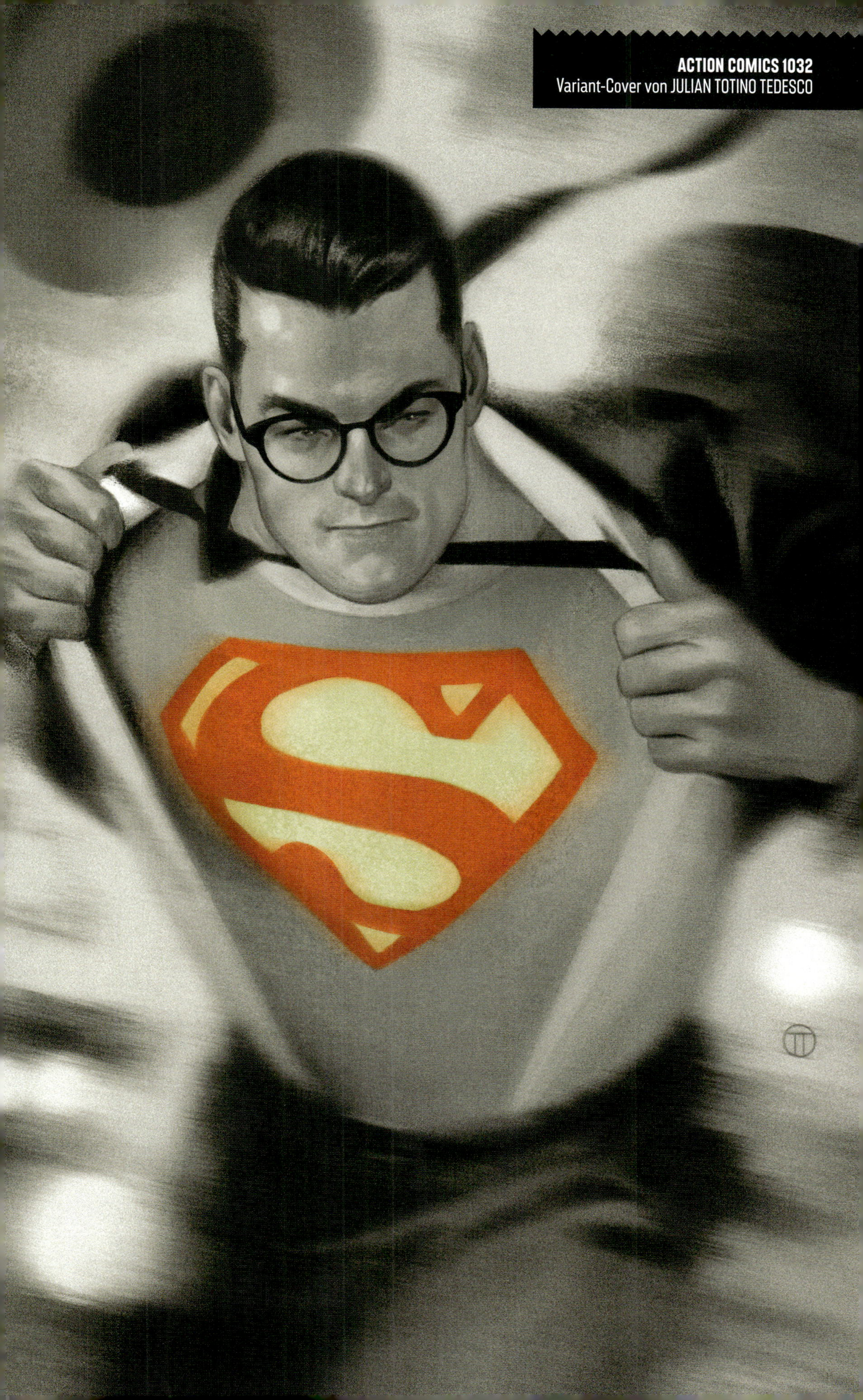

ACTION COMICS 1032
Variant-Cover von JULIAN TOTINO TEDESCO

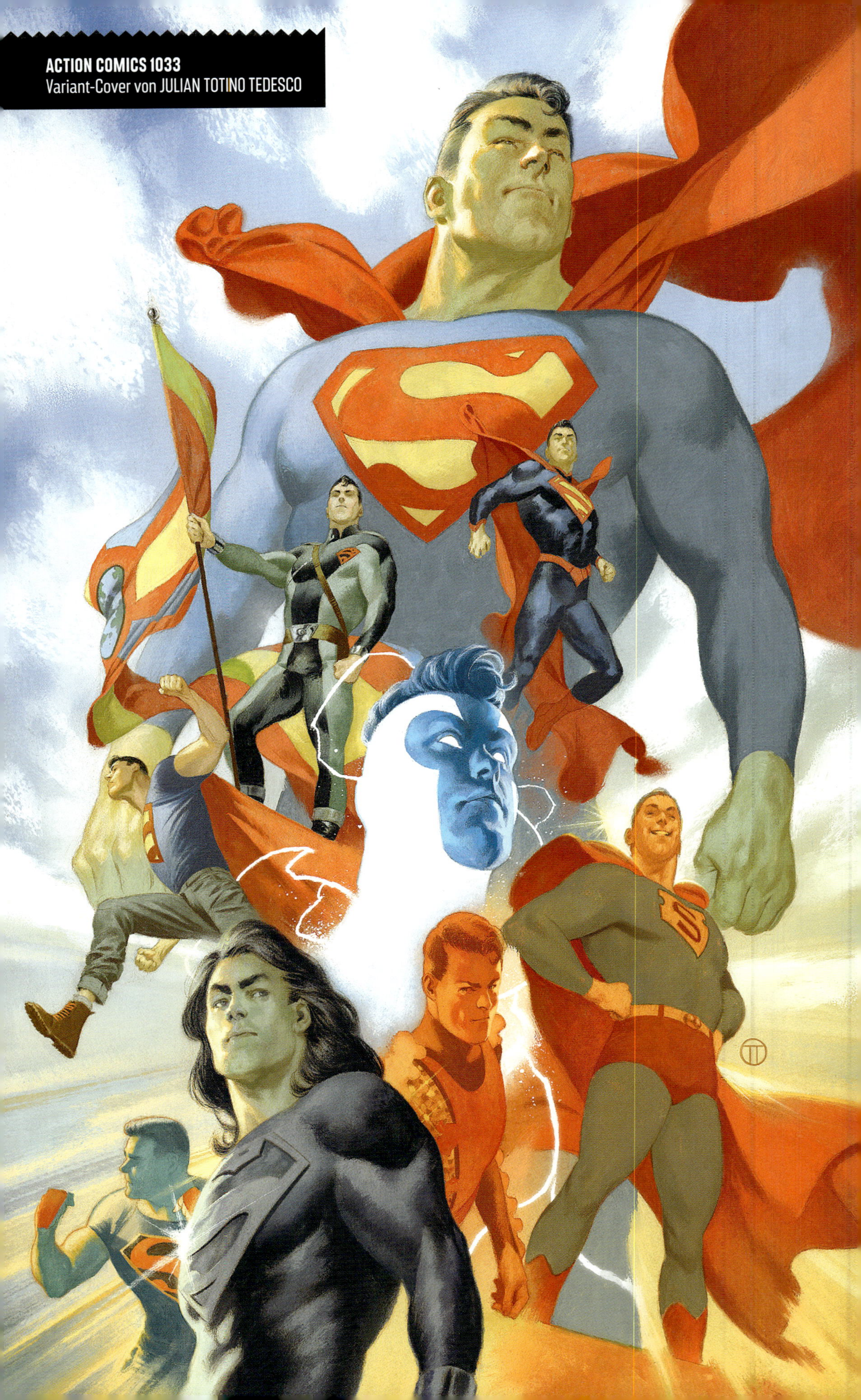

ACTION COMICS 1033
Variant-Cover von JULIAN TOTINO TEDESCO

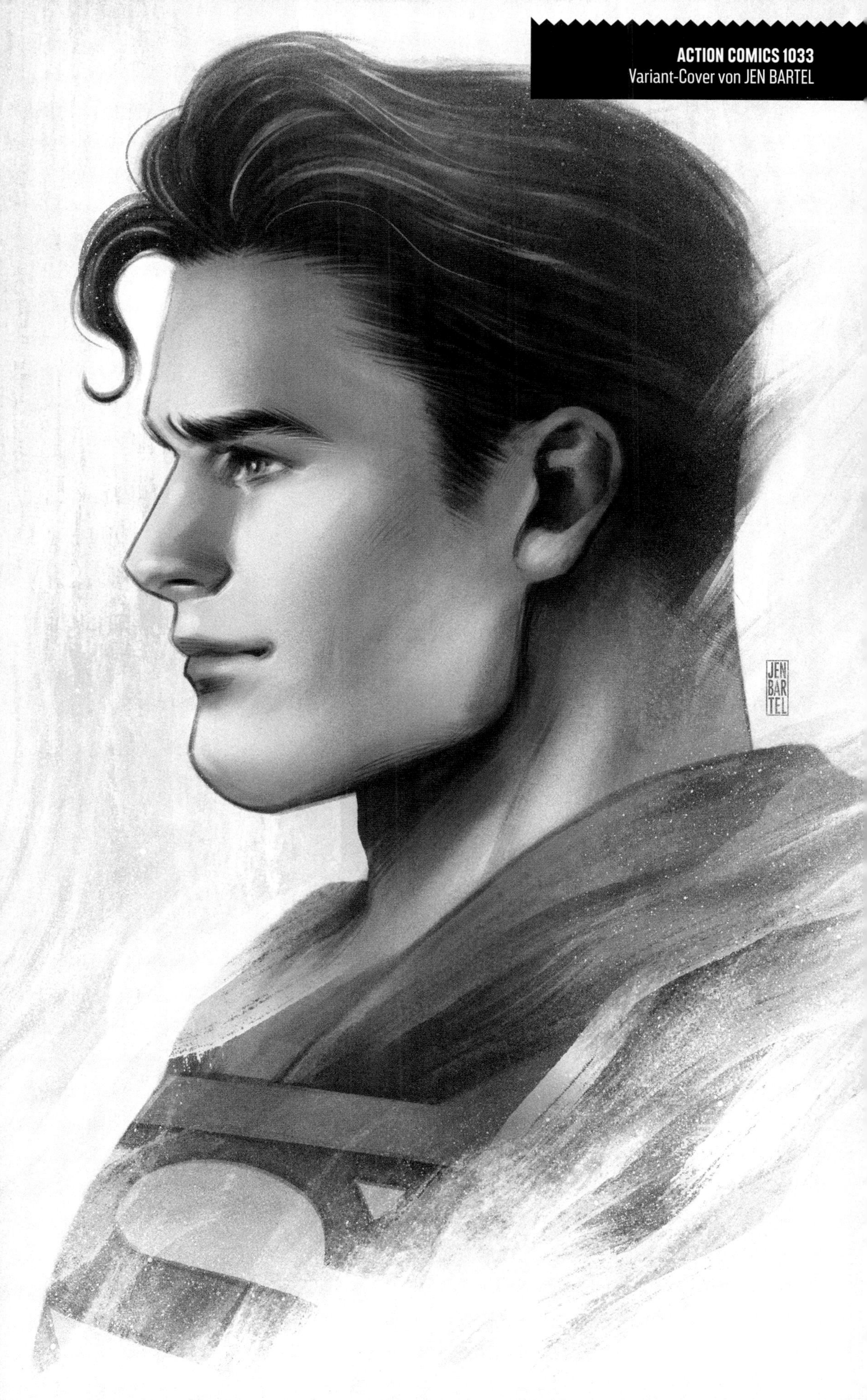

ACTION COMICS 1033
Variant-Cover von JEN BARTEL

ACTION COMICS 1034
Variant-Cover von JULIAN TOTINO TEDESCO

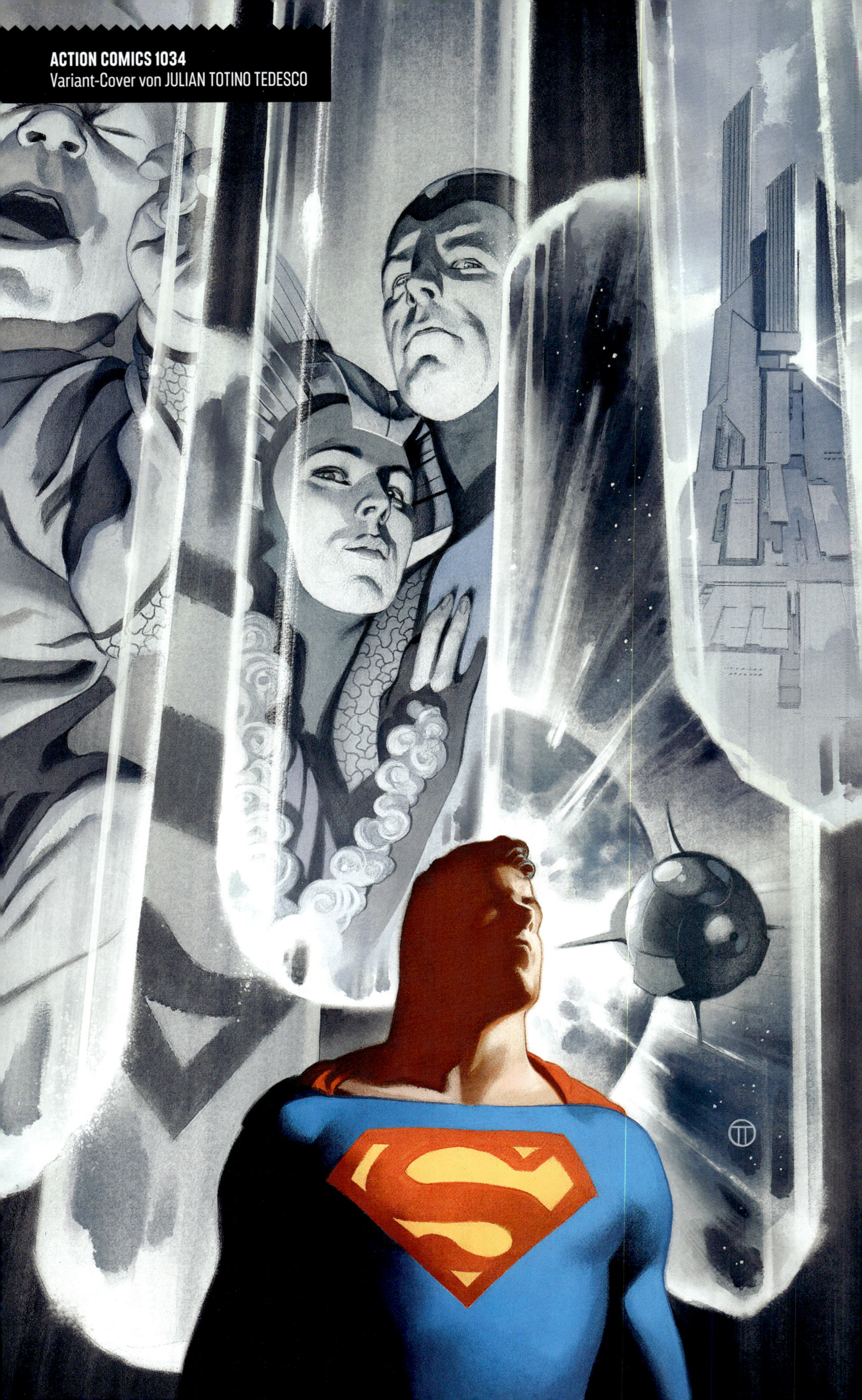

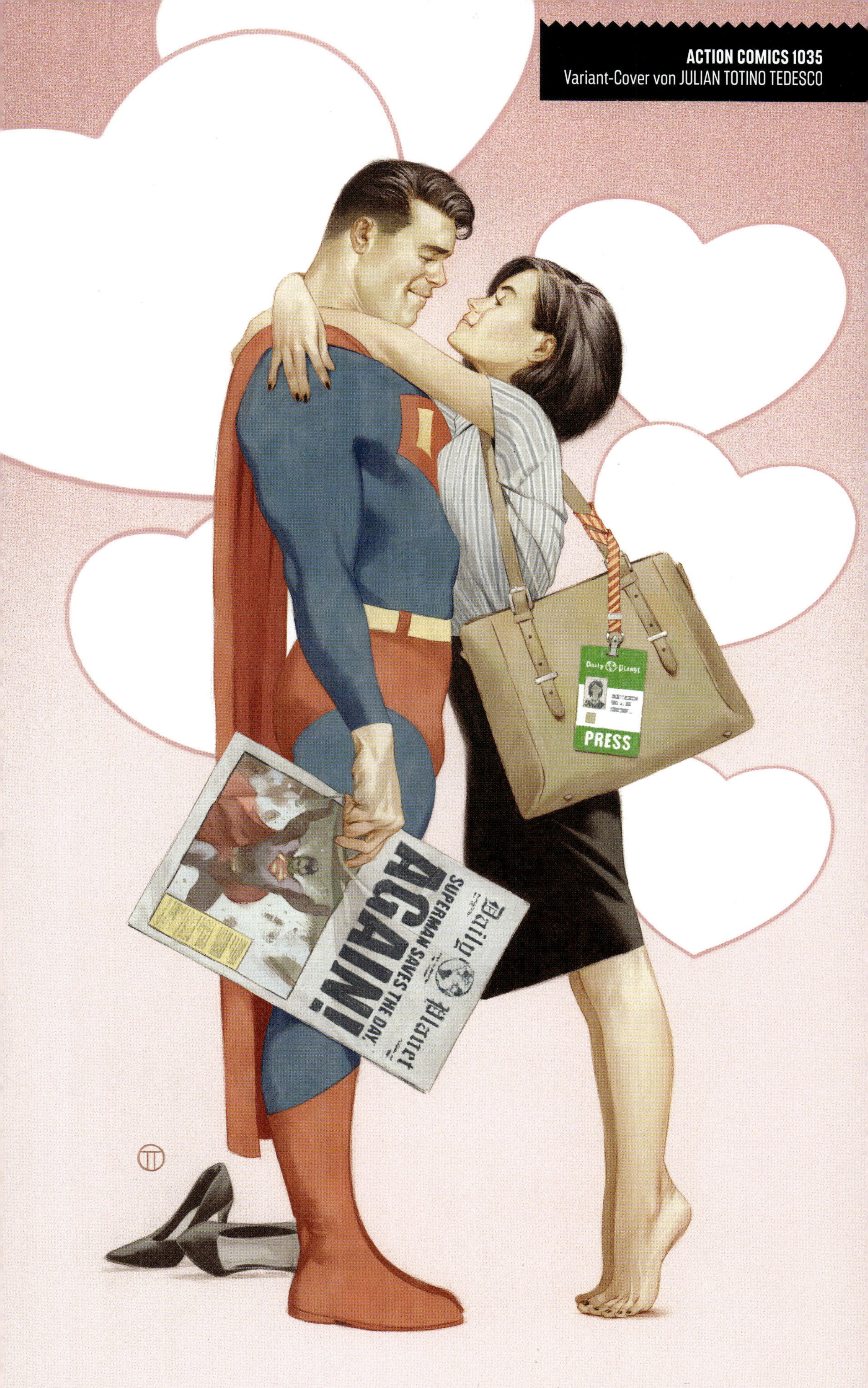

ACTION COMICS 1035
Variant-Cover von JULIAN TOTINO TEDESCO

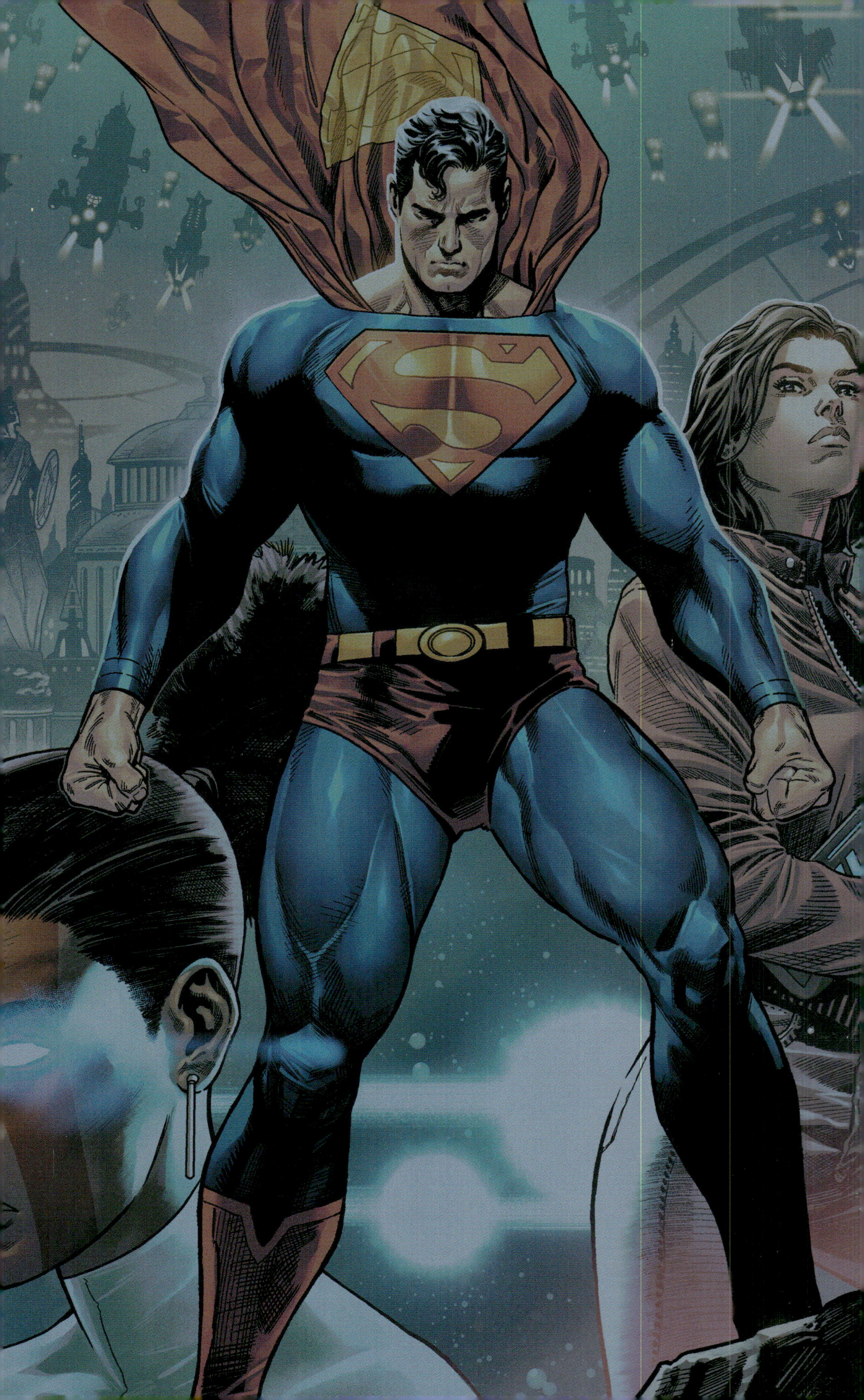

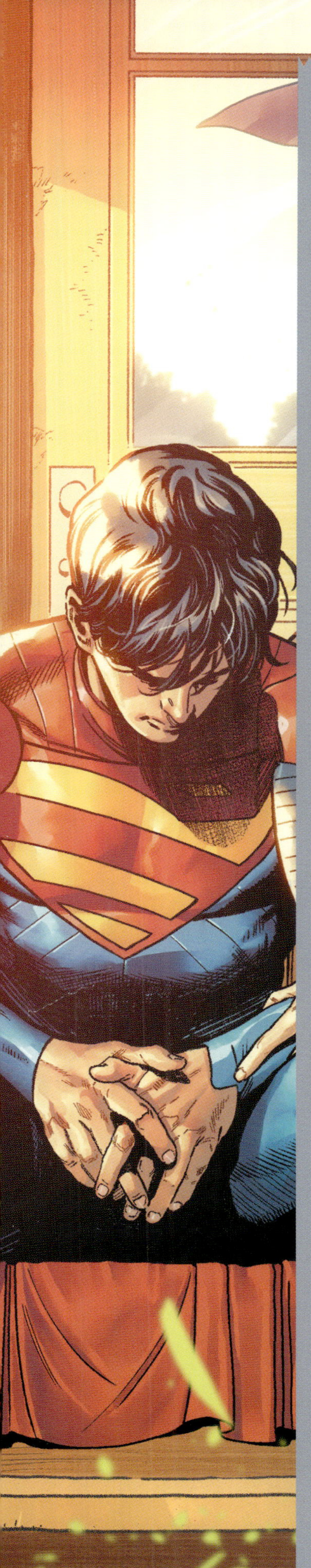

MANN VON MORGEN

von **Christian Heiß**

MIT DEM RÜCKEN ZUR WAND

Mit diesem Band beginnt für den **Stählernen** ein gigantisches Science Fiction-Abenteuer, eine ungewisse Mission ins Weltall – also eigentlich nur ein Tag wie jeder andere für den Superhelden vom Planeten **Krypton**, möchte man meinen. Oder ist **Supermans** Trip nach **Warworld** doch der Anfang vom Ende, wie Supermans besorgter Sohn **Jon** es bereits in SUPERMAN SPECIAL: INFINITE FRONTIER gemutmaßt hat? Die Tatsache, dass die Geschichtsschreibung über den **Mann von Morgen** nach einem gewissen Datum keinerlei Informationen mehr liefert, würde zumindest für Jons These sprechen, ebenso wie der Umstand, dass manche Details aus den Überlieferungen der Zukunft zu den jüngsten Erlebnissen von Superman passen. Oder gibt es vielleicht eine ganz andere Erklärung?
Autor **Phillip Kennedy Johnson** hat bereits vollmundig von der größten Superman-Saga seit DER TOD VON SUPERMAN gesprochen, wir dürfen uns also auf ein riesiges Action-Spektakel einstellen. Ein Glück, dass Superman die Reise ins All nicht allein unternehmen muss, sondern von einigen ungewohnten Verbündeten Hilfe erhält. Bereits im Band SUPERMAN UND DIE AUTHORITY hat der Stählerne mit **Manchester Black**, **Steel** & Co. zusammengearbeitet, um **Eclipso**, dem **Ultra-Humanite** und **Brainiac** das Handwerk zu legen. Natürlich ist das längst nicht mehr das Team, das in den Nuller-Jahren das Superhelden-Genre mit brachialer Breitband-Action umgekrempelt hat, sondern DCs Version der **Authority**. Mehr zu Supermans neuem Team dann im nächsten Band …

MONGUL-MASSAKER

Mongul gilt schon seit den 1980er-Jahren als einer der stärksten Feinde des Stählernen, einen Ruf, den er durch seine Beteiligung an der Mega-Saga DER TOD VON SUPERMAN bzw. DIE RÜCKKEHR VON SUPERMAN noch untermauert hat. Warum aber ist in diesem Band bisweilen von **Mongul-der-war** und **Mongul-der-ist** die Rede? Wie in der Story schon angedeutet, hat sich in der Familie Mongul eine ganz besondere Kultur der Nachfolgeregelung etabliert: Die Kinder des herrschenden Mongul versuchen, ihren Vater abzusetzen und zu töten, sobald es ihnen nur möglich ist – das wird sogar von ihnen erwartet. Der erste Mongul wurde jedoch schon vor einer Weile vom Dämon **Neron** getötet, allerdings trat ohne erkennbare Pause sofort Monguls Sohn in die Fußstapfen des Vaters. Seiner Schwester **Mongal**, die ebenfalls Anspruch auf Warworld erhob, entledigte er sich auf ebenso brutale wie endgültige Weise. Wie der aktuelle Mongul seinen Erzeuger um die Ecke brachte, erlebten wir dann im Sonderband CLARK KENT IST SUPERMAN …

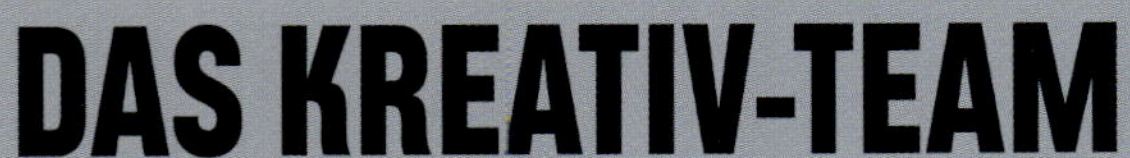

DAS KREATIV-TEAM

PHILLIP KENNEDY JOHNSON ist ein Autor und Musiker aus der Region Washington, DC/Baltimore. Mit dem Titel *Last Sons of America* für Boom! Studios machte er 2015 erstmals auf sich aufmerksam. Es folgten weitere Projekte für die Verlage Archaia, IDW, Aftershock und Scout Comics sowie diverse Ausgaben für Marvel Comics. Für DCs Black Label schuf er 2019 schließlich das düstere Fantasy-Werk THE LAST GOD, was zu seiner Arbeit an den Superman-Titeln SUPERMAN und ACTION COMICS führte. Neben seiner Arbeit als Autor ist Johnson hauptberuflich als Soldat, Trompeter, Komponist, Arrangeur und Lehrer tätig. Als Sergeant First Class der United States Army tourt er regelmäßig mit der U.S. Army Field Band und der Federal Brass of Washington, DC durch die Vereinigten Staaten.

DANIEL SAMPERE stammt aus Barcelona, Spanien, arbeitet aber mittlerweile schon seit über zehn Jahren auch für den amerikanischen Comic-Markt. Er illustrierte Titel wie *Vampirella: The Second Coming* oder *Red Sonja: Revenge of the Gods*, bevor DC Comics auf ihn aufmerksam wurde. Für DC bebilderte er seither Serien wie GREEN ARROW MEGABAND, BATGIRL und INJUSTICE 2.

CHRISTIAN DUCE stammt aus Montevideo, Uruguay, ist aber nun schon seit einigen Jahren auf dem amerikanischen Comic-Markt aktiv. Für DC Comics zeichnete er vor allem die Serie des Speedsters FLASH, aber auch diverse Ausgaben von BATMAN – DETECTIVE COMICS, BATMAN & ROBIN ETERNAL, JUSTICE LEAGUE und WONDER WOMAN. Aktuell arbeitet er an der neuen Serie ICH BIN BATMAN, die demnächst auch auf Deutsch erscheint.

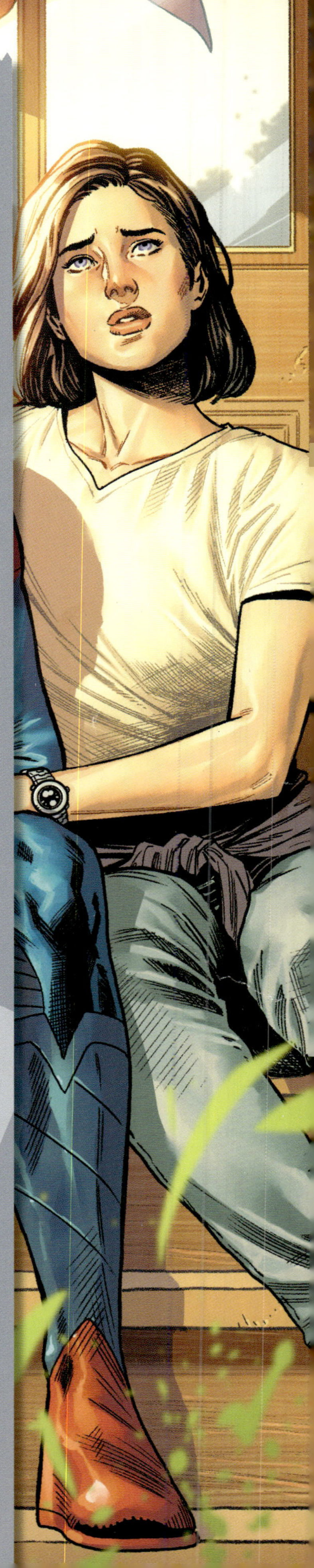